国家社科基金
GUOJIA SHEKE JIJIN HOUQI ZIZHU XIANGMU
后期资助项目

龙泉司法档案职权主义民事诉讼文书研究

The Writing of the Civil Litigation in Inquisitorial Mode in Longquan Judicial Archives

吴铮强 著

中華書局
ZHONGHUA BOOK COMPANY

图书在版编目(CIP)数据

龙泉司法档案职权主义民事诉讼文书研究/吴铮强著. —北京:中华书局,2021.8
(国家社科基金后期资助项目)
ISBN 978-7-101-15366-8

Ⅰ.龙… Ⅱ.吴… Ⅲ.民事诉讼-法律文书-研究-龙泉县-民国 Ⅳ.D925.102

中国版本图书馆 CIP 数据核字(2021)第 191325 号

书　　名	龙泉司法档案职权主义民事诉讼文书研究
著　　者	吴铮强
丛 书 名	国家社科基金后期资助项目
责任编辑	王贵彬
出版发行	中华书局 (北京市丰台区太平桥西里 38 号　100073) http://www.zhbc.com.cn E-mail:zhbc@zhbc.com.cn
印　　刷	北京瑞古冠中印刷厂
版　　次	2021 年 8 月北京第 1 版 2021 年 8 月北京第 1 次印刷
规　　格	开本/710×1000 毫米　1/16 印张 26½　插页 2　字数 400 千字
国际书号	ISBN 978-7-101-15366-8
定　　价	98.00 元

国家社科基金后期资助项目出版说明

后期资助项目是国家社科基金设立的一类重要项目，旨在鼓励广大社科研究者潜心治学，支持基础研究多出优秀成果。它是经过严格评审，从接近完成的科研成果中遴选立项的。为扩大后期资助项目的影响，更好地推动学术发展，促进成果转化，全国哲学社会科学工作办公室按照“统一设计、统一标识、统一版式、形成系列”的总体要求，组织出版国家社科基金后期资助项目成果。

全国哲学社会科学工作办公室

目　录

第一编　法规

第二编 诉状

第三编 传票

第四编　调查与审讯文书

第五编　裁断文书

图表目录

序　言

包伟民

2007年11月20日下午，当我首次在浙江省龙泉市档案馆库房看到这批被收藏在密集型书架上的司法档案时，本能地意识到自己找到了一个研究清末、民国时期东南地区基层社会史的珍贵资料宝库，而并未认识到这一批资料对于研究我国近代法制转型的重要意义。

除去个人的学术兴趣之外，档案资料对于社会史研究的重要意义在于它们能够反映基层社会运作的真实状况。无论是制度、习俗、观念，还是其他各种可能的要素，在社会不同层面的实际影响力都必然存在显著的落差，这里既有不同层面社会力量的差别，更有地域因素的制约，因此近年来学界尤其重视以灵活的视角，从基层实况出发来观察社会运作。可是，传统的四部文献多出于士人之手，对于基层社会生活的关注明显不足，其趣味立场更有可能扭曲他们的记述。这就是作为一手资料的档案文献的重要性之所在，研究者可以据此找到一条发现当时人们日常生活实况的途径。

社会史与法史虽然是人们观察历史运动的不同视角，但两者本质相同，档案资料对于后者的意义，与前者是一样的。法规由国家机构制定，但是它们在基层的推行落实，相互间不免存在落差。吴铮强认为，“整理与研究龙泉司法档案，自然以解读诉讼文书为根本，以梳理司法实践中诉讼规则的具体形态为基础工作”，指的应该就是如何从解读诉讼文书入手，去梳理当时国家法规在基层具体落实的状况。也正是在这一过程中，他“发现”了1907年袁世凯主持制定的《天津府属试办审判厅章程》。他认为光绪三十二年(1906)沈家本、伍廷芳制定的《大清刑事民事诉讼法草案》，1907年袁世凯主持制定的《天津府属试办审判厅章程》，以及于同年制定并颁布施行十余年的《各级审判厅试办章程》，可以说明在近代中国民事审判模式的演变过程中，传统细故审理与移植德、日民事诉讼法这两者并不能直接衔接，清末民初还出现过相当长时间的过渡阶段，那就是他所提出的职权主义原则。由于《天津府属试办审判厅章程》推行时间与地区均皆有限，在以往的研究中未受到足够的重视，因此被长期忽视。他的这个观点是否能够成立，当然有待于识者的判断，不过这样认识归纳的理路，较之主要依据法规文本从上向下梳理，应该是更贴近历史的。

当然，吴铮强的观点主要依据对龙泉司法档案的解读得出，具有明显的地域性，究竟具有多少普遍意义，还需要有针对不同地区更多的个案研究来证实或证误。有的时候，一项优秀学术研究的价值可能并不局限于它解决了多少问题，也在于它引发了哪些有意义的研究议题。

本人属于就事论事之辈，倾向于目光向下，能够相对深入地观察到历史上民众的柴米油盐与喜怒哀乐，就心满意足。吴铮强显然不满足于此，他常常倾心于一些高大上的目标。如本书所示，他试图以龙泉的个案来“尝试重建中国的‘现代性图景’”的努力，无疑为我们提供了一个观察中国现代化进程的另一个可能的面相，因此也是有意义的。

当初我就转入龙泉司法档案研究一事，征求几位学生的意见，并说明我自己只提供外围帮助，无意直接介入具体的研究工作。因此，十余年来对于他们有关龙泉司法档案的众多研究成果，我也一直只能讲讲“外围”的话，无法深入阐发其意义。尽管史学与法学的不同出身背景的确常常影响学者们具体的研究工作，使之呈现不同的特点，但是经过十余年的努力，我觉得包括吴铮强在内的这几位年轻学者已经在很大程度上弥补了他们在法学学科知识上的不足，再兼以其史学本学科能力之长，在近代法史研究方面，可能更具发展潜力，令人欣慰。

2021 年 9 月 12 日于杭州小和山

绪论　从龙泉司法档案发现职权主义民事审判模式

一　研究过程

虽然审判厅与兼理司法制度早已成为中国法律史研究的专题，利用基层诉讼档案开展有关研究在法史学界也日益流行，但目前所见有关清末民初诉讼规则的讨论并不充分①，而这段历史本身的曲折、混乱可能是导致相关研究薄弱的主要原因②。

整理与研究龙泉司法档案，自然以解读诉讼文书为根本，以梳理司法实践中诉讼规则的具体形态为基础工作。反复解读这一时期的诉讼文书就会发现，在近代中国民事审判模式的演变过程中，传统细故审理与移植德、日民事诉讼法这两者并不能直接衔接，清末民初还出现过相当长时间的过渡阶段。为方便说明，姑借用“职权主义”这一概念来描述过渡阶段的民事审判模式③。

---

①参见王志强：《辛亥革命后基层审判的转型与承续——以民国元年上海地区为例》，《中国社会科学》2012 年第 5 期。王志强认为上海地区的审判模式出现了从超能动主义向中立主义的转型，但仍部分保留了旧有模式。论文以上海这种在现代化进程中具有特殊地位的地区为例，并提出了“超能动主义”与“中立主义”等比较特殊的概念描述诉讼规则的演变。该文与本书的讨论相互参照，无疑为理解中国的近代民事诉讼史提供了更加立体、广阔、丰富的视野。

②论述中国近代诉讼史的相关论著很多，但较少涉及清末民初司法实践中民事审判模式的问题。参见韩秀桃：《司法独立与近代中国》，清华大学出版社 2003 年版；李启成：《晚清各级审判厅研究》，北京大学出版社 2004 年版；杨立杰：《民初民事诉讼法制现代化研究（1912—1928）》，重庆大学 2008 年博士学位论文；张德美：《从公堂走向法庭——清末民初诉讼制度改革研究》，中国政法大学出版社 2009 年版；张勤：《中国近代民事司法变革研究——以奉天省为例》，商务印书馆 2012 年版；唐仕春：《北洋时期的基层司法》，社会科学文献出版社 2013 年版；侯欣一：《创制、运行及变异——民国时期西安地方法院研究》，商务印书馆 2017 年版；〔美〕徐小群著，杨明、冯申译：《现代性的磨难——20 世纪初期中国司法改革（1901—1937）》，中国大百科全书出版社 2018 年版。

③关于职权主义民事审判模式的概念，下文将专门界定。需要说明的是，“当事人主义”与“职权主义”，或“纠问式”与“对抗式”，都是诉讼法理学约定俗成的概念，一旦落实到司法实（转下页注）

清末民初出现“职权主义民事审判模式”，这是在经历了比较曲折的研究过程后提出的观点。清末民初施行的《各级审判厅试办章程》对诉讼规则、审判程序的规定极其含糊，当事人主义原则的《大清民事诉讼律草案》在清末已经修成却未及实施，基层司法实践中审判官与当事人仍保留大量传统理讼观念。因此最初的预判，这一时期民事审判的主要特点应该是传统与现代诉讼观念的混杂与冲突，并没有意识到其中可能存在着一套制度性的职权主义审判模式。

错误的预判导致对龙泉司法档案的解读一度陷入困境。确实，传统与现代的诉讼观念都在影响清末民初的司法实践，但作为诉讼规则，传统细故与现代当事人主义两种民事审理模式在这一时期都无法成立。首先，上诉与缺席审判程序在《各级审判厅试办章程》中已有明文规定，这从根本上破坏了传统细故审理强制调解的内在逻辑；其次，《各级审判厅试办章程》从未赋予当事人在民事诉讼中任何主动（主体性）的地位，当事人主义原则无从谈起；最后，民法的缺失意味着实施现代民事诉讼法的实体法条件尚不具备。于是，对这一时期民事诉讼文书的解读陷入了“毫无规则可言”的困境中。

为了在迷茫困顿中捕捉到某种确凿的线索，一度计划尝试新的研究策略——从个人诉讼观念与实践的角度探讨民国初期诉讼规则的不确定性。具体办法是从龙泉司法档案中寻找较长时段的个案，从个人的诉讼史总结诉讼规则的演变。为此，龙泉司法档案中涉及卷宗数量最多的十余位当事人被一一挑拣出来，再从中寻找个人诉讼史时间跨度最长的个案，最终发

（接上页注）践的层面，各国的诉讼规则却各不相同。从这种意义上讲，任何审判模式都有特殊性，历史学的审判模式研究应该以发现多样性与差异性为目标，并没有严格意义上的、非此即彼的审判模式可言。民国时期的民事审判当然是特殊的、变化的，简单套用西方诉讼法概念无助于说明审判模式的具体形态。只是由于民国时期民事诉讼规则演变的最终结果是移植德、日民事诉讼法，其“当事人主义”的性质既是法理上通常的定义，又很好地概括了诉讼规则的特点，也体现了当时司法变革的明确目标。在采用“当事人主义”概念的基础上，为方便比较与概括，故而借用通常与“当事人主义”对应的“职权主义”概念来描述民事诉讼规则演变的过渡状态。虽然过渡时期的诉讼规则大致上符合一般“职权主义”的特征，但西方并不存在严格意义上的职权主义民事审判模式（“职权主义”通常只适用于刑事诉讼），过渡时期的相关立法中也不存在“职权主义”的概念，因此使用“职权主义”这个概念主要是一种描述、比较性的概括，并不具备严格的法理意义。参见〔美〕米尔伊安·R. 达玛什卡（Mirjan R. Damaška）著，郑戈译：《司法和国家权力的多种面孔——比较视野中的法律程序》，中国政法大学出版社 2015 年版。

现盖竹村罗建功的诉讼史始于1914年，至1935年尚未结束，经历了民国时期龙泉县民事诉讼变革的所有重要阶段。于是罗建功个案成为重新讨论民事诉讼规则演变的主要线索，但对其进行研究所产生的效果又在预料之外。

通过田野调查发现罗氏族谱及相关碑刻材料之后，罗建功个案的相关材料变得非常丰富，因此研究的注意力转向了实体法的演变问题以及更宏大的社会文化史命题，最终形成了一部讨论社会转型中个人诉讼策略演变的书稿即《罗建功的诉讼史》。由于这部书稿是由民事诉讼规则的研究转化而来的，个人史的叙述被分置在对诉讼制度的梳理中，造成结构怪异、主题游离等明显的问题。经过十余位专家的讨论与个人的反复权衡，考虑到诉讼规则部分具有独立且未必次要的学术价值，最终还是决定将个人史部分剥离出来，诉讼规则部分仍独立成书。

而随着对罗建功个案的深入解读，也逐渐意识到这一时期诉讼规则的含糊混乱，并不只是由传统与现代两种审判模式的纠缠所致，而是另有其制度性原因，即这一时期的司法实践中存在着职权主义民事审判模式。只是这种审判模式相当隐晦，若不是在个案研究中对当时的诉讼文书展开咬文嚼字式的解读与刨根究底式的追问，就无从感受到当时的诉讼参与者围绕着某种独特的诉讼规则所展开的较量，更无从追寻这背后职权主义民事审判模式的成文法依据。

总体而言，通过龙泉司法档案发现的职权主义审判模式，其内容主要包括以下几个方面。首先，清末民初施行十余年之久的《各级审判厅试办章程》主要参照《天津府属试办审判厅章程》修订而成。后者虽然只是一部地方性法规，却比较明确地构建了民事诉讼的职权主义审判模式。这部法规在民国时期从未实施，但龙泉司法档案所见北洋时期诸多诉讼规则只能追溯至此。其次，由于传统细故审理模式的崩溃以及当事人主义诉讼规则尚未构建，为了维系司法事务的运作，基层审判机构不得不依职权自行探索诉讼规则。因缺乏社会力量与法学家参与，由行政官员摸索出的审判模式也只可能是职权主义的。最后，在从中央到基层各层级适应现代法律制度的条件极不平衡的情况下，职权主义审判成为填补制度缺失的最便利办法。但完整移植西方民事诉讼法规是清末已经确立的司法变革目标，职权主义审判模式从未获得法理上的正当地位，由此注定其隐晦不显的命运。

当然，除了还原一段隐晦的民事诉讼史以外，以上发现的过程也为我们提供了理解近代中国现代化进程的全新体验，对反思中国的现代性图景也有重要的启示。

二　民事诉讼审判模式的类型

为了便于讨论，对所谓“职权主义民事审判模式”应该有所界定。职权主义与当事人主义是同时出现在刑事与民事诉讼制度中的一组概念，在刑、民诉讼制度中各有其界定的标准。为了避免混淆，以下将相关定义一一列举。

在刑事诉讼制度中，职权主义被定义为：

> 职权主义：辩论主义的对称，又称审问式。法庭审理阶段诉讼的进行、证据的调查以法院为主，不受当事人意向或主张拘束的一种混合式诉讼形式。职权主义是相对于当事人主义的另一种具有代表性的混合式诉讼形式。不论当事人是否声明陈述，法院皆可以依职权收集证据；不论当事人范围如何，法院甚至可以超越当事人申请的范围进行裁判。德国、法国等大陆法系国家多实行职权主义。所谓职权主义，就是对德、法等大陆法系国家所采用的刑事诉讼形式的一种理论概括。职权主义不同于当事人主义的主要特点是：(1)法庭对证据的调查始终以法官为主进行。法官亲自审问被告人，询问证人，出示物证、书证，对各种证据进行查对核实。法庭调查什么证据以及按照怎样的顺序调查等，均由法院决定，而不受当事人的意向或者主张的约束。检察官和辩护律师在得到法官允许后虽然也可以向证人发问，也可以出示物证、书证，但是，检察官和辩护律师的这类活动一般不会成为法院调查的主要内容。(2)强调实质真实。刑事诉讼过程的各主要诉讼阶段都以实质真实为追求目标。(3)实行全案移送制度，即检察官向法院起诉时，将全部案卷材料和证据连同起诉书一并移送法院，使法官在开庭审判前就能全面系统地了解指控的犯罪事实和证据情况。(4)对证据的能力或资格，除用刑讯等非法手段取得的口供应予排除外，一般没有形式规则限制。①

①刘家兴编：《北京大学法学百科全书：民事诉讼法学、刑事诉讼法学、行政诉讼法学、司法鉴定学、刑事侦查学》，北京大学出版社 2001 年版，第 706 页。

刑事诉讼的当事人主义被定义为：

当事人主义：又称对抗式。法庭审理阶段诉讼的进行、证据的调查以当事人为主，法院以消极仲裁者姿态出现，听取当事人双方举证和辩论后作出判断和裁决的一种混合式诉讼形式。采用这种刑事诉讼形式的，主要是美国、英国等英美法系国家。所谓当事人主义，就是对英、美等国家所采用的刑事诉讼形式的一种理论概括。与当事人主义相对应的是职权主义。当事人主义与职权主义是当今世界最具有代表性的两种不同的混合式诉讼形式。当事人主义不同于职权主义的主要特点是：(1)法庭调查证据的范围一般取决于当事人双方，对证据的调查采取交叉询问的方式，即由检察官和辩护律师对彼此传唤到庭的证人交替进行直接询问和反复询问。法庭的调查始终以控、辩双方为主进行，法庭审理过程始终贯穿着控、辩双方之间的辩论与对抗。(2)法院开庭审理这个环节，在刑事诉讼过程中居于核心地位，法庭上的活动及其法律后果，具有决定性意义。(3)实行起诉状一本主义，全部案卷材料和证据连同诉状一起一并移送法院。法官在开庭审理前只了解诉讼中所列举的内容，对全部案件材料和证据则不清楚。(4)有比较详细的形式证据规则，用以限制或约束对证据的提出和采用。①

在刑事诉讼中，当事人主义与职权主义是英美法系与大陆法系中两种不同的审判模式。但无论英美法系还是大陆法系，民事诉讼原则上均采用当事人主义，职权主义在民事诉讼中仅是一种辅助诉讼手段：

职权主义诉讼：当事人主义诉讼的对称。指不论当事人的意思表示如何，法院依职权主持诉讼的进行，体现了法院对诉讼的干预和控制。在民事诉讼中既有当事人主义诉讼，也有职权主义诉讼，一般以当事人主义诉讼为主，职权主义诉讼为辅。当事人主义诉讼指依当事人的意思表示实施诉讼行为的诉讼形式，起诉、撤诉、反诉、上诉、上告、抗告及和解等都是当事人主义诉讼的体现；送达、指定期日、裁定中止诉讼、裁定继续诉讼等则是职权主义诉讼的体现。②

---

①刘家兴编：《北京大学法学百科全书：民事诉讼法学、刑事诉讼法学、行政诉讼法学、司法鉴定学、刑事侦查学》，第64页。

②刘家兴编：《北京大学法学百科全书：民事诉讼法学、刑事诉讼法学、行政诉讼法学、（转下页注）

而民事诉讼的当事人主义（又称“当事人进行主义”）被定义为：

当事人进行主义：职权进行主义的对称，民事诉讼程序的开始、进行及终结，均依当事人的意思表示而决定。它是民事诉讼的重要理论原则。依据当事人进行主义，民事诉讼程序因当事人的起诉而启动，二审程序因当事人的上诉而开始，当事人可以通过撤回起诉、上诉或和解而终结民事诉讼程序。当事人进行主义是资产阶级革命胜利的产物，它是在批判封建诉讼制度和原则的基础上形成的，是对封建时期法官主宰整个审判过程，当事人只听从法官指挥的审判方式的否定。当事人进行主义于19世纪首先出现于法国、德国，以后被各国民事诉讼法所借鉴和规定。各国在采用当事人进行主义的同时，也不同程度地兼采职权主义。在我国民事诉讼中实行处分原则，即当事人有权处分自己的诉讼权利和实体权利，如撤诉、和解、上诉等，但是，当事人的处分行为必须符合法律的规定，即当事人的处分行为不能损害国家、集体和他人的利益。[②]

据此可知，在西方现代诉讼制度中，职权主义作为一种审判模式只存在于刑事诉讼，民事诉讼无不采用当事人主义[③]，职权主义只是民事诉讼的辅助手段。

当然，历史上并非没有出现过职权主义民事审判模式。按张卫平的观点，苏联民事诉讼体制属于绝对职权主义审判模式：

法院无论在收集证据，或者在审查双方当事人关于放弃诉讼请求，承认请求以及和解等声明方面，都要进行广泛的干预，目的是要帮助当事人实现他们的权利和合法利益……法院在解决案件时不受双方当事人请求范围的拘束……不仅当事人等有责任向法院提出能够证明自己要求的证据，而且法院也有权自己主动收集证据以便查明当

(接上页注)司法鉴定学、刑事侦查学》，第706页。

②刘家兴编：《北京大学法学百科全书：民事诉讼法学、刑事诉讼法学、行政诉讼法学、司法鉴定学、刑事侦查学》，第62页

③张卫平曾指出：“笔者一直主张把英美法系民事诉讼体制和大陆法系民事诉讼体制归入同一基本模式——当事人主义，就是因为英美法系民事诉讼体制和大陆法系民事诉讼体制完全符合当事人主义的基本特征和质的规定性。”参见张卫平：《民事诉讼基本模式：转换与选择之根据》，《现代法学》1996年第6期。

事人真实的相互关系。①

深受苏联的影响，中国1982年的《民事诉讼法（试行）》也可以归为职权主义审判模式：

在对待裁判争议的事实根据上，法院对民事争议的裁判可以不依当事人的陈述和提出的证据为根据。法院可以、甚至完全以自己独立收集的证据为依据对案件进行裁决。法院在诉讼中完全不受当事人双方陈述的约束，当事人的陈述顶多不过是法院做出公正裁判的信息渠道之一……在各种具体程序的启动和终结方面，法院具有主动性和决定性……在证据收集方面，法院可以在当事人主张的证据范围以外收集其他任何证据……在对待国家公益或社会利益与当事人的个体利益的相互关系上，强化国家公益或社会利益，弱化当事人的个体利益，从而在一定程度上否定当事人的处分权……②

而在龙泉司法档案中发现的所谓职权主义民事审判模式，就是指类似苏联或中国1982年的职权主义民事诉讼规则。

清末民初的职权主义民事审判模式，系从传统细故审理转化而来，因此除与当事人主义民事诉讼进行比较外，还需要界定其与传统细故审理的区别。对传统细故审理的讨论已经相当丰富③，这里只从审判模式类型的角度略作总结。理解传统细故审理模式或可参考现代中国曾经流行的马锡五审判模式。马锡五审判模式名义上虽由1943年任陕甘宁边区高等法院分庭庭长的马锡五开创，实际上则是对当时边区司法审判的概括，其特点从宣传角度讲是深入群众，从法律史角度讲是“对我国传统的民间纷争解决方式的直接继承和发扬”，“纠纷解决的裁判者直接深入到纷争现场，了解纷争形成的过程，调查收集有关纷争的证据，并在此过程中对当事人

①张卫平：《绝对职权主义的理性认知——原苏联民事诉讼基本模式评析》，《现代法学》1996年第4期。

②张卫平：《转制与应变——论我国传统民事诉讼体制的结构性变革》，《学习与探索》1994年第4期。

③参见〔日〕滋贺秀三等著，王亚新等译：《明清时期的民事审判与民间契约》，法律出版社1998年版；〔日〕寺田浩明著，王亚新等译：《权利与冤抑：寺田浩明中国法史论集》，清华大学出版社2012年版；〔美〕黄宗智：《民事审判与民间调解：清代的表达与实践》，中国社会科学出版社1998年版；林端：《中西法律文化的对比——韦伯与滋贺秀三的比较》，《法制与社会发展》2004年第6期；俞江：《明清州县细故案件审理的法律史重构》，《历史研究》2014年第2期。

双方进行说服教育，最终化解（审判与调解相结合）纠纷”[①]。虽然“裁判者直接深入到纷争现场”这一点与传统细故审理有明显区别，但就“对当事人双方进行说服教育，最终化解（审判与调解相结合）纠纷”而言，马锡五审判模式与被描述为“教谕式调停”的细故审理模式非常一致，简言之，两者都是“强制调解”而非“依法判决”的过程。

20 世纪 90 年代以来，中国再次经历民事审判模式的变革，变革的对象是说服教育式的马锡五审判模式与苏联式职权主义审判模式[②]。与此类似，清末民初时期民事审判模式的演变，同样在强制调解、职权主义、当事人主义三种审判模式之间展开。两次变革的历史背景、社会动力、政治意义都有根本区别，但在司法技术层面有诸多问题可以相互参照[③]。

三 《天津府属试办审判厅章程》的重新发现

中国职权主义民事审判模式在当代是移植苏联民事诉讼体制的结果，在近代则是清末司法变革的特殊产物。清末职权主义民事审判的立法，发端于光绪三十二年（1906）沈家本、伍廷芳制定的《大清刑事民事诉讼法草案》（以下简称《刑事民事诉讼法》），又以 1907 年袁世凯主持制定的《天津府属试办审判厅章程》的立法技术最为完备，同年制定的《各级审判厅试办章程》则施行十余年之久，影响甚大。关于这三部刑民合一的诉讼法规，讨论《刑事民事诉讼法》的专题论文甚多，关注点集中于张之洞等人对该法规的激烈反对及其废止（搁置）的过程。但在对《刑事民事诉讼法》的众多反对声中，袁世凯对该法规多有肯定，《天津府属试办审判厅章程》其实是对《刑事民事诉讼法》的修正与完善。《天津府属试办审判厅章程》作为一部地方性临时法规，长期未受到法律史界重视，只有张培田、李胜渝论述过这三部法规制定过程的连续性以及《天津府属试办审判厅章程》的立法特色，也明确指出《各级审判厅试办章程》是“根据《天津府属试办审判厅章程》的

①张卫平：《民事诉讼基本模式：转换与选择之根据》，《现代法学》1996 年第 6 期。

②参见王亚新：《社会变革中的民事诉讼》，中国法制出版社 2001 年版；张卫平：《转换的逻辑——民事诉讼体制转型分析》，法律出版社 2007 年版。

③笔者有关当代中国民事诉讼体制变革的知识缺失，因王亚新教授当面的教诲指导而得以弥补，特致以衷心感谢。

试验结果”修成[①]，但并没有阐明《天津府属试办审判厅章程》对《刑事民事诉讼法》有所传承。

这三部法规的审判模式，目前只对《刑事民事诉讼法》形成专题讨论，明确其刑事审判模式属于职权主义或传统纠问式，但其民事审判模式的性质尚无定论。胡瀚依据该法规第116条认为它“以当事人主义诉讼模式为主导”，但该法规第119条规定“当两造及各证人质讯时，如有不明处，公堂可随时索解”，因此又认为其“仍然存在着职权主义的因素”，是“混合模式”[②]。胡康则在确定其刑事诉讼属于“传统纠问式审判”的同时，指出该法未能对刑、民案件进行严格区分，仍将婚姻家庭案件归为刑事，又由于当时尚无民法，指出民事诉讼尚不具备独立的条件[③]。论者无从确认这部法规的民事审判模式，原因一方面是因《刑事民事诉讼法》立法技术上的简陋混乱，比如其第116条详细规定的案值“逾五百圆者”在民事诉讼审讯时应进行言词辩论的规则确实具有当事人主义的特点，但其第115条规定的对于案值“未逾五百圆者”，“公堂讯问证人，及检查凭证之后，应即决定判词”又毫无当事人主义色彩[④]；另一方面正如张之洞所批评的，在实体法（民法）不具备的情况下移植当事人主义民事审判程序根本就是无稽之谈。

可能因为是一部地方性临时法规，袁世凯主持制定的《天津府属试办审判厅章程》几乎已被法史研究者遗忘。其实这部法规比较明确地构建了职权主义民事诉讼规则，而这又是继承和修正《刑事民事诉讼法》的结果。在张之洞等人严厉批评《刑事民事诉讼法》之前，袁世凯率先对该法提出整体肯定的评价，认为“今奉颁刑事、民事诉讼各法，考欧美之规制，准中国之情形，大致变略为详，变虚为实，原文二百六十条，相承一气”，除了“陪审员”部分断难施行以外，其他内容虽有不妥，但仍可作为修正的基础，“谨督同属僚中之娴习法律者，体察本地情形，悉心研究，或原文罅漏，尚待声明；

---

①张培田、李胜渝：《中国近代诉讼审判机制转型初期的折衷变通》，《中西法律传统》（第5卷），中国政法大学出版社2006年版，第354页。

②胡瀚：《〈大清刑事民事诉讼法〉草案若干问题刍议》，《重庆科技学院学报（社会科学版）》2010年第22期。

③胡康：《〈大清刑事民事诉讼法草案〉立法导向考辨》，《求索》2010年第2期。

④《刑事民事诉讼法》，怀效锋主编：《清末法制变革史料》（上卷），中国政法大学出版社2010年版，第443页。

或礼俗不同，暂难更变”[①]。据王仁铎编《天津府属试办审判厅章程理由书》，天津试办章程的大量条文参照或直接援引《刑事民事诉讼法》，如第3条刑事、民事案件分设的理由为“谨按：此条系规定案件之分类，采用修律大臣奏颁民、刑诉讼法第一条”[②]。诸如此类的“理由”多达30余条，可以说《天津府属试办审判厅章程》就是《刑事民事诉讼法》的修订版。同年法部奏呈《各级审判厅试办章程》时，称赞《天津府属试办审判厅章程》“调和新旧，最称允协，洵足为前事之师”，并明言“既于该章程所试行者采用独多”[③]，说明它无疑是继承了《天津府属试办审判厅章程》的立法成果。但《天津府属试办审判厅章程》对诸多审判程序的具体规定，在《各级审判厅试办章程》中已经简化为第33条“凡审判方法，由审判官相机为之，不加限制”，这几乎赋予审判官调查与裁判的无限权力[④]。总之，清末三部刑民合一诉讼法的制定是前后传承的过程，其立法原则具有共通性，其职权主义的民事审判模式可以依据立法技术最为完备的《天津府属试办审判厅章程》予以确认。

这三部诉讼法对传统细故审理模式的破坏或抛弃，主要体现在否定审前准理制度、允许单方审理（缺席审判）与上诉制度、取消遵结状制度等方面。而《天津府属试办审判厅章程》第51条刑事、民事案件共同适用，其中规定“凡审讯先讯问被告，次原告，次证人，皆隔别讯问，其必须对诘者亦得同时讯问，但非经承审官发问，两造不得自行辩驳”[⑤]，《天津府属试办审判厅章程理由书》进一步解释称“其用隔别讯问者，欲易得事实之真相也”[⑥]，强调实质真实主义原则——这是职权主义与当事人主义诉讼模式的主要区别之一。

四 司法实践中职权主义审判模式的构建

将民国初年诉讼文书的法源追溯到以《天津府属试办审判厅章程》为

①袁世凯：《袁世凯奏遵旨复陈新纂刑事民事诉讼各法折》，怀效锋主编：《清末法制变革史料》（上卷），第387页。

②王仁铎：《天津府属试办审判厅章程理由书》，《北洋法政学报》1907年第31册，第3页。

③《法部奏酌拟各级审判厅试办章程折》，怀效锋主编：《清末法制变革史料》（上卷），第413页。

④参见胡康：《论清末民事诉权制度的变革》，西南政法大学2010年博士学位论文。

⑤《天津府属试办审判厅章程》，《北洋法政学报》1907年第10册，第17页。

⑥王仁铎：《天津府属试办审判厅章程理由书》，《北洋法政学报》1907年第32册，第42页。

核心的三部刑民合一诉讼法的规则，据此确认职权主义民事审判模式后，对龙泉司法档案文书的解读与诉讼规则的梳理便形成了比较清晰的线索。除对法规、制度与审判机构的演变进行梳理外，本书的研究重点是对传票、诉状、调查报告、庭审记录与判决书这5种主要民事诉讼文书的演变进行解读与分析。

关于诉状。传统细故审理与当事人主义审判模式都有自己固有的诉状叙述模式，职权主义审判模式既没有悠久的传统，又缺乏完备的法理体系，自然没有形成独有的诉状叙述模式。清代的诉状形成了“无异、突出、非沐、乞叩”的叙述模式，对此问题学界尚无专题研究。本书第三章围绕“无异”概念重新总结传统细故审理的内在逻辑。光绪年间三部刑民合一诉讼法虽然也有对诉状叙述模式的具体规定，但这些法规或被搁置，或为地方性的暂行法规，对司法实践没有形成明显的影响。已经修成但未及施行的《大清民事诉讼律草案》已经确立了当事人主义原则，当事人主义民事诉状叙述模式在清末民初的法学界、律师界已经相当流行，主要体现为“事实、理由、请求”的三段式结构，20世纪30年代以后又形成围绕“诉讼标的”展开的诉状叙述模式。本书第四、五章梳理状纸程式的演变，法规中对诉状叙述模式规定的调整，当事人主义诉状模式的形成，以及新式状词的知识传播途径。1929年县法院建立之前，龙泉县的状词主要沿袭传统的叙述模式，并根据司法变革的进展调整某些具体的表述，职权主义诉讼法规对诉状的要求在龙泉司法档案中没有明显的体现，只有背景特殊的李镜蓉曾于1914年撰写过一件“事实、理由、请求”模式的疑似当事人主义诉状。进入20世纪30年代，民事诉状的批词开始消失，意味着诉讼“准理”制度的终止，明确的诉讼请求成为民事诉状固有的内容，这两方面的此消彼长标志着当事人主义诉状叙述的确立。但当时传统状词的“无异”观念并未消失，标准的现代民事状词也不多见，民众自撰状词依然大量保留了传统状词的叙述模式，甚至出现了1934年律师练公白撰写的一件状词将标准现代民事状词嵌入传统“无异”状词叙述模式的情况。本书第六章依据练公白的这件状词，提出传统与现代性不对应关系的概念，并结合1914年李镜蓉的状词，对民事审判模式现代化进程中的传统与现代性的互嵌关系展开讨论。

关于传票。传统细故审理本质上是强制性调解，调解须经当事人服从而成立，因此必须确保当事人等到案受讯。传讯由差役执行与负责，传票其实是差役接受指派的公文——“信牌”“差票”的一种。本书第七章以相当大的篇幅追溯了宋代之后的传票即“信牌”“差票”的演变历程。如果传讯不到，传统细故审理模式就难以为继，当事人利用避讯破坏审判进程因此成为可能。本书第八章专题讨论龙泉司法档案晚清文书所见的“屡票不案”现象。清末三部刑民合一诉讼法规均有缺席审判的规定，当事人传讯不到不再影响诉讼进程，传讯逐渐演变为将传票送达当事人等制度。但是除了《刑事民事诉讼法》含糊地规定“凡传票，由公堂饬堂弁亲交被告”以外[①]，三部刑民合一诉讼法规对传票送达制度都没有做具体的规定。基层审判机构不得不在司法实践中自行摸索传讯制度，先后经历了不再要求传票送递人为当事人到案应讯负责，取消传票收费，逐渐建立传票签收(送达证书或回执)制度等变革，整个过程不无混乱与困扰。本书第九章主要讨论这个演变过程。

关于调查报告。在现代民事诉讼中，庭外调查一般只是辅助手段，并非必要程序。传统细故审理与调查相关的程序则比较丰富，有查明、查理、查勘等不同形式。查明是审前程序，主要作用是确认纠纷的虚实，据以决定是否受理(准理)案件。查理是庭外调解程序。两者其实都不是细故审理的正式程序。查勘则是在有必要的情况下对当事人提出的事实主张及证据进行核查，相当于现代民事诉讼制度中的勘验。但在龙泉司法档案1912年至1918年间的调查报告中出现了秘密调查程序，这是在职权主义诉讼规则不健全的情况下，基层审判机构在司法实践中自行摸索诉讼程序非常突出的一种表现。民事诉讼的秘密调查程序从产生到消亡只有短短数年时间。龙泉县1912年的县知事朱光奎是该制度的首创者，他有可能是在脱离庭审程序的情况下仅依据秘密调查的结果直接形成了事实认定。杨毓琦似乎是朱光奎的拙劣模仿者，脱离庭审、依据秘密调查直接“发现真实”的审判模式在他手中几乎成为一场灾难。此后张绍轩、张济演两位审判官的事实认定不再脱离庭审，但秘密调查仍是事实认定的基础。最后王施海仍然采用秘密调查程序，但调查结果不再构成事实认定的直接依据，而是成为庭审的准备工作。通过秘密调查“发现真实”，是职权主义审判模

① 《刑事民事诉讼法》，怀效锋主编：《清末法制变革史料》(上卷)，第442—443页。

式中实质真实主义观念的极端体现，其明显的局限性及自我修正的过程，体现了这一时期基层司法实践的困境及相当程度的能动性。这是本书第十章“秘密调查兴衰史”所讨论的内容。

关于庭审记录。龙泉司法档案先后出现了供词、讯问笔录与言词辩论笔录三种形式的庭审记录，与诉状或判决相比，其变化脉络显得尤为清晰，研究中一度设想将其作为确定诉讼史分期的有效依据。但随着解读的深入，发现其中的问题非常复杂。首先，形式上的供词未必仍是供词，1916年以后的供词叙述变得支离破碎，实质上是供词形式的讯问笔录；其次，1922年以后的讯问笔录脱离了供词形式，似乎名副其实，但审判官在依职权开展的庭审中又会参照当事人主义原则及言词辩论程序；最后，1930年以后讯问笔录变为言词辩论笔录，庭审也严格采用言词辩论程序，但当事人一般不具备独立陈述与辩论的能力，需要根据审判官的问题提示完成言词辩论，因此言词辩论笔录的内容多为审判官与当事人之间的问答，形式上类似讯问笔录。本书第十一、十二章讨论供词的变形以及讯问与言词辩论之间形式与实质的纠缠。

关于裁断文书。自1913年要求审检所制作判词，1914年又允许以堂谕代判词，至1934年禁止堂谕代判决，这期间中国出现了堂谕与判决（词）两种裁断文书形式并行的双轨体制。从审判模式的角度讲，其中又有三种规则的层叠，《天津府属试办审判厅章程理由书》阐明判词只是对传统堂谕“即仍旧例而略增加之”[1]，但1915年《遵照部订判词程式通饬》要求按当事人主义原则撰写民事判决，导致双轨制中堂谕与判决的诉讼原则的背离。本书在第十三章梳理双轨制的形成，第十四章则描述在司法实践中，无论堂谕、判词或判决，其体现的诉讼观念并不确定，因人因时灵活变化，只是1922年《民事诉讼条例》施行以前两种裁断文书大体维持着诉讼观念的一致性，此后则出现明显的分裂，直至1926年以后堂谕迅速消失。

总之，构建职权主义民事审判模式的清末三部民刑合一诉讼法规，对传票、诉状、庭审记录与判词都有所规定。而司法实践的实际状况，一方面深受职权主义审判模式的影响，另一方面却很少严格遵守这些法条的规定，反而是没有明文规定的秘密调查程序最能体现职权主义审判模式的特

①王仁铎：《天津府属试办审判厅章程理由书》，《北洋法政学报》1907年第33册，第67页。

点。这一时期的民事诉讼总给人以杂乱无章的印象，或误以为这是传统细故审理与现代当事人主义审判模式的纠缠，很难意识到其背后存在职权主义审判模式的制度框架。

五 民事诉讼规则的层叠错位现象

从职权主义民事审判模式在司法实践中若隐若现、捉摸不定的背后，又可以观察到民事诉讼规则的层叠错位现象。

一方面，职权主义民事审判模式确实以法规的形式存在，并且在全国范围内施行过相当长一段时间。如前文所述，其发端是受到较多关注的《刑事民事诉讼法》，其完善是《天津府属试办审判厅章程》，其实施则是《各级审判厅试办章程》。另一方面，构建这种审判模式的法规从未获得充分的合法性。不仅《刑事民事诉讼法》因备受质疑而旋遭搁置，《天津府属试办审判厅章程》作为地方性临时法规长期被人忽视，即使是施行十余年之久的《各级审判厅试办章程》本身也是临时性法规。其实，在《刑事民事诉讼法》被搁置后，清廷的立法方向迅速转向法律移植，并于 1910 年修成当事人主义的《大清民事诉讼律草案》，并计划于 1914 年实施；而《各级审判厅试办章程》于 1907 年修成(仅历时 2 个月而已)、1909 年实施，在立法与实施两个方面都扮演着临时顶替的角色。虽然直至 1922 年中国才第一次颁布当事人主义的《民事诉讼条例》，但自 1910 年《大清民事诉讼律草案》形成之后，作为司法变革的方向，当事人主义审判模式已经确立了其在法理上的合法地位。《各级审判厅试办章程》非但是临时性的，在法理上也不具备充分的合法性，这是职权主义审判模式不能充分发展的重要原因。

同样重要的是，《各级审判厅试办章程》不但没有充分的合法性，而且从未在全国范围内实施。清末司法独立变革最重要的举措是试办审判厅，《各级审判厅试办章程》仅用于审判厅，但各地建立审判厅的范围极其有限，县级审判厅更寥寥无几，除了状纸形式的变化，这一法规对清末龙泉县的审判模式几乎没有任何影响。民国初年，龙泉县仍没有成立审判厅，其审判机构虽不断有所调整，但总体上仍实行县知事兼理司法制度。这期间以《县知事审理诉讼暂行章程》为代表的适用于龙泉县的审判制度有一个共同的特点，即无不参照《各级审判厅试办章程》而修订，却不能充分实施该章程，从而造成基层审判机构的适用法与国家诉讼法的严重脱节。

总之，职权主义审判模式在清末民初既未获得充分的合法性，又未广泛实施，因而造成这种审判模式隐晦不彰、捉摸不定的形态。这种现象意味着清末民初民事诉讼规则不同层面——立法、实施法、适用法，以及未必能遵守适用法的司法实践——之间的脱节错位，这就是诉讼制度的“层叠”现象。

层叠现象是理解当时民事诉讼规则复杂性的重要背景，对解读1930年以前的龙泉司法档案意义重大，因此整个研究先以第一编的两章内容交代近代中国民事诉讼的立法史以及龙泉县审判机构的变迁。具体而言，龙泉县诉讼规则的层叠现象又经历了几个阶段：1.1912—1916年执法科、审检所、县公署时期，立法、实施法、适用法与司法实践四级层叠错位；2.1916—1922年，在浙江省重建审检所之后，司法实践中细故审理的色彩减弱，层叠错位现象由四级变为三级；3.1922—1929年，北洋政府的《民事诉讼条例》取代《各级审判厅试办章程》，诉讼规则的立法、实施法两个层面得以统一，龙泉县继续实行县知事兼理司法制度，适用法与实施法仍存在层叠错位；4.1929年11月县法院成立后，龙泉县诉讼规则的层叠错位现象基本消失。

六 从诉讼史反思现代性

如果认同现代化的线性发展时间观，那么过渡模式、层叠现象，都可以理解为是减少现代化阻力的变通手段，同时也体现了现代化进程的曲折艰难。但是如果对线性发展时间观有所质疑，就会意识到所谓的过渡模式、层叠现象可能正是历史常态，现代性虽然引导着社会变迁的方向，却很难改变既有社会固有的结构模式。从这种意义上讲，与其将传统社会结构视为现代化进程的载体，不如把现代性(现代化进程)视为新参与既有社会结构的一个特殊要素，本书的终编“兼论”部分将从这个角度尝试重建中国的“现代性图景”。

通过对相关法规与机构的梳理，以及龙泉司法档案中传票、诉状、调查报告、庭审记录与裁断文书等5种主要民事诉讼文书的解读与分析，可以发现清末民初的民事诉讼主要采用职权主义审判模式，其法规依据可以追溯到清末的《天津府属试办审判厅章程》等。由于立法技术过于简陋，相关法规在确立职权主义审判原则的同时，不能提供合理完备的诉讼程序，为了维系审判事务的运作，基层审判机构于是依职权自行探索诉讼规则，导致北洋时期民事诉讼程序处于极不稳定状态。这种不稳定状态具体表现为传统与现代性的断裂、层叠与互嵌等结构模式，由此形成一种“既有结构局部现代化”的图景，其主要特点包括：1.始终摆脱不了“两头不到岸”的过渡、断裂状态；2.传统与现代性的断裂催生出各种临时弥补机制；3.“纯正”现代性的异化在中国社会是常态，现代化的意义只能从传统与现代的互嵌关系中获得理解。如果中国注定不能构建“完美”的现代性社会形态，那么突破现代性的视野就成为探寻中国社会“理想类型”的必要条件——需要声明的是，这并不意味着本书的论述将会倾向于某种保守主义的立场。

把这部分称为“兼论”而非“结论”，理由是历史研究的结论只能停留在史实层面上的总结，“理论构建”绝不可能由“历史事实”逻辑性地推导而出，而只能是从某些历史事实中获得启发，依据自己的价值立场所展开的主观构建。笔者并非法史学领域的研究者，本来就是怀着对现代性理论的困惑而展开对龙泉司法档案民事诉讼文书的研究，但作为史学工作者，仍应该强调史实还原与理论构建之间的清晰界限。因此，笔者为整个研究设定的目标，首先是作为龙泉司法档案的整理者，通过对近代中国诉讼史的梳理，为这批档案的利用提供更多解读上的便利；其次是揭示近代中国民事诉讼史的职权主义过渡阶段，或为诉讼史研究提供某些补充；最后则是出于自己的价值关怀，从以上史实梳理中获得启示，进而反思现代性理论并尝试重建近代中国转型的解释范式。

第一编　法规

第一章　清末三部刑民合一诉讼法的审判模式

对清末司法变革以来中国近代诉讼制度的演变，法史学界已经基本梳理清楚。就民事诉讼制度而言，清末修成但未实施或者未修成的诉讼法包括：1906年的《刑事民事诉讼法》、1910年的《刑事民事诉讼暂行章程》、1911年的《大清民事诉讼律草案》[①]。而在1907年，还出现了兼具临时性诉讼法性质的审判机构编制法《各级审判厅试办章程》。该法规的实施时间应该是1909年，并沿用至1922年《民事诉讼条例》《刑事诉讼条例》施行时才予废止[②]。法史学界对《各级审判厅试办章程》的重要性有所认识，认为它是"清末惟一正式公布的具有近代诉讼法性质的法规"[③]，因"得益于"明显的保守性而获得实施[④]。可能因为其保守性，《各级审判厅试办章程》在近代中国诉讼法移植（或现代化）进程中显得乏善可陈甚至无关紧要，而稍早出现的地方性法规《天津府属试办审判厅章程》更被排除在通常的诉讼史叙述之外[⑤]。但事实上，《刑事民事诉讼法》《天津府属试办审判厅章程》《各级审判厅试办章程》这三部刑民合一的诉讼法构建了独特的审判模式，开创了近代中国诉讼制度史的一个特殊阶段。

一　清末刑民合一的诉讼法规

清末实行司法变革当然是清廷在西方文明冲击下的应激反应，但不同

---

①参见陈刚、何志辉、张维新：《清末民事诉讼立法进程研究》，陈刚主编：《中国民事诉讼法制百年进程》（清末时期第一卷），中国法制出版社2004年版。

②参见杨立杰、陈刚：《民初民事诉讼法制现代化研究（1912—1928）》，陈刚、邓继好主编：《中国民事诉讼法制百年进程》（民国初期第一卷），中国法制出版社2009年版。

③朱勇主编：《中国法制通史》（第9卷），法律出版社1999年版，第296页。

④参见张德美：《探索与抉择——晚清法律移植研究》，清华大学出版社2003年版；梁治平：《礼教与法律：法律移植时代的文化冲突》，广西师范大学出版社2015年版。

⑤参见李启成：《晚清各级审判厅研究》，北京大学出版社2004年版；王浩：《清末诉讼模式的演进》，中国政法大学2005年博士学位论文；胡康：《论清末民事诉权制度的变革》，西南政法大学2010年博士学位论文。

文明撞击产生的效应并无必然的模式可言。在司法变革领域，法律移植固然成为主流模式，但清廷最初的尝试相当微妙。就诉讼规则而言，1910 年形成的《大清民事诉讼律草案》(包括未完成的《民事刑事诉讼暂行章程》)，第一次在立法层面上抛弃传统中国的审判经验，直接移植德、日民事诉讼法①。然而在此之前，尚有光绪三十二年至三十三年(1906—1907)间形成的《刑事民事诉讼法》《天津府属试办审判厅章程》《各级审判厅试办章程》这三部刑民合一的诉讼法规。

这三部诉讼法规的特殊性似乎尚未得到学界的充分注意，甚至出现了理解上的偏差与误解。《刑事民事诉讼法》由于试图引进法庭辩论、律师与陪审团等制度而遭到张之洞等大臣的激烈反对，一般被理解为是激进移植英美法系的失败尝试，不如《大清民事诉讼律草案》移植德、日法系那般较为适宜国情。《各级审判厅试办章程》则被视为保留传统纠问主义审判方式的保守性法规，似乎无法与《刑事民事诉讼法》联系起来考察。《天津府属试办审判厅章程》更是乏人问津，主持制定者袁世凯的敏感身份或者其地方性临时法规的性质，可能是它不受重视的重要原因。

其实《刑事民事诉讼法》试图引进法庭辩论、律师与陪审团等制度，并不意味着任何现代诉讼规则的形成。总体而言，《刑事民事诉讼法》是在改造传统审判模式基础上拼凑某些英美法系的诉讼程序的杂烩，立法技术极其幼稚与怪诞②。这部法规自相矛盾而缺乏可行性，遭到质疑与废弃在所难免，但由此开创的中国诉讼制度变革进程并未随其废止而中断。在清廷亟须制定诉讼法的背景下，随即形成的《天津府属试办审判厅章程》《各级审判厅试办章程》相当程度上继承了《刑事民事诉讼法》的立法遗产。

不论当时政治上的内外压力，仅就技术层面而言，制定《刑事民事诉讼法》主要是为弥补传统诉讼法规的缺失。光绪三十二年(1906)四月初二日沈家本奏呈该法时就指出：

> 窃维法律一道，因时制宜，大致以刑法为体，以诉讼法为用。体不全无以标立法之宗旨，用不备无以收行法之实功。二者相因，不容偏

①《大清民事诉讼律草案》确立了当事人主义诉讼原则，参见沈家本在该草案第三编《普通诉讼程序》第一章“总则”的按语。见怀效锋主编：《清末法制变革史料》(上卷)，第 592—594 页。

②参见胡瀚：《〈大清刑事民事诉讼法〉草案若干问题刍议》，《重庆科技学院学报(社会科学版)》2010 年第 22 期；胡康：《〈大清刑事民事诉讼法草案〉立法导向考辨》，《求索》2010 年第 2 期。

> 废。是以上年臣等议覆御史刘彭年停止刑讯折内，拟请先行编辑简明诉讼法等因，奏明在案。查中国诉讼、断狱，附见刑律，沿用唐明旧制，用意重在简括。揆诸今日情形，亟应扩充，以期详备。①

然而《刑事民事诉讼法》修成后，清廷对这部前所未有的诉讼法颇有疑虑，下令各级大臣讨论其是否合理：

> 该大臣所纂各条，究竟于现在民情风俗能否通行，著该将军、督抚、都统等，体察情形，悉心研究，其中有无扞格之处，即行缕晰条分，据实具奏。②

结果，此法引发张之洞等重臣的广泛质疑。光绪三十三年(1907)七月二十六日张之洞奏称，“臣将原发折单督同司道屡次悉心研究，反复讨论，似有碍难通行之处”。值得注意的是，张之洞在质疑《刑事民事诉讼法》的同时提出“暂订诉讼法试办章程”：

> 至目前审判之法，只可暂订诉讼法试办章程，亦期于民情、风俗一无阻碍，而后可拟请敕下法律大臣，先就所纂各条内择其相宜者，暂为修订章程，请旨遵行。③

此后的两部审判厅试办章程正是这个提议的产物。

而在张之洞提出质疑之前，袁世凯光绪三十二年(1906)十月二十五日所上的奏折，则对该法给予总体上肯定性的评价：

> 今奉颁刑事、民事诉讼各法，考欧美之规制，准中国之情形，大致变略为详，变虚为实，原文二百六十条，相承一气。

袁世凯认为《刑事民事诉讼法》除了“陪审员”部分断难施行以外，其他内容虽有不妥，仍可修正改进，不必全盘抛弃：

> 惟于现在民情风俗，间有扞格难行之处。谨督同属僚中之娴习法

①沈家本等：《修订法律大臣沈家本等奏进呈诉讼法拟请先行试办折》，怀效锋主编：《清末法制变革史料》(上卷)，第385页。

②《著研究具奏刑事民事诉讼法谕(光绪三十二年四月初二日)》，怀效锋主编：《清末法制变革史料》(上卷)，第375页。

③张之洞：《张之洞奏遵旨核议新编刑事民事诉讼法折》，怀效锋主编：《清末法制变革史料》(上卷)，第400—401页。

律者，体察本地情形，悉心研究，或原文罅漏，尚待声明；或礼俗不同，暂难更变。[①]

该法虽未施行，但清廷推进司法独立及审判制度变革已是离弦之箭。光绪三十二年(1906)九月二十日，清廷下令改刑部为法部，改大理寺为大理院，又在各地试办审判厅，以此推进司法独立。于是，袁世凯在总结《刑事民事诉讼法》的基础上，组织法律专业人士制定《天津府属试办审判厅章程》，并在天津"先行试办"的地方审判厅进行试验：

臣于上年迭饬天津府县暨谙习法律并法政毕业各人员拟议章程，稿凡数易，至本年二月初十日始克成立。现经试办数月，积牍一空，民间称便。

据说由于效果极佳，袁世凯又将"于变通旧法之中，寓审慎新章之意"的《天津府属试办审判厅章程》奏呈清廷[②]。光绪三十三年(1907)六月初九日奏呈的这部地方性试办章程，本来就是对《刑事民事诉讼法》未竟事业的补救措施，主持修法的袁世凯对该法曾有充分肯定的评价，其宣称的"或原文罅漏，尚待声明；或礼俗不同，暂难更变"既是《天津府属试办审判厅章程》的立法准则，也是两部法规传承性的宣示。

天津府属试办审判厅的创办，号称开创中国诉讼制度现代化之先河。本来当年试办的实际情形早已湮灭，直到一部出版伊始即遭销毁的书稿重现于世。1908年11月14日、15日，光绪皇帝与慈禧太后相继去世。12月，溥仪即位，其父载沣监国。载沣决心处死袁世凯，遭到奕劻、张之洞等人的反对。1909年1月2日，载沣发布谕令，以袁世凯患足疾为由将其免职，"回籍养疴"。1月30日，在天津租界经营报馆的日本记者佐藤铁治郎写成《袁世凯》书稿。5月5日，该书已经印刷完毕、准备装订，并在当地新闻杂志上广为宣传。袁世凯长子袁克定及天津海关道官员等知情后，要求停止出版该书。时任农商工部参议的袁克定通过日本驻华公使伊集院彦吉进行干涉，伊集院又与日本驻天津领事馆总领事小幡酉吉商议。小幡认

---

①袁世凯：《袁世凯奏遵旨复陈新纂刑事民事诉讼各法折》，怀效锋主编：《清末法制变革史料》(上卷)，第387页。

②袁世凯：《袁世凯奏报天津地方试办审判情形折》，怀效锋主编：《清末法制变革史料》(上卷)，第399页。

为，袁世凯已被免职，当时只是一个普通人，即使该书将其个人事迹公开发表，也不会对“日清邦交”造成影响；他又顾及“新闻报纸言论自由”，因此认为由政府出面，以“国交为理由阻止本书发行”并不妥当，难保“不会引起新闻界的物议”。不过该书出版，主要是“暴露袁世凯一生秘事私行”，“满足世人之好奇心，以图获取经济利益”，并没有特别的政治目的，因此他建议通过私人途径解决此事。伊集院采纳了小幡的建议，最后商定，由袁克定“以现金全部收买本书的印刷物，首先将费用交给佐藤铁治郎，然后印刷物在两三天中送交给租界警察署，最后，在两三天之内由袁的代理人作证烧毁全部印刷物”。

小幡酉吉当时读过《袁世凯》一书，认为“所述内容应有可供参考之处”，为“俟检阅之用”，特别保留此书并附报告交给日本外务大臣小村寿太郎，还叮嘱其对处置该书背后的“收买关系”尽量保密。佐藤铁治郎的《袁世凯》从此销声匿迹，直到20世纪70年代日本学者狭间直树教授从日本外务省外交史料馆将此书全册复印，并在80年代将复本赠予中国学者李宗一教授等人。2002年，孔祥吉等学者也在外交史料馆发现该书，经戴逸教授的介绍，以《一个日本记者笔下的袁世凯》为书名，由天津古籍出版社于2005年公开出版。孔祥吉教授阅读该书后，发现佐藤铁治郎对袁世凯评价极高，认为袁克定不遗余力销毁该书，原因是书中大肆批评与揭露清宫及北洋一些高官的丑陋及腐败行为，这可能给已经免职的袁世凯带来进一步的灾难。

佐藤铁治郎作为崇尚维新变法的日本人，特别关注袁世凯在清末举办新政的成绩。袁世凯司法变革的举措又特别依赖于从日本法政速成科毕业的清朝留学生，而佐藤在这方面的消息又特别灵通，于是在“培养裁判官人材为改良法律及监狱之预备”一节中，他详细记录了天津府属试办审判厅以及王仁铎起草章程的实际情形。佐藤所记与袁世凯奏折中所谓的“试办数月，积牍一空，民间称便”大相径庭。据佐藤记述，袁世凯欲“仿效我邦维新之初，收回领事裁判权之手续，先养成裁判官人材”，而日本法政大学专为清朝学生“设速成特科班”，袁世凯便让杨士骧、朱家宝、凌福彭等人“考选官绅五十人，送往我邦学习”。结果杨、朱、凌等人“各选一二私人，以敷衍塞责而已”。其中有邓永煃、徐永棨两人，“系凌、朱等之私人”，他们对日本“政治、法律一切制度”毫无兴趣，“皆所不取”，却对日本东京之色情业

"待合所""大为欣羡",竟合资贷屋经营。邓永煃被日本警察"拘获,送至裁判所审讯",然后由日本法政大学勒令退学,袁世凯又请旨将其即行革职。佐藤认为,袁世凯试行审判厅失败的罪魁祸首是凌福彭。对于袁世凯"天津府县暨谙习法律并法政毕业各人员拟议章程"一事,佐藤记述道:

> 袁世凯自官绅学生由我邦毕业归来,遂拟规定试办裁判所规则,派凌福彭、金邦平为总理。乃凌与一班候补官,皆茫无措手,不但不明法理,即使改良裁判之用意,亦不能知,皆推之与金邦平。金谓我系总理,不能任起草事。凌福彭只得委一班候补官,会商起草,岂知此辈虽在我邦食粟年余,究竟于法律定义,均茫不知为何物,焉能起草,以致面面相视,延迟多日。

在茫然无措的情况下:

> 幸有浙江举人王仁铎,亦由我邦留学归来者,学问本有根柢而又潜心研究,颇有所得。见凌与诸人皆互相推诿,遂慨然担任起草事,始得有百四十六条裁判规则。①

这就是袁世凯称为"试办数月,积牍一空,民间称便"的《天津府属试办审判厅章程》的制定过程。

袁世凯因有王仁铎的章程才有条件"奏明试办"审判厅,但仍委任凌福彭为厅长。而凌"遍置私人",任用"一事无知之辈",遭到袁世凯严厉训斥。其实凌"怀有鬼胎",他"与唐绍仪等侵占官民地千顷,夺尽下游水利,民间切齿,屡控不直",害怕试办审判厅揭开弊案,"一旦讼直,不仅其兴业公司数千顷占来之产不能保存,而首领官阶亦都可虑",因此利用职务之便,"于拟派各员中,苟非凌之私人概不录用"。在这种情况下,王仁铎因"有起草之劳,为袁世凯所特委",反而成为凌福彭的眼中钉,佐藤于是发出"呜呼,仁铎吾恐其死期近矣"的感叹。

佐藤对天津审判厅"开办未数日,弊端百出,人言啧啧"的描述绝非无所根据,因为他主持的报馆连续收到数十封举报信,揭露贿选审判厅职位的种种丑行。而"热心办事疾恶如仇"的王仁铎,"遂痛陈其害,上改良裁判

---

①〔日〕佐藤铁治郎著,孔祥吉、村田雄二郎整理:《一个日本记者笔下的袁世凯》,天津古籍出版社2005年版,第153—154页。

所十二条，密陈于袁”，其第一条即是“委员宜甄别”。佐藤认为这是指举报信揭露的“胡中英受贿，李骏、龚世昌当堂出丑及各劣员之现状”，因此担心“仁铎欲求死矣”。袁世凯据此“严札”凌福彭等整顿审判厅，凌福彭等“无非具官样文章，欺瞒掩饰，丧心病狂，力阻新政之进步。袁世凯遂为其蒙混，至审判厅败坏不堪言状，凌实罪之魁也”。

不久，凌福彭侦知上条陈者乃王仁铎，“衔恨切齿而丝毫不露，转与王益加亲切，乃阴施狠毒”，逼迫王仁铎辞去差使。王仁铎提出辞呈时，为赞助袁世凯的司法改革事业，将自撰的审判厅章程《理由书》呈献给袁世凯。他说“起草之际，亦既煞费苦心，全从程度著想，未敢高谈法理”，但“厅局各员，半属旧日发审，开会讲习，为时未久，对于章程实少研究。其旧日之一切作为、习惯，已成自然，欲其一朝骤改不可得矣”，因此“编成审判厅章程《理由书》一册”，“似于研究不无裨益”，并称“明知多言易于获罪，厅员皆属同寅，不知者甚且目其人为邀功。然正惟如是，卑职知而不言，窃恐更无一人为宫保言者。况卑职又蒙逾格之殊遇者乎”！

袁世凯对王仁铎此举大加赞赏，对其本人也深为同情，下令一面将《理由书》刊载于《北洋法政学报》，“并单印二百本，发交高等、地方两厅，分派研究所各员悉心评议”，一面将王仁铎“改委地方审判厅审判官”。不料，此后王仁铎“境界更不堪设想，公私交迫”：

> 一日群小暗使人从楼上泼秽水浇其顶，仁铎万难忍耐，诉于部长张良进。张曰：审判厅自官至役，无一当君意者，只有请君密禀袁宫保，悉行裁撤，以君一人任两厅官吏，兼书役等差可也。仁铎孤掌难鸣，气愤填胸，归寓后呕血斗余，遂至不起。嗟呼！仁铎遂长辞群小矣。①

而《天津府属试办审判厅章程》大量的条文直接援引或者参照《刑事民事诉讼法》，王仁铎在《天津府属试办审判厅章程理由书》对此有明确说明，如其第3条刑事、民事案件分设的理由“谨按：此条系规定案件之分类，采用修律大臣奏颁民、刑诉讼法第一条”②，诸如此类条款在《理由书》中多达30余条。因此把《天津府属试办审判厅章程》理解为《刑事民事诉讼法》的修订

①〔日〕佐藤铁治郎著，孔祥吉、村田雄二郎整理：《一个日本记者笔下的袁世凯》，第159页。

②王仁铎：《天津府属试办审判厅章程理由书》，《北洋法政学报》1907年第31册，第3页。

版并无不妥。

王仁铎的悲惨经历，可以部分解释为何袁世凯对试办审判厅其实毫无信心。袁世凯一味钻营官场及军事技术，对西学、法律其实十分隔膜。王仁铎经日本法政速成班之学习，起草章程"全从程度著想，未敢高谈法理"，说明他虽然领会西方法律精神，却不敢将之施行于中国。王仁铎忍辱负重，直道而行，为试办审判厅含冤枉死，以生命为代价形成的《天津府属试办审判厅章程》仍是对传统理讼及西方法律的双重扭曲。袁世凯试办审判厅本属投机之举，本无理念可言，他当时极力掩饰其百般弊端，但内心早已视之如敝履。而于清廷，袁世凯的天津审判厅又是新政之楷模，张之洞提议制定《各级审判厅试办章程》后，清廷无从下手，竟摘抄、简化《天津府属试办审判厅章程》敷衍了事。袁世凯奏呈《天津府属试办审判厅章程》后不足两月，即光绪三十三年(1907)八月初二日，法部便试图依据各省对诉讼法的覆奏意见重新编纂审判厅试办章程，结果"数月以来，悉心考究各国审判办法。其程途要，非一蹴可几"。为了加快立法进程，最终决定参照袁世凯的天津试办章程修法，十月二十九日法部奏呈时明言《各级审判厅试办章程》大量采用天津试办章程的条文：

> 惟查升任直隶总督袁世凯奏定《天津府属试办审判厅章程》，当法律未备之时，为权宜开办之计，调和新旧，最称允协，洵足为前事之师。第天津开一省之先，而京师实各省之准，此次办法，系乎全国司法机关，其规定自应更求完密。既于该章程所试行者采用独多，复取修律大臣沈家本奏呈法院编制法草案，详加参对，务期损益适中，悉臻妥善。①

结果《各级审判厅试办章程》在两个月内即告修成。

光绪年间形成的《刑事民事诉讼法》《天津府属试办审判厅章程》《各级审判厅试办章程》这三部法规不但出台背景相同、形成过程连续，而且内容上前后传承，法理、诉讼原则上也趋一致。仅就民事诉讼而言，由传统调解式审理向职权主义审判模式的转变，可以说起始于《刑事民事诉讼法》，完善于《天津府属试办审判厅章程》，而简化于《各级审判厅试办章程》。

---

①《法部奏酌拟各级审判厅试办章程折》，怀效锋主编：《清末法制变革史料》(上卷)，第413页。

二　职权主义民事审判模式的构建

由于光绪年间形成的三部刑民合一诉讼法具有的传承性，又以《天津府属试办审判厅章程》最为完备，以下将三者视为整体并以天津章程为核心，讨论其民事审判模式。这三部法规民事与细故审理的区别主要体现在以下方面：

1. 废除审前准理制度。细故审理中，官府依据状词的内容决定是否准理，并形成了“三呈准理”的惯例，准理制度体现了传统细故审理的调解性质。这三部诉讼法规均有排除审前准理制度的相关条款，如《刑事民事诉讼法》第91条“公堂接控词后，即签发传票”①；《天津府属试办审判厅章程》第108条“部长审定诉状并无违式及不合该局权限者，即指审判官审讯”②；惟《各级审判厅试办章程》的规定最模糊，其第26条称“凡诉讼案件，经检察官或豫审官，送由本厅长官分配后，审判官得公判之”③，此条似为刑事案件而设，未见民事案件有专款规定。

2. 允许单方审理（缺席审判）。传统审理的调解性质决定了官府的审理裁决必须得到两造的服从，传讯之前不确定堂讯日期也意味着对单方面审理的排除，一方当事人不应讯即会导致堂讯无法开展，所以一般不会出现缺席审判的情形。因而缺席审判或者传讯前确定审讯日期，都意味着对传统审判调解性质的变革。这三部法规均有缺席审判的相关规定，惟传讯前确定审期的制度尚未完全确定。如《刑事民事诉讼法》规定“案之值数未逾五百圆者，传票须注明审期”（第95条），但“案之值数逾五百圆者，传票毋须注明审期”（第101条）；第98条规定“公堂已定审期，被告无故不到案听审者，查明传票委系交给，仍将该案照例审讯”④。《天津府属试办审判厅章程》则于第114条等规定“被告抗传不到而逃匿者，作为情虚畏审，应听原告一面之词判决执行”⑤；《各级审判厅试办章程》第39条也规定公判时如果一方当事人无

①《刑事民事诉讼法》，怀效锋主编：《清末法制变革史料》（上卷），第442页。

②《天津府属试办审判厅章程》，《北洋法政学报》1906年第10册，第29页。

③《各级审判厅试办章程》，怀效锋主编：《清末法制变革史料》（上卷），第459页。

④《刑事民事诉讼法》，怀效锋主编：《清末法制变革史料》（上卷），第442页。

⑤《天津府属试办审判厅章程》，《北洋法政学报》1906年第10册，第30页。

故不到案，经对方当事人申请结案，审判官审查后可以“即时判决”[①]。

3. 废除遵结状制度。细故审理要求当事人服从官府裁断，因此以两造具结遵依为结案程序，上诉制度的变化则意味着不再要求当事人甘愿服从官府裁断。《刑事民事诉讼法》已有上诉制度的规定，其第 244 条规定当事人“如因审讯不公，或裁判不合供证，或裁判违律，心不甘服者，准其赴合宜高等公堂声明原由，申请覆审”[②]，类似具结遵依的制度仅在庭外调解中得以保留，如该法第 186 条规定“如两造情甘和解，俱应出具切结，声明愿遵守公正人决词，在公堂存案”，这也反向说明了细故审理的调解性质[③]。《天津府属试办审判厅章程》与《刑事民事诉讼法》类似，其第 63 条规定民事上诉(控)“以二十日为限”[④]，第 126 条规定庭外调解成功应“出具切结声明，愿遵公正人决词决不翻悔”[⑤]。《各级审判厅试办章程》则在第 58 条规定，上诉包括二审之“控诉”与终审之“上告”两种形式[⑥]。

以上三方面说明，光绪年间形成的三部诉讼法规对细故审理规则的实质性改造。与此同时，这些法规远未确立民事诉讼的当事人主义原则，而只能归为职权主义审判模式。职权主义诉讼原则与干涉审理主义、实质真实主义互为表里，意味着审判机构的判决不受当事人意思表示的约束，依职权推进诉讼的进行、开展事实调查，“法院可不为当事人之主义所限及证明所拘束，而得以职权调查证据”，并以确信获得实质性事实真相为判决依据[⑦]。当事人主义诉讼原则则与不干涉审理主义、形式真实主义互为表里，以当事人言词辩论胜利者之主张为判决依据，不追求实质性事实真相。《大清民事诉讼律草案》与 1922 年的《民事诉讼条例》明文宣告以当事人主义为立法原则[⑧]，光绪年间形成的三部诉讼法规并未说明诉讼原则，而职

①《各级审判厅试办章程》，怀效锋主编：《清末法制变革史料》(上卷)，第 460 页。

②《刑事民事诉讼法》，怀效锋主编：《清末法制变革史料》(上卷)，第 452 页。

③《刑事民事诉讼法》，怀效锋主编：《清末法制变革史料》(上卷)，第 447 页。

④《天津府属试办审判厅章程》，《北洋法政学报》1906 年第 10 册，第 19 页。

⑤《天津府属试办审判厅章程》，《北洋法政学报》1906 年第 10 册，第 33 页。

⑥《各级审判厅试办章程》，怀效锋主编：《清末法制变革史料》(上卷)，第 461 页。

⑦参见金绶：《民事诉讼条例详解》，陈刚、邓继好主编：《中国民事诉讼法制百年进程》(民国初期第一卷)，中国法制出版社 2009 年版，第 290 页。

⑧参见沈家本：《大清民事诉讼律草案》按语，怀效锋主编：《清末法制变革史料》(上卷)，第 592—594 页；金绶：《民事诉讼条例详解》，陈刚、邓继好主编：《中国民事诉讼法制百年进程》(民国初期第一卷)，第 286—290 页。

权主义民事审判模式主要体现在以下方面：

1.实体法的缺失决定了清末的诉讼法不具备实行当事人主义的前提条件。当事人主义民事审判要求当事人提出明确的诉讼请求，审判机构依据当事人的诉讼请求进行裁决，而诉讼请求依据实体法才有确定的标准，因此实体法是建立当事人主义民事审判模式的前提，张之洞反对在实体法（民法）缺失的情况下移植西方民事诉讼程序的批评相当合理。虽然对中国古代有无民法在法史学界仍有争论，但清末司法变革时立法者显然认为传统中国没有民法，因此才将是否依法裁判作为区分刑、民案件的标准，如《刑事民事诉讼法》规定：

> 第二条 凡叛逆、谋杀、故杀、伪造货币印信、强劫并他项应遵刑律裁判之案，为刑事案件。
>
> 第三条 凡因钱债、房屋、地亩、契约及索取赔偿等事涉讼，为民事案件。

该法规“刑事规则”部分第74条至76条又强调裁判须“按律定拟”被告之罪，如第76条“凡裁判均须遵照定律。若律无正条，不论何项行为，不得判为有罪”，此条下又有小字批注称“此条系指新定刑律。若新律未颁行以前，仍照旧律办理”。然而在“民事规则”部分有关裁判的规定仅第117条称“公堂讯问证人、检查凭证，并参核辩词之后，应即决定判词”①，并没有出现“裁判须遵照定律”的规定，这意味着该诉讼法所规定的民事案件并无“律（法）”可依。《天津府属试办审判厅章程》第4、5条沿用《刑事民事诉讼法》对刑、民案件的定义，《各级审判厅试办章程》第1条则重新界定刑、民案件：

> 一、刑事案件：凡因诉讼而审定罪之有无者，属刑事案件；二、民事案件：凡因诉讼而审定理之曲直者，属民事案件。②

所谓“罪之有无”自然依“律”审定，“理之曲直”则指无法律依据之“情理”。总之，当时民事案件审判无法可依，当事人主义审判模式自然也无从谈起。

2.《天津府属试办审判厅章程》对审判官依职权推进诉讼多有明文规

①《刑事民事诉讼法》，怀效锋主编：《清末法制变革史料》（上卷），第437、441、443页。

②《各级审判厅试办章程》，怀效锋主编：《清末法制变革史料》（上卷），第458页。

定，包括展开调查、追求实质真实主义的事实认定、判决不受当事人声明约束等。如《天津府属试办审判厅章程》第51条为刑事、民事案件共同适用，规定“凡审讯先讯问被告，次原告，次证人，皆隔别讯问，其必须对诘者亦得同时讯问，但非经承审官发问，两造不得自行辩驳”①，《天津府属试办审判厅章程理由书》进一步解释称“其用隔别讯问者，欲易得事实之真相也”②，明言其实质真实主义之原则。《天津府属试办审判厅章程》对民事判决的规定只有两条，除第118条对判词程式有所规定外，仅在第117条中宣称刑事判决之第94、95、99条同样适用于民事判决③，而第95条的内容是：

> 遇有证据确凿、供招毫无疑窦者，即下有罪之判决，如犯人坚不承认而承审官认为证据确凿者亦同如。证据、供招两无可凭者无罪。④

“证据确凿、供招毫无疑窦者”同样反映了职权主义的实质真实观念。至于《各级审判厅试办章程》第33条所称“凡审判方法，由审判官相机为之，不加限制”，对审判的规定如此含糊，不啻赋予审判官调查与裁判的无限制权力⑤。《刑事民事诉讼法》则自相矛盾，“民事规则”之第114条称“其质问对诘及覆问，皆照审讯刑事案件之法办理”，但116条对案值“逾五百圆者”则规定了繁复的类似言词辩论的“审讯”程序⑥，立法者似乎并不在乎这些规定可能引起法理上的冲突。

三 《大清民事诉讼律草案》的法律地位

《各级审判厅试办章程》修成于1907年，又延缓至1909年实施，在当时仅适用于极少数已成立的审判厅，对包括浙江省龙泉县在内的绝大部分审判衙门未产生影响。民国成立之后，一方面，《各级审判厅试办章程》作为各审判厅的诉讼法继续施行，另一方面，政府也制定各种地方性或全国性临时诉讼法规，以适用未成立审判厅的各审判衙门。这些法规除不要求

①《天津府属试办审判厅章程》，《北洋法政学报》1906年第10册，第17页。
②王仁铎：《天津府属试办审判厅章程理由书》，《北洋法政学报》1907年第32册，第42页。
③《天津府属试办审判厅章程》，《北洋法政学报》1906年第10册，第31页。
④《天津府属试办审判厅章程》，《北洋法政学报》1906年第10册，第26页。
⑤参见胡康：《论清末民事诉权制度的变革》，西南政法大学2010年博士学位论文。
⑥《刑事民事诉讼法》，怀效锋主编：《清末法制变革史料》（上卷），第443页。

各审判衙门像审判厅那样实现司法独立以外，其他条款无不参照《各级审判厅试办章程》而修订，这部临时法规的影响力由此遍及全国。

《各级审判厅试办章程》虽然因其保守性而得以在清末民初施行十余年之久[①]，成为“清末唯一正式公布的具有近代诉讼法性质的法规”[②]，但它在中国近代诉讼立法史上的地位十分尴尬，有些学者在讨论清末民事诉讼立法进程时甚至对其采取视而不见的态度[③]。这或许情有可原，因为《各级审判厅试办章程》原本就是一部暂行的过渡性法规，“当法律未备之时，为权宜开办之计”[④]，因陋就简本是其应有之义，它能施行十余年之久反在意料之外。

在清廷出台《各级审判厅试办章程》的同时，正式的诉讼法规《大清刑事诉讼律草案》《大清民事诉讼律草案》的制定工作也在紧锣密鼓地开展着。光绪三十三年(1907)八月初二日，法部提出拟订审判厅试办章程，十月二十九日《各级审判厅试办章程》即修成。此后仅隔半月，即十一月十四日(1907年12月18日)，沈家本奏呈《修订法律馆办事章程》，其中第14条规定“本馆分二科”，第二科即掌管刑事、民事诉讼律的调查起草工作。据研究，这意味着《刑事民事诉讼法》最终成为弃案，制定《大清民事诉讼律草案》的方案被提上日程。因此《各级审判厅试办章程》与《大清民事诉讼律草案》的立法工作几乎是同时展开的，只是《各级审判厅试办章程》在两个月间仓促完成，而《大清民事诉讼律草案》由“修订法律馆聘请的日本法律顾问松冈义正主笔起草”，用三年多完成草案。宣统二年十二月二十七日(1911年1月27日)，沈家本奏呈《大清民事诉讼律草案》，据《宪政编查馆奉遵拟修正逐年筹备事》载，在此之前十天清廷已预定于“宣统四年”颁行《大清民事诉讼律草案》[⑤]。

《大清民事诉讼律草案》因移植德、日诉讼法规而确立当事人主义诉讼原则，并计划于1912年即予颁行。本来《各级审判厅试办章程》与《大清民

①参见张德美:《探索与抉择——晚清法律移植研究》，第294页。

②朱勇主编:《中国法制通史》(第9卷)，第296页。

③陈刚、何志辉、张维新:《清末民事诉讼立法进程研究》，陈刚主编:《中国民事诉讼法制百年进程》(清末时期第一卷)，第101—138页。

④《法部奏酌拟各级审判厅试办章程折》，怀效锋主编:《清末法制变革史料》(上卷)，第413页。

⑤此据陈刚、何志辉、张维新:《清末民事诉讼立法进程研究》，陈刚主编:《中国民事诉讼法制百年进程》(清末时期第一卷)，第111、133页。

事诉讼律草案》是两部互相取代的法规，诉讼律颁行之日便是试办章程废止之时，如试办章程继续施行则意味着诉讼律被搁置。但辛亥革命爆发后出现的情况是，一方面《各级审判厅试办章程》继续沿用，另一方面《大清民事诉讼律草案》虽然无从实施，但在法理上为民国政府所承认，在民初的司法实践中可以作为"条理"进行参照，由此造成了当事人主义的《大清民事诉讼律草案》在法理上更具合法性而未予施行，《各级审判厅试办章程》继续施行却不具备充分合法性的尴尬局面。

第二章　龙泉县的审判机构及诉讼规则的层叠错位

清末的《各级审判厅试办章程》经1913年9月修订后，在民国时期继续施行约十年之久。《大清民事诉讼律草案》虽未获实施，但其当事人主义诉讼原则在民国时期已经获得政治及法理上的合法地位，并且通过法学教育等途径在社会上形成一定程度的影响。《各级审判厅试办章程》不仅是临时法规，在法律层级上也比较低，与更高级的法律或政治原则存在冲突。这里将法律层级之间的不契合现象称为"层叠错位"。《各级审判厅试办章程》与《大清民事诉讼律草案》只是体现了立法与实施法之间的层叠错位，如果从浙江省龙泉县的司法实践来观察，在实施法以下，又有更低级的适用法（仅适用于基层审判机构的法规），而在司法实践中甚至无法实施最低级的适用法。因此在最极端的情况下，有可能出现立法、实施法、适用法与司法实践四个层级的层叠错位现象。

民国时期民事诉讼规则的层叠错位现象，在实施法与适用法之间体现得最为突出。由于多数基层行政区划未设立审判厅或法院，县知事兼理司法制度在各地广泛实行，《各级审判厅试办章程》《民事诉讼条例》《民事诉讼法》等正式实施的诉讼法规不能直接适用基层审判机构，不得不另行制定法规以适用县知事兼理司法的需求，由此造成适用法与实施法之间的层叠错位现象。而是否适用实施法又取决于基层司法机构的设置情况，如龙泉县1929年11月成立县法院之后就直接适用《民事诉讼条例》，诉讼规则的层叠错位从此消除。

民国时期浙江省龙泉县的审判机构至少发生了六次变化。这一章以龙泉县审判机构的变化以及诉讼法的演变为线索，梳理龙泉县民事诉讼规则层叠错位现象的演变过程。

一 1912年的执法科时期

辛亥革命之前龙泉县始终由知县主持审判事务，清末试办审判厅的变革没有波及龙泉县。光绪三十三年(1907)十一月，京师各级审判厅开始设立，到宣统三年(1911)六月，浙江省除高等审判厅之外，又有杭州府、宁波府商埠、温州府商埠等地方审判厅3处，以及仁和县、钱塘县、拱宸桥商埠、鄞县商埠、永嘉县商埠等初级审判厅5处。虽然《各级审判厅试办章程》及相关法规的施行、审判厅的成立对龙泉县也产生了某些影响，比如官代书制度的废除、状纸的统一等等，但传统细故审理模式并没有发生变化。

民国成立之初，龙泉县的审判机构是县执法科。

1911年10月，辛亥革命爆发。同年11月，浙江省宣布独立并成立军政府，汤寿潜被推举为都督。1912年1月22日，浙江省临时议会公布《浙江军政府都督公布施行案第一号：中华民国浙江省约法》，其中第2条规定，“本军政府以都督及其任命之政务员，与议会、法院三部构成之”，第5章又规定浙江省法院的地位、基本职能和原则，确立司法独立、三权分立原则①。与《中华民国浙江省约法》同时公布的《浙江军政府都督公布施行案第四号：各司官制议决案》又规定，都督府下设四个司，其中提法司管理全省司法行政事宜②。随后公布的《浙江军政府都督公布施行案第九号：法院编制法议决案》规定，浙江省设立“三等法院”，即“县法院、地方法院、省法院”，县法院可以“视事之繁简”分为民刑各庭，设院长一人、推事两人、预审推事一人；与之对应，各法院附设检事厅，即“县检事厅、地方检事厅、省检事厅”③。1912年12月，《都督公布修正浙江省法院编制法议决案》又规定，“本法公布后，省法院、地方法院限民国元年七月以前一律成立，县法院限二年年内一律成立”④。

---

①《浙江军政府都督公布施行案第一号：中华民国浙江省约法》，《浙江军政府公报》1912年第1册，第1、5页。

②《浙江军政府都督公布施行案第四号：各司官制议决案》，《浙江军政府公报》1912年第1册，第9页。

③《浙江军政府都督公布施行案第九号：法院编制法议决案》，《浙江军政府公报》1912年第3册，第2—8页。

④《都督公布修正浙江省法院编制法议决案》，《浙江公报》1912年第297册，第5页。

1912年7月，提法司公布将各县划分为甲、乙、丙三种等级。杭县、嘉禾、吴兴、绍兴及“通商繁盛口岸”鄞县为甲等，旧为府治首县之临海、金华、衢县、建德、永嘉、丽水以及诉讼较为繁重之海宁、嘉善、桐乡、石门、镇海、诸暨、余姚、嵊县、黄岩、太平、兰溪、东阳、永康、瑞安等20县为乙等，包括龙泉县在内的其余50县为丙等。但到1912年底，只有5个甲等县和部分乙等县设立了县法院，大部分乙等县和几乎全部丙等县并没有成立法院[①]。

与浙江省多数地区一样，龙泉县未成立县法院，而以执法科负责审判事务。浙江光复后不久即颁布的《浙江各府县暂定编制简章》规定，省以下府县分设五科，包括管辖“审判、司狱”的“执法科”[②]。1912年1月公布的《浙江军政府都督公布施行案第五号：官制施行法覆议修正案》第5条规定：“官制实行后，凡各属司法机关未成立以前，县知事暂行兼理执法长，并得设执法科；各属区官、岛司关于轻微诉讼事件，由执法长委任得审理之。”[③]龙泉县依据此规定成立执法科，由县知事兼任执法长，延续了清代县行政长官兼理司法的制度[④]。

关于执法科的具体组织办法，1912年5月浙江省提法司公布《提法司令各县知事兼执法长变通执法科组织人员数额文》，规定执法科人员的组织构成及薪俸，其中执法科由执法长、执法员、书记、司书生、检验吏、承发吏、司法警察、司狱、狱卒九种人员构成[⑤]。1912年6月浙江省又公布《都督公布暂行执法科简章》，其中规定未设县法院的各县凡刑、民初审案件均由县执法科办理，县执法科由执法长、执法员、书记、司狱组成，执法长督率执法员管理境内一切刑、民事件，执法员秉承执法长专理刑、民案件，书记秉承执法长及执法员管理录供缮稿等事，司狱承执法长专管监狱事务[⑥]。

---

①《都督朱令财政、提法司准临时议会谘议决修正法院编制法第一百十一条令司查照文》，《浙江公报》1912年第297册，第14页。

②《浙江各府县暂定编制简章》，蔡鸿源主编：《民国法规集成》（第3册），黄山书社2000年版，第174页。

③《浙江军政府都督公布施行案第五号：官制施行法覆议修正案》，《浙江军政府公报》1912年第1册，第11页。

④参见崔兰琴：《分离与牵制：民初县执法科的功能分析——以浙江为例》，《政法论坛》2016年第5期。

⑤《提法司令各县知事兼执法长变通执法科组织人员数额文》，《浙江公报》1912年第93册，第3—4页。

⑥《都督公布暂行执法科简章》，《浙江公报》1912年第111册，第3页。

据龙泉司法档案可知，龙泉县执法科存在的时间大约是在1912年初至1913年5月间。辛亥革命以后，前清廪生、日本早稻田大学留学生李为蛟被推举为民事长（后改为县知事），兼以执法科（长）的名义处理司法事务（图1）[①]。据《龙泉法院志》记载，当时又有执法员程步云[②]，而龙泉司法档案所见1912年10月28日的一件堂谕的落款是"承审官"而非县知事，"承审官"下方有"金蕴岳"的印章（图2）[③]，1913年5月9日一件呈状则由县知事兼执法长朱光奎及执法员金蕴岳共同签署（图3）[④]。龙泉县的执法科一直延续至这时，数日之后（5月15日）金蕴岳的头衔已改为审检所的"帮审（员）"（图4）[⑤]。

1912年执法科时期，龙泉县适用的诉讼法规是《暂行执法科简章》及《浙江省审判暂行简章》。《暂行执法科简章》仅17条，主要规定审判事务的职权归属，并没有关于审判程序的具体内容，仅在第14条声明"法院各项诉讼章程与执法科不相抵触者，均适用之"[⑥]。所谓"法院各项诉讼章程"主要是指当时浙江省制定的《浙江省审判暂行简章》。该章程分5章82条，与《各级审判厅试办章程》的结构完全相同，主要条款也直接承袭《各级审判厅试办章程》而略有删减。如与民事审判相关的第22条"审讯时，每次录供后，对诉讼人等照供朗诵详问。如有差异，立予更正"系直接照抄自《各级审判厅试办章程》第34条，不过《各级审判厅试办章程》第33条"凡审判方法，由审判官相机为之，不加限制"没有出现在《浙江省审判暂行简章》中[⑦]。

---

①1912年1月31日季仁秋呈状，《龙泉民国法院民刑档案卷（1912—1949）》，M003-01-14301，第46页，浙江省龙泉市档案馆藏。

②浙江省龙泉市人民法院编：《龙泉法院志》，汉语大词典出版社1996年版，第6页。

③1912年10月28日供词、堂谕，《龙泉民国法院民刑档案卷（1912—1949）》，M003-01-1726，第9页。

④1913年5月9日执法长朱光奎、执法员金蕴岳呈稿，《龙泉民国法院民刑档案卷（1912—1949）》，M003-01-11145，第45页。《龙泉法院志》缺记1913年帮审员，金蕴岳最迟自1912年10月起已参与龙泉县司法事务，1913年成立审检所之后，主要由金蕴岳主持审理各种案件，其姓名在档案中大量出现。

⑤1913年5月15日帮审员金蕴岳落款，《龙泉民国法院民刑档案卷（1912—1949）》，M003-01-01078，第11页。

⑥《都督公布暂行执法科简章》，《浙江公报》1912年第111册，第5页。

⑦《浙江省审判暂行简章》，《浙江公报》1912年131册，第10—14页。

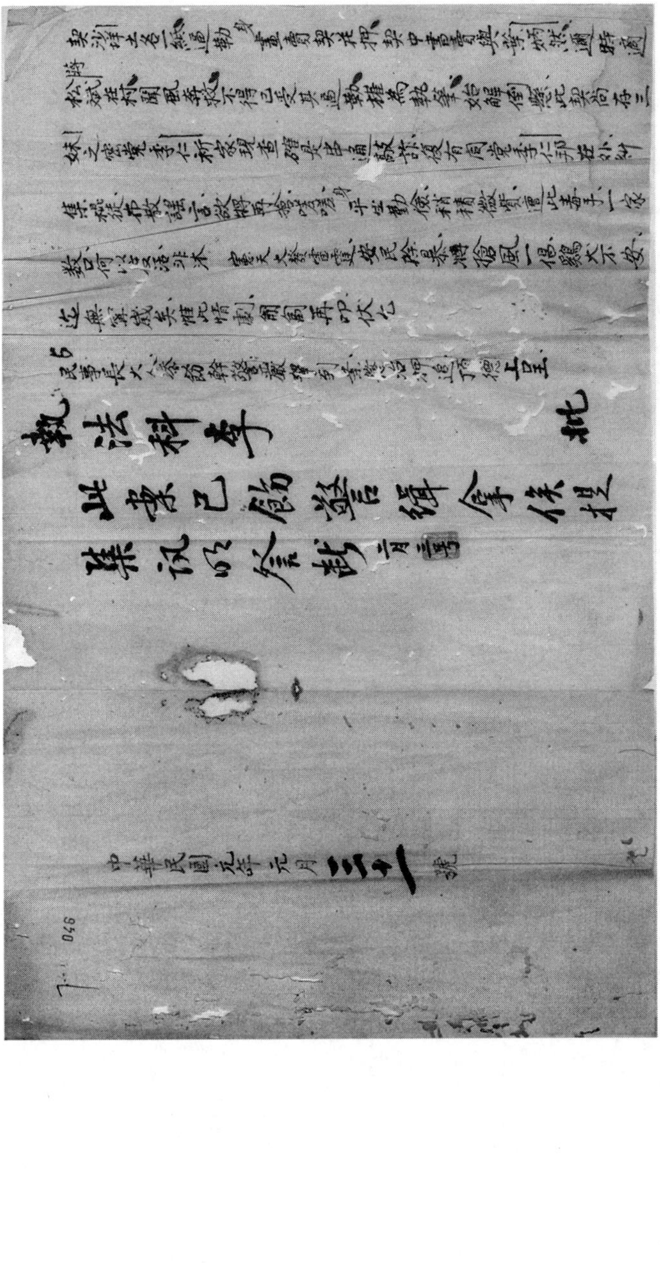

图1　1912年1月31日的诉讼文书中出现“民事长”与“执法科”(M003－01－14301,第46页)

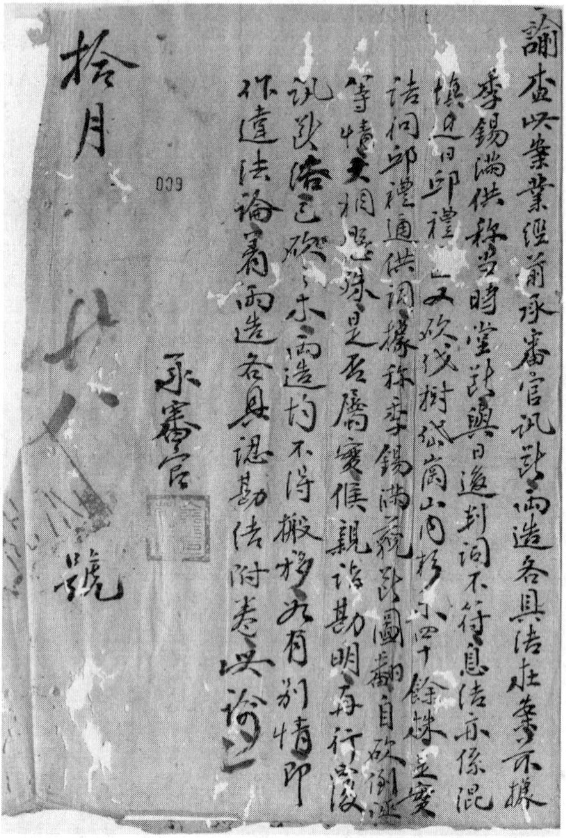

諭
查此案業經前承審官訊斷兩造各具結在案不據
李錫端供稱當時堂斷與日進封詞不符息結亦係混
填且日卯禮又砍伐樹[illegible]崗山內杉木四十餘株並寔
結伺卯禮通供詞據稱李錫端親斷圖翻自砍倒逆
等情是相懸殊是否屬實候親詣勘明再行覆
訊斷案已砍之木兩造均不得搬移如有別情即
作違法論著兩造各具遵勘結附卷此諭
承審官
拾月 廿八 號

图 2 1912 年 10 月 28 日承审官金蕴岳印

（M003 - 01 - 1726，第 9 页）

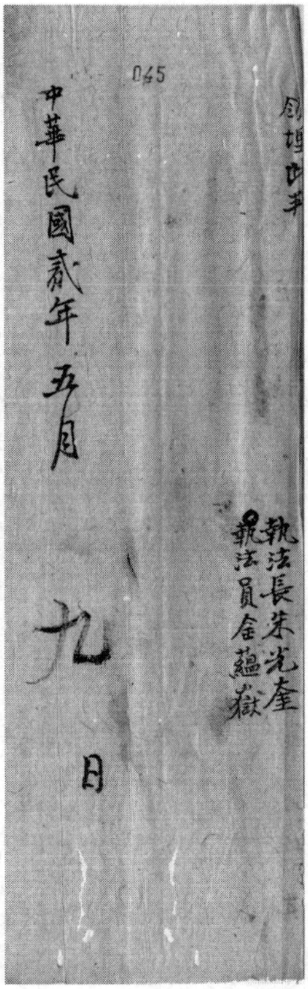

045

中華民國貳年五月九日

執法長朱光奎
執法員金蘊嶽

图 3　1913 年 5 月 9 日执法员金蕴岳落款

（M003－01－11145，第 45 页）

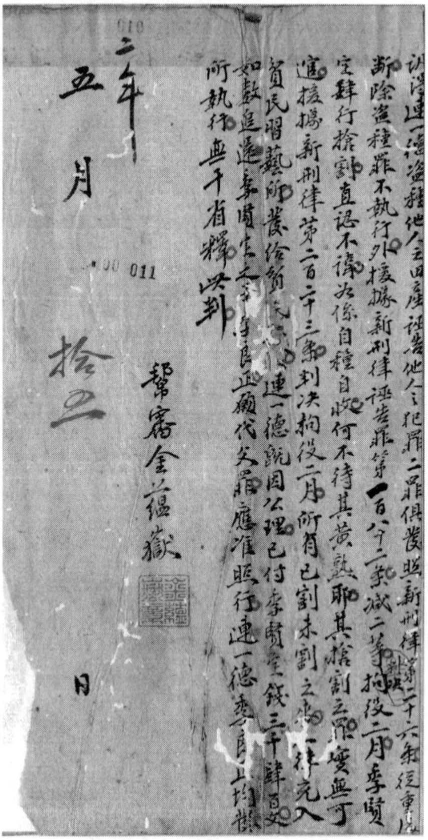

图 4 1913 年 5 月 15 日帮审(员)金蕴岳落款

(M003 - 01 - 01078,第 11 页)

《暂行执法科简章》与《浙江省审判暂行简章》的主要区别在于是否规定由法院独立开展司法审判，这种区别已经构成了诉讼制度的层叠现象。而当时未成立县法院各县的审判模式也不能遵守《浙江省审判暂行简章》（相当于《各级审判厅试办章程》）的规定，至少1912年龙泉县的民事审判仍然沿袭清代细故审理模式，对审前准理制度与裁断后具结遵依制度也均有保留。如1912年刘廷琛控沈宗耀等纠众抢割案中，县知事朱光奎拒绝准理沈蔡氏最初的起诉，其批词称：

> 管业以契为凭，该氏生母何年物故，田契现存谁手，并未叙明，无从照准。此批。[①]

而1912年僧胜明控范邦增图吞寺产案经11月6日县知事朱光奎讯断后，两造分别出具甘结状，声称“沐讯明遵断”，“不敢异议，所具认结是实”[②]。这些程序显然属于细故审理模式，而与《浙江省审判暂行简章》或《各级审判厅试办章程》相冲突。

二　1913年的审检所时期

龙泉县大概在1913年5月间设立审检所。

1912年8月21日，浙军将领朱瑞在前任都督蒋尊簋“迭电促他早日返浙”和袁世凯“不准辞职，并令其克日接任”等外界压力下[③]，从上海返杭接任视事。虽然朱瑞曾是辛亥革命时“浙军援宁”、克复南京的江浙联军浙江支队队长，但这时他在政治上与浙江省民政长屈映光一样趋向保守[④]，对北洋政府“以依附为原则”[⑤]。袁世凯对朱瑞和屈映光也青睐有加，数次召见，“面商政要”；时论认为屈映光“在浙两年，治绩称最”，“中央深加倚重，

①1912年9月23日沈蔡氏民事状，《龙泉民国法院民刑档案卷（1912—1949）》，M003－01－11057，第4页。收录于包伟民主编：《龙泉司法档案选编》第二辑（1912），中华书局2014年版，第323页。

②1912年11月6日范邦增、僧胜明甘结状，《龙泉民国法院民刑档案卷（1912—1949）》，M003－01－11869，第42—43页。收录于包伟民主编：《龙泉司法档案选编》第二辑（1912），第141—142页。

③金普森等编：《浙江通史·民国卷》，浙江人民出版2005年版，第46页。

④1914年5月浙江省行政长官改称巡按使，1916年7月改称省长。

⑤金普森等编：《浙江通史·民国卷》，第47页。

酬庸赏勋，各省长吏无此优渥”[①]。在朱瑞督浙之后，各种制度开始“划一”于中央，浙江省的司法体系也开始与中央统一。

1913 年 1 月 13 日，北洋政府命令浙江省、陕西省划一地方行政机关，改浙江省提法司（陕西省为司法司）为司法筹备处，并任命郑文易为浙江省司法筹备处处长[②]。2 月 7 日，司法部颁布《司法筹备处办事画一章程》，规定“司法筹备处直辖于司法总长，专筹办该省未设之法院、监狱事宜；其已设而未完备之法院应行改良者，司法总长得酌量情形委任处长会同高等两长办理”[③]。2 月 12 日浙江省提法司通告“于本月十五日实行改组，以归统一”，原提法司负责的部分政务由司法筹备处继承，另一部分划归高等审判厅、检察厅办理[④]。为了与中央的司法体系保持一致，浙江省着手变更原设法院、检事厅，被任命为司法筹备处处长的郑文易以代理提法司司长的名义致电司法部，请示改设之后审级及初审管辖权变更等细节问题[⑤]。此后浙江省各级法院与检事厅分别改为审判厅与检察厅[⑥]，除了名称之外，各法院的管辖、职务权限等均参照清朝的《法院编制法》《各级审判厅试办章程》，1912 年制定的《浙江省法院编制法》就此废止。

对于原本没有设立法院的各乙等、丙等县，浙江省也逐渐依据中央的法令，开始设立审检所。1913 年 1 月，北洋政府颁布《划一现行各县地方行政官厅组织令》，规定“各县地方之未设有审判厅者，除依现行法律办理外，得酌设帮审员一人至三人，管狱员一人”，各县帮审员由县知事提名，省司法筹备处任命，司法部备案[⑦]。1913 年 2 月，浙江省颁布的《浙江各县县公署组织条例》附则重申中央关于设帮审员的规定[⑧]。2 月 28 日，司法部颁布《各县

---

①金普森等编：《浙江通史・民国卷》，第 48 页。

②《一月十三日临时大总统命令》，《申报》1913 年 1 月 15 日第 2 版。参见《国务院致浙江朱、陕西张都督电》，《浙江公报》1913 年第 250 册，第 15 页。又据《浙江通史・民国卷》所附《1912—1927 年浙江军政民政司法职官年表》，1913 年 1 月 24 日郑接任浙江高等检察厅检察长。

③《司法筹备处办事画一章程》，《浙江公报》1913 年第 352 册，第 5—6 页。

④《代理浙江提法司通告》，《浙江公报》1913 年第 355 册，第 19 页。

⑤《代理浙江提法司咨、照会各法院、检事厅文》，《浙江公报》1913 年第 355 册，第 3 页。

⑥《浙江提法司咨、照会就现设各院厅一律遵照中央司法制度改编以归划一文》，《浙江公报》1913 年第 357 册，第 11 页。

⑦《申报》1913 年 1 月 15 日第 8 版。参见魏光奇：《官治与自治——20 世纪上半期的中国县制》，商务印书馆 2004 年版，第 96 页。

⑧《浙江各县县公署组织条例》，《浙江公报》1913 年第 369 册，第 6 页。

帮审员办事暂行章程》，规定设帮审员办理该管境内刑民诉讼之初审案件及相关上诉案件，检察事务由县知事行之，审检所由司法筹备处长监督[①]。该章程颁布后不久，浙江司法筹备处训令第十五号依据《划一现行各县地方行政官厅组织令》，令各县除已设立的审判厅外，“所有各县执法员、司狱各员名称自应一律改为帮审员、管狱员”[②]。龙泉县设立审检所的确切时间不详，就龙泉司法档案所见，1913 年 5 月 9 日朱光奎（县知事）与金蕴岳仍分别以执法长、执法员的名义联合上呈[③]，而同月 15 日一份判决书的落款即变为“帮审金蕴岳”（图 4）[④]，龙泉县设立审检所的时间当即在此一周内。

1913 年 2 月颁布的《各县帮审员办事暂行章程》是一部组织章程，包括附则仅 17 条，没有关于诉讼程序的具体内容，仅在第 9 条规定“凡地方初级审判厅、检察厅适用之法令，审检所得适用之”[⑤]。“初级审判厅、检察厅适用之法令”主要是指经 1913 年 9 月修订的清光绪年间形成的《各级审判厅试办章程》。与 1912 年执法科时期相比，1913 年审检所时期的诉讼制度主要有以下明显变化：一是县知事不再直接负责审判事务，帮审员拥有审判权，从 1913 年 5 月起，龙泉司法档案所见诉讼文书均由帮审员处理。二是县知事执行检察等事项，刑事案件的调查、勘验事务主要由县知事承担。如 1913 年方如增控姜关耀抢割田稻一案，起初方如增以刑事案件起诉，由县知事兼审检所长黄巘批示，待县知事基本调查清楚后，转由帮审员金蕴岳审理[⑥]。三是龙泉县的状纸也由之前的浙江省提法司印制变为司法部统一颁行。

审检所制度具有司法独立的倾向，更符合《各级审判厅试办章程》设计的司法审判职权体系。但在司法实践中，传统细故审理的残余仍然非常明显，审前准理制度与讯断后具结遵依制度仍在实行。如季岐峰与何显宽昧

①参见《各县帮审员办事暂行章程》，唐吉祥编：《司法重要法规汇编》（第 13 种），教育书社 1914 年版。

②《浙江司法筹备处训令第十五号》，《浙江公报》1913 年第 396 册，第 20—21 页。

③1913 年 5 月 9 日执法长朱光奎、执法员金蕴岳呈稿，《龙泉民国法院民刑档案卷（1912—1949）》，M003－01－11145，第 45 页。

④1913 年 5 月 15 日判词，《龙泉民国法院民刑档案卷（1912—1949）》，M003－01－01078，第 11 页。

⑤《各县帮审员办事暂行章程》，唐吉祥编：《司法重要法规汇编》（第 13 种），第 1 页。

⑥1913 年 10 月 30 日方如增刑事诉状，1913 年 11 月 13 日县知事黄巘宪批，《龙泉民国法院民刑档案卷（1912—1949）》，M003－01－17099，第 4、9 页。收录于包伟民主编：《龙泉司法档案选编》第二辑（1913），第 900、905 页。

良噬租纠葛案中,帮审员金蕴岳拒绝准理1913年9月4日季岐峰的起诉,批词称:"细按状词,必有隐情,仰仍邀公理息,另易新佃,以免争端,切切。"[①]而1913年张仁钱等与张德财等互争山场案中,原告张仁钱等在讯断后出具遵结状,称"蒙恩判决","民应遵断,所具遵结是实"[②]。然而由于这一时期已有当事人开始利用上诉程序,传统调解式审判中"不得异言"的要求与具结遵依的程序有时变得难以推行。如1913年李孚谆控陈三妹等抗租霸屋案中,6月19日帮审员金蕴岳曾有一次讯断,被告陈三妹曾为此具遵结状[③]。此后诉讼再起,8月30日金蕴岳作出正式判决[④],原告李孚谆不服,向丽水地方审判厅提出上诉[⑤]。上诉制度的施行意味着当事人对初审讯断的不服从受到法律的保护,是对细故审理调解性质的否定,体现了司法实践与适用法之间的层叠错位以及由此造成的诉讼规则的混乱。

三 1914年的县知事兼理司法制度

1913年7月,北洋政府由进步党人熊希龄组成"人才内阁",同年9月梁启超出任司法总长。"人才内阁"于1914年初即告解散,梁启超也于同时辞去司法总长职务。然而这期间,曾经"呼吁政治变革,并视司法独立为现代法治政府之必备要素"的梁启超提出了县行政长官兼理司法的方案[⑥]。梁启超改弦更张的背景是,据统计当时全国有县级行政区划1 700余处,遍设法院的财政支出在5 000万元以上,又需精通现代法学的法官15 000人,而当时的中国完全不具备这样的条件[⑦]。大总统袁世凯这时也

①1913年9月4日季岐峰民事诉状,《龙泉民国法院民刑档案卷(1912—1949)》,M003-01-1277,第76页。收录于包伟民主编:《龙泉司法档案选编》第二辑(1913),第664页。

②1913年8月12日张仁钱等遵结状,《龙泉民国法院民刑档案卷(1912—1949)》,M003-01-16797,第7—8页。收录于包伟民主编:《龙泉司法档案选编》第二辑(1913),第155页。

③1913年6月19日点名单、李孚谆等遵结状,《龙泉民国法院民刑档案卷(1912—1949)》,M003-01-15481,第65页。收录于包伟民主编:《龙泉司法档案选编》第二辑(1913),第299—300页。

④1913年8月30日判决词,《龙泉民国法院民刑档案卷(1912—1949)》,M003-01-10184,第2—5页。收录于包伟民主编:《龙泉司法档案选编》第二辑(1913),第311页。

⑤1913年10月11日浙江丽水地方审判厅判决书,《龙泉民国法院民刑档案卷(1912—1949)》,M003-01-10184,第5—10页。收录于包伟民主编:《龙泉司法档案选编》第二辑(1913),第313页。

⑥韩秀桃:《司法独立与近代中国》,第235页。

⑦参见季手文:《司法制度刍议》,《法学会杂志》1921年第3期。

认为,在人才不足与制度不完备的情况下,推行司法独立非但不能改良司法,反而会导致社会风气的败坏,他认为现代诉讼制度"滥享保障之权,俨以神圣自命,遂使保民之机关者翻作残民之凭藉"。虽然并不否定司法独立,但他强调仓促变革引发的弊端必须立即纠正,"本大总统外观世运,内审国情,谓司法独立之大义,既始终必当坚持,而法曹现在之弊端,尤顷刻不容坐视"。于是,袁世凯在1914年初下令全面实施县知事兼理司法制度。作为清末最早成功试行审判厅的司法变革先行者,袁世凯的命令对重建县知事兼理司法制度并进而裁撤审判厅的委曲宣白甚详:

司法独立为万国共由之大义,欲进国家于法治,宜悬此鹄以期成。本大总统昔任疆圻,首为提倡,黾勉讫今,不渝此志。顾尝深维司法独立之本意,在司法官当审判之际,准据法律,返循良心,以行判决,而干涉与请托无所德施,斯明恕之实克举,而治理之效乃彰。然必法官之品格、学识、经验确堪胜任,人才既足以分配,财力尤足以因应,然后措施裕如,基础巩固。建国以来,百政草创,日不暇给,新旧法律修订未完。或法规与礼俗相戾,反奖奸邪;或程序与事实不调,徒增苛扰。大本未立,民惑已滋。况法官之养成者既乏,其择用之也又不精。政费支绌,养廉不周,下驷滥竽,贪墨踵起。甚则律师交相狼狈,舞文甚于吏胥,乡邻多所瞻徇,执讯大乖平宿,宿案累积,怨讟繁兴,道路传闻,心目刿怵。夫民之为道也,善者多懦弱,而恶者多强暴,有法律以范围之,乃可以相安。倘法官不足以保障人民,则恶凌善、强凌弱,而天下乱矣。民有冤抑痛苦切肤,官不能理,失业丧家,覆盆衔冤,怨恨切骨,则人心去矣。故孔子曰:"刑罚不中,则民无所措手足。"夫民至于无所措手足,而国家犹能全安,未之闻也。今京外法官,其富有学养、忠勤举职者固不乏人。而昏庸尸位,操守难信者亦所在多有,往往显拂舆情,玩视民瘼,然犹滥享保障之权,俨以神圣自命,遂使保民之机关者翻作残民之凭藉,岂国家厉行司法独立之本意哉。本大总统博访舆诵,怒焉疚心,思涤秽瑕,相与更始。今据司法总长梁启超沥陈现状,穷究病源,条拟数端,力图整顿,意在厉行试验以杜幸进,严定考绩以汰不职,回避本籍以免瞻徇,约束律师以防朋比,并得委任县知事兼理司法以期变通,宜民速编布各种司法法规,以期完善适用。凡所计画,具见周详,宜即实行,以观后效。其编改法规一事,即由该总长博诹慎订，克日期成。世界法理固当熟参，本国习惯尤宜致意。法院未立之地，使知事兼司审检，允属权宜。求济之计，应饬令各省民政长官会同高等审检长揆度情形，分别划改，仍由该总长妥议监督办法，俾兼任者得有率循。至于严法官之选择，实所以保法院之威严，未容援保障以为护符，致考绩失其效用。又凡欲一政之兴，必须量财力所逮，否则举鼎绝膑，徒废于半途，画饼充饥，何裨于实效。应由该总长悉心筹画，将现在人才与财政所能及者妥为分酌，定出必要经费之限度，令国税厅确筹照拨其在任之法官。与夫授委兼理司法之县知事所有执行审判事项，务宜责令严守法规，据理判断。其有军人及高级长官滥用法外职权妄图干涉者，或地方绅士假托团体名义请托要胁者，一经访实，概予重惩，则独立精神何患不举。本大总统外观世运，内审国情，谓司法独立之大义，既始终必当坚持，而法曹现在之弊端，尤亟刻不容坐视。该总长其督励所属，咸与维新，庶以全法治于有终，定民志于未涣，岂惟法界之幸，抑亦国家之庥也。此令。[①]

1914年4月5日，《县知事兼理司法事务暂行条例》颁行，全国范围内的县知事兼理司法制度正式实施。该条例规定“凡未设法院各县之司法事务委任县知事处理之”，“县知事审理案件得设承审员助理之，承审员审理案件由承审员与县知事同负其责任”[②]。条例颁行后，非但原审检所撤销，5月2日司法部进而要求除各省高等审检厅、省城地方厅、多数商埠地方厅外，所有各初级审判、检察厅“概予废除，并归地方”[③]。从1914年4月5日开始，各地陆续裁撤审检所及各级审判厅、检察厅，基层司法审判权重新回到行政长官手中。此后，北洋政府于1921年、1923年两度修正《县知事兼理司法事务暂行条例》，南京国民政府则于1927年颁布《修正县知事兼理司法事务暂行条例》，继续施行县知事兼理制度[④]。

浙江省在裁撤审检所的同时，又于1914年5月22日颁布《县知事处理司法事务细则》，其第20条规定“诉讼案件得由知事预定标准，与各承审

①《大总统命令》，《浙江公报》1914年第681册，第1—2页。
②《县知事兼理司法事务暂行条例》，余绍宋编：《改订司法例规》，司法部1922年版，第160页。
③《初级厅归并于地方电》，余绍宋编：《改订司法例规》，第75页。
④韩秀桃：《民国时期兼理司法制度的内涵及其价值分析》，《安徽大学学报（哲学社会科学版）》2003年第5期。

员分担受理”[①]。在中央的命令与浙江省的配合下，浙江全境原来的审检所制度迅速改变为县知事兼理司法制度。浙江省之前设立的诸多审判厅、检察厅，除浙江省高等二厅和省会杭县、商埠鄞县的审检厅外，其余各厅至1916年被一并裁撤。龙泉县与全国多数县级机构一样，在1929年建立县法院之前，一般都实行县知事兼理司法制度。从龙泉司法档案的情况看，1914年3月审检所的“帮审员”已经消失，县知事开始兼理刑、民案件审判事务。

随着审检所的裁撤，1914年4月北洋政府颁行的《县知事审理诉讼暂行章程》随之成为龙泉县的适用法。该章程凡13章48条，主要是对县知事兼理司法制度与《各级审判厅试办章程》相冲突部分进行的特别规定，其余直接以“准用《各级审判厅试办章程》第××条之规定”的方式立法，准用内容多达40余条，与《县知事审理诉讼暂行章程》本身的篇幅相当[②]。表面上看，两者的区别只是将审判官改为县知事，具体的审判程序仍准用《各级审判厅试办章程》，但事实上该章程中某些并不起眼的规定更倾向于回归传统的细故审理机制，从而导致其与《各级审判厅试办章程》的冲突。比如，《各级审判厅试办章程》中并不存在的“准理”制度在《县知事审理诉讼暂行章程》中重新出现：

> 第二十九条　县知事审判文书分左列三种：（一）对诉讼人呈请有所准驳者，以批行之；（二）于诉讼之进行有所指挥者，以谕行之；（三）就该案为第一审之终结者，以判决行之。[③]

此外，该条款虽然规定最终的裁断“以判决行之”，但同年发布的政令又允许简易案件以“堂谕”代替“判决”[④]，裁判方式也更趋传统。

《各级审判厅试办章程》对审理机制的规定虽然简陋含糊，但其与细故审理机制的区别相当明显，《县知事审理诉讼暂行章程》则将两者无原则地拼凑在一起，造成诉讼规则的内在冲突与分裂。这时期的司法实践中，出现过官府按传统方式处理案件而为当事人所接受的情况。如1915年季贤

---

①《浙江高等审判厅训令第四百五十五号令发县知事处理司法事务细则饬遵由》，《浙江公报》1914年第819册，第6页。

②《县知事审理诉讼暂行章程》，余绍宋编：《改订司法例规》，第485—491页。

③《县知事审理诉讼暂行章程》，余绍宋编：《改订司法例规》，第488页。

④《县知事简易案件准以堂谕代判决呈》，余绍宋编：《改订司法例规》，第492页。

遴控季资元强接檐水案中，县知事杨毓琦先是拒绝准理：

> 状悉。尔侄玄孙资元改建横厢、强接檐水，呈果非虚，实属不是。好在争□□微，仅□瓦漏，可即邀公妥理饬息，不必涉讼，徒自取累。印花、分关发还具领。此批。[1]

但在季贤遴第二次呈状获得准理之后，杨毓琦又以堂谕的形式展开“教谕式调停”，当事人则具结遵依：

> 今在案下结得民贤遴控民资元强接檐水一案，遵奉堂断，判民资元厅外雨洗冲坏之墙，着速雇工修复，并限一星期买瓦六百片，加盖叔祖寝室，以免渗漏。其新建檐水准予与季贤遴旧屋接连。劝民贤遴应念谊属同堂，勿因细故致伤和气等谕，民等实深佩服。合具遵结是实。[2]

同时也可能出现当事人不接受官府调解式裁断，拒绝具结遵依状并提起上诉的情况。如 1915 年叶启立控林尚棣越界占争案中，杨毓琦同样按传统方式处理，“即准其分别保运起回，讼费各自承担”[3]，原告叶启立不服，要求复审未获准，最后他上诉至浙江高等分庭[4]。这种混乱和冲突在审检所时期主要体现在适用法与司法实践之间，在县知事兼理司法时期则同时体现为适用法与实施法的错位。

四　1916 年重建审检所的影响

在县知事兼理司法制度初期龙泉县诉讼规则的层叠错位现象最为严重，在 1916 年浙江省一度重建审检所后，这种情况有所缓解。

1915 年 12 月，袁世凯称帝。经过复杂的纠葛与斗争之后，浙江省由屈映光、吕公望相继出任督军。1916 年 4 月 12 日，浙江省宣布独立，按照西南护国军政府组织大纲成立浙江护国军政府，颁布《浙江省护国军政府

---

①1915 年 2 月 1 日季贤遴民事诉状，《龙泉民国法院民刑档案卷（1912—1949）》，M003 - 01 - 8596，第 1—5、7 页。收录于包伟民主编：《龙泉司法档案选编》第二辑（1915），第 101 页。

②1915 年 8 月 24 日季贤遴等遵结状，《龙泉民国法院民刑档案卷（1912—1949）》，M003 - 01 - 8596，第 43 页。收录于包伟民主编：《龙泉司法档案选编》第二辑（1915），第 126 页。

③1915 年 7 月 27 日堂谕，《龙泉民国法院民刑档案卷（1912—1949）》，M003 - 01 - 2230，第 48 页。

④1915 年 12 月 9 日龙泉县公署公函稿，《龙泉民国法院民刑档案卷（1912—1949）》，M003 - 01 - 2230，第 131 页。

组织法》，并致电各独立省，以求策应。同年4月22日，袁世凯在外界重压之下被迫取消帝制，仍称大总统。不久袁世凯去世，副总统黎元洪升任大总统。此后，浙江省声称在中央未有统一命令的情况下，因自身财政较为充裕，更为司法独立计，全省应恢复审检所制度，并于1916年8月公布《各县审检所办事暂行章程》13条。该章程规定，“未设审判厅之各县地方均一律于县公署内设审检所，以掌理该管辖内依民国法令属于第一审之民刑诉讼事件”，“审检所以专审员办理审判事务，以知事兼行检察事务”①，同时颁布《各县审检所办事细则》②。

据龙泉司法档案所见，龙泉县于当年9月复设审检所，审判事务由专审员负责。然而1917年1月北洋势力再次进入浙江，“浙人治浙”局面无法维系。1917年3月8日，新任浙江省长齐耀珊上书中央，表示浙江省在人员、财政条件两不具备的情况下重建审检所实属“窒碍情形”，“拟请变通办法”③。虽然浙江省议会对此十分不满，甚至提出罢免齐耀珊案，但终究未能成功④。随后各县审检所陆续被裁撤，改为承审处。1917年3—4月，龙泉县依浙江省规定裁撤审检所，恢复县知事兼理司法制度。

表面上看，1916年浙江省重建审检所，仅对审判机构与职权归属作出某些调整，审判程序至多恢复到1914年审检所体制，在立法层面上并没有任何创见，但这时期的某些诉讼程序的改进可谓意义重大，比如形成了新的传讯程序，传票上明确庭审时间，通知被传人准时到庭，革除了以往传讯责任不明的弊端，甚至具有当事人主义的色彩。又比如从这时期开始，遵结状仅在调解成立时有所使用，裁断后由当事人出具遵结状的情况几乎消失，说明诉讼规则已向《各级审判厅试办章程》靠拢。这个变化过程中出现了一个特殊案例。1917年叶景隆控凌宏茂靛青纠葛案中，4月20日县知事范贤礽与承审员张济演判决被告凌宏茂返还原告叶景隆洋136元6角⑤，当事人并未具结遵依。然而5月8日双方当事人经亲友劝解后，被告

①《浙江公报》1916年第1586册，第23—24页。

②《浙江公报》1916年第1604册，第22—25页。

③《浙江省长呈大总统为各县审检所有窒碍情形请变通办理由》，《浙江公报》1917年第1790册，第1—2页。

④参见金普森等编：《浙江通史·民国卷》，第228页。

⑤1917年4月20日龙泉县公署民事判决，《龙泉民国法院民刑档案卷(1912—1949)》，M003-01-10549，第66—67页。收录于包伟民主编：《龙泉司法档案选编》第二辑(1917)，第151页。

凌宏茂同意"遵判"还洋，同归于好[①]。原告叶景隆因此具结状称：

> 知事台下：为民控靛牙凌宏茂吞款壹佰叁拾六圆六角等情一案，奉前范知事判令凌宏茂所有吞民款项，着茂如数还民等判在案。业经公民龚克绍等劝茂遵判还民其洋，即日经公收楚。民愿乐从，同归于好。所具甘结是实。[②]

在审判机构不要求具结遵判的情况下，当事人以亲友劝解为由仍具结对判决内容表达遵从，这一操作可谓意味深长：一是说明当时的结状主要用于调解程序；二是说明这时的裁断（判决）已不具备调解性质，细故审理机制开始瓦解；三是说明民众仍习惯于调解式裁断。

当然，这一时期传统细故审理的准理制度仍有保留，如 1916 年 10 月审检所专审员张济演仍然拒绝准理一件房屋筑墙的纠纷，其批词竟称：

> 既有妨碍众人行路，何必要尔一人出头。且案关经界，不为呈图签明，仅凭一契亦无从核办。不准。[③]

这说明 1916 年重建审检所还不能彻底改变诉讼规则混乱的局面。

值得注意的是，袁世凯称帝失败并去世之后，对县知事兼理司法制度的反弹是全国性的。1916 年，曾经有过一次全国司法会议，检讨县知事兼理司法的弊端，提出司法改良办法，但成效甚微[④]。1917 年北洋政府陆续颁布了《暂行各县地方分庭组织法》和《县司法公署组织章程》。其中《暂行各县地方分庭组织法》规定，"凡已设地方审判厅地方，得于附近各县设立地方分庭，即称为某处地方审判厅某县分庭。各县地方分庭得设于县知事公署"[⑤]，但由于地方审判厅经过裁撤已为数甚少，在各县普遍设立分庭不切实际。虽《县司法公署组织章程》规定"凡未设法院各县应设司

---

①1917 年 5 月 8 日龚克绍等和解状，《龙泉民国法院民刑档案卷（1912—1949）》，M003-01-10549，第 22—23、156 页

②1917 年 5 月叶景隆甘结状，《龙泉民国法院民刑档案卷（1912—1949）》，M003-01-10549，第 20—21 页。

③1916 年 10 月 4 日陈吴氏民事诉状，《龙泉民国法院民刑档案卷（1912—1949）》，M003-01-01804，第 24 页。

④参见唐仕春：《北洋时期的基层司法》，第 115—129 页。

⑤《暂行各县地方分庭组织法》，余绍宋编：《改订司法例规》，第 77 页。

法公署"[①]，但至1927年全国仅有40多个县设立了司法公署[②]。据统计，到1926年全国建立的新式法院和过渡法院(含司法公署、审判处和司法筹备处)不足200所，多数县级审判机构仍然维持县知事兼理司法制度[③]，浙江省龙泉县也从未实施过县地方分庭或县司法公署制度。

五　1922年《民事诉讼条例》施行后龙泉县的诉讼规则

1922年《民事诉讼条例》取代《各级审判厅试办章程》在全国施行，诉讼规则在立法与实施法之间的层叠现象开始消失。

《县知事审理诉讼暂行章程》于1914年4月颁行之后，曾于1921年1月和1923年3月两次修订。其中1923年修订时，《民事诉讼条例》与《刑事诉讼条例》已分别于1922年7月和10月在全国施行，原《各级审判厅试办章程》因此废止。原大量准用《各级审判厅试办章程》的《县知事审理诉讼暂行章程》当然无以为继，因此北洋政府于1922年6月宣告：

> 《县知事审理诉讼暂行章程》正在修改，未呈准公布前应暂照现行章程办理，但该章程原定准用民、刑事诉讼律草案及《各级审判厅试办章程》之规定者，应分别查照民、刑事诉讼条例规定办理。[④]

1923年，修正后的《县知事审理诉讼暂行章程》公布，该章程不分章，凡44条，其中第42条规定："《法院编制法》《民事诉讼条例》《刑事诉讼条例》及其他关于法院适用之法令规程之规定，除与本章程抵触者外，于县知事准用之。"[⑤]

1922年施行的《民事诉讼条例》主要参照《大清民事诉讼律草案》修订而成，分总则、第一审程序、上诉审诉讼程序、抗告程序、再审程序、特别诉讼程序等6编755条。1923年修正的《县知事审理诉讼暂行章程》与《刑事

①《县司法公署组织章程》，余绍宋编：《改订司法例规》，第78页。

②参见郭建、姚荣涛、王志强：《中国法制史》，上海人民出版社2000年版，第549页。

③参见吴永明：《民国前期新式法院建设述略》，《民国档案》2004年第2期。

④《县知事审诉讼章程准用民刑诉草案及试办章程之规定者应查照民刑诉条例办理电》，余绍宋编：《改订司法例规》，第1865—1866页。

⑤《县知事审理诉讼暂行章程》，司法例规编纂处：《改订司法例规第一次补编》，司法公报发行所1924年版，第59页。

诉讼条例》《民事诉讼条例》最主要的抵触，是因审检合一而不能实行刑事公诉制度。除此之外，其全部44条内容对诉讼程序的规定非常之少，意味着绝大多数诉讼程序准用诉讼条例，例外的是对审判方式进行规定的两项条款：

> 第十八条　讯问方法由县知事或承审员相机为之，但不得非法凌辱。
>
> 第十九条　民、刑案件讯问笔录应由审理该案件之县知事或承审员并记录之，书记员签名。前项笔录应向供述人朗读，令其签名或印指模。[①]

该两条规定虽然沿袭《各级审判厅试用章程》第33、34条的内容，但将原"审判方式"改为"讯问方式"，将审讯记录由原来的"录供"改为"讯问笔录"，说明修正后的《县知事审理诉讼暂行章程》规定民事案件的法庭审理均采用"讯问"形式，而不是《民事诉讼条例》所规定的"言词辩论"。这体现了实施法与适用法的层叠错位，也造成了这一时期民事审判中职权主义与当事人主义的冲突与混乱。

六　1929年龙泉县法院的成立

1929年龙泉县法院成立，修正后的《县知事审理诉讼暂行章程》不再适用于龙泉县，诉讼规则的层叠错位现象至此基本消失。

1927年4月18日，南京国民政府成立，行政辖区包括浙江全境。1927年10月25日公布的《最高法院暂行条例》规定最高法院为国民政府最高审判机关，同年11月17日最高法院在南京正式成立，而在此之前浙江等省高等法院已于11月14日先行成立。此后，县法院也在各地相继成立，1932年《法院组织法》颁布后县法院又扩充为地方法院。由于经费缺乏等原因，县法院或地方法院设立的进度并不理想，到1934年底全国仅有地方法院129所。

浙江省龙泉县属于较早设立县法院与地方法院的县份。南京国民政府成立后，原龙泉县公署改称县政府，仍设司法科。1929年10月25日，浙

---

①《县知事审理诉讼暂行章程》，司法例规编纂处：《改订司法例规第一次补编》，第57页。

江高等法院命令龙泉等10县同时设立法院，当年11月1日龙泉县法院正式成立，龙泉县行政、司法合一体制至此结束。1935年7月1日，龙泉县法院又根据《法院组织法》改为龙泉地方法院，直至1949年5月13日。因此南京国民政府时期，龙泉县的审判机构经历了龙泉县政府（1927年4月至1929年10月）、龙泉县法院（1929年11月至1935年6月）、龙泉地方法院（1935年7月至1949年5月）三个阶段。

龙泉县法院筹备成立时，一度借县政府余屋办公。1929年11月28日起暂借婺州会馆（今东后街下林路上首）为院址。1930年2月19日，龙泉县法院迁孔庙明伦堂（今龙泉第一中学部分旧址）。1932年11月27日，龙泉县法院迁入集福寺（俗称西寺，现龙泉市文化馆址），并在法院大门前向西平街通道中建布告亭。县法院分审判与检察两部分，分别隶属浙江高等法院与高等检察处；内设民事庭、刑事庭、书记室、民事执行庭、民事调解处、登记处、公证处等，检察处又设检察官室、书记官室、检方记录科。此外又有法医室、收发室、档案室、法警室及直属看守所（附设监狱）等。龙泉法院的人员配置主要包括荐任的院长、首席检察官、推事、检察官、法医师等，委任的书记官长与书记官等，雇用的检验员、录事、执达员、法警长、法警、庭丁、公丁等①。

1929年11月龙泉县法院的成立意味着对《民事诉讼条例》的完全适用，龙泉县民事诉讼的当事人主义审判模式由此确立。南京国民政府的《民事诉讼法》于1931年全文公布，1932年开始施行，同样完全适用于龙泉县。县法院成立之后，修正的《县知事审理诉讼暂行章程》不再适用于龙泉县，龙泉司法档案所见民事诉讼的“准理”机制也从此消失，庭审记录由“讯问笔录”改为“言词辩论笔录”，“判决书”完全取代“堂谕”。这些诉讼文书形式的演变，标志着司法实践与诉讼法规的完全统一。

七　龙泉县民事诉讼史的分期

民国时期诉讼规则的演变，并不是几部诉讼法规的简单更替，而是立法、实施法、适用法及司法实践之间复杂纠缠的历史。就此而言，民国时期

①参见浙江省龙泉市人民法院编：《龙泉法院志》，第1—12页。

龙泉县的民事诉讼史大致可以分为以下四个阶段：

首先，民国初年沿用清末《各级审判厅试办章程》，立法层面尚有当事人主义的《大清民事诉讼律草案》，而龙泉县无论是由执法科、审检所，还是县公署负责审判事务，都可以归为广义的县知事兼理司法制度，其先后的适用法包括《执法科简章》《帮审员办事暂行章程》《县知事审理诉讼暂行章程》。在司法实践层面，龙泉县在1916年浙江省重建审检所之前多保留细故审理机制，故而可以将1912年至1916年这一阶段理解为四级层叠错位的时期。

其次，1916年浙江省重建审检所之后，龙泉县的司法实践中细故审理的色彩减少，基本上向《各级审判厅试办章程》靠拢，因此1916年至1922年这一阶段可以理解为层叠错位由四级演变为三级的时期。

第三，1921年北洋政府修成《民事诉讼条例》，不但在立法层面上取代《大清民事诉讼律草案》，1922年在全国施行后，又在实施法层面上取代《各级审判厅试办章程》，诉讼规则的立法与实施法由此统一。但龙泉县仍实行县知事兼理司法制度，因此1922年至1929年这一阶段是层叠错位由三级演变为二级的时期。

最后，1929年11月龙泉县法院成立，县知事兼理司法制度在龙泉县结束，诉讼规则的层叠现错位现象至此消失。1931年、1935年国民政府两次颁行《民事诉讼法》，龙泉县的诉讼规则基本保持稳定，因此1929年至1949年这一阶段是龙泉县确立当事人主义民事审判模式的时期（表1）。

表 1　1906—1949 年民事诉讼法规与龙泉县民事诉讼规则对照

年份	1906	1907—1910	1911	1912	1913	1914—1915	1916	1917—1920	1921	1922	1923	1924—1926	1927—1928	1929—1930	1931—1934	1935—1949
立法	《大清刑事民事诉讼法草案》	《各级审判厅试办章程》	《大清民事诉讼律草案》《民事刑事诉讼暂行章程》						《民事诉讼条例》						《民事诉讼法》	
实施法	《天津府属试办审判厅章程》	《各级审判厅试办章程》								《民事诉讼条例》						
适用法				《浙江省暂行执法科简章》	《各县帮审员办事暂行章程》	《县知事审理诉讼暂行章程》	《（浙江省）各县审检所办事暂行章程》	《县知事审理诉讼暂行章程》			《县知事审理诉讼暂行章程》			《民事诉讼条例》		
机构	县衙			县公署	审检所	县公署	（浙江省）审检所	县公署					县政府	龙泉县法院		龙泉地方法院
审判方式演变要点	细故审理（准理、遵结）				准理、遵结、上诉	准理、遵结、上诉	准理、确定审讯日期、上诉				准理、讯问			言词辩论		

第二编　诉状

第三章　“无异”:作为地方性知识的清代细故审理

——光绪三十四年瞿自旺案的深度描绘

“对于暂时性的态势做出暂时性调适”不是传统中国细故审理的独有特征,而是传统世界民事诉讼的普遍现象。对于传统细故审理,从滋贺秀三到俞江,已经形成诸多自成其说的解释。这些解释无不以现代法律作为参照的基准,可以笼统视为现代性比较研究。试图在现代性的对比之外发现细故审理更丰富的内涵,需要采取不同的研究策略。借助吉尔兹“地方性知识”的研究策略,本章通过对清代细故审理个案的“深度描绘”,尝试用传统诉讼文书自身的表述来描述、解释传统理讼的内在机制,来为民国时期民事状词的转型提供讨论的起点。梁治平曾经将中国传统法律文化的内在精神总结为“寻求自然秩序中的和谐”[①],这与本章从传统诉讼文书中提炼出的“无异”似乎无多大差别,但两者至少表述方式有所不同。其实“自然秩序”容易与现代西方法理中的“自然法”传统联系起来,“和谐”更让人联想到中国传统文化的至高理想,这样的解释虽然精确,但可能无意中将传统理讼模式拔高到与之不相称的精神或理念层面上。

一　清代细故审理的解释策略

细故审理是否“依法审理”,“古代中国有无民法”,这些问题至今仍众说纷纭,有关争论最终归结于如何定义“民法”的问题[②]。近代中国立法进程中的某些表述,似乎为这个问题提供了明确答案。《刑事民事诉讼法》规定刑事裁判“将被告按律定拟”(第74、75条),而其“民事规则”部分则没有

---

①参见梁治平:《寻求自然秩序中的和谐——中国社会法律文化研究》,上海人民出版社1991年版,第342页。

②参见俞江:《关于“古代中国有无民法”问题的再思考》,《现代法学》2001年第6期。

类似规定，甚至不列与“裁判”相关的条款[①]。《各级审判厅试办章程》第1条将“刑事案件”与“民事案件”分别定义为“凡因诉讼而审定罪之有无者”和“凡因诉讼而审定理之曲直者”[②]。这些条文既然认定“民事案件”并无“律”可依，那么中国古代自然就没有成文法意义上的“民法”可言；如果强说有“民法”，则只能是将其理解为“习惯法”“民间法”或其他“审定理之曲直”的“规则”而已。

就民事案件“审定理之曲直”这种定义而言，滋贺秀三关于细故审理“情理法”审判基准的解释非常合理。滋贺秀三的研究目标是寻求审判的确定性标准，“情理法”学说的预设是“既然是审判，就应该有某种制度性的设定或基础”。然而这种解释并没有满足在细故审理中寻求确定性规则的旨趣，他的学生寺田浩明就认为“关于情理的议论很难成为揭示一个个具体的审判都依照什么基准的正当性理论”[③]，并将解释的角度从“审判基准”拓展到“法秩序”，提出了“冤抑”与“拥挤列车”的学说[④]：

> 所谓打官司的过程，就当事者而言就成了使用各种方法从不同的侧面展示对方欺压的横暴和自己不堪凌辱的惨状；就地方官而言则是通过阅读听取这些冤情（有时来自于当事者双方），形成关于双方究竟是如何推来挤去的这一纠纷实际状况之认识，并在此认识上作出判断。[⑤]

对于这种“拥挤列车”中的“推来挤去”的“规则”，寺田浩明本人也不得不承认其有“非规则”的一面，为此他撰写了不止一篇以“非规则型法”为题的论文[⑥]。在《“非规则型法”之概念——以清代中国法为素材》一文中，寺田浩明指出：

①《刑事民事诉讼法》，怀效锋主编：《清末法制变革史料》（上卷），第441页。

②《各级审判厅试办章程》，怀效锋主编：《清末法制变革史料》（上卷），第458页。

③〔日〕寺田浩明著，王亚新译：《权利与冤抑——清代听讼和民众的民事法秩序》，《权利与冤抑：寺田浩明中国法史论集》，第251页。

④〔日〕寺田浩明著，王亚新译：《“拥挤列车”模型——明清时期的社会认识和秩序建构》，《权利与冤抑：寺田浩明中国法史论集》，第409—423页。

⑤〔日〕寺田浩明著，王亚新译：《权利与冤抑——清代听讼和民众的民事法秩序》，《权利与冤抑：寺田浩明中国法史论集》，第237页。

⑥另一篇是《清代刑事审判中律例作用的再考察——关于实定法的“非规则”形态》，载《权利与冤抑：寺田浩明中国法史论集》第323—356页。

> 那里的“规则性”只是作为解决问题之判断形成的逻辑过程中要素之一而发挥与其他要素同等的寻常作用,没有出现“规则”与权力交叉影响并得以客观化的构造,换言之,就是没有像西方那样,出现以权力来强化社会关系中的规则性,或者把公共权力作为社会内某些规则的特殊拥护者那样的正统性定位方式。[①]

在这番论述中,“没有规则的规则”的概念已经呼之欲出。类似的情况还有林端的“活法”(living law)[②]。

对这些“规则”中的“非规则”现象深感缺憾而继续探寻细故审理“规则”的,又有俞江的《明清州县细故案件审理的法律史重构》一文。该文提出一个重要问题,即以往研究讨论的核心是“如何判”,但“判决”可能只是西方现代民事诉讼特有的目标与结案机制,本身就不适用于对明清细故审理的理解,由此他破除了“如何判”的讨论模式,转而思考“为何审理”的问题——“州县官的批词和判词究竟要达到什么目的?”在此基础上,俞江提出细故审理中“为何审理”与“如何审判”两方面的“规则”或“确定性”:

> 明清的州县细故审理,是国家权威通过给当事人“说法”,达到“定分”和“止争”的一种司法过程。
>
> 总的来说,明清州县细故审理呈现以下实质性的特征:(1)普通的财产归属类、财产交易类案件,在契约的约束力原则下,审理工作以审查契约的真实性、合法性等为主;(2)身份以及与身份相关的财产案件,以提炼和参考法律规则和伦理原则为主;(3)适用法律规则不妥当时,通过说理论证来获得上司衙门和社会的可接受性。[③]

将讨论方式由“如何判”改为“为何审以及如何审”,是细故审理研究的重大进展。俞江试图揭示的细故审理规则的确定性、一致性固然可以成立,但所谓审理规则的“确定性”仍是现代法理学的概念。

---

①〔日〕寺田浩明著,王亚新译:《“非规则型法”之概念——以清代中国法为素材》,《权利与冤抑:寺田浩明中国法史论集》,第 386—387 页。

②参见林端:《中西法律文化的对比——韦伯与滋贺秀三的比较》,《法制与社会发展》2004 年第 6 期。

③俞江:《明清州县细故案件审理的法律史重构》,《历史研究》2014 年第 2 期。

二 诉讼规则的传统模式与地方性知识

其实按现代性的理论，传统民事审理显然以不确定性为基本特征，这不是中国的特殊情况，而是传统世界的普遍现象。德国当代社会学家鲁曼(Niklas Luhmann)就指出，“针对暂时性态势而做出的暂时性调适”，“以针对个案与针对个人的方式进行论证”正是传统法律的常态，作为现代法律基本特征的“确定性”，即“对相等的案件应做成相等的决定，对不相同等案件则应做成不相等的决定”，其实是以“一直要到相当晚的时期”才确立的所有权观念为基础的①。

不仅如此，这种传统的诉讼观念，即使在现代社会也并没有消失。当寺田浩明将传统中国的冤抑与现代西方的权利对立时②，美国学者却发现，即使在须臾不离法律的当代美国，未受专业训练的民众在诉讼中仍然“不能够将树篱、房屋界限以及所有权概念同各种复杂的社会关系、不和睦的邻居以及20年的恶劣情感区分开来”。这种“冤抑”式的申诉是清朝官员日常理讼中熟悉的内容，在美国自然得不到法律的支持，“法官在我们面前把她描述成一个疯狂的老太婆，法律对她的问题无能为力”。面对这种现象，美国的法律语言学研究者所持的态度并非只是怜悯法律无知者的处境，而是反思法律在“冤屈者”面前的无能：“想象一下，会不会有这样一种法律制度，它根据法律委托人的逻辑做出调节，而不是坚持让委托人去做出调整。这样一种法律制度会是怎样呢？”接下来，研究者以尼日利亚与津巴布韦的两个法律人类学的研究案例来说明这样一种法律制度——“社会语境不仅不是无关紧要，而且处于核心地位”。研究者区分了民事诉讼中两种不同的案情陈述模式：“规则导向型(rule - oriented)”与“关系型(relational)”。规则导向型叙述“将他们对法律救济的主张建立在对具体的规则、职责和义务的违反的基础之上”，关系型叙述则“将其对法律救济的主张建立在对社会行为的一般规则的基础之上”，“因此它们常常充满了与

①〔德〕鲁曼(Niklas Luhmann)著，李君韬译：《社会中的法》，台北“国立”编译馆2009年版，第291、293页。Niklas Luhmann在大陆一般译作“卢曼”。

②〔日〕寺田浩明著，王亚新译：《权利与冤抑——清代听讼和民众的民事法秩序》，《权利与冤抑：寺田浩明中国法史论集》，第207—273页。

说话者生活有关的细节”——这种关系型叙述与清代细故审理的冤抑陈述非常相似。关系型叙述对应的审理方式还具有面向未来的时间维度,“他们解决争端的办法可能较少涉及已经过去的对规则的违反,而是更多地指向未来的和谐共处”①,这与细故审理也比较接近。所以当代西方社会同样存在着“无需法律的秩序”②,而且从法律史演变的进程而言,“关系型”审理或许代表着人类社会处理民事纠纷时的一种更加“自然”的方式。

现代西方法律体系的构建虽然根植于悠久的西方古典文明、罗马法传统以及习惯法渊源,但终究是传统突变的结果。1667年法国路易十四的《民事诉讼程序敕令》是欧洲大陆第一部现代意义的民事诉讼程序法③,1804年《法国民法典》是第一部以现代经济制度为基础的民法典,在此之前西方法律体系未必遵循当代法理学阐述的基本原则。鲁曼从理论上区别了传统与现代的法律及其突变的结构性条件,认为“针对个案与针对个人的方式进行论证”,“对于暂时性的态势做出暂时性调适”是传统世界法律论证的常态,而作为现代法律基本特征的“确定性”即指“对相等的案件应做成相等的决定,对不相同等案件则应做成不相等的决定,并且委由法律系统来查明,什么东西,以及借助何种规则,可以使某件事情被视为是相等的或者是不相等的”④。这意味着对传统法秩序的背离或“突破”,将“迈向一种自主的,同时可对抗道德与常识,也可对抗文字用语之日常意义而具有可分化性的法律文化”。契约在人类社会历史中普遍存在,但契约被“简化”为所有权证明却是现代经济制度的特殊产物:

> 一直要到相当晚的时期,才出现了所有权与占有这项具有决定性的区分……才使得所有权有可能被用来当作许多不同种类的契约关系塑造的指涉点。

---

①〔美〕约翰·M.康利(John M. Conley)、〔美〕威廉·M.欧巴尔(William M. O'Barr)著,程朝阳译:《法律、语言与权力》,法律出版社2007年版,第88、100页。

②参见〔美〕罗伯特·C.埃里克森(Robert C. Ellickson)著,苏力译:《无需法律的秩序——邻人如何解决纠纷》,中国政法大学出版社2003年版;〔美〕萨利·安格尔·梅丽(Sally Engle Merry)著,郭星华等译:《诉讼的话语——生活在美国社会底层人的法律意识》,北京大学出版社2007年版;〔美〕尼尔·K.考默萨(Neil K. Komesar)著,申卫星等译:《法律的限度:法治、权利的供给与需求》,商务印书馆2007年版。

③参见〔美〕艾涅斯特·格拉松(E. Glasson)著,巢志雄译:《法国民事诉讼程序的起源》,北京大学出版社2013年版。

④〔德〕鲁曼(Niklas Luhmann)著,李君韬译:《社会中的法》,第293页。

> 一直要到十九世纪初，那种完全以未来取向的、不会借助任何已形成之事实而被预先判断的、并且完全基于缔约当事人之意思而成立之契约，才在英国获得承认。[①]

而这种突变确立了经济在现代社会结构中的优先地位："随着契约自由的制度化，经济与法律的结构耦合亦获得其现代的（为了避免说是完美的）形式。"[②]根据鲁曼的理论，既然"非规则""不确定性"是传统世界民事审判的普遍特征，将清代民事诉讼描绘成"拥挤列车"或者别的什么也就不足为奇了。

既然不确定性是传统世界民事诉讼的普遍现象，那么对细故审理的特性就应该在与传统世界其他文明审判模式的比较中才能更好地得到理解和把握。关于传统世界地方性审判模式的研究，可以参考人类学家吉尔兹(Clifford Geertz)的名篇《地方性知识：从比较的观点看事实和法律》。依据吉尔兹所指出的"法律上的事实不是自然产生的，而是如人类学者会有的看法：它是由社会构造的"这一原理[③]，世界各地的传统审理模式全然不同。该文围绕着哈克(haqq)、达摩(dharma)与阿达特(adat)这三个核心概念，分别描述了伊斯兰、印度以及马来西亚社会中独特的事实与法律关系：伊斯兰社会的"哈克"意味着法律事实的认定取决于制度化的权威证人的证词；印度的"达摩"将法律裁断归结于统治者神秘主义的、终极的正邪性质；马来西亚的"阿达特"则把法律事实等同于社会的整体性和谐，审判就是对引发社会不稳定的失范行为的认定与惩罚[④]。借鉴吉尔兹"地方性知识"的观念以及"深度描绘"的研究策略，也可以尝试从诉讼文书自身的表述中发现清代细故审理的"地方性知识"。

在龙泉司法档案所载晚清案件中，1908年瞿自旺控瞿长青等恃强抢贴案的审理过程与诉讼文书相对完整，"教谕式调停"之特点非常突出。以下以该案为例讨论传统细故审理的"地方性知识"，分析的对象包括准理前的诉状陈述与县官批词，堂讯叙供、证据采纳、事实的认定，堂谕裁断与当

①〔德〕鲁曼(Niklas Luhmann)著，李君韬译：《社会中的法》，第296页。

②〔德〕鲁曼(Niklas Luhmann)著，李君韬译：《社会中的法》，第508页。

③〔美〕克利福德·吉尔兹(Clifford Geertz)，王海龙、张家瑄译：《地方性知识：从比较的观点看事实和法律》，《地方性知识：阐释人类学论文集》，中央编译出版社2000年版，第229页。

④〔美〕克利福德·吉尔兹(Clifford Geertz)，王海龙、张家瑄译：《地方性知识：从比较的观点看事实和法律》，《地方性知识：阐释人类学论文集》，第250、260、268页。

事人遵结状等等。

三 传统诉状的叙述结构

瞿自旺案始于光绪三十四年(1908)二月十三日，至宣统元年(1909)四月二十九日两造具结遵依县衙堂谕为止，历时一年有余，现存相关诉讼文书19件，散布于5个卷宗①。涉案的瞿氏家族聚居于龙泉县南乡大赛村，先祖从谋公置有清明祭田，由从谋公派下中、和两房轮值。后来中房再分为天、地、人三房，和房再分仁、义、礼、智四房，于是形成天、地、人三房六年一次，仁、义、礼、智四房八年一次轮值清明祭田之惯例。和房再分之后又传四代，因义、智两房乏嗣，仁、礼二房的瞿长青、瞿长荣因承嗣而轮值义、智两房祭田。该案的起因，是自称智房后裔却长期脱离宗族的瞿自旺试图通过房长瞿林炎回归宗族并轮值智房祭田，从而与瞿长青、瞿长荣兄弟产生祭田轮值纠纷②。

该案分为三个阶段。第一阶段是光绪三十四年(1908)二三月间，瞿自旺三次呈状申诉其轮值祭田权利遭到侵犯，知县陈海梅认为瞿自旺的陈述不近情理，在两次拒绝受理之后，按惯例准理瞿自旺的第三次呈状。第二阶段从官府准理案件到宣统元年(1909)闰二月的审讯以前，在将近一年的时间里，官府开始传讯当事人。双方当事人并未及时应讯，而是各自呈状相互指控。其间知县有轮替，而案情也在继续发展，在一次并不成功的族内协调后，案件产生了新的诉讼焦点。第三阶段是此后两个多月时间里官府两次堂讯并裁断结案。第一次堂讯后，官府要求两造补充证据。在两造分别呈状举证后，县官相信掌握的事实已足以形成解决纠葛的方案，两造则以结状的形式对官府的裁断表示服从。

首先分析诉状的叙述结构。光绪三十四年(1908)二月十三日，瞿自旺呈状控告瞿长青等侵占其祭田轮值权利，诉状正文如下(图5)：

甲：缘身有先祖从谋公置下祭田，分中、和两房轮流，迄今代远年

---

①收录于包伟民主编：《龙泉司法档案选编》第一辑(晚清时期)，中华书局2012年版，第134—151页。

②参见杜正贞：《龙泉司法档案中的族产纠纷》，《浙江档案》2013年第3期。

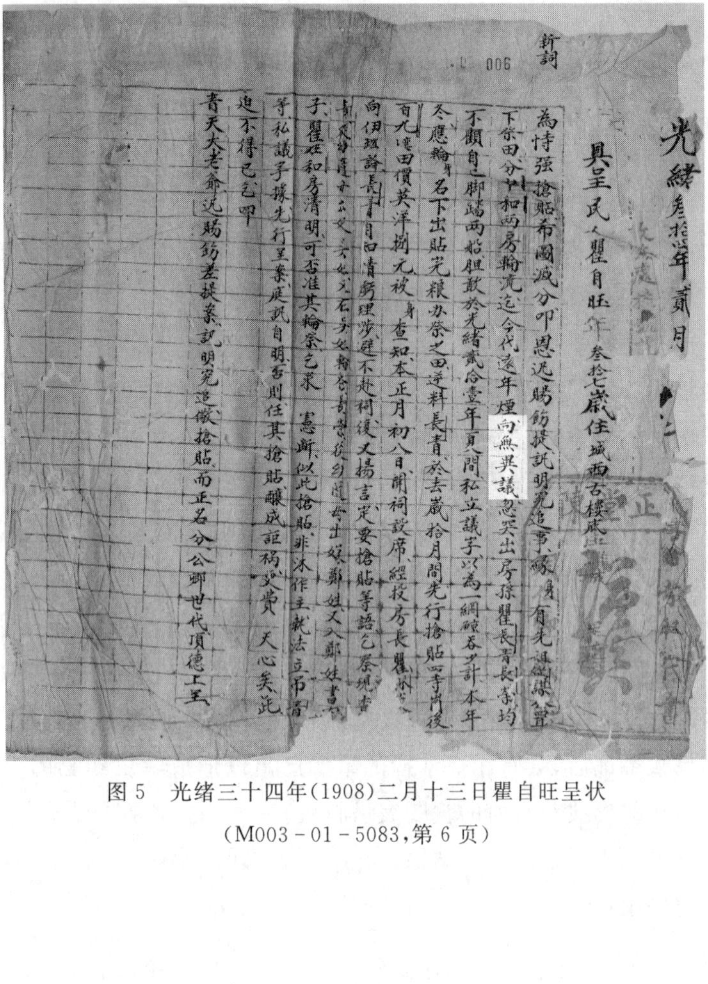

图 5　光绪三十四年(1908)二月十三日瞿自旺呈状
(M003 - 01 - 5083,第 6 页)

煙,向无异议。

乙:忽突出房孙瞿长青、长荣,均不顾自己脚踏两船,胆敢于光绪贰拾壹年夏间私立议字,以为一网鲸吞之计。本年冬应轮身名下出贴完粮办祭之田,逆料长青于去岁拾月间先行抢贴四寺岗后、百九湾田价英洋捌元,被身查知。本正月初八日开祠设席,经投房长瞿林炎向伊理论,长青自知情亏理涉,避不赴祠,复又扬言“定要抢贴”等语,乞察。现查青从幼随母出走吴姓,又在吴姓轮祭,长荣从幼随母出嫁郑姓,又入郑姓书□子,瞿姓和房清明可否准其轮祭,乞求宪断。

丙:似此抢贴,非沐作主,执法立吊青等私议字据先行呈案庭讯自明,否则任其抢贴,酿成巨祸,更费天心矣。

丁:此迫不得已,乞叩青天大老爷迅赐饬差提案讯明究追,儆抢贴而正名分,公卿世代,顶德上呈。[①]

该诉状陈述由四个固定的句式组织起来:

甲:向无异议——以前关系一直非常和谐,没有任何争议[②];

乙:忽突出——被告毫无理由,始料不及地破坏和谐秩序,践踏原告利益[③];

丙:非沐——如果没有官府的救助将引发难以控制的可怕灾祸[④];

丁:乞叩——哀求官府启动诉讼程序以惩恶扶弱,重建社会秩序[⑤]。

这种叙述结构在清代呈状中相当稳定。除瞿自旺这件新词之外,该案同年四月初三日被告瞿长青的呈状为:

甲:缘身等先人派分仁义礼智四房,义房与智房乏嗣,日前仝众皆立有嗣书承继,历来轮及从谋公祭产,惟身等承值,俱无异议;

乙:兹突出同姓不宗之瞿自旺贿嘱房族瞿林炎等,扛帮争祭,一再呈控……

①光绪三十四年二月十三日瞿自旺呈状,《龙泉民国法院民刑档案卷(1912—1949)》,M003-01-5083,第6—9页。收录于包伟民主编:《龙泉司法档案选编》第一辑(晚清时期),第134页。诉状中“代远年煙”的“煙”当为“湮”之误。

②类似表述还有“毫无异议”“无异议”或“无异”等。

③类似表述还有“忽出”“讵”“不料”“突出”等

④类似表述还有“不沐”“非蒙”等。

⑤类似表述还有“叩乞”“伏乞”等。

丙：不沐原情察断，惩罚唆使将身应轮祭产，忽被争夺，心何以甘……

丁：叩乞青天大老爷作主察断，懦弱有天，顶德上呈。①

龙泉司法档案中宣统元年(1909)毛樟和与毛景隆债务纠纷案的新词：

甲：缘身居住遂邑关塘□□素来本分自安，非为不染，衅因……业本确实，事属无异；

乙：不料至是年冬□，身向取讨票洋……讵知人心难测，景隆诡计多端……

丙：似此不仁，非沐作主，迅赐饬差究追保全血本，身执契空虚，而王法奚在，心何以甘？

丁：为此不已，伏乞青天大老爷恩赐饬差究追，保血本，救弱民，公侯万代，焚祝上呈。②

淡新档案中光绪七年(1881)许国与许乞食等越界霸占案的呈状为：

甲：缘国承高祖许东兴即许光杰生前向社番全宗等买过荒埔贰所……历管无异；

乙：冤因……讵恶匿契不献，不思两业□□各别，南北攸分……恃蛮不理，形同化外；

丙：非蒙恩准饬差拘究，亏国业管五世，大租年纳，旦遭霸占，死奚灰心……

丁：伏乞大老爷锄暴安孱，恩准……以儆强梁，弱民有天。③

寺田浩明曾将清代民事审判的实质理解为“冤抑”。诉状中“忽出—非沐—乞叩”三个部分可以理解为“对方无理—己方冤抑—请求官府”的叙述模式，似乎契合寺田浩明的观点。然而后面三部分的叙述以第一部分“无异”为前提，“无异”与“忽出”之间的冲突才是当事人表述的纠纷产生的缘由。在瞿

①《龙泉民国法院民刑档案卷(1912—1949)》，M003－01－5083，第20—22页。收录于包伟民主编：《龙泉司法档案选编》第一辑(晚清时期)，第138页。

②《龙泉民国法院民刑档案卷(1912—1949)》，M003－01－13527，第12—13页。收录于包伟民主编：《龙泉司法档案选编》第一辑(晚清时期)，第409页。

③许国为越界占辟租课无归抄白叩乞差拘吊契验讯押退还营事，《淡新档案》，22419·1，第20册，台湾大学图书馆2006年版，第56页。

自旺案中，原告声称的“无异”内容是“缘身有先祖从谋公置下祭田，分中、和两房轮流……”，被告声称的“无异”内容是“历来轮及从谋公祭产，惟身等承值”，都在宣称自身轮值祭田的事实。“无异”又称“无异议”，作为一种双重否定的表达式，包含着众所周知、广泛认同、没有争议、无人挑战等意思，意味着某种社会关系或秩序获得广泛的社会认同。这种叙述结构意味着审理的目标既不是确认“权利”，也未必是伸张“冤抑”或者讨要“说法”，而是维护某种广受认同的社会关系。“无异”之后以“忽出”承接，引出对和谐社会秩序破坏的行为；“非沐”部分强调这种破坏可能造成的可怕后果，除了说明受害人的惨状，一般都会推论至社会不安定、伦理与政治秩序的颠覆等；“乞叩”部分对官府的请求同样强调对社会秩序的重建而非诉诸对其权利的确认。

与现代诉讼“依法审判过去的事实”有所不同，清代的这种叙述结构还表现出“由过去走向未来”的时间维度。“无异”又表述为“向无异议”，“向”字更凸显过去时态，代表既有的和谐秩序；“忽出”描述当下社会秩序遭遇破坏的过程；“非沐”则是虚拟语态，表达对将来可能产生可怕后果的担心；“乞叩”部分则哀求官府重建社会秩序，以避免未来走向“非沐”所描述的可怕景象。

四　准理、堂讯与叙供

诉状的叙述结构展现了清代细故审理的特有观念，陈述内容对事实认定的意义又是另外一个问题。寺田浩明提出清代民事审判中的“冤抑”“拥挤列车”等学说，似乎诉状中的“冤抑”陈述将构成拥挤列车中“推来挤去”的重要砝码。但正如俞江所指出的，“细故当事人‘喊冤’是为了惊动官府”，县官对这类陈述普遍持怀疑态度；官府首先判断案件的性质是“重情”还是“细故”，从而决定审理目标是“伸冤”还是“给一个‘说法’”[①]。问题是，既然官府普遍不相信耸人听闻的“冤抑”陈述，那又怎么会受到“惊动”？第三次呈状时官府予以“准理”，难道只是因为三次“惊动”叠加后产生的效应？

民国时期的诉讼指南书籍描写过清代的“无谎不成状”现象：

①俞江：《明清州县细故案件审理的法律史重构》，《历史研究》2014年第2期。

> 从前诉讼，除命案、盗案外，十之九必遭驳斥，须三次投诉，始得邀准，故必张大其词，亡而为有，虚而为盈，约而为泰。①

这里的逻辑非常清楚，并不是因为官府不信任呈状的“张大其词”所以“须三次投诉，始得邀准”，而是相反，“须三次投诉，始得邀准”的机制导致了呈状的“张大其词”现象。就是说“须三次投诉，始得邀准”是一种程序，“张大其词”是这种程序的衍生。因此，需要讨论的重点并不在于“张大其词”的“冤抑”陈述，而在于“须三次投诉，始得邀准”的意义所在。

如果把“须三次投诉，始得邀准”理解为准理细故的一种程序，而准理是以原告的请求为前提，请求又一般以“乞叩青天大老爷恩赐”启动理讼程序为固定的表述方式，那么这种表述则构建了当事人与审判官在诉讼中的特定关系——“乞求”与“恩赐”。因此所谓“须三次投诉，始得邀准”，可以理解为对这种“乞求”与“恩赐”关系的再三确认，这个仪式化程序的含义，并非官府逐渐相信诉状陈述的内容，而是宣告官府以外解决纠纷的途径已经穷尽，既然“乞求”与“恩赐”关系已经反复（三次）确认，无论陈述多么虚假，纠纷如何细微，官府都有“准理”的责任。

在瞿自旺案中，瞿自旺长期脱离宗族（或者本非宗族中人），纠纷的起因是瞿自旺要求回归或者加入宗族而不得。但在官府准理之前，纠纷的真实缘由从未在瞿自旺的诉状陈述中有所呈现。瞿自旺在新词中描述瞿长青兄弟剥夺其祭田轮值权利的可怕情节包括：1. 瞿长青等私立无效协议霸占其轮值祭田的权利；2. 瞿长青抢贴本应由瞿自旺轮值之祭田；3. 为了阻止瞿长青等人抢贴祭田，瞿自旺曾邀族内调解，但是遭到无理的拒绝；4. 瞿长青自幼随母出嫁于吴姓、在吴姓轮祭，瞿长荣自幼随母出嫁于郑姓，因此瞿长青兄弟在瞿氏宗族根本不应该享有轮值祭田的权利。在瞿自旺的第二件呈状中，瞿长青等自幼随母改嫁这个情节不再被提及，瞿自旺承认瞿长青等人的轮值权利，只是指控他们将其排斥在轮值序列之外，“灭身智房及悬嗣之义房”。在第三次呈状时，瞿自旺再次提及瞿长青等随母出嫁，但这次并未否定他们的轮值权利，而是以此强调他们在族中的蛮横态度，“灼见随母出嫁之人子为他人之子，乃竟全无族谊之意”，但瞿自旺对自己脱离宗族后要求回归的情节丝毫未曾提及。知县陈海梅也毫不掩饰对瞿自旺

①吴瑞书：《诉状新程式》，正气书局1948年版，第24页。

呈词的不信任与厌烦,第一次在批词中指斥“呈词闪烁,不准”,第二次拒绝准理而要求自行调解,“仍著邀同议处,毋得缠讼”,但第三次呈状则按惯例(程序)予以准理,“房族既难理处,姑候传集讯断”①。

诉讼中乞求与恩赐关系的反复构建,不能简单理解为官府统治的傲慢与平民身份的卑微——这并不需要通过诉讼予以确认。如寺田浩明所指出的,清代细故审理须以强制性的遵结状结案,显示了中国传统社会中常见的不平等的“约”的关系②。不难理解,“乞求—恩赐”的表述就是细故审理中这种不平等“约”的关系建立的起点,是当事人绝对遵依官府裁断的预先承诺,意味着承担诉讼风险的责任,而“三呈准理”可以理解为确认这种关系的郑重(高强度)仪式。

在官府准理案件之后,细故审理通常会出现两种情况,一是被告的反诉及辩诉,二是不应讯。

先讨论反诉及辩诉。细故审理中,被告对诉讼的反应首先是反诉,以此争取同等的原告地位,但也不排除开展辩诉的可能。该案中光绪三十四年(1908)三月二十三日知县陈海梅准理瞿自旺案,三月二十九日发票传讯两造及相关证人。四月初三日,被告瞿长青等呈状反诉并辩诉。瞿长青的反诉保持着“无异”等四段式结构,“无异”部分陈述其承嗣义、智两房的过程并提出嗣书作为证据;“突出”部分指控瞿自旺“同姓不宗”,“贿嘱”房族瞿林炎争夺祭田、无端缠讼,将破坏社会秩序的责任推向原告;“不沐”与“乞叩”部分均为套话。在“突出”与“不沐”之间,又以相当的篇幅说明陈述的依据并指斥原告的陈述缺乏证据,可以视为书面辩论,具体内容包括:1. 其父亲承继智房的嗣书由“邑中明理绅士”瞿吉峰代笔、房族亲戚见押,足见其权威性;2. 如果瞿自旺是智房之后,其祖、父两代不应该从未向宗族声明;3. 瞿自旺提供的祖先谱系与宗谱记载“毫不符合”③。与准理之前原告的呈状一样,被告呈状陈述的内容无论真假,都不会成为事实认定的依据,批词称“案已饬传,著即投候讯断”也说明事实认定仅以堂讯为依据。被告

①三件呈状分别见于《龙泉民国法院民刑档案卷(1912—1949)》,M003-01-5083,第3—5、6—9、14—15页。收录于包伟民主编:《龙泉司法档案选编》第一辑(晚清时期),第134—136页。

②〔日〕寺田浩明著,王亚新译:《明清时期法秩序中“约”的性质》,《权利与冤抑:寺田浩明中国法史论集》,第136—180页。

③《龙泉民国法院民刑档案卷(1912—1949)》,M003-01-5083,第20—22页。收录于包伟民主编:《龙泉司法档案选编》第一辑(晚清时期),第138页。

或许可以通过反诉平衡其在诉讼中的弱势地位，但从程序上讲这个过程也意味着被告与官府之间“乞求—恩赐”关系的建立。

至于不应讯现象有两种形式。一种是一方当事人催传而另一方当事人避讯，即所谓的“屡票不案”现象。这属于破坏正常诉讼秩序的非常行为，以下将有专题论述[①]。另一种则是双方当事人有默契地同时不应讯，诉讼暂时搁置，官府对此并不干涉而乐观其成。这种情况下双方当事人一般会自行开展调解，属于俞江所描述的“边审边调”[②]。瞿自旺案的情况属于后者。该案光绪三十四年(1908)四月至十二月间的档案缺失，其间两造有过一次族内调解，瞿自旺提出补偿英洋四十元换取轮值祭田之权利，但双方对于是否达成协议各执一词。十二月十三日瞿自旺呈状声称其“出英洋四十元与长青、长荣收用”[③]，此后又向官府呈递一件息结，声称族内调解已经达成，“瞿林炎、瞿泽广以事已理明处息，取具两造息结，禀请察销”[④]。然而族长瞿泽广随即呈状否认息结，并指瞿自旺受瞿林炎唆使篡改名字、冒宗混争祭田[⑤]。调解的失败引发新的纠纷，于是双方重新提起诉讼。

宣统元年(1909)正月十九日，两造分别呈状，瞿长青指控瞿自旺受瞿林炎教唆抢贴祭田[⑥]，瞿自旺则指族长瞿泽广索贿不成，撕毁调解协议并诬陷其捏造息禀[⑦]。此时知县陈海梅已离任，新任知县陶霦继续审理此案。闰二月十三日瞿长青等呈状重申瞿自旺捏造“息禀”，又指瞿林炎扣留祭簿、教唆瞿自旺抢割粮串[⑧]。随着案情的发展，官府再次提讯，该案随后

---

①参见吴铮强:《龙泉司法档案所见晚清屡票不案现象研究》,《浙江大学学报(人文社会科学版)》2014年第1期。

②俞江:《明清州县细故案件审理的法律史重构》,《历史研究》2014年第2期。

③《龙泉民国法院民刑档案卷(1912—1949)》,M003-01-12782,第38—39页。收录于包伟民主编:《龙泉司法档案选编》第一辑(晚清时期),第141页。

④《龙泉民国法院民刑档案卷(1912—1949)》,M003-01-10516,第20—21页。收录于包伟民主编:《龙泉司法档案选编》第一辑(晚清时期),第146页。

⑤《龙泉民国法院民刑档案卷(1912—1949)》,M003-01-10516,第8—9页。收录于包伟民主编:《龙泉司法档案选编》第一辑(晚清时期),第142页。

⑥《龙泉民国法院民刑档案卷(1912—1949)》,M003-01-10516,第11—12页。收录于包伟民主编:《龙泉司法档案选编》第一辑(晚清时期),第143页。

⑦《龙泉民国法院民刑档案卷(1912—1949)》,M003-01-10516,第24—25页。收录于包伟民主编:《龙泉司法档案选编》第一辑(晚清时期),第144页。

⑧《龙泉民国法院民刑档案卷(1912—1949)》,M003-01-10516,第17—19页。收录于包伟民主编:《龙泉司法档案选编》第一辑(晚清时期),第145页。

进入堂讯阶段。

宣统元年(1909)闰二月二十日，知县陶霦就瞿自旺案再次发出传票。二十二日到庭应讯者有四人，分别是原告瞿自旺、被告瞿长青、原告方证人即房长瞿林炎、被告方证人即族长瞿泽广。供词并非堂讯的实录，而是对应讯人最终陈述的总结[①]。瞿自旺案一波三折，按照常理，审讯中需要调查的内容相当丰富，但反映在供词中的只有瞿自旺宗族身份这一个焦点，可以理解为其乃官府关注的重点。

应讯四人中，瞿自旺、瞿长青、瞿泽广三人应讯前均有呈状，但只有瞿长青的供词与呈状陈述一致，族长瞿泽广的供词似乎放弃了呈状中的多数主张。光绪三十四年(1908)十二月，瞿泽广呈状指控瞿自旺捏造息禀，并指瞿自旺并无瞿氏宗族名分，理由包括：1.在瞿林炎的教唆下将原名“瞿廷旺”改为“瞿自旺”，使得“排行相合”，但宗谱中并“无自旺名号”；2.历年三节同族宴请未见瞿自旺参加；3.瞿长青的承嗣书由拔贡生瞿振声执笔列押[②]。然而瞿泽广的供词仅记录：

> 瞿长青、瞿长荣系是和房的人。瞿自旺竟系何房派下子孙，小的实不晓得。今蒙提问供明是实。

“小的实不晓得”等于拒绝为瞿长青作证。有很多种可能导致瞿泽广的供词与呈状陈述的不一致，但这是无从验证的问题。

供词中第一次记录了瞿自旺对其与瞿氏宗族关系的正面陈述，据称由于先祖迁居，瞿自旺一家长期脱离宗族，之前也未轮值祭田，直到他发现父亲瞿泽林所藏谱系图，瞿自旺才了解自己的身世，从而提出轮值祭田的要求：

> 小的是和房万瞻派下子孙，万瞻生之承，自之承迁居北乡上田，曾

---

①叙供并非应讯者发言的实录，而是在完成审讯并且形成某些事实认定或判决意向之后，以摘录、编辑供词的形式对审讯结论进行合理化而形成的一种司法文书，即唐泽靖彦所揭示的“国家惯于利用庶民的声音以证实它所建构的‘真相’”。参见〔日〕唐泽靖彦著，尤陈俊译：《从口供到成文记录：以清代案件为例》，〔美〕黄宗智、尤陈俊主编：《从诉讼档案出发：中国的法律、社会与文化》，法律出版社2009年版，第103—104页；〔日〕谷井阳子著，魏敏译：《从做招到叙供——明清时代的审理记录形式》，中国政法大学法律史学研究院编：《日本学者中国法论著选译》，中国政法大学出版社2012年版；吴佩林：《清代中后期州县衙门“叙供”的文书制作——以〈南部档案〉为中心》，《历史研究》2017年第5期。

②《龙泉民国法院民刑档案卷(1912—1949)》，M003-01-10516，第8—9页。收录于包伟民主编：《龙泉司法档案选编》第一辑(晚清时期)，第142页。

是未轮这祭，今小的寻着父亲泽林现藏有系图确在查明次序。本年这祭轮着小的，这瞿长青灭分争夺。

瞿自旺的供词难以解释为何其父亲从未提出轮值祭田的要求。很难相信这样的陈述可以被采纳，但供词还记录了瞿林炎提供的对瞿自旺有利的证词：

这瞿自旺系是和房的人，他来祭扫坟茔已有八九年。

其实，除非能证明瞿自旺“祭扫坟茔已有八九年”的行为是在宗族认同下开展的，否则作为一种自发的行为并不能说明瞿自旺的身份。

供词给人的印象是人证有利于瞿自旺而物证有利于瞿长青。堂讯以后官府以“两造供词各执”为由未予认定事实，并要求两造补充证据：

此案两造供词各执，瞿自旺是否万瞻后裔，应令瞿自旺自将确实凭证呈候核夺，再行集讯。①

传统的细故审理经常以“供词各执”为由不予认定事实，“供词各执”是“无异”的对立面，意味着“无异”（陈述一致）正是事实认定的主要依据，这与现代民事诉讼形式主义事实的认定规则有明显区别。

五　事实认定与裁断的形成

在第一次审讯之后，原告方于宣统元年（1909）三月初八日由房长瞿林炎率族众联名呈状，指证瞿自旺的宗族身份，质疑瞿长青提出的作为书证的宗谱的可靠性；被告方则于四月初三日由瞿长荣等呈状，仍然试图以宗谱等证明自己的祭田权利。

瞿林炎率族众呈递的状词宣称，中、和两房拍分已隔十三代，瞿自旺的曾祖父因家贫远迁，“修谱未经捐造”，又因祖、父两辈均自幼失怙，坟墓、排行等情况均“赖祖母嘱教”，未载入宗谱，每年也“只知祭扫，并不辨是祖是妣”，这就为宗谱中为何没有瞿自旺支系的信息提供了一种解释。但是瞿林炎等并不能为瞿自旺的宗族身份提出任何确凿的证据，他声称瞿自旺“所述各坟土名”与族内情况相符，即便如此他也只是以猜测的口气声称瞿

①《龙泉民国法院民刑档案卷（1912—1949）》，M003-01-10516，第1—2页。收录于包伟民主编：《龙泉司法档案选编》第一辑（晚清时期），第147页。

自旺“似非冒认”,“揆情度理,旺实非冒也”。瞿林炎也指出被告作为证据的宗谱本来就错误百出,不足为据,“然第觅万瞻公之注载,不尽不实,又息□□□错四房为五,是同问道于盲,几等倒持干戈,授人以柄”。被告方提出宗谱即使存在各种瑕疵,毕竟也是直接证据,依据现代诉讼中事实认定的原则,被告应该具有明显优势,然而瞿自旺案的事实认定却完全朝着另外一个方向发展。

事实上,瞿林炎的呈状除了并无根据地宣称瞿自旺的宗族身份之外,还有相当篇幅是在陈述瞿自旺要求“回归”宗族而与瞿长青等人交涉的过程,从而为这场祭田纠纷的来龙去脉提供了比较完整的叙述:

1. 光绪三十四年(1908)正月瞿自旺与瞿长青在族中公开协商祭田轮值问题时,并不涉及瞿自旺支系是否载入族谱的问题,暗示最初瞿长青等曾经承认瞿自旺的宗族身份,“去年正月旺开祠邀族,只与长青理论轮祭,并无人提及旺祖未曾列谱底细”。

2. 后来因瞿自旺呈状起诉,瞿长青等又反控瞿自旺冒宗,瞿自旺于是向族众自证其族人身份,并接受了族人的考验,“赶投族众,□□辩白,旋经族众究明来历,以及排行坟墓,旺俱信答不差”。

3. 在瞿自旺与瞿氏宗族协商回归宗族的过程中,瞿自旺曾向宗族资助四十洋元,瞿林炎试图以此排除瞿自旺冒争祭田的可能性:

> 夫冒宗者,非为冒籍计,即为图产谋。若云冒籍,则旺兄弟五人,佣工耕种,不暇谋食,岂犹计功名;若谓谋食产,则中、和祭田八载一轮,每轮生息不过念(廿)元,去年理处,愿助四十元入众,夫四十元利息按年可得若干,合八年以计,较倍念(廿)元之三,再兼讼累需用乎。现在频年力食,犹虞不足,若非愿宗念切,岂有明失便宜,复讨烦恼。①

据此可知,这所谓的祭田纠纷并非由于某一方侵占轮值祭田权利,而是瞿自旺“回归”宗族谈判不协所引发的争执。瞿自旺将谈判争执“转述”为祭田侵占而提起诉讼,瞿长青等则将谈判纠纷“转述”为同姓冒宗进行反控。经过一轮相互控诉之后,双方并未应讯,而是继续谈判并不断反复,结果引发第二轮围绕是否达成协议、呈递“息禀”的诉讼,以及由于协议纠纷

①《龙泉民国法院民刑档案卷(1912—1949)》,M003-01-10516,第22—23页。收录于包伟民主编:《龙泉司法档案选编》第一辑(晚清时期),第148页。

引发的祭田抢割诉讼。

此后档案中出现的关于此案的文书是四月二十九日庭审时两造接受堂谕裁断的结状。第二次堂讯的供词与堂谕均未保存下来，但根据两造结状可以了解官府对该案最终的事实认定与裁断的逻辑。瞿长青等遵依状的正文为：

> 大老爷台下实结得：身与瞿自旺互控一案，沐恩讯明。断令瞿自旺只准赴席，不必轮祭。本年祭田已由自旺贴出办祭，免其追回，嗣后不得争执。宪断至公，身诚输服，出具遵结是实。①

瞿长青等限状正文为(图 6)：

> 大老爷台下实限得：身与瞿自旺互控一案，今沐讯明断结，谕令身缴洋四十元给瞿自旺具领，当堂的限五月初七日备齐缴案。瞿自旺是否和房子孙，因其祖父外出多年，无从查考。嗣后仅准赴席，不得轮祭。今年贴田办祭免追。如过限外洋不备缴，自应准其一体值祭，无得异言。出具限状是实。②

瞿自旺遵结状正文为：

> 大老爷台下实结得：身与瞿长青等互控一案，今沐讯明。身前付入英洋四十元，蒙恩断令瞿长青缴出给还身领。所有和房清明，因身父祖外出多年，断着身仅赴席，不必轮祭。其年祭田归身值种，瞿长青不得争执。至于瞿长青所缴洋元如逾限不缴，准身一体值祭，毋得恃强。宪断至公，身诚感佩，出具遵结是实。③

官府对该案的事实认定包括：1. 瞿自旺长期脱离宗族，承认其有自愿认宗之行为，但其宗族身份不予确认；2. 确认瞿自旺曾向瞿长青等人支付英洋四十元以换取祭田轮值的事实；3. 确认瞿自旺曾抢贴祭田。

相应的裁断内容是：1. 仅准瞿自旺赴席；2. 瞿长青退还英洋，瞿自旺不得轮祭；如瞿长青不执行，则瞿自旺获得轮值祭田的权利；3. 免予追究当年

---

①《龙泉民国法院民刑档案卷(1912—1949)》，M003-01-8515，第 2 页。收录于包伟民主编：《龙泉司法档案选编》第一辑(晚清时期)，第 150 页。

②《龙泉民国法院民刑档案卷(1912—1949)》，M003-01-8515，第 1 页。收录于包伟民主编：《龙泉司法档案选编》第一辑(晚清时期)，第 150 页。

③《龙泉民国法院民刑档案卷(1912—1949)》，M003-01-8515，第 3 页。收录于包伟民主编：《龙泉司法档案选编》第一辑(晚清时期)，第 151 页。

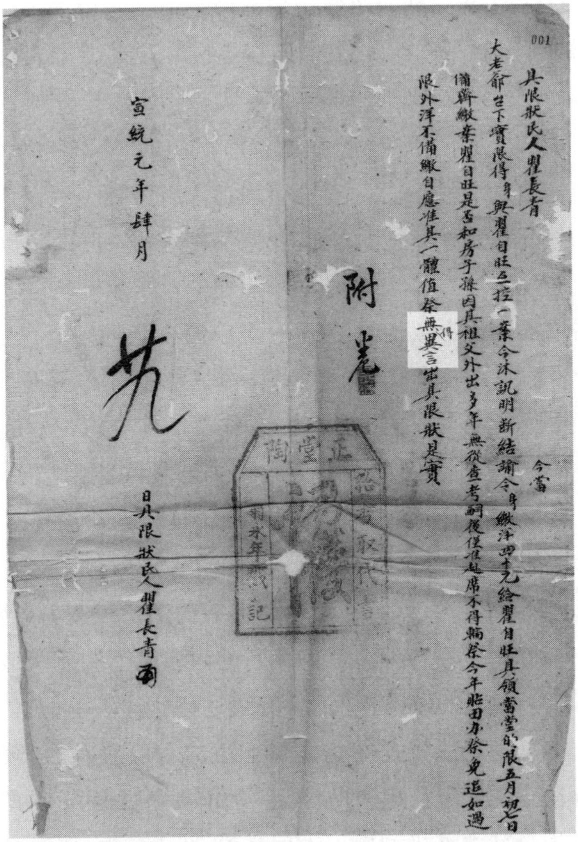

001

具限狀民人瞿長青今當

大老爺台下實限得身與瞿自旺互控一案今沐訊明斷結諭令身繳洋四十元給瞿自旺具領當堂的限五月初七日

備辦繳案瞿自旺是否和房子孫因其祖父外出多年無從查考嗣後但准起席不得輒吞今年貼田办祭免追如過

限外洋不備繳自應准其一體值祭無得異言出具限狀是實

附卷

宣統元年肆月　日具限狀民人瞿長青

图 6　宣统元年(1909)四月二十九日瞿长青限状

(M003-01-8515,第 1 页)

瞿自旺抢贴祭田之责任①。

以下从三个方面分析此案事实认定与裁断内容之间的逻辑关系。首先，事实认定的第一种可能是依据被告瞿长青等人提出的宗谱证据，认定瞿自旺不属于瞿氏派系，从而否定瞿自旺的祭田权利。由于被告方在证据方面具有明显的优势，在以证据与权利为原则的现代民事诉讼规则下，理应认定瞿自旺不属于瞿氏家族。然而该案中瞿自旺的宗族身份未予认定的原因是双方未就该事实达成一致，即所谓的“两造各执”。现代民事诉讼中两造陈述一致的内容无须辩论与举证即可认定为事实，只有两造“各执”的陈述才需要通过举证与辩论的“竞技”形成“形式真实主义”的事实认定，然后主要依据辩论优胜方的主张予以判决。然而细故审理追求以陈述一致性认定事实，“各执一词”部分则需要巧妙地避开，因此在该案中对瞿自旺的宗族身份就不予确认。

其次，在依据陈述一致性原则无法认定瞿自旺的宗族身份的情况下，依据瞿自旺祭拜祖坟、与瞿氏宗族协商“回归”宗族等“认祖归宗”的自发行为与主观意愿，裁断瞿自旺准予赴席的宗族象征性身份——这非但有违于现代诉讼的权利确定原则，恐怕也不符合传统的伦理原则，然而完全符合传统审判“针对个案与针对个人的方式进行论证”与“对于暂时性的态势做出暂时性调适”的原则。

最后，现代民事诉讼的判决以确认当事人的法定权利为原则，细故审理则以重建社会秩序为主要目标。官府裁断的内容除了调整两造社会关系以外，还可以发现与呈状陈述相呼应的特定表述，比如“不得争执”“无得异言”“毋得恃强”。表面上看这只是在儒学影响下的官府特有的“教谕”冲动，但“无异”是诉状陈述的固定表述和提起诉讼的前提条件，裁断中的“无得异言”也应该理解为对呈状的终极回应。也就是说，裁断与遵结的内容以重建“无异”的社会秩序的名义宣告成立，呈状、堂谕与结状中的“无异”表述，构成了传统细故审理逻辑上的内在一致性，这也是细故审理特有的“地方性知识”。

① 该案的执行结果为，瞿长青等并未在限期内将四十元英洋退还瞿自旺。宣统三年(1911)另外一件涉及瞿氏祭田的案件中，瞿自旺的兄弟瞿自富的身份已经变成了“房族长”。而在1928年再次提起的诉讼中，被告瞿长荣声称，瞿长青等曾将辛亥年“礼房”应轮祭田的权利交给瞿自旺，以抵偿四十元的款项。但瞿自旺妻子瞿吴氏、弟瞿自长坚持因瞿长青等没有按时缴款，根据宣统元年(1909)知县陶霦的谕令，瞿自旺拥有“一体值祭”的权利。结果法院支持了瞿自旺一方的理由。参见杜正贞：《龙泉司法档案中的族产纠纷》，《浙江档案》2013年第3期。

简而言之，就“地方性知识”的视角而言，细故审理是由于涉及当事人利益的“无异”状态（广受认同的既定社会秩序）遭受破坏，在承诺“无异”（无条件服从官府裁断）的前提下，由官府重建“无异”状态（两造均可忍受的平衡状态）的过程。细故审理具有追求社会秩序和谐的取向，这一点梁治平教授早有系统论述①。需要进一步阐释的是两个问题。一方面，“无异”当然是传统中国“和谐”文化的一种表现，但诉讼文书中并没有出现“和谐”之类具有崇高意义的表述，因此从比较研究的角度而言，以“和谐”来描述传统中国社会法律文化固然非常精确，但从中国文化内部的观察而言，以“和谐”理解“无异”，无意中拔高了诉讼的文化地位，遮蔽了传统中国“讼则终凶”的否定性法律文化观念。另一方面，如果传统中国的法律文化是“寻求自然秩序中的和谐”，便出现了西方法律现代性以外另一种法律文化的终极价值。由此构成的传统中国法律文化与法律现代性的关系，如果不是“传统—现代”的二元对立，就应该是多元现代性意义上的并列，或者是本质上统一的现代性的本土形式——无论如何都排除了两者并存的可能性与必要性。但现代民事诉讼规则与传统细故审理逻辑也可能处于不对等的地位，现代民事诉讼规则依赖的权利观念是现代社会秩序的基础与核心理念，而细故审理在传统社会秩序中本来就处于边缘地位。如果这种解释合理，那么现代民事诉讼规则与传统细故审理逻辑就未必处于相互取代或对峙的地位。全盘引进现代民事诉讼规则，未必意味着传统细故审理观念的消逝。

---

①参见梁治平：《寻求自然秩序中的和谐——中国社会法律文化研究》，第342页。

第四章　民事状纸的演变

清代的状纸由各县自行印制，程式大同小异，印刷质量一般比较低劣。清末司法变革过程中，清廷开始制订统一的状纸格式。浙江省龙泉县在清末民初经历了浙江省统一颁行状纸的时期，1914 年开始采用中央统一颁行的状纸。此后除了状面版式的变化之外，最重要的变革是南京国民政府将之前十余种状纸种类简化成“民事状”“刑事状”两种，从此状词仅具备“准备书状”的意义，这也是言词审理原则确立的标志。

一　清末的状纸改革

因为在京师成立各级审判厅的需要，法部在光绪三十三年(1907)十月二十九日修成《各级审判厅试办章程》之前三天，还奏呈了《试办诉讼状纸简明章程》。这是近代中国第一次对状纸专门立法，与《各级审判厅试办章程》一样，《试办诉讼状纸简明章程》参照袁世凯在天津试办审判厅的经验而制定：

> 复查升任直隶督臣袁世凯奏办天津府属审判章程内，称一切状纸由厅发卖，并遵章贴用印纸，行之数月，民间翕然从风，良由费省而事便，无从上下其手等语。可知法古宜今，有利无害。夫民情不甚相远，法制取乎大同，所有状纸一项，天津既由一府渐及全省，臣部即可由京师推行各省。

《试办诉讼状纸简明章程》的提出意在革除传统状纸之弊端，比如原来各地状纸格式不相统一，毫无制度依据：

> 中国各直省问刑衙门，虽有呈状格式，然未经臣部规定，率皆自为风气，参差不齐。其重视法律者，或故为繁苛之条件，使民隐不得上陈。其重视民隐者，或又弃置不用，听民间随意具呈。

传统状词的制作又有讼师、官代书、吏差等舞文婪索等弊端：

> 授讼师以舞文之渐，甚至一词之入，需费烦多，而官考代书，又往往勾串吏差，肆其婪索。[①]

针对这些弊端，简明章程规定状纸分刑事诉状、民事诉状、辩诉状、上诉状、委任状5种，并由法部统一印行，“由部指定，官设印刷局所印刷，分交大理院及各审判厅发行之”。状纸明文标价，“每纸定价当十铜圆十枚，作为纸张印刷发行等费”，“凡于状纸定价外任意需索者，照受赃律，计赃论罪”[②]。状纸改革虽然很大程度上是为了应对国际压力，“种种弊窦，以孳以繁，听讼一端，日形丛脞，不仅腾诮列邦已也”[③]，但其适用范围仅限于京师试办各级审判厅，“自奏定之日起，所有京城旧式状纸，一律停止”，如需推广到外省，则“应由法部体察情形，酌定详细章程，另行奏明办理”[④]。

所谓推广到外省的“详细章程”，即宣统元年（1909）的《推广诉讼状纸通行章程》：

> 凡已设审判厅地方，暨现在筹设并将来增立各审判厅省分，无论旗汉华洋绅民人等，凡赴各级审判厅诉讼者，民事刑事均应一体遵用。

该章程将状纸种类由之前的5种扩展为12种，分别为刑事诉状、民事诉状、刑事辩诉状、民事辩诉状、刑事上诉状、民事上诉状、刑事委任状、民事委任状、限状、交状、领状、和解状，售价每套当十铜元10枚、16枚、20枚不等。状面“由法部制造，颁发京外开办审判厅地方”，状心则“由法部拟定划一准式”后，由各省的“督抚饬由提法使或按察使遵照刊印”[⑤]，这就是“法部奏定状纸”。宣统三年（1911）状纸种类又扩展为14种，新增保状、结限

①《法部等会奏京师各级审判由部试办诉讼状纸折》，怀效锋主编：《清末法制变革史料》（上卷），第413页。参校上海商务印书馆编译所编纂：《大清新法令（1901—1911）》（第1卷），商务印书馆2011年版，第385页。

②《试办诉讼状纸简明章程》，怀效锋主编：《清末法制变革史料》（上卷），第465页。参校上海商务印书馆编译所编纂：《大清新法令（1901—1911）》（第1卷），第385页。

③《法部等会奏京师各级审判由部试办诉讼状纸折》，怀效锋主编：《清末法制变革史料》（上卷），第413页。

④《试办诉讼状纸简明章程》，怀效锋主编：《清末法制变革史料》（上卷），第465页。参校上海商务印书馆编译所编纂：《大清新法令（1901—1911）》（第1卷），第385页。

⑤《推广诉讼状纸通行章程》，怀效锋主编：《清末法制变革史料》（上卷），第475页。

状两种(表 2)[①]。

表 2 《推广诉讼状纸通行章程》状纸种类与售价

序号	种　类	用　途	售　价(每套当十铜元)
1	刑事诉状	刑事原告于第一审审判厅呈诉者用之。	16 枚
2	刑事辩诉状	刑事被告于各审判厅呈诉者用之。	16 枚
3	刑事上诉状	刑事控告、上告、抗告者用之。	16 枚
4	刑事委任状	刑事原告之抱告及一切有委任权者,于诉状外附用之。	16 枚
5	民事诉状	民事原告于第一审审判厅呈诉者用之。	20 枚
6	民事辩诉状	民事被告于各审判厅呈诉者用之。	20 枚
7	民事上诉状	民事上告、控告、抗告者用之。	20 枚
8	民事委任状	民事原告之抱告及一切有委任权者,于诉状外附用之。	20 枚
9	限状	经官判定给予限期者用之。	10 枚
10	交状	关系案内之财产、物件、人畜等,经官判交者用之。	10 枚
11	领状	发下案内之财产、物件、人畜等,及一切赃物,饬人具领者用之。	20 枚
12	和解状	民事两相和解者,原被两造均得用之。	20 枚
13	保状	民事、刑事具保时用之。	20 枚
14	结限状	民事、刑事具甘结时用之。	20 枚

龙泉县从未成立审判厅,清末从未使用过法部奏定状纸。但龙泉司法档案中有极少量法部奏定状纸,因为 1913 年浙江全省采用"司法部颁行状纸"时,原法部奏定状面在司法部仍有大量留存,于是在"法部奏定"字样上加盖"司法部颁行"印戳继续发行使用,其与司法部新状面版式的区别仅是删去"法部奏定"四字周围饰有的腾龙图案而已(图 7)。

---

①龙泉司法档案所见 1913—1916 年状面第二面《司法部颁行诉讼状纸通行章程摘要附则》称,"宣统三年又增加保状、结限状两种,凡民事、刑事具备及甘结均得用之,各铜凡二十枚"。《龙泉民国法院民刑档案卷(1912—1949)》,M003-01-2201,第 16—17 页。

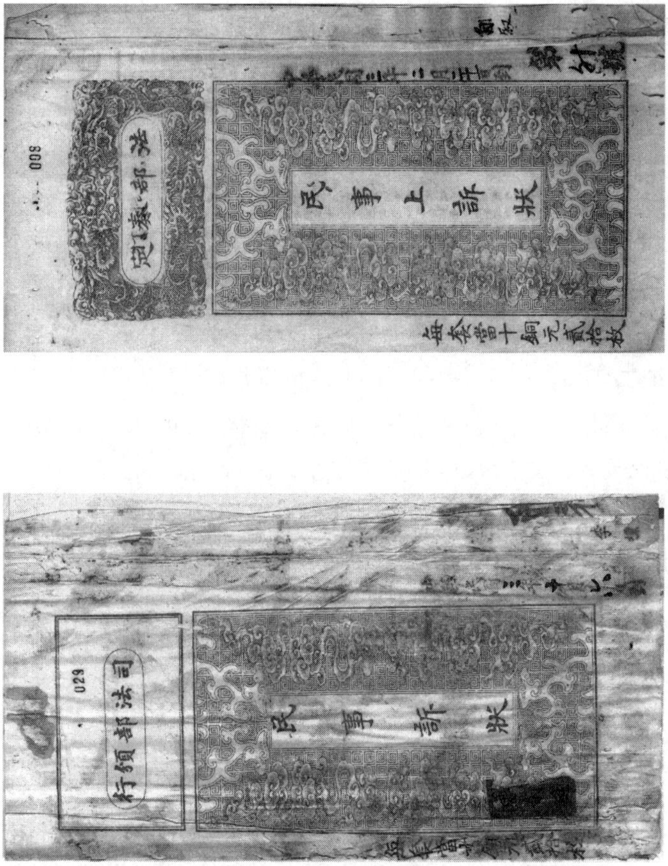

图 7　民初与清末状面比较（M003－01－14309，第 29 页；M003－01－15481，第 9 页）

二 龙泉县的传统状纸

龙泉县从未成立审判厅，清末也未使用过法部奏定状纸。1907 年制定《试办诉讼状纸简明章程》时，龙泉县仍然使用清代传统状纸。传统状纸无统一版式，由各地官府自行印制，但各地状式大同小异。龙泉司法档案所见晚清状纸 263 件，其中有状式 228 件，无格式（书写于普通纸张）35 件。除一份咸丰年间的残缺状纸之外，其他 262 件状纸的呈状时间在光绪十八年（1892）五月初一日至宣统三年（1911）九月十三日[①]。以时间为序，这批状纸的状式可以分为四大类：

1. 光绪十八年（1892）五月初一日至宣统二年（1910）四月二十八日的 63 件状纸为传统格式；

2. 宣统二年（1910）五月初三日至九月十一日的官状纸 46 件，由浙江省官纸局统一印制，标明状纸定价，取消官代书等。

3. 宣统二年（1910）十一月二十八日至宣统三年（1911）九月十三日的诉讼状纸 118 件，分为刑事诉讼状、民事诉讼状、辩诉状三种，分类的依据是《浙江谘议局议决讼费暂行规则法律案》。

4. 此外又有无状式的状纸，多为绅衿或孀妇以“具呈”或“具禀”的形式投递，所用纸张有红色、白色两种。

龙泉司法档案所见传统状纸又有两种。一种为墨色印制，状高约 27 厘米，长约 118 厘米，状头“呈式”以下为“做状、左右邻、保戳、歇家”“新粮、旧粮”“经承、原差”等填写栏目（图 8）；状词部分先填“具呈、年岁、住乡庄、离城里、抱告”等具呈人信息，词线格 16 列，每列 25 格，共 400 格，这可能是目前所见字格最多的一种状纸；状尾有“状式条例”21 条（图 9），使用时间是光绪十八年（1892）五月二十八日至光绪三十四年（1908）四月初三日。另一种为蓝色印制，状高约 27 厘米，长约 120 厘米，状头中原“新粮、旧粮”改为“钱粮”（图 10），状尾“状式条例”为 11 条（图 11），使用时间为光绪三十四年（1908）十一月八日至宣统二年（1910）四月二十八日。现将龙泉司法档案、黄岩诉讼档案、南部县衙档案所见状式进行比较，详见表 3：

①1911 年 10 月 10 日即宣统三年八月十九日，辛亥革命爆发；1911 年 11 月 5 日即宣统三年九月十五日，杭州新军起义，浙江光复。

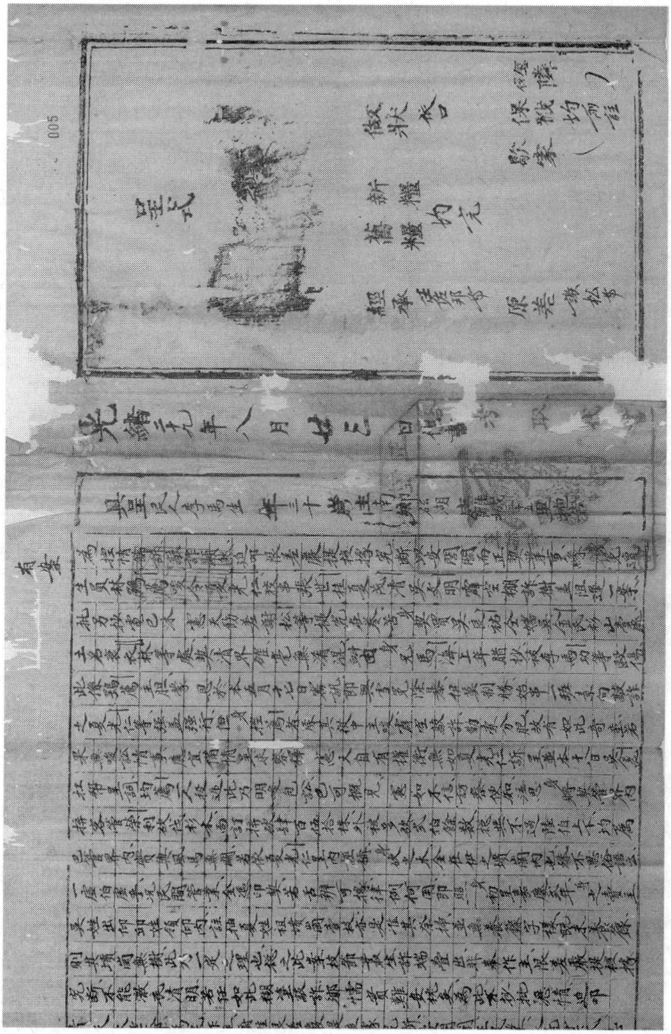

图 8　光绪二十九年(1903)呈状状头(M003－01－02862,第 5 页)

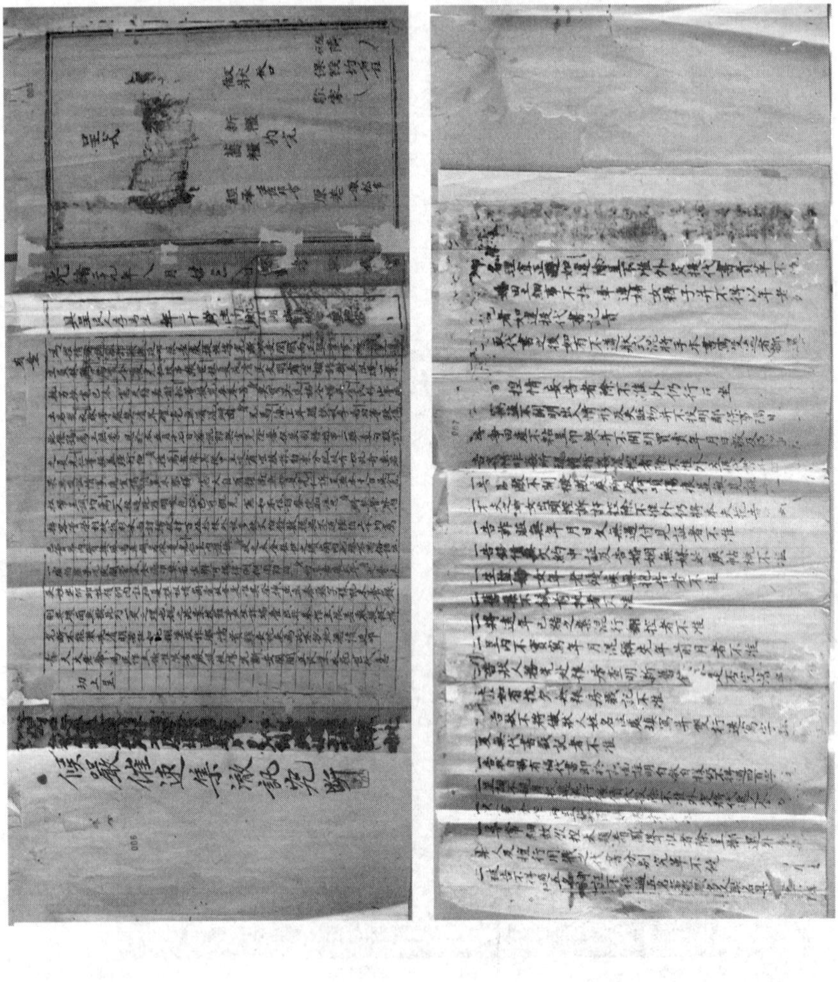

图 9 光绪二十九年呈状(M003－01－02862,第 5—7 页)

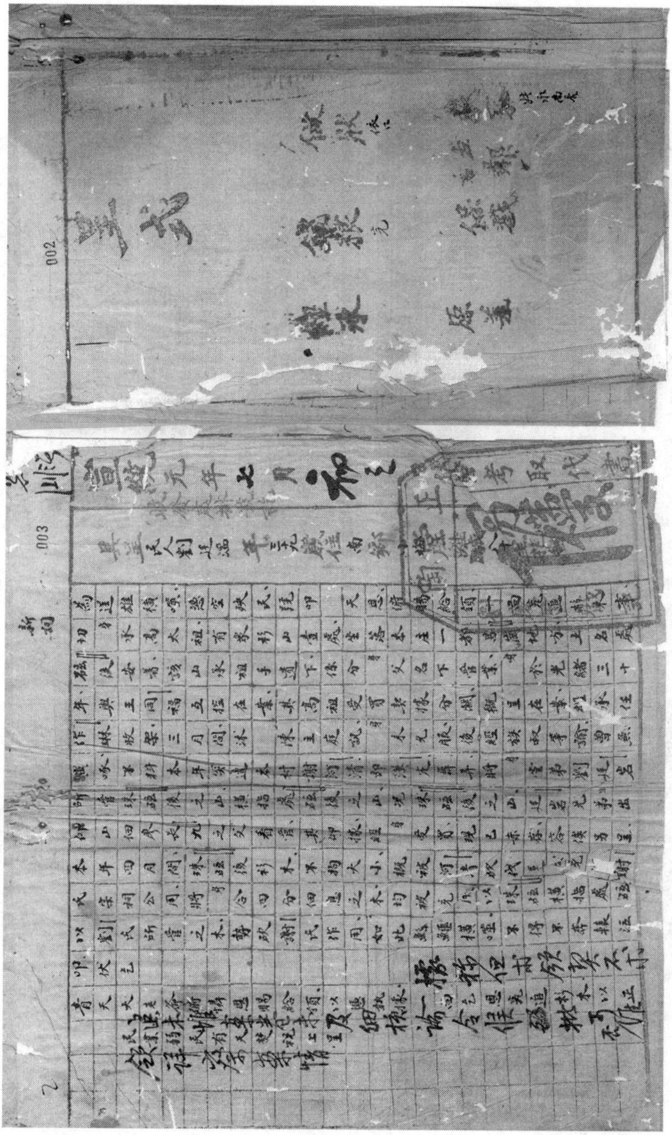

图 10　宣统元年呈状状头（M003－01－4630，第 2—3 页）

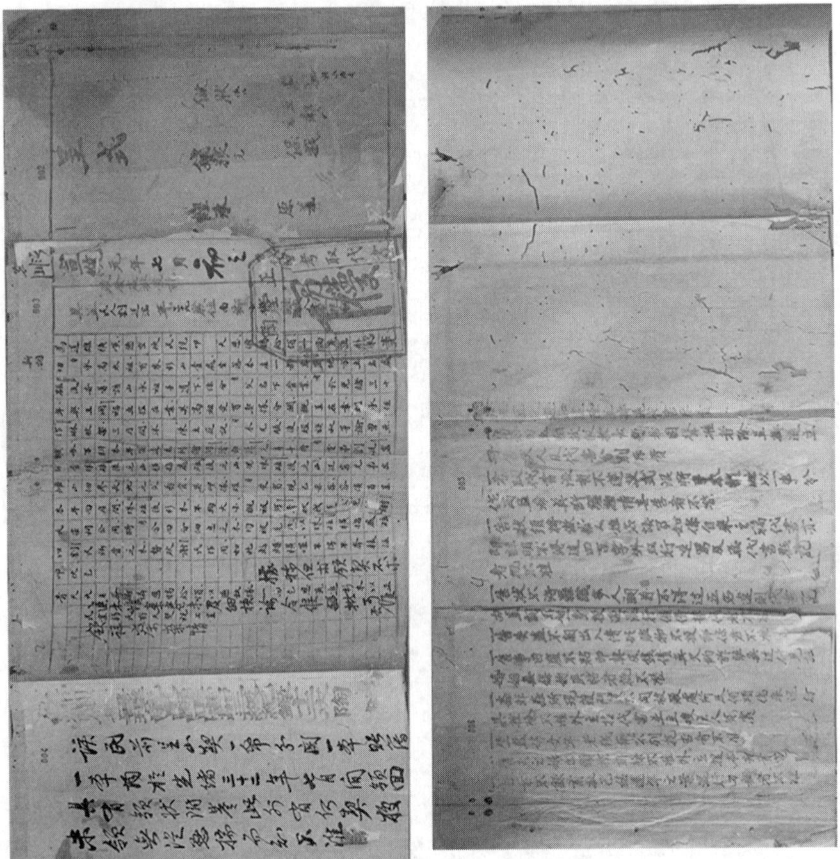

图 11 宣统元年呈状（M003－01－4630，第 2—6 页）

表 3　龙泉司法档案、黄岩诉讼档案、南部县衙档案状式比较

状纸类别	标　题	状　头	原告信息栏等
龙泉甲	呈式	1. 做状 2. 左右邻、保戳、歇家 3. 新粮、旧粮 4. 经承、原差	1. 光绪年月日、代书 2. 具呈、年岁、住乡庄、离城里、抱告
龙泉乙	呈式	1. 做状 2. 歇家、左右邻、保戳 3. 钱粮 4. 经承、原差	同上
黄岩甲	呈	1. 完粮户名、都图完银米、新粮完米完、旧粮完米完 2. 做状、歇家、保戳 3. 经承、原差	1. 光绪年月日 2. 具呈、年岁、住乡都图庄、离城里 3. 抱告、年岁、系本人之
黄岩乙	状式	1. 做状人、歇家、保戳 2. 写状人 3. 经承、原差	同上
南部	状式	1. 原□、年岁、住、离城里 2. 被□、年岁、住、离城里 3. 左右邻、年岁、住、呈稿做、写、原差	状、年岁、住路乡甲地名、离本城里、抱告

状式条例是印于状尾的呈状注意事项，龙泉县两种传统状纸的状式条例分别有 21 条与 11 条，内容大致相同，均涉及避讳、呈词内容、书写（填写）格式标准、证据、诉讼资格等，只是文字繁简有所差异，前者的数条内容往往简略合并成为后者的一条。比较特别的是，第一种状纸缺“生监、妇女、年老、残疾，不列抱告者不准”，这一条的内容涉及诉讼资格，一般状式条例对此均有所规定。第二种状纸的第 14 条“呈内不实写年月，混称先年前月者，不准”，第 15 条“告状人务先赴粮房查明新旧钱粮是否完清，盖戳备查，如有抗欠无粮房戳记，不准”，非但未见于龙泉县的第一种状式条例，在目前所见各种状式条例中也比较罕见（表 4）。

表 4　龙泉光绪甲、乙状式条例对照

“光绪乙”状式条例	“光绪甲”状式条例
（一）题讳御名理宜敬避，如违，除呈掷还，代书斥责。	（一）御名理宜正避，如违，除呈不准外，定提代书，责革不饶。

续表

"光绪乙"状式条例	"光绪甲"状式条例
(二)户婚、田土细故,假捏大题,希图耸准者,除呈掷还,并将告状人及代书分别斥责。	(二)户婚、田土细事,不许牵连妇女、稚子,并不得以年老□□者。如违,提代书记责。 (二十)寻常细故,假捏大题,希图耸准者,除呈掷还外,并提是人,及擅行用戳之代书分别究革不饶。
(三)考取代书后,有不遵状式,混将手本投递,以一事分作两呈,希冀纠缠、捏情妄告者,不准。	(三)考取代书后,如有不遵状式,混将手本书写投递者,掷还不□□。 (四)将前事捏情妄告者,除不准外,仍行反坐。 (五)以一事分作两呈,冀图纠缠者,不准。
(四)告状须将做状人姓名填写,如系自来之稿,代书亦即注明,不得过四百字外,双行迭写及无代书戳记者,概不准。	(十六)告状不将做状人姓名住处填写,并双行迭写、字迹潦草,及无代书戳记者,不准。 (十七)告状自携有稿,代书即于词面注明"自叙",自样仍不得过四百字。
(五)告状不得罗织多人,词首不得过五名,违则代书究办,呈词不亲身投递,混行雇倩替代者,不准。	(十八)呈词不亲身投递交,混行雇倩代投,除不准外,定将代递之人责处不贷。 (二十一)被告不得过五名,词证不得过五名,若罗织多人联名具呈者,不准。
(六)告失盗不开出入情形、赃物,不投邻保者,不准。	(十九)告窃盗,不开明出入情形及失赃物,并不投明邻保,事隔日□□,不准。
(七)告争田产不粘印契,及钱债无欠约,诈赃无过付见证,婚姻无媒妁庚帖者,概不准。	(六)告争田产,不粘呈印契,并不开明买卖年月日数及原□□□,不准。 (十)告诈赃,无年月日,久无过付见证者,不准。 (十一)告钱债无欠约、中证,及告婚姻无媒妁庚帖,概不准。
(八)奸非奸所现获,斗殴不开被殴处所及何项伤痕,混行具控,除不准外,立提代书并主唆之人究处。	(七)告奸情,非奸所现获,指奸混控者,除不准外,立提代书并做状人□□。 (八)告斗殴,不开被殴处所及何项伤痕,并无见证者,□□。
(九)生监、妇女、年老、残疾,不列抱告者不准。	
(十)有夫之妇出头控诉,除不准外,立提本夫责究。	(九)有夫之妇女出头控诉讦控,除不准外,仍将本夫、抱告究□□。
(十一)旧案不录前批,已结远年之案混行刁翻者,不准。	(十二)旧案不录前批者,不准。 (十三)将远年已结之案混行翻控者,不准。
	(十四)呈内不实写年月,混称先年前月者,不准。
	(十五)告状人务先赴粮房查明新旧钱粮是否完清,盖戳备查,如有抗欠无粮房戳记,不准。

三 清末浙江省的状纸变革

在清朝的最后两年，龙泉县使用过两种浙江省统一印行的状纸。一种是官纸局状纸。官纸局是浙江省新成立的机构，负责印制官用公文纸。宣统元年(1909)六月初八日浙江省发布《通行一律改用官纸日期》，宣告最晚于当年七月初一日以前“一律须购官纸”①。这里所谓“一律改用官纸”泛指使用统一的公文用纸。官纸局开始印制状纸的具体日期难以确知，龙泉司法档案所见最早一件官纸局状纸的落款时间为宣统二年(1910)五月初三日②。官纸局状纸总体上保留了刑、民不分等传统状纸的形态，但取消了“官代书”制度，“本省代书业经禁革，凡购本局状纸者即属合格，勿须更用代书戳记”③，并对状纸费明码标价。

官纸局状纸有两种不同的格式。一种是正、副状配套，正状长约160厘米，高约26厘米，状头上方横写“县正堂”三个大字，之下黑线大框。右下角黑框之外标明状纸定价“浙江官纸局造每套价洋三角半”。黑框之内竖写三项栏目。第一项为告状人信息，内容包括：告状、年岁，府州、州县、图村人，距州县城里，抱告，歇家、住地方，保状。第二项填写案由，格式为“正状呈为某事”。第三项为纳粮情况，格式为“都图户纳粮”。呈词部分，开首印有“告状”“为”，填写告状人姓名及案由，其余空白，无框无格。呈词之后，又有填写“继承”“原差”“被告”“干证”等人信息的栏目，状尾有“收呈条款”14条(图12)。副状长约80厘米，宽约26厘米，无正状中“原差”等信息栏及“收呈条款”(图13)。

另一种状纸则仅出现在宣统二年(1910)五六月间，在龙泉司法档案中仅见4件，状长约160厘米，高约26厘米，无副状。格式较简略，状头上方横写“状式”两字，之下黑线大框，右下角黑框之外标明“浙江官纸局造每套价洋三角半”。黑框内第一项为告状人信息，包括：具呈人、年岁，府州、州县、

①《通行一律改用官纸日期》，《全浙日报》宣统元年六月初八日。

②宣统二年五月初三日季庆元呈状，《龙泉民国法院民刑档案卷(1912—1949)》，M003-01-01042，第16页。收录于包伟民主编：《龙泉司法档案选编》第一辑(晚清时期)，第480页。

③两种官纸局状纸的“收呈条例”中均有此规定。与龙泉县情况不同的是，四川地区在光绪三十四年以后即普遍取消官代书。参见吴佩林：《法律社会学视野下的清代官代书研究》，《法学研究》2008年第2期。

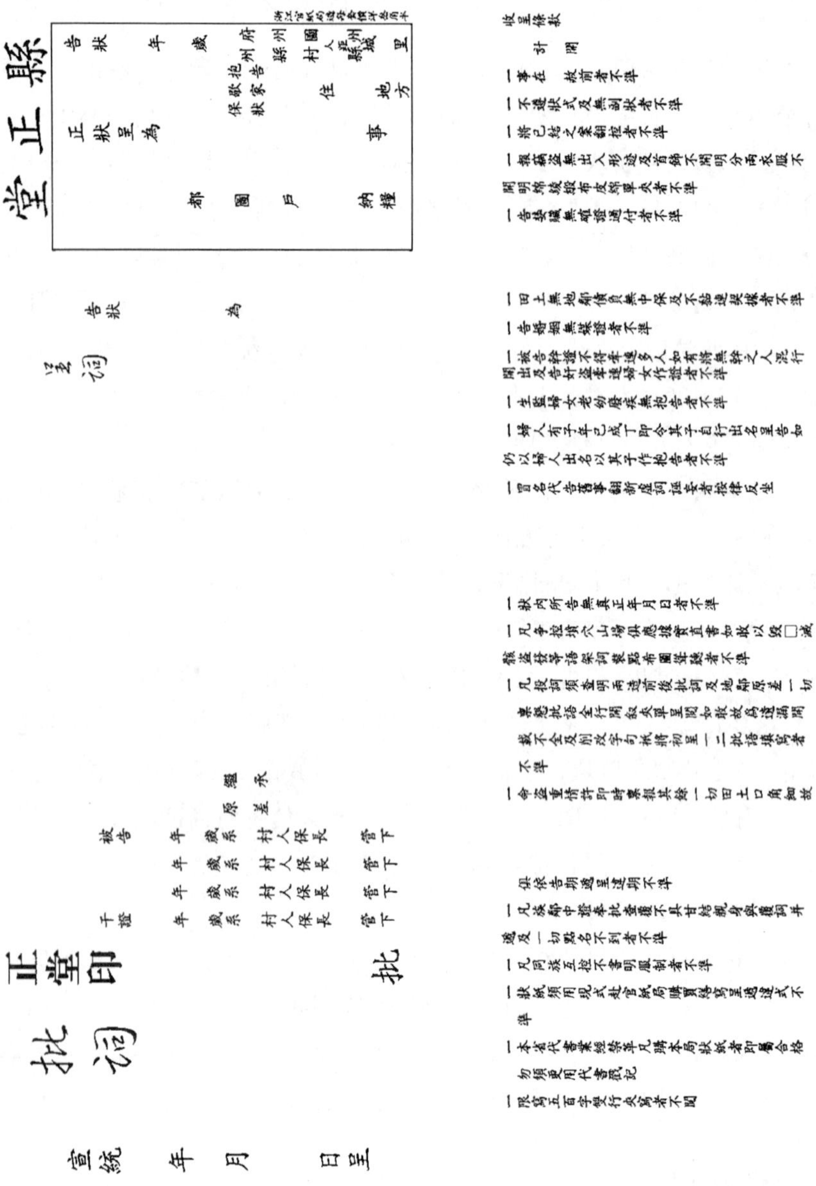

图 12　宣统二年官纸局正状示意图(依据档案绘制)

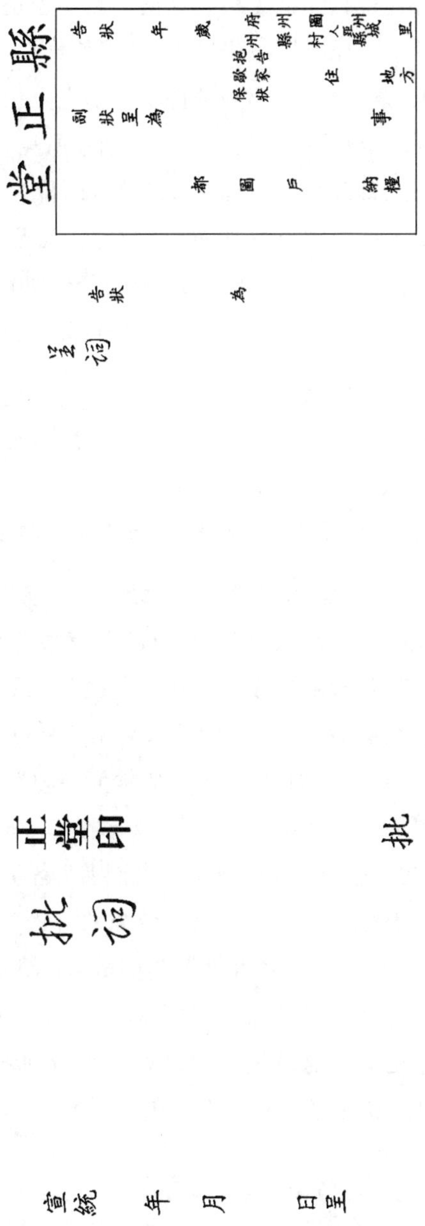

图13　宣统二年官纸局副状示意图（依据档案绘制）

住地方，抱告，保状；第二项为案由，格式为“正呈为某事”；第三项为时间，格式为“宣统某年某月某日呈”。呈词部分开首印有“具呈”“呈为”，填写告状人姓名及案由，其余空白，无框无格。呈词之后加盖正堂印戳记，之后留白书写批词，但无“继承”“原差”“被告”“干证”等信息栏，末尾亦无时间栏。状尾“收呈条款”为12条，内容与第一种正状并不完全相同(图14)。

官纸局状纸有两种定价，一种是龙泉司法档案所见宣统二年(1910)五月初三日至六月二十八日间使用的官纸局状纸，标价为“浙江官纸局造每套价洋三角半”。《试办诉讼状纸简明章程》规定诉讼状纸“每纸定价当十铜圆十枚”，清末各地铜元市价由“铜元110枚贬至130—140枚换银元一元了”[①]，即使以100比1计算，价洋三角半当换铜元35枚，为《试办诉讼状纸简明章程》所规定定价之数倍，因此引发极大不满：

> 浙省自官纸局成立以来，官场视为专门营业，勒令各属概用官物，羽檄纷驰，任情垄断，而尤以民间诉讼纸一种，以三四十文之成本，勒售大洋三角，小民不知禁令，动辄被抑，为累民最甚之事业。[②]

于是浙江省谘议局提案建议状纸重新定价，结果官纸局“更名印刷所，改归学司管辖”，状纸费“酌中定价，只售铜币十枚”[③]，又废除副状[④]。于是官状纸出现第二种标价即“奉饬减收铜元拾枚”，有些是在副状加盖“正”字及“奉饬减收铜元拾枚”红戳后作为正状使用，又见2件则是在正状“浙江官纸局造每套价洋三角半”之上加盖“奉饬减收铜元拾枚”红戳(图15)。

此后浙江省谘议局又以官状纸定价抵触《试办诉讼状纸简明章程》以及“未经法部允准而擅行仿造者，蒙刑法上之制裁”等理由，提出裁撤官纸局议案[⑤]。官纸局被裁撤、状纸减价之后，传统的诉讼“规费”如何收取又引发争端。一方面是“外府州县之重价勒卖如故，控者接踵”，另一方面是官纸局状纸依据的《试办诉讼状纸简明章程》规定“凡于状纸定价外任意需索者，照受赃律，计赃论罪”，这就造成状纸如何收费问题在新旧体制之间无所适从。结果浙江省提刑按察使又规定在状纸费之外，另售诉讼印花费，

---

①萧清：《中国近代货币金融史简编》，山西人民出版社1987年版，第37页。
②《通饬停止各属诉讼副呈(浙江)》，《申报》宣统二年五月初六日，第1张后幅第3版。
③《浙省实行诉讼印花税(杭州)》，《申报》宣统二年七月初三日，第1张后幅第3版。
④《通饬停止各属诉讼副呈(浙江)》，《申报》宣统二年五月初六日，第1张后幅第3版。
⑤《裁撤官纸局议案》，《浙江续通志稿》卷四六《地方自治》，浙江图书馆藏稿本。

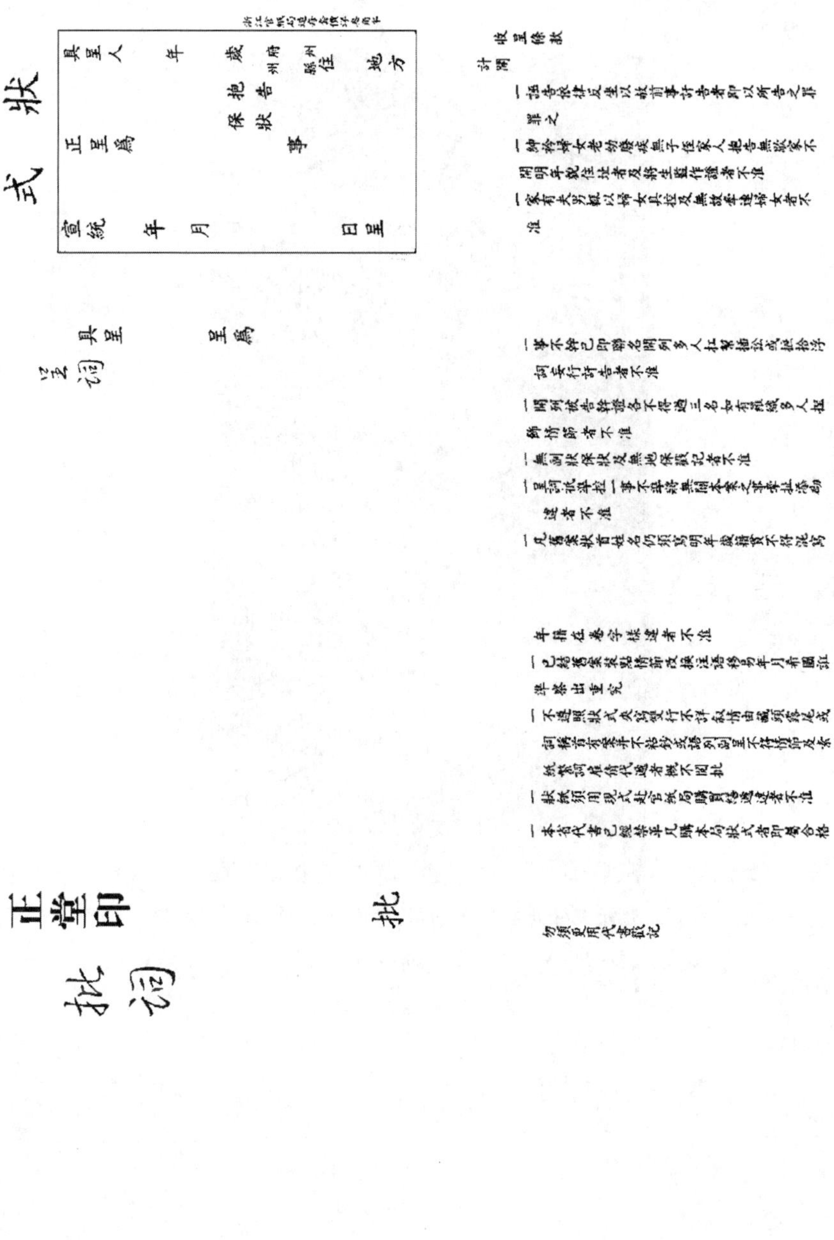

图14　宣统二年官纸局状式示意图（依据档案绘制）

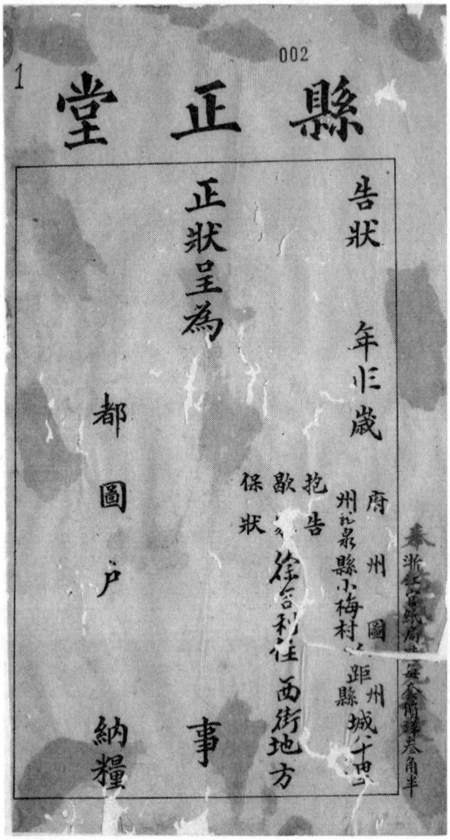

图 15　宣统二年正状状头加盖“奉饬减收铜元拾枚”红戳

（M003－01－9854，第 2 页）

“无论民刑词讼，每张自五角起至二十元为限”[①]。但是这种“印花”收费在龙泉司法档案中尚未发现。

非常特别的是，龙泉司法档案中又有4件宣统二年(1910)六月至九月间使用的官状纸正状，定价并未减收，即“浙江官纸局造每套价洋三角半”之上未见加盖“奉饬减收铜元拾枚”红戳，但状头之上又有关于状纸定价的套印红色说明一则，规定不得在状纸应缴纸价之外另收费用(图16)：

> 凡用本局官纸状式，照刊定数目每套应缴纸价外，所有书差、衙蠹、人役，如有丝毫规费及借端讹索等情，本局业经详请立案，准其受害人等指实上控，本局代为伸诉，据实严办，以杜勒索而达民隐，除部章明定讼费外，一概不准书差收受陋规。[②]

这4件状纸为何不遵行“每纸只准收铜元十枚”的饬令，又是在什么背景下加印上引说明文字，以及是否将状纸费作为讼费处理等问题，尚待进一步研究。

宣统二年(1910)十月浙江省高等审判厅成立之后，官纸局状纸被废除，龙泉县开始采用浙江省统一印制的另一种新式状纸。在此前的宣统元年(1909)十月，浙江省谘议局开始审议的《讼费暂行规则》宣称：

> 法部奏定之讼费、章程及诉讼法草案，皆为审判厅而设，对于旧问刑衙门讼狱如何办法，尚未议及。此项规则专为浙省审判厅未成立以前改良诉讼而设。

该法案第6章“诉讼状纸”援引1907年之《试办诉讼状纸简明章程》，将状纸分为刑事诉讼状、民事诉讼状、辩诉状三种[③]。宣统二年(1910)十月，浙江省谘议局又修订《讼费暂行规则》，增加限状、交状、领状、和解状四种状纸[④]。但龙泉司法档案所见新式诉讼状纸仅民事诉讼状、刑事诉讼状、辩诉状三种，符合“暂行规则”而不同于“修订案”。当然由于司法实践中诉讼规则未发生变化，这时区分状纸之刑、民或诉、辩并无实质意义。

---

①《浙省实行诉讼印花税(杭州)》，《申报》宣统二年七月初三日，第1张后幅第3版。

②宣统二年正状状头套印“凡用本局官纸状式”说明，《龙泉民国法院民刑档案卷(1912—1949)》，M003-01-8554，第2页。

③《浙江讼费法律案》，汪林茂、张凯主编：《浙江辛亥革命史料集》第4卷《浙江谘议局》(下)，浙江古籍出版社2014年版，第120页。

④《补订〈讼费规则法案〉》，《浙江辛亥革命史料集》第4卷《浙江谘议局》(下)，第459页。

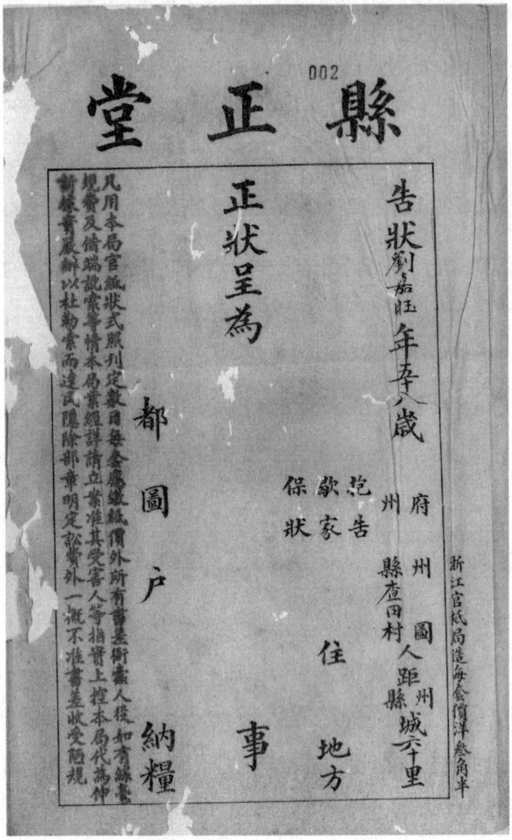
002
縣正堂
告狀劉茹旺 年五十八歲
府 州 圖 州 縣查田村人距縣城六十里
范告
歇家
保狀
住 地方
正狀呈為 事
都 圖 戶 納糧
凡用本局官紙狀式照刊定數目每套屬繳紙價外所有書差衙蠹人役如有絲毫
規費及借端訛索等情本局業經詳請立案准其受害人等指實上控本局代為伸
訴縣署嚴辦以杜勒索而達民隱除部章明定訟費外一概不准書差收受陋規
浙江官紙局造每套價洋叁角半

图 16　宣统二年正状状头套印“凡用本局官纸状式”说明

（M003－01－8554，第 2 页）

晚清新式诉讼状纸分为刑事诉讼状、民事诉讼状、辩诉状三种，状式相似，其中刑事诉讼状与民事诉讼状除"民""刑"一字之差以外，几乎完全一样。状纸长约97厘米，高约27厘米。诉讼状状头部分为填写原、被告信息的表格，表格7行4列，第1行标以"民(刑)事诉讼状"；第2行标以"原告""被告"；第3至7行分别填写原、被告的姓名、籍贯、住所、年龄、职业等栏目。与传统状式的状头相比，新式诉讼状纸不再填写代书、歇家、保戳、抱告、钱粮、经承、原差等内容。表格右下角印有状纸的价格"每纸当拾铜元拾枚"。表格右上角加盖有红色戳记，声明"无此戳者，作为无效"(图17)。状头以下为填写呈词的条格，共5面，每面8列。第1列印有"为呈诉事"，填写诉讼事由。最后3列有填写"证人""证物"及"公鉴"的栏目。呈词、正堂印及批示均书写于空白条格内，然后在条格外填写时间、具状人，及状纸的"经手发行处"(一般加盖"新政科"红色戳记)。这种新式诉讼状纸无"状式条例"(图18)[①]。辩诉状的格式与诉讼状大同小异，只是状头部分只填写辩诉人一方的信息，篇幅缩为半页(图19)。

四　民国时期龙泉县状纸的演变

民国成立之初，龙泉县还使用过两种浙江省的地方状纸。第一种的使用时间是1912年1月至6月，版式模仿清代传统状式，状头印"状式"两字，不分民、刑或诉、辩，但状尾没有"状式条例"(图20)。

第二种是1912年6月至1913年5月执法科时期使用的浙江省提法司状纸。1912年浙江省颁行《浙江省法院编制法》《浙江省审判暂行简章》等规定审判程序的相关法规，又于1912年3月颁行了《诉讼状纸发售规则》，规定状面由浙江省提法司颁制，由各检事厅发行，状纸由提法司拟定通行样式，各检事厅遵照刊行，黏合状面发行；状纸分诉状、辩诉状、上诉状、委任状、限状、交状、领状、保状、和解状等九种，但状面通用，"各种状纸名目刊刻木戳，人民购用何种即加盖何种木戳于状面"[②]。龙泉司法档案所见提法司状

---

①《龙泉民国法院民刑档案卷(1912—1949)》M003-01-1867卷宗又见数件民事诉讼状，状式略有不同，主要是状头无"每纸当拾铜元拾枚"字样，呈词最后无"证人""证物"及"公鉴"栏目，也未加盖"诉讼状纸戳记"。

②《诉讼状纸发售规则》，《浙江军政府公报》1912年第53册，第15—16页。

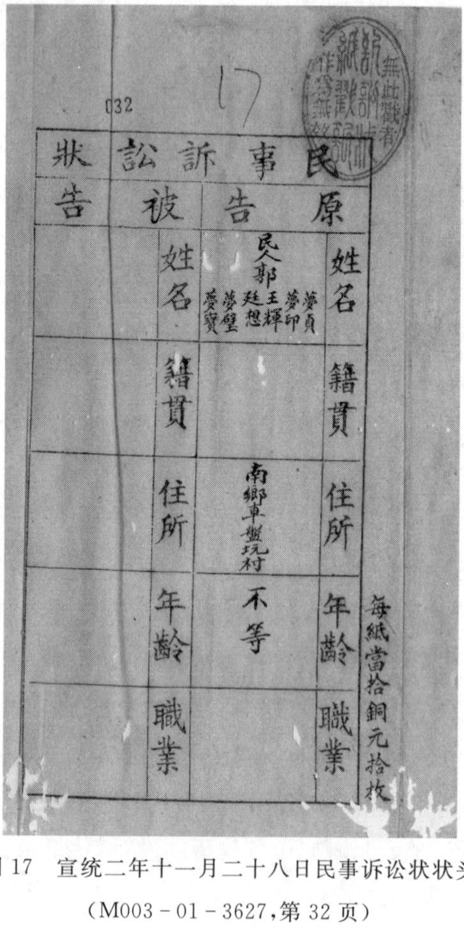

032

17

民事訴訟狀

原告		被告	
姓名	民人郭夢員、夢印、王輝、廷想、夢璧、夢寶	姓名	
籍貫		籍貫	
住所	南鄉車盤坑村	住所	
年齡	不等	年齡	
職業		職業	

每紙當拾銅元拾枚

图 17　宣统二年十一月二十八日民事诉讼状状头

（M003－01－3627，第 32 页）

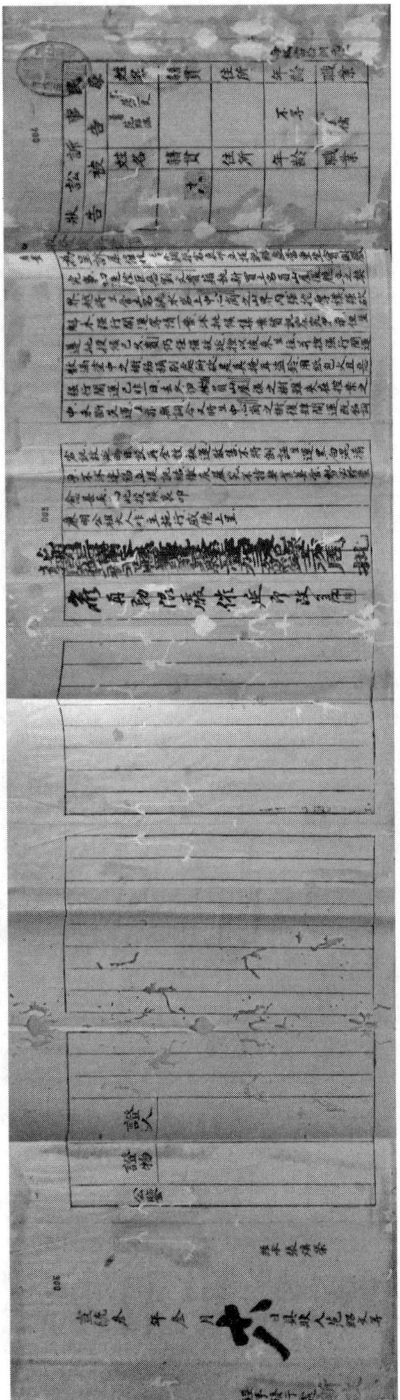

图18　宣统三年民事诉讼状(M003-01-10203,第4—6页)

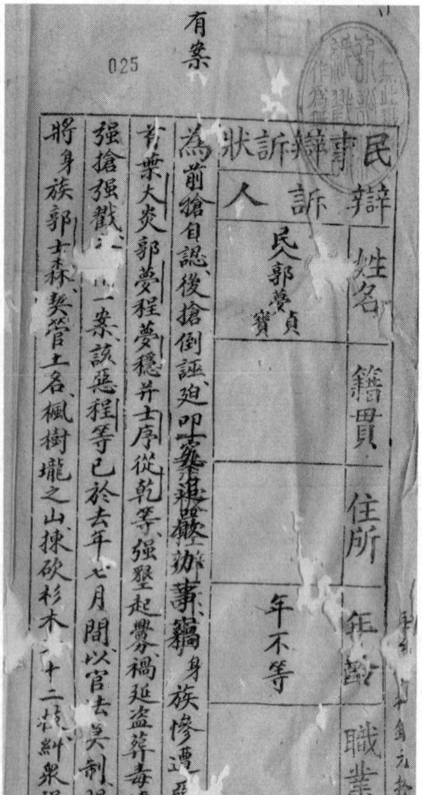

有案

025

民事辯訴狀

辯訴人

姓名　民人郭夢貞、寶

籍貫

住所

年齡　年不等

職業

為前搶自認、後搶倒誣，迫叩查案嚴辦事。竊身族慘遭惡

棍葉大炎、郭夢程、夢穩并士厚、從乾等，強墾起釁，禍延盜葬毒燒

強搶強截……一案，該惡程等已於去年七月間以官去吳制胆

將身族郭士森、英管土名楓樹壠之山，揀砍杉木一十二株，糾眾強

图 19　宣统二年十二月十八日民事辩诉状状头

（M003 - 01 - 3627，第 25 页）

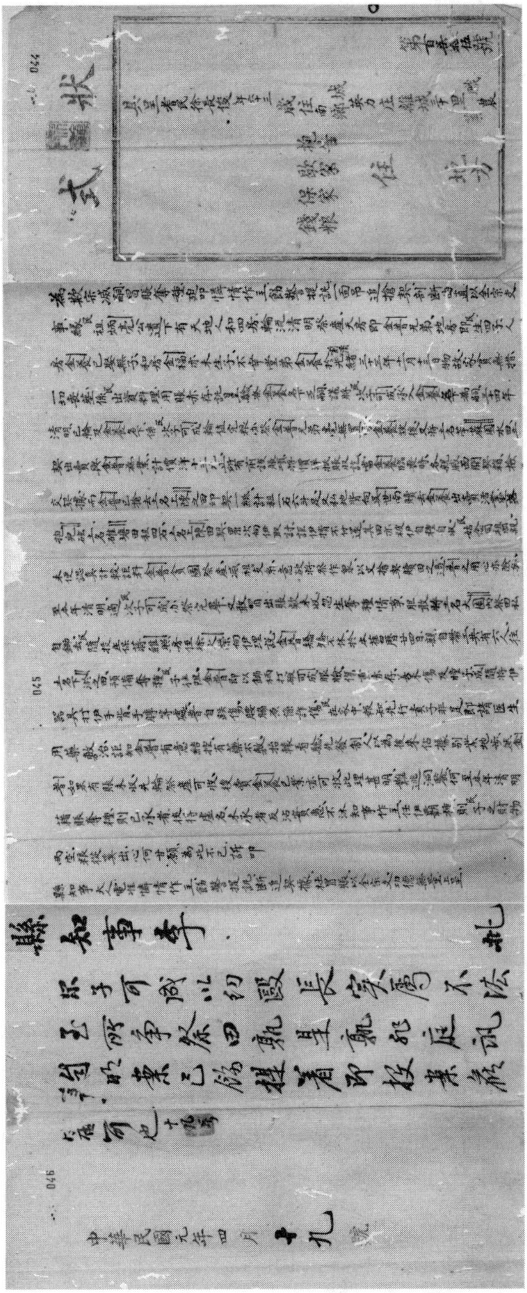

图 20　1912 年 1 月至 6 月呈状(M003-01-14985,第 44—46 页)

纸仅加盖“民事”或“刑事”以分别民、刑诉讼(图 21),未见其他类型“木戳”。

1913 年,浙江省提法司改为司法筹备处,基层审判机构由执法科改为审检所。1913 年 3 月,《浙江司法筹备处训令第八十七号》称“前定状面、印花理应停发”,“中央既谋司法统一,此项规则自应由部核定”,“酌发部制现行各项状面邮寄应用”[①]。于是,各级审判机构开始采用北洋政府司法部颁行的状纸。如前所述,司法部最初颁行的状面版式与清末法部奏定状面版式大致相同,只是删去腾龙图案而已;状心则与清末的新式状纸基本相同。

此后的状纸,状心格式基本固定,只是状面版式随时有所变化。1916 年 1 月的状面,第一面的原祥云等图案改为“重建司法部正面图”,第二面由“司法部颁行诉讼状纸通行章程摘要”改为每种状纸的“注意事项”与“禁例”(图 22)。

1920 年 6 月 20 日北洋政府颁行《诉讼状纸规则》,状纸仍维持 14 种不变,惟状纸售价由原来的铜元计价改为银币计价,价格从 1 角至 3 角不等[②]。司法部重新设计的状面与之前基本相同,只是第二面的“注意事项”及“禁例”略有改动(图 23)。这种状面直到 1922 年上半年才在龙泉司法档案中出现。

1922 年,《刑事诉讼条例》《民事诉讼条例》先后颁行之后,司法部统一颁行状纸的规定一度废除,状纸改由民间纸店自行印制,“平公定价发售”。1921 年司法部发布《书状用纸式样》,规定状纸尺寸为“按营造尺长八寸八分、宽五寸八分”,“不拘页数,但须钉制成册”,“书写状词不拘行数”[③]。1922 年上半年至 1923 年间龙泉县也使用纸店出售的状纸(图 24)。

1923 年 6 月 27 日,司法部颁布修订的《诉讼状纸规则》,重新规定状纸由司法部颁行,状纸种类由原来的 14 种增加为 16 种,增加“民事抗告状”与“刑事抗告状”两种[④]。新颁状面第一面中图案的名称由原来的“重建司法部正面图”

---

①《浙江司法筹备处训令第八十七号》,《浙江公报》1913 年第 404 册,第 7 页。

②《诉讼状纸规则》(1920),黄荣昌编:《司法法令判解分类汇要》(民例之部),中华图书馆 1921 年版,第 407 页。

③《书状用纸式样(附布告)》,余绍宋编:《改订司法例规》,第 1524—1526 页。

④《诉讼状纸规则》(1923),司法例规编纂处:《改订司法例规第一次补编》,第 90—92 页。

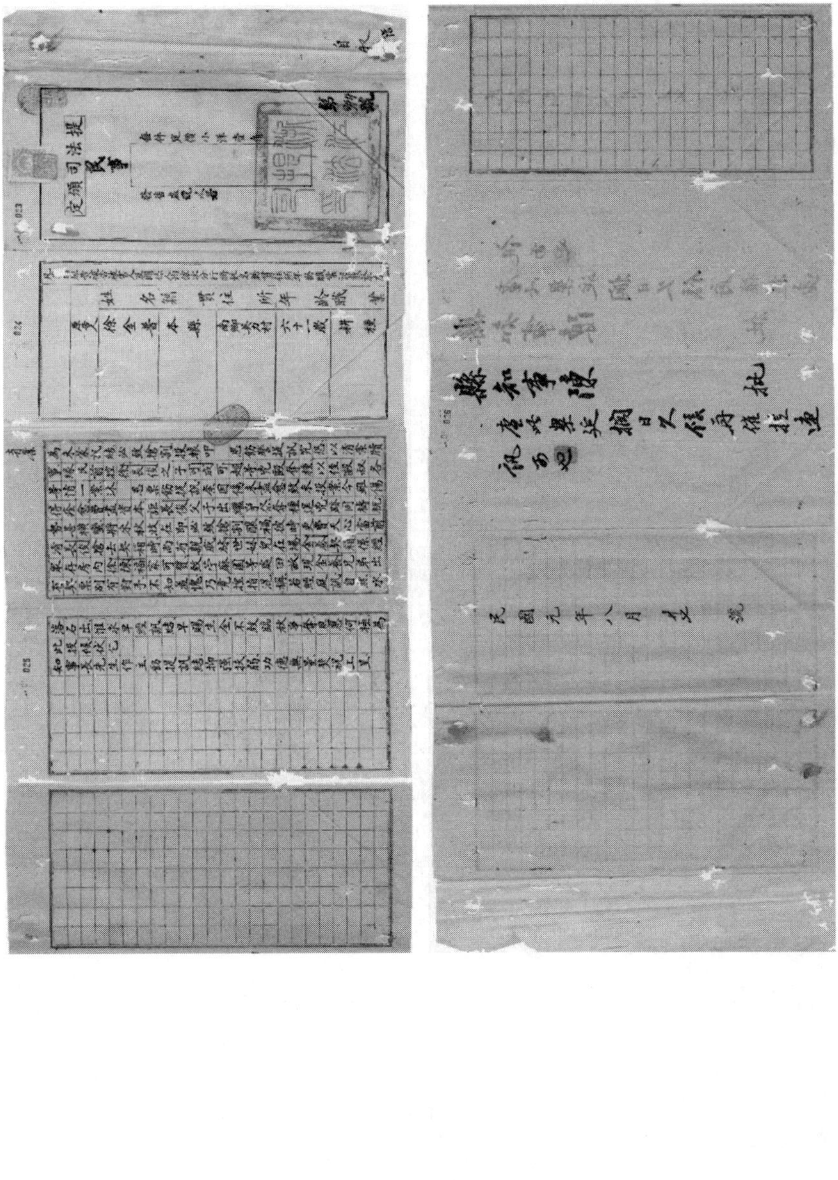

图 21　1912 年浙江省提法司状式（M003－01－14985，第 23—26 页）

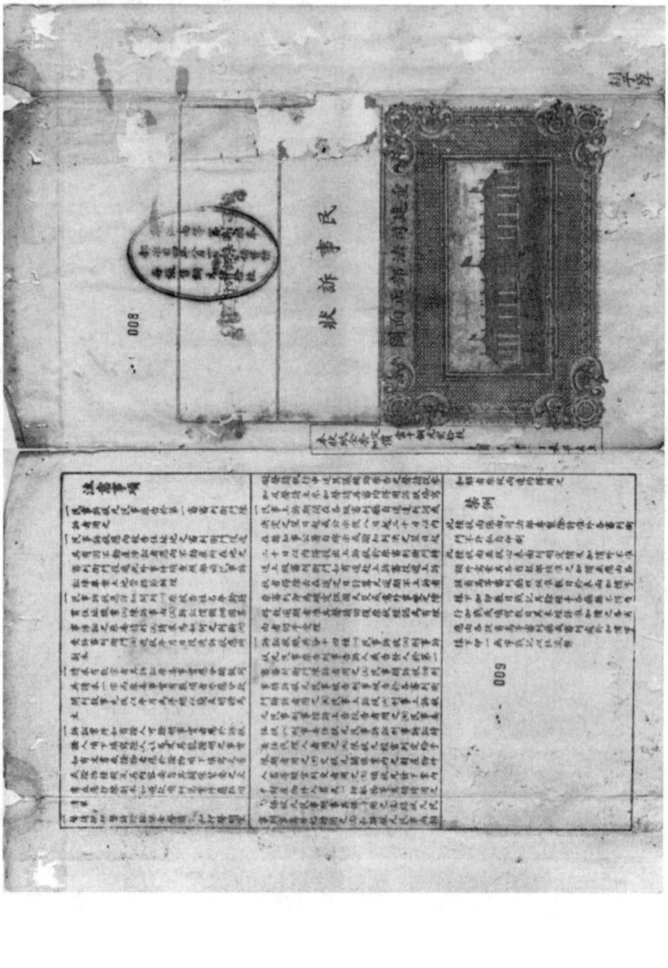

图 22　1916—1921 年民事诉状状面（M003-01-1767，第 8—9 页）

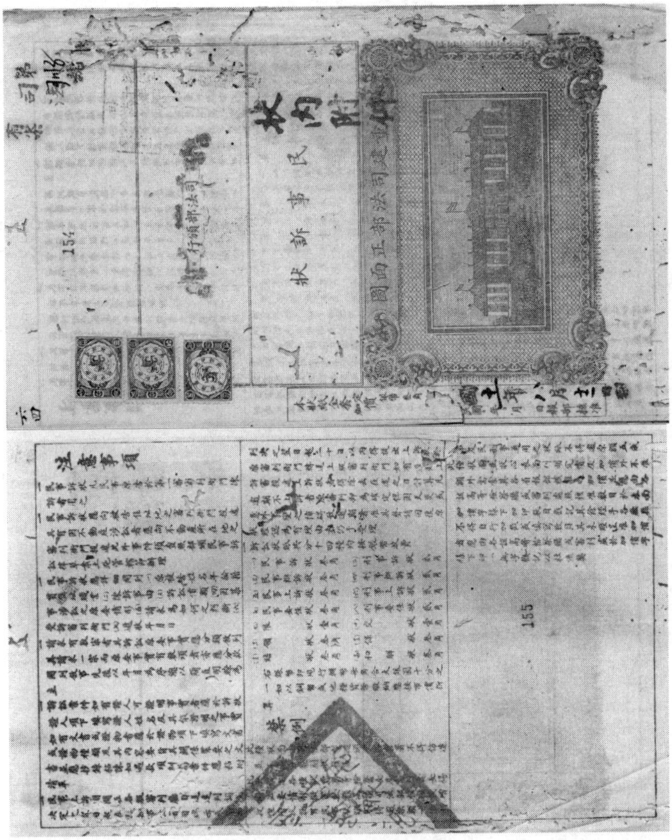

图 23　1922 年民事诉状状面（M003－01－522，第 154 页）

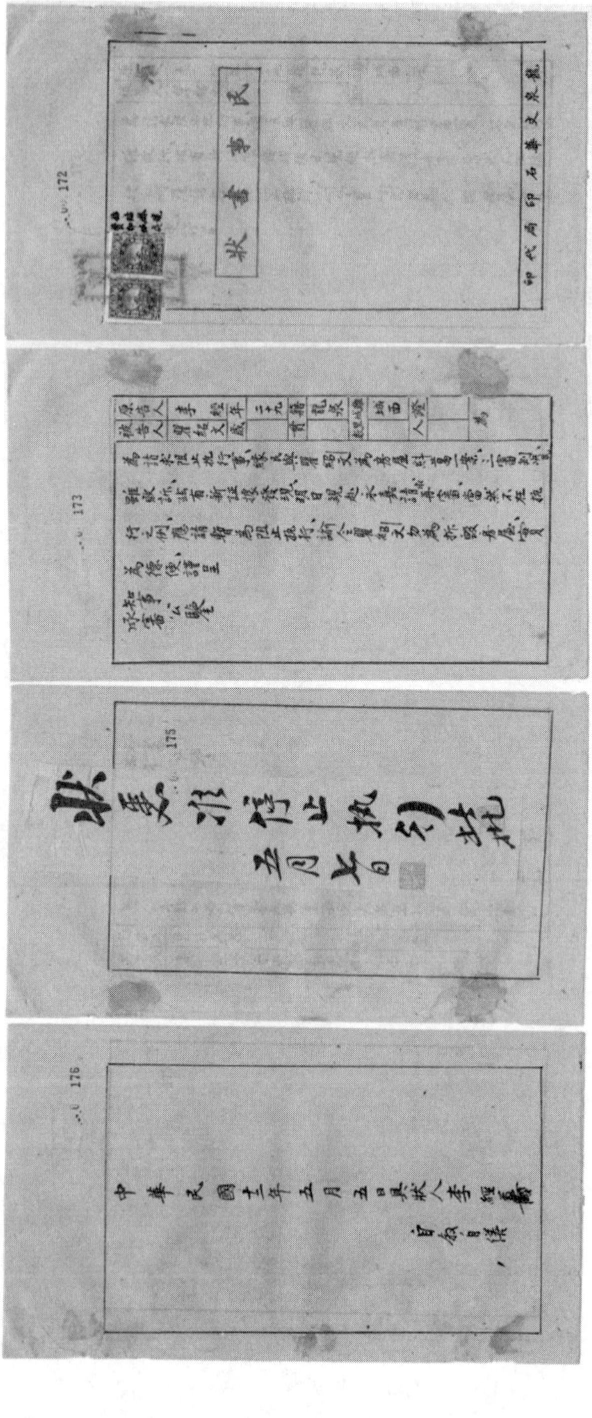

图 24 1922—1923 年民事书状（M003 - 01 - 2289，第 172—173，175—176 页）

改为“司法部正面图”，图案则大同小异。第二面中的“注意事项”及“禁例”依据《民事诉讼条例》及1923年《诉讼状纸规则》重新拟订(图25)。这种状面应于1923年即已颁行，但司法部又下令旧存状纸“由厅处仿照部戳加盖状面，作为此次部颁状纸一律尽先行用”[①]，因此龙泉县至1924年才开始使用新状。

1927年南京国民政府成立之初，浙江省一度使用由浙江省政府司法厅印制的状纸。这种状纸仍分16种，状面以墨色印刷，第一面的上部印“浙江省政府司法厅颁行”及状纸种类如“民事诉状”“民事辩诉状”，中间印孙中山遗像，不同种类状纸配以不同遗像照片，下部印“总理遗嘱”，左侧印售价“本状纸全套定价大洋叁角”；第二面印“注意事项”，说明状纸使用范围及禁例等内容(图26)。

1927年12月14日，南京国民政府重新颁布《诉讼状纸规则》，状纸种类仍为16种，惟因审判厅、检察厅分别改为法院、检察院，状心相应地由法院或检察院印制，状面也改由国民政府司法部颁行[②]。龙泉县从1928年3月开始使用这种状纸，状面以红色印刷，第一面顶端印“提倡国货是总理民生主义的实行”标语，上部印孙中山像及国民党党旗、国民政府国旗，之下印“总理遗嘱”，中间印状纸种类及“国民政府司法部颁行”，下部印“中央党部部址”图案(也有部分状面称该图案为“国民政府公署图”且没有顶端之标语)，左下方印状纸售价；第二面印“注意事项”及“禁例”(图27)。

1929年2月14日，司法行政部颁布新的《司法状纸规则》，取消了诉讼状纸繁复的种类，规定司法状纸仅分为“民事状”“刑事状”两种，刑、民诉讼过程中该两种通用于任何程序之陈述，收费为民事状每套6角、刑事状每套3角[③]。状面版式与之前相同，仅将状纸名称改为“司法状纸——民事状”与“司法状纸——刑事状”；1931年6月以前状面以红色印制，之后则以蓝色印制(图28)。龙泉县1930年以后使用这种状纸，此后除1942年按《司法状纸规则》将状纸售价改为民事状每套2元、刑事状每套1元外[④]，状面版式基本保持稳定。

---

①《颁发修正司法印纸暨诉讼状纸各规则令》，司法例规编纂处：《改订司法例规第一次补编》，第92页。

②《诉讼状纸规则》(1927)，王尹孚编：《国民政府颁行法令大全》(上册)，上海法学编译社1928年版，第901—905页。

③《司法状纸规则》(1929)，刘燡元等编：《民国法规集刊》(第5集)，民智书局1929年版，第210页。

④《司法状纸规则》(1942)，《最新六法全书》，中国法规刊行社1948年版，351页。

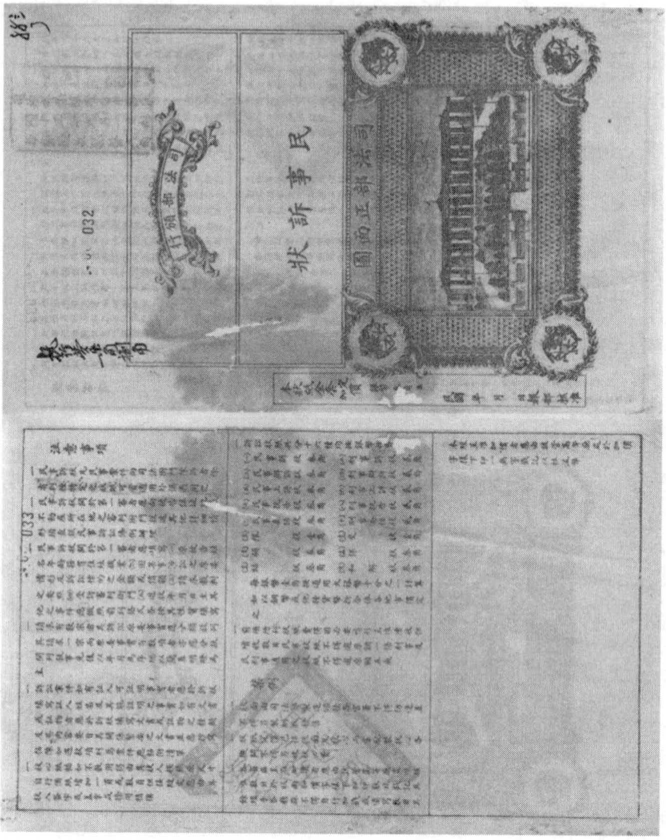

图 25　1924—1927 年民事诉状状面（M003-01-1217，第 32—33 页）

图 26　1928 年浙江省政府司法厅民事诉状状面(M003－01－1195,第 24—25 页)

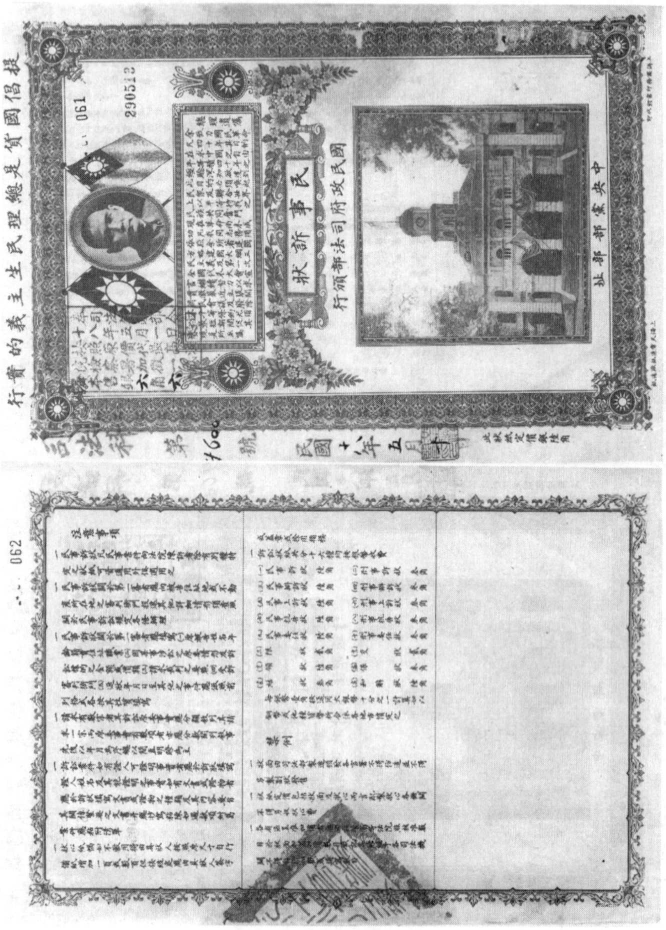

图 27 1929 年国民政府司法部民事诉状状面(M003-01-2733,第 61—62 页)

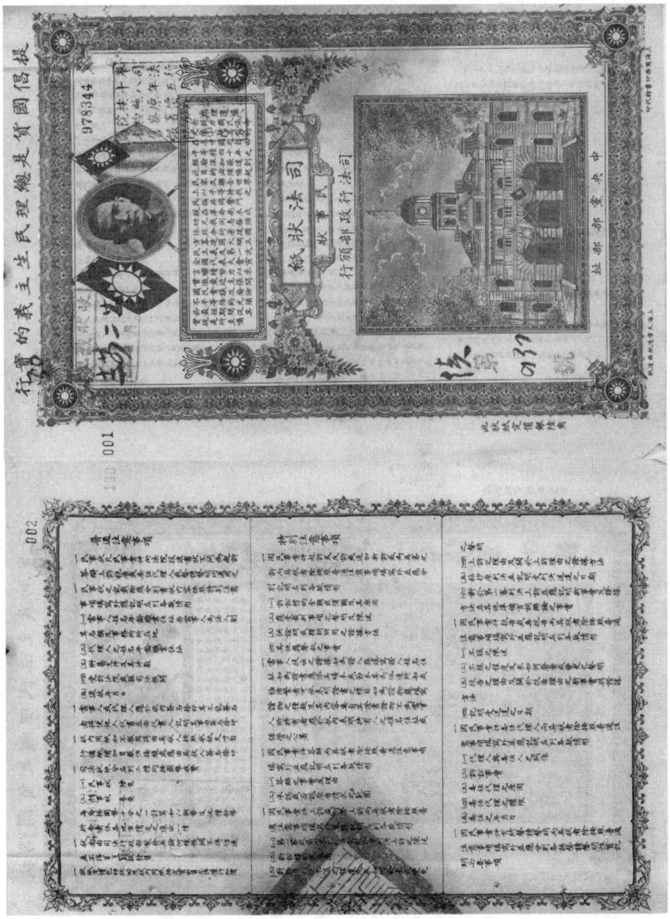

图28　1931年民事状蓝色状面（M003-01-2908，第1—2页）

第五章 法规、知识与实践:状词书写的现代化

民国初年,当人们需要撰写状词时,可以从多种渠道了解撰状知识。传统的状词模式仍然流行,社会上的讼师、原先的官代书对此自然非常熟悉,一般的读书阶层也不难掌握其写法。然而当时对时局稍有了解的人都会发现,新的法律知识体系与状词模式已经形成,只是面目比较模糊。一方面,新法规与状纸的状面对状词书写都有所说明,只是比较抽象;另一方面,20 世纪 20 年代以来市面上开始出现撰状指南类图书,又以律师状词实例最为流行。而律师的民事状词,自清末就形成“事实、理由、请求”模式,至 20 世纪 30 年代又出现以“诉讼标的”为核心的民事状词。但在龙泉县的司法实践中,1929 年龙泉县法院成立之前仍大致沿袭传统的状词模式,只是具体表述上不断有所调整。县法院成立之后,民事状词基本上符合当事人主义原则,虽也有部分相当标准的民事状词,但很多状词仍大量保留传统状词的表述习惯。

一 新式状词的知识来源

1907 年实施的《各级审判厅试办章程》第 51 条规定民事诉状应填写下列各项:

> 一、原告之姓名、籍贯、年龄、住所、职业;二、被告之姓名、籍贯、年龄、住所、职业;三、诉讼之事物及证人;四、请求如何断结之意识;五、赴诉之审判厅及呈诉之年月日;六、黏钞可为证据之契券或文书。[1]

这条规定直接沿袭《天津府属试办审判厅章程》第 105 条的内容[2],后者也是中国对状词陈述首次的明文规定。该规定应该参考了西方的民事诉讼法,但又有明显不同,别具特色。1922 年《民事诉讼条例》、1930 年《民事诉

---

①《各级审判厅试办章程》,怀效锋主编:《清末法制变革史料》(上卷),第 460 页。
②《天津府属试办审判厅章程》,《北洋法政学报》1906 年第 10 册,第 28—29 页。

讼法》则规定状词正文应该包括:诉讼标的及原因;应受判决事项之声明①。这个条文与《大清民事诉讼律草案》所规定的"请求之本旨与其原因及应受判决事宜之声明"有明显渊源关系②,并且可以进一步追溯到移植法律的源头,即1877年《德意志帝国民事诉讼法》所规定的"提出的请求的标的与原因,以及一定的申请"③。如果不顾整体诉讼理念上的区别,仅就抽离出来的单条法规而言,《各级审判厅试办章程》与《民事诉讼条例》《民事诉讼法》的相关规定并没有特别的差异(表5)。

表5 相关民事诉讼法规诉状陈述条文对照

法 规	对诉状陈述正文内容的规定
1877年《德意志帝国民事诉讼法》第230条	提出的请求的标的与原因,以及一定的申请。
1906年《刑事民事诉讼法》	无
1906年《天津府属试办审判厅章程》第105条	诉讼之事物;诉讼之原因;恳求如何断结之主意。
1907年《各级审判厅试办章程》第51条	诉讼之事物及证人;请求如何断结之意识。
1910年《大清民事诉讼律草案》第303条	请求之本旨与其原因,及应受判决事宜之声明。
《民事刑事诉讼暂行章程》第110条	请求之本旨与其原因,及应受判决事宜之声明④。
1921年《民事诉讼条例》第284条	诉讼标的;应受判决事项之声明。
1930年《民事诉讼法》第235条	诉讼标的及原因;应受判决事项之声明⑤。
现行台湾地区《民事诉讼"法"》第244条	诉讼标的及其原因事实;应受判决事项之声明⑥。
现行中国《民事诉讼法》第121条	诉讼请求和所根据的事实与理由;证据和证据来源。

①《民事诉讼条例详解》,陈刚、邓继好主编:《中国民事诉讼法制百年进程》(民国初期第一卷),第362页。

②《大清民事诉讼律草案》,怀效锋主编:《清末法制变革史料》(上卷),第635页。

③《德意志帝国民事诉讼法(1877)》,陈刚等编:《中国民事诉讼法制百年进程》(清末时期第三卷),中国法制出版社2009年版,第298页。

④《民事刑事诉讼暂行章程》,陈刚等编:《中国民事诉讼法制百年进程》(清末时期第三卷),第42—43页。

⑤《民事诉讼法》,蔡鸿源主编:《民国法规集成》(第34册),第221页。

⑥陶百川等编:《最新综合六法全书》(其三),三民书局2011年版,第44页。

普通的识字阶层试图了解当时的法律条文应该不会特别困难，比如商务印书馆宣统二年(1910)出版的《新法令辑要》，1914 年出版的《现行司法法令》均收录《各级审判厅试办章程》，《县知事审理诉讼暂行章程》则在 1914 年 4 月 11 日、14 日的《申报》连续刊载。问题在于，这些抽象的条文对撰写状词可能并没有实际的指导意义。

除了法令，诉讼过程中也可以了解到某些诉讼知识，比如 1913 年开始在龙泉县使用的司法部颁行状纸状面所附《司法部颁行诉讼状纸通行章程摘要》就含有一些诉讼知识，不过其中并不涉及状词陈述的规定[①]。但 1916 年以后状面所附“注意事项”就有状词撰写的指导意见，内容比法律条文稍为详细。比如 1916 年民事诉状的“注意事项”规定：

> 民事诉状应详细开列：(一)原被告姓名、年龄、籍贯、住址、职业；(二)陈述事由；(三)诉讼价额；(四)因某事涉讼之原委情形；(五)请求为如何之判断；(六)受诉审判衙门；(七)递状年月日。投递诉状应附副本。[②]

1924 年民事诉状的“注意事项”规定：

> 民事诉状关于第一审者应填写：(一)原被告姓名、年龄、籍贯、住址、职业；(二)因某事涉讼之原委情形及诉讼标的之金额或价额；(三)请求裁判之要点；(四)受诉审判衙门；(五)递状年月日。[③]

1931 年民事诉状的“注意事项”规定：

> 因民事案件起诉、或反诉、或追加新诉、或为再审之诉而具状者，除按照普通注意事项填写外，并应分别记明左列各款情形：(一)诉讼标的金额或价额及其原因；(二)应受裁判事项之声明及陈述；(三)供证明或释明所用之证据方法；(四)其他应声叙之事实。[④]

这些“注意事项”仍然过于抽象，一般民众很难据此撰写状词，甚至无从理解“诉讼标的”之类法律术语。民国时期的民众如不聘请律师代撰状

①参见《龙泉民国法院民刑档案卷(1912—1949)》，M003-01-2201，第 17 页。
②参见《龙泉民国法院民刑档案卷(1912—1949)》，M003-01-1767，第 9 页。
③参见《龙泉民国法院民刑档案卷(1912—1949)》，M003-01-1217，第 33 页。
④参见《龙泉民国法院民刑档案卷(1912—1949)》，M003-01-2908，第 56 页。

词,恐怕需要参照范例才能模仿撰状。

进入20世纪20年代后,市面上流行的撰状指南类图书便层出不穷,其中以凌善清编纂、上海大东书局1923年出版的百余万字的《全国律师民刑诉状汇编》最为著名与流行。目前所见最早的这类图书可能是1921年上海共和书局出版的6卷本《诉状程式大全》,书中所收状词似乎并不实用,或为作者杜撰,但《新青年》第9卷第5号曾为之刊登广告,正道出此类图书畅销之原委:

> 迩来诉讼事件日趋繁复,当事之人缺乏诉讼常识,动辄得咎,若事事仰给律师,又每故神其技,自便私图。结果讼虽得直,实已得不偿失。斯君文,东南绩学士也,服官法廨有年,目击心恫,故有《诉状程式大全》之作,内容丰富,应有尽有,遇事应付,所如无阻,诚词家之宝筏,诉讼之秘诀也。①

因此在20世纪20年代,一般识字民众可以借助这类图书自撰诉状。

二 律师民事状词模式的演变

依据凌善清《全国律师民刑诉状汇编》的说明,受过专业训练的律师在20世纪初已经习惯以"事实、理由、请求"三段式结构撰写诉状。如1916年方佩绅与徐士贵经界纠葛案中由原告代理律师孙承德撰写的起诉状:

> 为拔毁界标意图侵占提起经界确定之诉叩乞迅予审断事。今将关于本案之事实理由及请求之目的分述如左:
>
> (一)事实:缘佩绅有祖遗敬业堂户基地一方,计面积五分九厘三毫八丝,坐落平安二图,土名大东门直街威乙巷德星楼地方,执有认粮执照(因产系祖遗,老契燹时遗失于清光绪二十九年四月间,禀县承粮补给)、户折以及管业证据、验契执照等件为凭,复经遵章登记,历年纳粮管业,是则土地所有权完全存在,自可毋庸置议。惟佩绅于该地上按照亩分四址,插立界石,依据管业。乃该被告(系邻地之原所有者,

①《对于太平洋会议的我见》第3页所附广告,《新青年》1921年第9卷第5号。

现时所有者系赵姓）意图侵占，将佩绅所立之界石任意拔弃。佩绅营业甬地，势难顾及，若因循不问，必至得步进步，设法侵占，而佩绅之私权渐濒于危险之境矣。

（二）理由：查界标之设置，原为明确土地之疆界，表示所有权之特征，故界标之所至，即私权之所存，按诸民事法上关于物权之所有，凡土地所有人特认定有设立界标之权利，若有妨害之或侵入之者，或有妨害及侵入之虞者，均得有请求排除或禁止之权。此则为保护土地所有权者之通例，亦即本案起诉之理由者也。

（三）请求之目的：该地应由佩绅设置界标，建筑园墙，按照固有亩分管业，该被告人不得妨害或侵入，所有讼费责令被告负担。为此状请钧厅迅予核断施行。谨状杭县地方审判厅。①

这种结构的状词可能在清末已经形成。当时施行的诉讼法《各级审判厅试办章程》要求民事诉状列明“诉讼之事物及证人”与“请求如何继结之意识”，1916 年民事诉状“注意事项”则要求列明“陈述事由、诉讼价额、因某事涉讼之原委情形、请求为如何之判断”。“事实、理由、请求”的状词结构与这些规定有明显区别，而与 1910 年《大清民事诉讼律草案》第 472 条所规定判决书的“判语、事实、理由”三个部分相互呼应②。清末民初，由于司法变革的需要，法学教育一度十分兴盛，政法学校教授的内容无疑以西方法律体系为核心③。《各级审判厅试办章程》只是一部临时法规，立法极为简陋，难登政法学校的大雅之堂，因此律师接受的民事诉讼法知识，只可能是确立了当事人主义原则的德、日诉讼法及《大清民事诉讼律草案》，《各级审判厅试办章程》并非律师理解诉讼规则与撰写诉状的依据。这应该就是律师撰状与施行诉讼法及司法实践之间脱节的原因。直到 1922 年《民事诉讼条例》颁行，这种结构的状词才算与诉讼法规相符。

不过到 20 世纪 30 年代，律师界出现了以“诉讼标的”为核心的撰状模式，“事实、理由、请求”三段式结构在诉状中变得可有可无。1934 年出版

①凌善清编纂：《全国律师民刑诉状汇编》（己编），大东书局 1923 年版，第 45—46 页。
②《大清民事诉讼律草案》，怀效锋主编：《清末法制变革史料》（上卷），第 669 页。
③汤能松等：《探索的轨迹——中国法学教育发展史略》，法律出版社 1995 年版，第 247 页。

的《民刑诉讼撰状方法》提出一种新的民事诉状结构，分为“请求之原因、请求之目的、证据方法”三个部分，其中对“诉讼标的”也有所解释：

> 请求之目的者，即诉讼之标的也……如为钱债纠葛涉讼者，则于本标题之次行顶格缮写计借款之本银若干、利息若干，请求判令某甲如数偿还，并令负担诉讼费用等语……①

这个解释过于通俗甚至有些业余。按法理学的一般解释，“诉讼标的”是指由实体法所界定的某种特定的权利或法律关系，当事人必须对起诉事实之适用法律加以说明，法院仅对当事人提出的事实与适用法律之关系作出裁判，在起诉中误用法律条文可能导致败诉，这种责任由当事人承担：

> 诉讼标的，指当事人以诉或反诉所主张或否认之请求或其他法律关系，要求法院加以判决者而言。故诉讼标的，为请求之权利或法律关系。原告要求法院判决者为如何之私法上权利或法律关系，应于可与他权利或法律关系区别之程度，在诉讼表明之……此亦为诉之要素，故亦须表明之，否则其起诉为不合程序。②

这种“诉讼标的”理论对当事人专业知识的要求过高，在司法实践中极易造成弊端，德国在20世纪30年代后已对该理论进行修正，认为原告提起诉讼“只须将其所希望之法律效果加以主张即可，而不须将实体法上之权利或法律关系加以主张”③。对修正后的“诉讼标的”理论在20世纪30年代是否立即被引入中国这一问题尚待研究，但可以确定的是，旧“诉讼标的”理论需要民事实体法予以配合，而中国在20世纪30年代以前尚不充分具备这方面的条件。而随着《中华民国民法》在1929年至1931年间陆续公布、施行，律师撰状开始着重辨析“事实”与适用“法律”之关系。如《民刑诉讼撰状方法》记录的一件所谓“霸产不交起诉状”，原告要求其监护人交还财产自行管理，诉状中征引法条，对未满二十岁而已结婚是否有行为能力展开法律辨析，同时也并未采用“事实、理由、请求”三段式叙述结构：

①董浩：《民刑诉讼撰状方法》，会文堂新记书局1934年版，第30页。
②王甲乙、杨建华、郑健才：《民事诉讼法新论》，三民书局1981年版，第267页。
③杨建华：《诉讼标的之新旧理论（代序）》，王甲乙、杨建华、郑健才：《民事诉讼法新论》，第6页。

窃原告自幼早丧父母，由亲族公议，推举被告某甲为原告之监护人，原告一切财产，亦悉由被告代为管理，今已十余年，被告素性贪鄙，且凶悍暴戾，管理原告家产后，虽碍于众目，不敢擅为处分，然每年从未有一次清楚报告。原告所有财产，计有十万，以年利八厘计，每年亦可收入八千元。除去每年原告饮食衣服及教育费外，至少可每年盈余七千元。然至今并无一文之存留。现原告已于本年某月结婚，为保护财产及自由发展计，特邀同族众前向被告请求交还，自行管理。对于以前之帐(账)，亦请求清算一过，俾得成家立业。讵被告利欲熏心，借口于《民法》第十二条“满二十岁为成年”，及第十三条第二项“未成年人有限制行为能力”之规定，坚不允许。查《民法》第十三条第三项“未成年人已结婚者有行为能力”，原告年虽十九，然已结婚，依法当然已取得行为能力，无须更有他人任监护之责。原告昔日有所托管之财产，理应交回原告自管，更无犹豫之余地，何得饰词搪塞，显见意存不良。且查《民法》第一千一百零七条“监护人于监护关系终止时应即会议所指定之人，为财产之清算，并将财产移交于新监护人。如受监护人已成年时，交还受监护人”。今原告既经成年，被告之监护关系依法当然终止，乃犹把持不放，其意何居？恐原告财产将全部为所吞没，为保护权利计，不得已状请钧院鉴核，迅传被告某甲到案，依法谕令将原告财产交出，并将历年帐(账)目清算，并令负担本案讼费，以维法权，实为公便。谨状某某地方法院公鉴。[1]

又如大达图书供应社1936年出版的《诉状新程式》，所收状词或为虚拟，但对法律关系之辨析也是诉状陈述之核心，如其中一件所谓“争执房屋买卖”的起诉状：

为买屋纠葛依法提起诉讼请予判令返还屋价并负担讼费事。窃原告于本月〇〇日，向被告购买坐落本县第〇区〇〇镇〇〇路〇〇里第〇〇号门牌房屋一所，计价洋〇〇元。即日立契成交，且依法举行登记。但屋中尚有人居住，不便即日交付，订期月底，此亦习惯上恒有之事。乃于本月〇〇日之夜，房屋忽被火毁，华厦高堂，顿成一片焦

---

①董浩:《民刑诉讼撰状方法》,第63—64页。

土。此种火灾，本出自意外，且为人力所不可抗者，固不能归责于被告，而强使之负责。《民法》第二二五条："因不可归责于债务人之事由，致给付不能者，债务人免给付义务。"且房屋之给付，为特定物给付，并非如种类给付之可以替代，而其不能给付之原因，又不在于被告之过失，亦难要求损害赔偿，此固原告所明知者也。但其物既因火毁而给付不能，则原告于〇〇日立契约时所付于被告之屋价洋〇〇元，依法应予返还。盖此种屋价，为房屋之对待给付，一方付屋，一方付价，屋既不存，价于何有？《民法》第二六六条："因不可归责于双方当事人之事由，致一方之给付完全不能者，他方免为对待给付之义务；如仅一部不能者，应按其比例，减少对待给付。前项情形，已为全部或一部之对待给付者，得依关于不当利得之规定，请求返还。"今被告既不能将所售之屋给付，则原告所给付之屋价洋〇〇元，应即如数返还于原告，庶两得其平。乃原告一再催索，而被告终置不理。且以《民法》第三七五条为言，以为图赖。查该条规定："标的物之危险，于交付前已应由买受人负担者，出卖人于危险移转后标的物交付前所支出之必要费用，买受人应依关于委任之规定，负偿还责任。"此乃指出卖人垫付必要费用而言，于本案毫无关系。至多不过证明房屋之为物，其危险之移转，不依《民法》第三七三条之规定，于交付时开始，而在立约登记时即移转而已。然无论危险负担属应于何方，而其为被告未经给付，则为不可逃之事实。既未给付，自应负给付之责任。既不能给付，将契约解除，则原告之对待给付，理宜取回。否则在原告为无辜受损，而在被告为不当利得，岂法之平。为此不获已提起诉讼，状请钧院鉴核，迅传被告到案，判令将原告给付之屋价如数返还，并负担本案讼费，以保权利，而免损害。谨状〇〇地方法院公鉴。[①]

简言之，民国时期律师界曾经形成"事实、理由、请求"与"诉讼标的"两种民事状词模式，前者流行于20世纪初至20年代，后者在20世纪30年代以后逐渐通行。

①周孝伯：《诉状新程式》，大达图书供应社1936年版，第54—55页。

三　1929年以前龙泉县民事状词的缓慢演变

法规条文、状纸上的"注意事项"、收入撰状指南类图书的律师诉状，应该就是普通民众获得撰状知识的主要途径。不过在1929年县法院成立以前，龙泉县的状词仍以传统"无异、突出、非沐、乞叩"模式为主，民事状词的"现代化"只有零星的表现。

与传统状词相比，当事人主义民事状词主要有两方面变化：一是以"准理"为核心的诉状批词的消失，当事人提起诉状即意味着诉讼的启动；二是状词中提出明确具体的判决请求，判决必须以当事人的诉讼请求为依据。这两方面的变化在1929年龙泉县法院成立以后得以确立，在此之前民事状词的"现代化"主要体现在以下几个方面：

1."青天大老爷"称呼的消失。民国最初两年，龙泉县的状词与清代几乎没有任何区别，但对审判官的称呼是一个例外。传统状词对审判官均称"青天大老爷"，如：

> 乞叩青天大老爷迅赐饬差提案讯明究追，儆抢贴而正名分，公卿世代，顶德上呈。①

"青天大老爷"这个称呼具有"卡里斯玛"（Charisma，一般意译为"超凡魅力"）色彩，甚至可以用"charism"的原意即"神恩"来理解，这表示审判官直接被作为"神"来对待。这种称呼在已"将统治权归诸全国，定为共和立宪国体"的中华民国自然不合时宜②，于是状词中改以职务"审检长"称呼审判官，时而也会看到一些新发明的奇怪名称，如1913年一件状词中的"仁长台下"之类：

> 实出无奈，不得已备由叩究仁长台下……伏乞审检所长作主恩准饬提徐世克到案，强砍照例究办押追，以儆横为而安民业。③

①光绪三十四年二月十三日瞿自旺呈状，《龙泉民国法院民刑档案卷（1912—1949）》，M003-01-5083，第6—9页。收录于包伟民主编：《龙泉司法档案选编》第一辑（晚清时期），第134页。

②张謇：《清帝逊位诏》，《张謇全集》（第1卷），江苏古籍出版社1994年版，第207页。

③1913年8月27日陈秋亭民事诉状，《龙泉民国法院民刑档案卷（1912—1949）》，M003-01-1748，第8—13页。收录于包伟民主编：《龙泉司法档案选编》第二辑（1913），第621页。

2."私权"等新式法律词汇的出现。1914年以后，一些民事状词中开始出现新式的法律词汇，如在产业纠纷中，以"物权""产权""私权"等取代了原来的"管业"：

> 叩请审检官俯赐察核派吏勘明山界树脑，勒提讯判，追还原木，杜侵占而保物权。①
>
> 为呈诉恃势罩占辄肆强砍，请求派警将木封阻，一面饬提开庭判决，敬强扶懦而保产权事。②
>
> 为措陷活业利权被害，叩请吊契察核判决，保护私权所有事……非沐吊契登核判决，则民之权利终归于消灭……③

但状词叙述模式并未因此而发生变化。

3.从"乞叩……作主"到"谨请……公鉴"。传统状词的诉讼请求一般表述为"乞叩青天大老爷恩赐作主"，民国初年，即使"青天大老爷"的称呼消失了，"乞叩……作主"类的表述仍然沿袭了相当长的时间，如前引"伏乞审检所长作主恩准"。这种表述直到1916年浙江省重建审检所以后才有所变化，如1917年2月叶大墩的诉状已经出现"谨请……公鉴"：

> 若不处于刑律上相当责任，何以维风化而正人心，为此谨请龙泉县审检所公鉴。④

但同年叶景隆的诉状仍保留着传统用语"作主迅追"：

> 不沐恩赐饬令追还，必血本莫保，民命莫活矣。为此遵贴印花三两九钱，请求知事电赐作主讯追，弱民有天，戴得上状。⑤

---

①1914年2月11日叶有定等民事诉状，《龙泉民国法院民刑档案卷（1912—1949）》，M003-01-12679，第1—3页。收录于包伟民主编：《龙泉司法档案选编》第二辑（1914），第46页。

②1914年10月2日邓德和民事诉状，《龙泉民国法院民刑档案卷（1912—1949）》，M003-01-9888，第43—45页。收录于包伟民主编：《龙泉司法档案选编》第二辑（1914），第778页。"敬强扶懦"中"敬"当为"儆"之误。

③1917年9月5日叶有庆事民事诉状，《龙泉民国法院民刑档案卷（1912—1949）》，M003-01-5041，第74—76、80页。收录于包伟民主编：《龙泉司法档案选编》第二辑（1917），第545页。

④1917年2月3日叶大墩刑事诉状，《龙泉民国法院民刑档案卷（1912—1949）》，M003-01-3814，第81—85页。

⑤1917年4月2日叶景隆民事诉状，《龙泉民国法院民刑档案卷（1912—1949）》，M003-01-10549，第2—6页。收录于包伟民主编：《龙泉司法档案选编》第二辑（1917），第128页。"戴得上状"中"得"当为"德"之误。

同年的诉状中还出现了过渡性表达方式,如“伏乞……施行”:

> 非沐吊契登核判决,则民之权利终归于消灭,为此粘呈□□契草一纸,伏乞知事暨承审官如诉施行。①

或“叩求……公鉴”:

> 为此请求先行派警追还斧印等物,一面提集讯究……叩求知事兼审检所公鉴。②

比较常用的表述则是“伏乞……公鉴施行”:

> 似此不法行为,民不得不乘夜来城,鸣冤喊救,为此粘呈息约壹纸,伏乞知事兼检察官公鉴施行,迫切上呈。③

“乞叩……作主”体现了审判官的神明地位以及与当事人之间不平等的地位关系,而“谨请……公鉴”仅是对审判官职权的描述,这种变化反映了民国初年政治观念的变迁。但“谨请……公鉴”具有浓厚的行政公文表述的特点,与现代法律观念格格不入。

4.引用法条。1919年开始,龙泉司法档案中的一些诉状开始引用法条、判例或法理,这应该与1918年8月大理院判例及解释例首次出版密切相关。如1919年僧慧照与曾佛明的寺田诉讼中,僧慧照的诉状中声称:

> 切按民法法理,永佃权人于其权利存续期内仅有为耕作或牧畜而使用他人土地之权利,若于其土地上为□以生永久损害之变更,实有害土地所有人之利益,法律所不许。本案曾佛明强将寺田造屋,实足以生永久之损害,为此不已……④

其中转引了《大清民律草案》第1086条“永佃权人得支付佃租,而于他人土地为耕作或牧畜”和第1095条“永佃权人不得于土地上为足生永久损害之

---

①1917年9月5日叶有庆事民事诉状,《龙泉民国法院民刑档案卷(1912—1949)》,M003-01-5041,第74—76、80页。收录于包伟民主编:《龙泉司法档案选编》第二辑(1917),第545页。

②1917年9月27日萧绍何民事诉状,《龙泉民国法院民刑档案卷(1912—1949)》,M003-01-16109,第58—61、63页。收录于包伟民主编:《龙泉司法档案选编》第二辑(1917),第630页。

③1917年2月19日赖国庆等刑事诉状,《龙泉民国法院民刑档案卷(1912—1949)》,M003-01-5722,第12—15页。收录于包伟民主编:《龙泉司法档案选编》第二辑(1917),第4页。

④1919年3月27日僧慧照民事诉状,《龙泉民国法院民刑档案卷(1912—1949)》,M003-01-14952,第1—3页。收录于包伟民主编:《龙泉司法档案选编》第二辑(1919),第67页。

变更”两款规定的内容①。又如 1919 年的一件嗣产案，诉状中引用了清朝律例的有效部分及大理院判例等法律：

> 仰照前清准续有效之律，及民国三年大理院上字第八十号判例内开“异姓养子，止有酌给财产之限制，绝无混争承受财产”之明文……况律载明异姓收养之子，无论为所后之亲喜悦与否，不得以无子遂立为嗣，此异姓乱宗，固为现行法律所严禁……②

又如 1920 年雷盛德关于佃息的诉状，依据“现行规例”要求对涉讼财产进行标封处置：

> 他日蒙判究追，目的物无从鉴定，本价格由伊自认，定有缺短之虞。按照现行规例，凡诉讼目的物未经判决确定以前应受官厅之拘束，不沐钧署迅赐标封、一面传集讯判，将何以保佃权而昭公道？③

状词中规定“受官厅之拘束”之现行规例当指《大清民事诉讼律草案》第 309 条“诉讼拘束自诉之提起始”④。

撰写这些状词的当事人未必清楚当事人主义诉讼原则，但援引法条维护自身权益自然会成为当事人的迫切期待，而实体法的存在又是民事诉讼当事人主义原则得以确立的前提。1918 年 8 月大理院判例及解释例的首次出版意味着一部准民法的公布施行，现代民事诉讼制度虽然并未就此确立，但为当事人主义诉讼原则的构建提供了初步的实体法条件。

5. 举证观念。虽然传统细故审理中的“证据”对事实认定同样十分重要，当事人也经常主动提供证据，但从程序上讲，证据调查由审判官依职权行之，当事人承担在证据面前如实招供而非举证的责任，事实认定也并不遵循形式真实主义原则。1922 年实施的《民事诉讼条例》确立了形式真实主义原则，规定当事人承担举证责任，此后龙泉县的状词中也越来越多地出现依法举证之表述，如 1923 年的一件关于山场产权纠纷的状词大谈“举证之责”：

---

①《大清民律草案》，杨立新主编：《中国百年民法典汇编》，中国法制出版社 2011 年版，第 169—170 页。

②1919 年 5 月 14 日洪大支民事诉状，《龙泉民国法院民刑档案卷(1912—1949)》，M003-01-4080，第 5—10 页。收录于包伟民主编：《龙泉司法档案选编》第二辑(1919)，第 504 页。

③1920 年 8 月 30 日雷盛德民事诉状，《龙泉民国法院民刑档案卷(1912—1949)》，M003-01-9995，第 4—10 页。收录于包伟民主编：《龙泉司法档案选编》第二辑(1920)，第 592 页。

④《大清民事诉讼律草案》，怀效锋主编：《清末法制变革史料》(上卷)，第 637 页。

今被告不凭契管，无理横争，试问有何证据足凭？按现行法例，主张物之所有者，自应提出确切之证明证据。又原告于起诉原因，因有举证之责，被告亦当富反证之力。若被告于抗辩事实无证明方法，仅以空言攻击者，当认定其抗辩事实之非真正，应为被告不利益之裁判，此民事诉讼法之大原则也。现民等承管该山证据赤凿，谅被告亦无狡辩之余地……①

当然，这只能说明撰状当事人的诉讼观念，由于当时龙泉仍然实行县知事兼理司法制度，状词中声明当事人之举证责任并不意味着诉讼中已经贯彻形式真实主义原则。

6. 判决声明逐步明确。传统状词的乞叩部分一般只是请求官府启动诉讼程序以惩恶扶弱，而不会提出具体的诉讼请求，如：

伏乞审检所长作主恩准饬提徐世克到案，强砍照例究办押追，以儆横为而安民业。②

当事人主义诉讼原则下的民事判决受当事人诉讼请求的约束，当事人状词中提出明确的诉讼请求就成为诉讼得以推进的前提条件。直到 1928 年，龙泉司法档案中才有一些状词的诉讼请求变得比较明确，但仍附带对官府启动诉讼程序的请求。比如邱景陵在一件杉木纠纷案中的诉讼请求：

请求饬警阻止，一面通知答辩、传讯，照契断归山业，责令被告人赔偿损失，并负担讼费，实为德便。③

但这件诉状仍有批词，内容为“状悉，候通知答辩”，说明诉讼请求的当事人主义原则仍然受到县知事兼理司法制度的限制。

由于县知事兼理司法制度的限制，1929 年以前龙泉县民事状词中的现代民事诉讼观念始终是有限的。首先是绝大多数状词维持传统的叙述结构，这种情况太过普遍以至不需要特别举例。当然这并不是龙泉县独有

①1923 年 10 月 29 日项祖适等民事诉状，《龙泉民国法院民刑档案卷(1912—1949)》，M003-01-7618，第 4—7、9 页。收录于包伟民主编：《龙泉司法档案选编》第二辑(1923)，第 842 页。

②1913 年 8 月 27 日陈秋亭民事诉状，《龙泉民国法院民刑档案卷(1912—1949)》，M003-01-1748，第 8—13 页。收录于包伟民主编：《龙泉司法档案选编》第二辑(1913)，第 621 页。

③1928 年 9 月 26 日邱景陵民事诉状，《龙泉民国法院民刑档案卷(1912—1949)》，M003-01-2786，第 4—9、12 页。

的现象,如1924年出版的《民刑诉状菁华》所收1921年陈竹亭向湘潭县知事公署呈递的坟山纠葛案状词即是一例:

呈诉为窃伐妄掘恳予拘究事。民等历管邑之十七都四甲坟山一围,冢既鳞砌,所蓄树木,向无别人剪伐行为。不料去年腊月中旬,该山忽失去蓄经百年大树七株,估值约八十余元。民等因祖山老树最有关系,一旦被人掘伐,心殊愤恨,急向挨近踩缉,始知为俞墨林等所伐。查其树已经出售与周祥泰家,又谷运开亦受有树,其余则归俞自藏在家。于是激投团保杨松荣、陈伯华等看明窃伐形迹,并询究树之售处,踏看藏处,及所值树价若干,均不虚,即拟禀究。俞姓不知听谁主摆,公然将民界碑掘弃,民复邀请公众理论,俞乃妄称民坟与伊有山界交涉,意在借此缓颊,并以掩盖窃伐罪犯。比凭团保查其因亏复掘,实属故意行为,谕俞赔树复界,并祭醮寝事,以免禀官究罚。时值年终,俞竟阳奉阴违,延至今正。经民合族会议,签以祖坟衣帽,万不宜由人蹂躏,俞姓既始终怙恶,一味恃强反抗,一干为之不服。现值时局未定,乡间不法举动层出不穷,似此猖獗,实为刑律所不宥。为此协同团保,据情告诉,恳即赏准票队立拘伐树掘碑之俞墨林、俞丙生、俞三合等到案严讯,按律究办,以维风化而保祖山,深为德便!此呈湘潭县知事公署公鉴。①

编者的评论称该状词"不够专业",非但有刑民混淆之嫌疑,而且"状词内各有土语,亦有隽语"②。

同时,这一时期也形成了一种特殊的"依法审判"观念。"法律"或者"依法审判"的表述在这一时期的状词中相当常见,但现代西方"法律"的含义与传统中国的"律例"有很大区别,西方的法律是以个人权利为基础的社会秩序,审判官是法律的执行者而非运用者,传统中国的律例则是统治的工具与象征,是维护政治秩序的手段。1929年龙泉县状词中的"法律"表述基本上停留在工具、手段与象征的层面上。比如在1919年一件嗣产案的状词中,洪大支在引用律例及判例之后声称:

似此异姓抱子,违法争继,不蒙恩赐依法解决,势必官厅几同虚

①凌善清编:《民刑诉状菁华》卷二,大东书局1924年版,第97—98页。

②凌善清编:《民刑诉状菁华》卷二,第106页。

设，法律亦等虚文，其如民情何？国法何？[1]

这是将法律视为秩序的象征，体现了以维护社会秩序而非个人权利为诉讼理由的观念。

四　1929 年以后龙泉县民事状词的表述

在 1929 年龙泉县法院成立之前，龙泉县的民事诉状整体上维持着传统的表述模式，只是某些具体的表述会呈现某种“拟现代性”[2]。虽然拒绝受理的情况越来越少，但状词上始终保留县知事的“批词”（图 29），准理机制并未取消，当事人主义原则受到制度性的限制，撰写现代民事状词的客观条件尚不具备。然而随着县法院的成立，1929 年 11 月以后龙泉县的民事状词中不再出现批词（图 30），明确的诉讼请求成为状词固有的内容。比如 1931 年邹士旺与黄光耀房屋纠葛案中，诉讼请求为“确认系争店屋三植为原告等所有，着被告恢复原状，讼费由被告负担”[3]。批词的消失与明确的诉讼请求的出现，标志着当事人主义原则在状词中得以确立。

需要指出的是，当事人主义原则的确立，并不意味着龙泉县的民事诉状会大量采用现代民事状词的标准模式，比如律师界流行的“事实、理由、请求”三段式结构或者围绕“诉讼标的”展开的状词。据初步统计，当时采用标准状词的民事诉状在龙泉司法档案所有民事诉状中约占一成，一般由律师撰写，由当事人自撰的极为罕见。比如 1945 年 8 月 16 日孙祝文与郑鹏飞离婚案的起诉状，状词既采用三段式结构，又援引法条声明“诉讼标的”，乃由律师季步元所撰：

为与被告离婚事件径行起诉事。兹将起诉事实及理由分述于下：

释明径行起诉之原因：被告自去年旧历五月初前往江西龙南，即流浪闽赣，不复返浙，登报警告，依然罔效，是本件调解已显然无成立之望，爰依民（诉）法第四百零九条第五项之规定径行起诉。

---

①1919 年 5 月 14 日洪大支民事诉状，《龙泉民国法院民刑档案卷（1912—1949）》，M003 - 01 - 4080，第 5—10 页。收录于包伟民主编：《龙泉司法档案选编》第二辑（1919），第 504 页。

②参见冯筱才：《近代中国的“僭民政治”》，《近代史研究》2014 年第 1 期。

③1931 年 7 月 8 日邹士旺民事起诉状，《龙泉民国法院民刑档案卷（1912—1949）》，M003 - 01 - 4352，第 1—4 页。

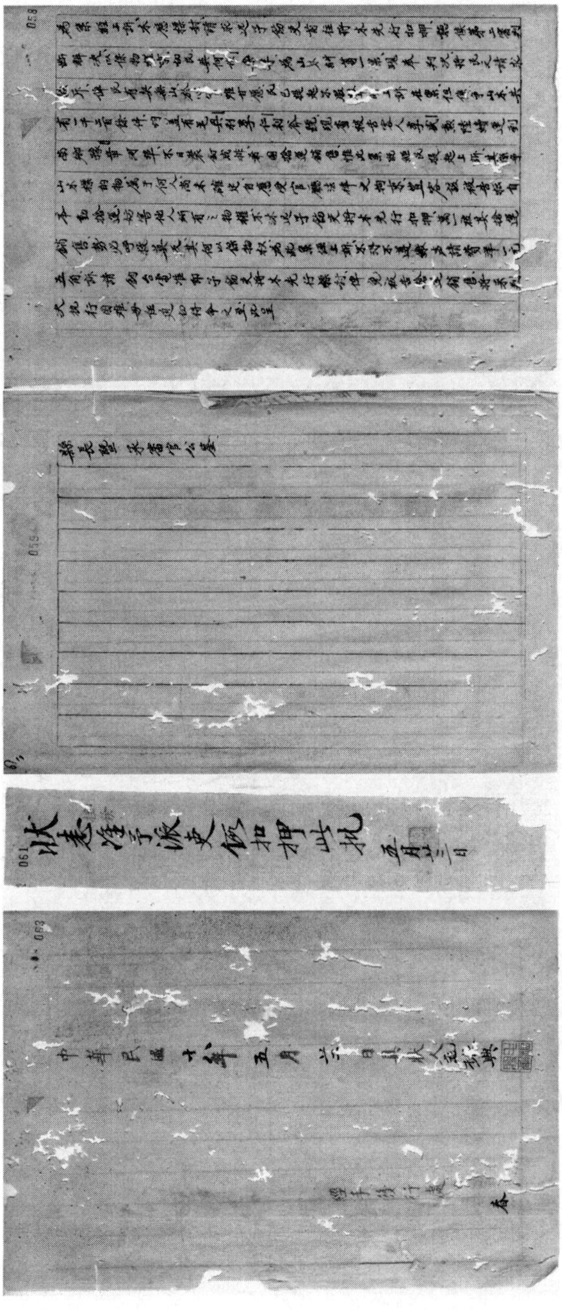

图 29　1929 年 5 月 26 日毛振兴民事诉状（M003－01－17130，第 58—59，61，63 页，龙泉县法院成立前夕的诉状上仍保留批词）

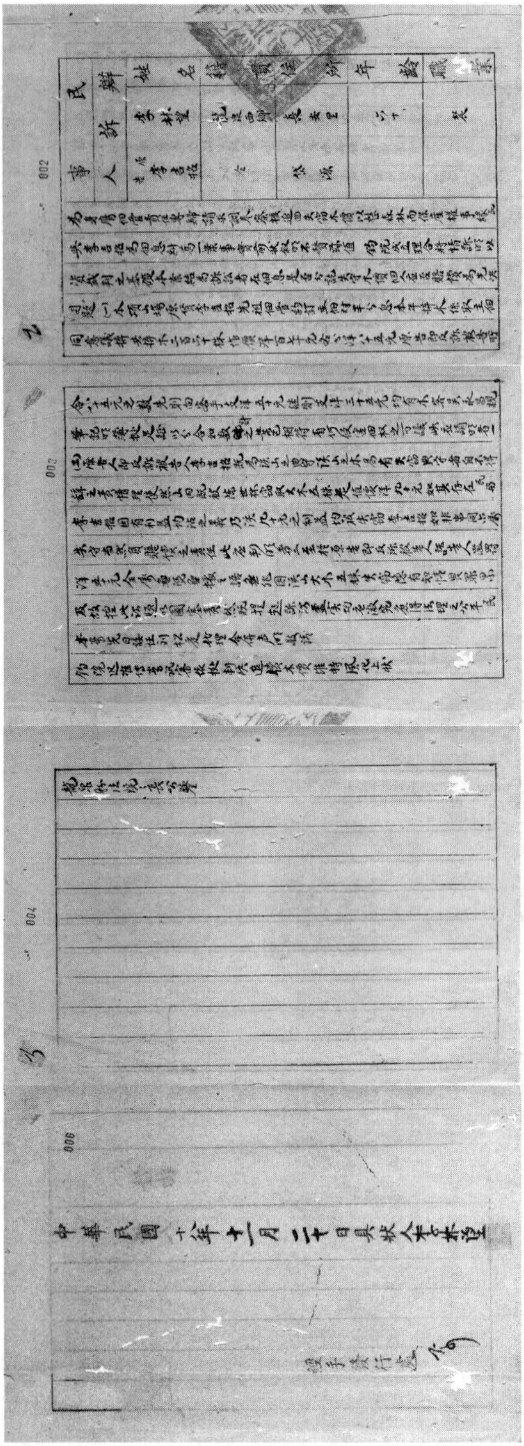

图 30　1929 年 11 月 20 日李林望民事诉状（M003－01－17288，第 2—4、6 页，龙泉县法院成立后批词从诉状上消失）

事实：缘原告于民国廿七年与被告结婚，过去感情尚称融洽，嗣被告因有外遇，对于家庭益感冷淡，去年旧历五月前往江西龙南，始尚来电，谎称汇款接济家用，终属口惠而实不至，嗣经函电交驰，亦置若罔闻。十月以后，即断绝消息，显有遗弃之恶意，使原告流落他乡，无法维持生计，现债台高筑，计向金师母借过三万元，罗正女士借过五万元，方芹川先生借过五万二千五百元，张文忠先生借过二万五千三百元。际此日寇无条件投降，大家均欲还乡，各债款不能再延不清理，原告急得无法可想，曾请季步元律师登报警告，仍然无效，不得已提起离婚之诉。

理由：查被告恶意遗弃原告，经一年以上，在继续状态中，其流浪闽赣时，且将其后父、胞弟二人、子一人，四口之家，诿原告一弱女子挣扎，因而债台高筑，依《民法》一千零五十二条第五项之规定，自得请求离婚。

请求目的：请求准予离婚，所欠债务，判归被告负责清偿，并责令负担诉讼费用。上状龙泉地方法院公鉴。[①]

另外还有一种状词，其表述方式完全符合现代民事状词的标准，只是以文言文的"缘"代替"事实"，以"窃"代替"理由"，采用"请求"的表述但不列小标题，同时也援引法条，使得状词的修辞更符合传统中国的语言习惯。律师练公白似乎是这种表述方法的积极探索者，如他所撰 1934 年 6 月 7 日金良训等与金玉珍等山场纠纷案的起诉状：

缘原告太祖盛珠公遗下山场一处，坐落塘上源头，土名桐树坞长砻，向系原告等仁、义、礼、智、信五房所共有，历管已有二百余年，非仅未曾分与任何房分名下，且有历管契据中次凭证（讯日带呈）。乃被告于上年八月间，无故盗砍该山杉木壹百六十一株，擅私堆塘上河边（业经假扣押），持金吉助之卖契以为影射。

窃查金吉助仅第三房五代子孙之一人，依法自属无权出卖，被告人既非五房共有人之子孙，而出卖人金吉助之买卖行为复未得五房共有人全体之同意，买卖契约依法自属无效，则被告并无所有权关系，而

①1935 年 8 月 18 日孙祝文民事状，《龙泉民国法院民刑档案卷（1912—1949）》，M003-01-3805，第 3—10 页。

擅砍该山杉木，冀图不法所有，侵害业权，殊非合法。

事经声请调解，未曾成立，迫得诉请钧院察核，依法审判，请求确认坐落桐树坞长砻之山场，及假扣押在塘上河边之杉木壹百六十一株归原告人等所共有，并令被告负担诉讼费用，诚为德便。[①]

但龙泉司法档案所见大量状词，除了取消"准理"批词并声明"诉讼请求"以外，或多或少地保留着传统状词的表述习惯，特别是在事实陈述部分大量采用"无异""突出"叙述模式。如1936年10月13日周英福与丁启定杉木纠纷案的民事状：

窃原告于民国三年向江崇岩契买山场壹处，土坐南乡孙坑高畈头，该山历管二十余年之久，向无异议。本年原告将该山内杉木砍下二十余株，备作修屋之用。讵被告忽将原告砍下杉木擅盖斧印，复又声请钧院假扣押，不胜骇异，查原告与被告各管山场土名不同，且原告所有高畈头山场更有"澳头"天然铁界，被告自无混争之余地。[②]

当然也有某些1930年以后的状词，因为撰写者法律知识的贫乏与表述能力的不足，不能提出明确的诉讼请求，无以体现当事人主义诉讼原则，此类状词基本上是传统诉讼观念支配下的某种含混的表达。如1932年10月14日叶根养等与周作仑等背砍杉木案的起诉状：

缘民之上祖自明代迁都于下北区荫坑地方越五六百年，生聚于斯，种植于斯，该山荫坑庄上下左右之山均系民之上祖开辟成林，续民叶姓人丁繁盛，再将荫坑开辟之山立关书分执与子孙照关据各管各业，拚砍至今，毫无异议。不料本年八月间忽有周作仑、周马养出而声称伊有山坐在坳头外，要与民之房侄叶樟树向房内叶继和承拚坐落石桥头直上之土名大小坞之山所砍杉木，伊要与其争执……难以调解。就此而论，周作仑等所提时越一百余年久已荒废未管之山，突然出而与人横争，论理则是羡木敲财，论法实有侵占行为。岂知民坳门内之山历经久管，再近又有民国四年杨日旺领字证凭，则产权、物权早已成

①1934年6月7日金良训等民事状，《龙泉民国法院民刑档案卷（1912—1949）》，M003－01－6786，第6—7页。

②1936年10月13日周英福民事状，《龙泉民国法院民刑档案卷（1912—1949）》，M003－01－1793，第24—27、30页。

> 立，何被告人等利令智昏，冒昧若是之甚耳。为此照现砍之杉木以作十五元价值粘贴诉讼费用洋九角，请求龙泉县法院民庭公鉴。①

不规范的状词并不影响诉讼程序的推进，只是说明撰状者尚不能充分掌握现代民事诉讼规则。

整体而言，1930年以后的民事状词体现出一种拼凑、混乱的风格，一方面取消"准理"批词，声明"诉讼请求"；另一方面在事实陈述部分采用"无异""突出"句式，没有援引法规，请求部分将诉讼的意义延展到申冤、维护国家秩序和社会和谐的高度。如1934年1月23日何绍钿等与吴一谔等山业纠纷案的起诉状：

> 缘原告因云祥集会吴一谔拾余人等恃党徒众、财富力强，越界强砍山木声请调解一案……乞察不动产争执当契据为凭，原告合管所有土龙头源山场，一由张德永于宣统二年间出卖原告何绍钿为业，一由何绍根于民国二十二年间出卖原告廖义泰为业，契管据界址确凿，历管无异。被告人等突于上年十一月间竟恃会党徒众力强欺压，原告寡弱不敌，公然于原告所有外至黄德兴老蓬基外边小坑直上小凹、一至内首之山大塆地点，任意拣选魁杉木越界强砍二百余根，值价洋壹百捌拾元，藐法胆玩之极。为此不已，遵章缴纳印花费洋玖元正，并粘呈摄影执管该山契据三张（正印契容讯日呈对），恳请迅赐传集一干会众到庭核据讯判，认定所有，以免抢运，一面责令被告返还强砍山木，赔偿损失，并负担讼费，以儆不法而保契业。弱民有天，迫切上状。②

起诉状中出现"不动产争执当契据为凭"这样的表述，固然表现出某种现代契约观念，但其中又出现"藐法胆玩之极"之类在传统状词中经常出现的描述被告破坏统治秩序的表述，说明这份状词出现了互嵌结构，"儆不法而保契业"一语更是互嵌结构的直白展现。

---

①1932年10月14日叶根养等民事诉状，《龙泉民国法院民刑档案卷（1912—1949）》，M003-01-6524，第159—161页。

②1934年1月23日何绍钿等民事诉状，《龙泉民国法院民刑档案卷（1912—1949）》，M003-01-17001，第4—7、9—10页。

第六章　非典型民事状词研究

龙泉司法档案所见民事状词现代化的一般进程体现为，一方面接受现代民事诉讼的当事人主义原则，另一方面很多状词保留着传统“无异”的表述方式。这种现象主要是由撰状者现代法律知识贫乏、表述能力不足造成的。在20世纪30年代现代民事诉讼制度在龙泉县确立之后，“无异”的状词表述方式只是传统观念的残余，在司法实践中失去实质意义。不过在梳理档案的过程中可以发现，当时仍有少量非常特殊的状词存在，比如1914年李镜蓉撰写的“事实、理由、请求”三段式的状词，以及1934年律师练公白撰写的传统“无异”模式的状词。深入解读这两件非典型状词，对我们反思现代性的解释模式不无启发。

一　1934年练公白的糅合式状词

练公白是当时龙泉县的著名律师，最晚于1919年获得律师资格，1927年至1949年间承办了龙泉县大量的诉讼事务，在龙泉司法档案的400余件卷宗中出现过练公白的名字。作为从业人员，练公白深谙现代法律的理论与原则，所撰状词，无论白话、文言，都清楚地声明诉讼的“事实、理由、请求”，阐明案件的“诉讼标的”，严格遵循现代民事诉讼规则。1934年10月18日他为王盛昌与蒋马水坟山纠纷案撰写状词时，刻意套用了传统“无异、突出、非沐、乞叩”的叙述结构。这件状词正文如下：

> 缘原告等上祖于乾隆四十七年向被告伯太祖父蒋海滔受买坟一处，坐落渡蛟村，土名金字山，界址于买契内载明，原告等祖坟安厝山内，而为原告等所有共有产业，历管无异。该山上截（即上手亦即北面）系属被告太祖蒋海发即元荣遗下持分，为被告所管业，下截（即下手亦即南面）系属原告等管山始主蒋海滔分关内之业，于被告所持乾隆五十八年分关书已经载明，被告故伯太祖父蒋海滔契卖与原告等太祖执管山场，系其下截左边之山场，历照契载界址管业而极清晰。被

告之山南面，虽与原告坟山北面相毗连，究不能越界侵入。原告山场之南面安厝坟穴，乃被告蒋马水不得原告等同意，于本年九月十八日即废历八月初十日盗葬其母柩于原告山内，且距经界已属甚远，冀图借坟占山。查此界内山场，早经被告伯太祖父绝卖，且经其太祖蒋元荣见契，有卖契足证，该被告焉能再事混争。非请求排除侵害，不足以保业权。案经请求调解不洽，为此备陈意旨，诉请察核，迅赐依法裁判，请求判令被告迁坟还山，并令负担讼费，以凭契管，实为德便。再本件山场价额为二十五元未满，遵缴审判费洋玖角，合并声明。谨呈龙泉县法院民庭公鉴①。

其中，状词的"无异"部分陈述契约内容，"突出"部分通过被告"不得原告等同意"一语指明起诉的原因是被告"违背契约"，并非传统意义上的原告受到欺压或社会秩序遭到破坏。"非沐"部分原是描述官府不干预案件可能造成的严重后果，强调官府在诉讼中的职权主义功能，但在当事人主义诉讼原则确立之后该内容已毫无必要，而该状词却刻意保留这个部分，将"非沐"官府干预改写成"非请求排除侵害，不足以保业权"，这使审判机构被排除在表述之外，将诉讼主体由官府置换为当事人，严格遵守现代民事诉讼的当事人主义诉讼原则。"乞叩"部分提出明确的诉讼请求，并以"以凭契管"即维护契约的权威为终极目的，没有"惩强扶弱"之类的维护社会正义的诉求。

问题在于，既然练公白熟悉并充分理解传统与现代两种状词的书写模式及其内在逻辑，习惯于用灵活多变的形式撰写状词，对这件严格而标准的现代民事状词，他为何要刻意套用传统"无异"的表述方式？虽然现在已无从还原练公白撰写这件状词时的思想活动，但这件付诸诉讼实践的状词不应该被简单地理解为是一个文字游戏。与前述大量出现的传统与现代性混杂拼接的状词相比，这件状词展现出了现代性法理与传统诉讼观念的精致互嵌。如果认为这件状词是一位经验丰富的律师在司法实务中严肃探索的结果，那么就应注意这件状词是如何处理西方法理、国家政治与民众观念三者的关系的，因为与缺乏实践的政治活动家、法理学者、政府的立

①1934年10月18日王盛昌民事诉状，《龙泉民国法院民刑档案卷（1912—1949）》，M003-01-6127，第138—141、144页。

法者相比，长期浸淫于司法实务的律师练公白对法律现代化的理解或许更加务实和周全一些。

这件状词的特别之处在于，状词对事实与理由的陈述围绕所有权意义上的契约展开，这是现代性法理的核心。但“历管无异”部分是传统状词特有的，而且是构成细故审理的前提，它一旦出现，即使是现代性的所有权纠纷，也会被纳入到寻求“无异”状态的逻辑中。也就是说，“无异”的传统观念被保留下来，这不是现代性法律的应有之义，但两者在这件状词中却并不形成冲突——据此可以尝试性地提出传统与现代性的不对应关系及互嵌模式的概念。

这种不对应关系与互嵌模式，或许更加符合当时中国“法律与社会”关系的现实。正如鲁曼在《社会中的法》中所指出的，“一直要到相当晚的时期，才出现了所有权与占有这项具有决定性的区分……才使得所有权有可能被用来当作许多不同种类的契约关系塑造的指涉点”，“随着契约自由的制度化，经济与法律的结构耦合亦获得其现代的(为了避免说是完美的)形式”[①]。也就是说，在西方社会，是社会结构或经济形态的转型导致了现代性法律的诞生。而在中国，南京国民政府引进现代法律体系作为国家制度时，中国整体上并没有发生社会结构、经济形态的转型，当时中国的法律现代化，并不是社会存在创造社会意识，而是社会意识嵌入到社会存在中。由于现代性的社会意识与传统的社会存在是不同社会层面的内容，因此两者并不必然构成相互对立、取代或排挤的关系，这就是所谓的传统与现代性的不对应关系。练公白将契约的所有权理念嵌入“无异”的社会秩序中，现代性民事诉讼规则固然取代了细故审理模式，但并不能消除重建“无异”秩序的传统诉讼观念。

因此，练公白这件状词的启发意义在于，即使不能改造既有的社会形态，现代性法律规则仍然可以严格执行并发挥其社会效能，或者说现代性的引入并不必然以改造既有社会形态为条件。这种模式固然不符合经典的现代性理论或理想类型，也不符合很多人的社会预期，但更加符合现实的情况。就此而言，传统与现代性的不对应关系与互嵌模式，或许可以成为修正现代性理论的一个方向。

---

①〔德〕鲁曼(Niklas Luhmann)著，李君韬译：《社会中的法》，第296、508页。

二 1914年李镜蓉的层套式状词

相对而言,1914年李镜蓉(又名李承纶)撰写的另一件非典型状词是策略性、功利性的,他将传统与现代性两种诉讼规则层套在一起,在相互冲突的层叠诉讼体制中谋取特殊利益。李镜蓉是民国初年龙泉县的名人,参加过省参议会,办过新式学校,是通过追赶政治潮流与新知识而崛起的新士绅。这件诉状中还出现"辨济"这样生僻的法律术语[①],说明李镜蓉亦具备相当程度的法学专业知识(无论是接受过专业教育还是自学成才)。李镜蓉提起过大量诉讼,并获得一系列惊险的胜诉,被称为"浙江著名之健讼家也"[②]。

如前所述,1914年龙泉县的民事状词基本沿袭传统模式,只是不再出现青天大老爷这样的字眼了,偶尔还会出现"物权""产权"之类新法律词汇。但就在这一年的4月18日,李镜蓉起诉王朝兴、王朝信兄弟欠债不还,状词中出现"(一)呈诉之事实""(二)诉追之理由""(三)请求之目的"三个小标题,是标准的"事实、理由、请求"三段式结构,这在当时的民事状词中是绝无仅有的。"事实"部分,李镜蓉声称王朝兴、王朝信兄弟于光绪二十五年(1899)因出售木材需要资本,向李镜蓉借款英洋700元,承诺待木材出售后"算还本利";但木材未能顺利出售,王氏兄弟未能按时偿还债务[③]。此后王朝兴在光绪年间陆续归还欠款400元,尚欠英洋300元。这300元债务后又换成三期债票,但王朝兴仍未兑现。在"理由"部分,由于当时还没有民法,李镜蓉就以"担保""信用""辨济"等一系列法律术语阐述了一番借钱还债的法理。在"请求"部分,李镜蓉依据契约理论提出偿还

①"辨济"是指民法中"债权消灭"的一种形式,即"清偿"。近代中国历次修订民法,包括《大清民律草案》《民国民律草案》《中华民国民法》均使用"清偿"一词。"辨济"则见于日本法学家松冈义正在京师法律学堂讲授民法时所用讲义中。松冈义正曾于1906年11月受清政府聘请,来华担任清政府修订法律馆顾问,负责起草民律,并在京师法律学堂讲授民法、民事诉讼法和破产法。他讲授民法的讲义由清末民初的法学家熊元楷记录整理后,以《民法债权总论》为书名由安徽法学社于1912年作为"法律丛书"第十册公开出版。

②1917年9月王朝绪等禀状,《龙泉民国法院民刑档案卷(1912—1949)》,M003-01-2425,第16页。

③1914年10月28日王朝信民事辩诉状,《龙泉民国法院民刑档案卷(1912—1949)》,M003-01-9699,第21—25、27页。收录于包伟民主编:《龙泉司法档案选编》第二辑(1914),第257页。

本息的诉讼请求，要求以二分利率计算利息。

仅就上述内容而言，李镜蓉应该被视为龙泉县法律现代化的先行者；但这样的状词与1914年龙泉县的司法体制格格不入。当时袁世凯刚刚废除具有司法独立倾向的审检所制度，龙泉县仍然实行县知事兼理司法制度，而基层县知事对现代法律知识知之不多，司法实践中的审判模式相当混乱。该案在龙泉县基本按照传统理讼的逻辑逐步推进，县知事开始时并未准理此案，只是派人调解，直到李镜蓉三次呈状后才决定传讯。最后县知事作出裁断，要求被告返还300元债务，同时要求李镜蓉放弃利息[①]，是典型的各让一步的调停式裁断。如此看来，李镜蓉的"事实、理由、请求"三段式状词似乎未对诉讼产生实质性作用，其做法显得有些理想主义而不识时务。

但"健讼家"李镜蓉岂能不识时务，他对此后呈递的两件状词做出改变，改用传统叙述模式；而且，即使他在第一件状词中使用了"事实、理由、请求"三段式结构，但它也是镶嵌在传统状词模式之中的——在"呈诉之事实"之前还有这样一段陈述：

> 窃以富飞(非)石崇，固不免于借债。而欠债还钱，普通一理。故债权、债务发生以后，债权者有请求偿还之权利，债务者有负履行辨济之义务。不料本乡黄渡村王朝兴、朝信兄弟等，前向民借去英洋叁佰元，当立有期票三纸为据，乃过期不还，屡讨不应，反恶语相加，意图赖债。私人业已屡次请求偿还，终归无效，不得不回官厅提起证书诉讼焉。

其中"不料……""不得不回官厅提起证书诉讼"，正是传统"突出……""非沐……"表述方式的转化，而在"请求之目的"部分提出诉讼请求后，他还按传统状词结构增加了一句请求准理的表述：

> 谨提出证书诉讼，附粘借票三纸，呈请县知事察核俯赐批准，饬警追缴，确保债权，不胜感激。[②]

---

①1914年11月7日李承纶民事诉状，《龙泉民国法院民刑档案卷(1912—1949)》，M003-01-8556，第8—15页。收录于包伟民主编：《龙泉司法档案选编》第二辑(1914)，第269页。

②1914年4月28日李承纶民事诉状，《龙泉民国法院民刑档案卷(1912—1949)》，M003-01-8553，第8—15页。收录于包伟民主编：《龙泉司法档案选编》第二辑(1914)，第241页。

这说明李镜蓉非常清楚当时龙泉县诉讼规则的实际状况。那么，他在第一件状词中嵌入"事实、理由、请求"三段式结构的陈述，难道只是为了炫耀自己的新法律知识而没有任何实际意义吗？

这个问题才是理解这件非典型状词的关键所在。当时龙泉县的诉讼规则看似与传统理讼没有区别，其实已经遭到国家制度层面的破坏。传统理讼的"无异"逻辑由一套完整的规则构成，最终结果是由县官裁断并要求当事人"不得异言"、当事人出具遵结状保证没有"异言"，这套理讼模式没有制度性的上诉程序。但《各级审判厅试办章程》规定当事人有上诉之权，上诉程序由第一审相关机构提起，"凡刑事上诉，自宣示判词之日始，限于五日内呈请原检察厅移送上级检察厅"，"凡民事上诉，准用前条之规定，但其期间以十日为限"①。李镜蓉在一审宣判后即不服县官的裁断，呈状要求改判②，等于要求由龙泉县为此案提起上诉。而该案一旦上诉至浙江省高等审判厅分厅，其诉讼逻辑也就会随之发生变化。原来在晚清司法变革过程中成立过省级及少数基层审判厅，审判厅的诉讼规则依据《各级审判厅试办章程》执行。《各级审判厅试办章程》是一部暂行法规，借鉴了西方诉讼的某些程序而未确立现代性法律原则，但这些改变足以瓦解传统理讼的内在逻辑，特别是它所确立的缺席审判、上诉等程序对遵结状制度造成了根本性破坏。结果到了 1915 年，李镜蓉请律师季观周代理上诉程序，提出包括追偿利息等变更原判的四点要求，在被控诉人未到庭辩论的情况下，浙江高等分庭即时判决，李镜蓉的多数诉讼请求获得支持③。

对当时龙泉县的普通民众而言，他们可能并不清楚国家诉讼规则已经出现了双轨体制或层叠现象，甚至不了解《各级审判厅试办章程》与上诉程序为何物，但办过新学，后来当过省参议员的李镜蓉对当时的司法体制及其缺陷显然非常熟悉。1914 年的这件层套式状词其实是李镜蓉针对当时诉讼规则的双轨体制精心设计的，传统叙述模式适用于基层理讼规则，现代性的"事实、理由、请求"三段式结构则为上诉程序而准备，李镜蓉从诉讼

①《各级审判厅试办章程》，怀效锋主编：《清末法制变革史料》（上卷），第 461 页。

②1914 年 11 月 7 日李承纶民事诉状，《龙泉民国法院民刑档案卷（1912—1949）》，M003－01－8556，第 8—15 页。收录于包伟民主编：《龙泉司法档案选编》第二辑（1914），第 269 页。

③1915 年 8 月 30 日浙江高等分庭民事判决，《龙泉民国法院民刑档案卷（1912—1949）》，M003－01－12153，第 3—9 页。收录于包伟民主编：《龙泉司法档案选编》第二辑（1914），第 285 页。

伊始即已预料到该案在基层理讼与上诉程序中可能产生的不同效果，并利用这种法律双轨制套利。

李镜蓉撰写这件状词的意图非常明显，而其中所体现出的传统与现代性的关系却比较隐晦。表面上看，针对基层理讼模式的表述是传统状词模式，针对上诉程序的“事实、理由、请求”三段式表述属于现代民事状词模式，两者泾渭分明，层套在一起，似乎可将其理解为互嵌结构。但传统与现代性的关系其实是以现代性观念为前提的。清末新政固然移植了包括法律在内的各种西方制度，但新政的目标却与现代性观念相抵触。作为维护既有统治的工具，清末移植西法的意义在于取长补短而非以新代旧，代表慈禧意志的光绪帝关于筹谋实行新政的谕旨就宣称，“懿训以为取外国之长乃可补中国之短，惩前事之失乃可作后事之师。自丁戊以还，伪辩纵横，妄分新旧”[①]。后人想象中的清末以至北洋时期的西方法移植、司法现代化进程，某种程度上是在现代性无意识，或者反现代性观念下展开的，或者说西方法律的“现代性”目的在移植伊始即已消泯。这就意味着1914年李镜蓉状词的层套结构，不过代表了当时诉讼制度的双轨制(层叠现象)，两者之间甚至不构成理论意义上的传统与现代性关系。从这个视角来看练公白与李镜蓉这两件非典型民事状词，练公白状词才是将现代性嵌入到传统社会的尝试之作，而李镜蓉状词却是利用西方技术为个人谋取特殊利益的健讼之举。

三　从非典型状词反思现代性理论

主流现代性理论以传统与现代性的对立为基础预设，但事实上传统从未消失，只是受“现代性”的排挤而被边缘化。像中国这样的外生型现代性社会[②]，移植现代性是关系国族兴衰存亡的重要举措，但传统社会不会因为现代性的引入而被取代。确定的现代化目标和不可取代的传统社会共同构成近代中国传统与现代性关系的基本条件，两件非典型状词的理论启发意义在于，它们为突破传统与现代性“对立”的预设提供了现实的模型。

---

①《德宗景皇帝实录》卷四七六，《清实录》第58册，中华书局1987年版，第273页。

②参见孙立平：《后发外生型现代化模式剖析》，《中国社会科学》1991年第2期。

现代性首先表现为线性发展的，与传统断裂、对立的时间观念。任何理论的产生必有其现实的依据，当19世纪多数欧美都市人将自己的生活想象成对未来创造的不断参与时，现代性的时间观念势必成为社会的一种潮流[①]。这样的现实不可能变得彻底与普遍，因为人不可能完全放弃对传统文化的留恋、对绝对意义的追寻，这是现代性理论始终存在纰漏的现实基础。只要现代性的刺激效应不足以为人们提供充分的行动目标，现代性理论就会受到挑战。为了应对挑战，人们对现代性理论也有过反思与修正，主要是扩充现代性的可能性，比如多元现代性理论，或者修正现代性的某些弊端，比如哈贝马斯提出的沟通理性理论。

但这些修正无力从根本上应对后现代主义或保守主义的理论挑战。现代性理论遭遇挑战的主要症结是，在将现代性的社会目标普遍化之后，难以在理论上容纳或安置强大的非现代性力量。现代性始终与非现代性力量相伴而生，现代性理论不可能将所有非现代性现象解释为理应取代的传统，现代性的历史观其实是挑选与现代性相关的素材构建的结果，非现代性的历史事实则被有意无意地忽略。比如在对龙泉司法档案民事状词现代化进程的考察中，完全可以将其中接受现代民事诉讼规则的因素挑选出来构建现代性持续发展的图景，在现代性理论的支配下，其他非现代性因素将被自动过滤。一旦打破这种观念，不再将非现代性视为现代化进程的冗余，而是将之作为现代化进程的伴生现象，那么现代性图景将不得不重新构建。

提出传统与现代性不对应关系及互嵌关系的概念，就是在承认现代性的必要性的同时限制其普遍意义，在理论上为传统与现代性对立关系以外的非现代性力量留出安置的空间，在探讨现代性、传统与非现代性三者关系的基础上，重建现代性图景。在现代性原则基本确立的西方社会，如波兰尼(Karl Polany)所描述的社会镶嵌于经济体系的理论模式固然重要[②]，但具体的情况总是更加复杂，这在西方更晚近的史学叙述中已被充分注意到。而在如中国这样的外生型现代性社会中，或许非现代性才是构建社会

---

①参见〔美〕马泰·卡林内斯库(Matei A. Calinescu)，顾爱彬、李瑞华译：《现代性的五副面孔：现代主义、先锋派、颓废、媚俗艺术、后现代主义》，商务印书馆2002年版，第27—28页。

②参见〔英〕卡尔·波兰尼(Karl Polany)，冯钢、刘阳译：《大转型：我们时代的政治与经济起源》，浙江人民出版社2007年版。

秩序的基本力量。中国社会固然有强烈的现代性冲动，有充分的理由以现代性原则重建社会制度，但现代性观念与制度镶嵌于非现代性社会之中可能是中国社会形态的基本现实，它也应该成为对中国现代化预期进行思考时应考虑的重要内容。

在这种重建的现代性图景中，需要特别区分两种传统与现代性关系的优劣利弊，这也可以从龙泉司法档案两件非典型状词中获得启示。一种就如 1914 年李镜蓉的状词，看似是现代性与传统的结合，其实只是制度上的双轨制或层叠现象，移植西方法律只是取长补短，并未由此确立现代性原则，借用冯筱才的概念，它就是一种似是而非的“拟现代性”[①]。这种双轨制或层叠现象只能造成规则的破坏与秩序的混乱，为利用知识与权力的优势地位实现套利提供可乘之机，对推进现代化并无意义，对构建合理社会秩序十分有害。另一种如 1934 年练公白的状词，系在现代性原则确立的前提下，将现代性嵌入到固有社会结构与文化脉络中。由此构成的传统与现代性互嵌的模式，其重要意义主要不在于减缓传统的阻力或应对现代性的冲击，而在于为既有社会结构接纳现代性腾挪空间，也为本土社会文化通过嫁接现代性而得以承续提供契机。

①参见冯筱才：《近代中国的“僭民政治”》，《近代史研究》2014 年第 1 期。

第三编　传票

第七章　信牌、差票制度研究

与诉状、庭审、裁断制度相比，传讯制度在近代民事审判制度的转型过程中展现出的新旧断裂程度更加严重。这可能是因为在所有诉讼程序中，传讯制度居于更加次要的地位，清末刑民合一的诉讼法对传讯的规定更加不健全，致使传讯制度的新旧鸿沟更加难以抹平。传统细故审理虽然是行政事务的一部分，但毕竟形成了与一般行政事务不同的机制，而传讯机制从属于古代官府对民众的"催勾"事务，没有针对细故审理进行特别的制度设计，因此只有追溯"催勾"制度的演变才能理解新旧传讯制度断裂的根源。

所谓"催勾"，"催"即"催科""催征"，指官府向民众征发赋税徭役，"勾"指"勾摄""追勾"，指官府命令或者追捕民众到官。传讯只是勾摄民众的目的之一，中国古代并没有专门用于理讼时传讯的"传票"，只有下达给各种差役的"信牌""差票"。因此追溯"催勾"制度，又需要考察从"信牌"到"差票"的复杂演变过程。

当前对信牌、差票制度的研究主要集中在两方面。一是典章制度与公牍研究中涉及的牌票渊源问题。如清人薛允升《唐明律合编》认为，"凡自上行下以牌为信，故曰信牌，今白牌、纸牌皆是。愚按，唐律无文，盖本于元制，诸管民官以公事摄所部并用信牌，其差人扰众者禁之"[①]。《公牍通论》则称"公文名称始于元明者"有"牌面"，"元制，凡使臣过驿，驿官及差官凭以给马之文书，谓之牌面"；又"公文名称始于清代者"有"牌"，"清制各部行道府以下，府行州、州行县之文书用牌"[②]。二是利用地方档案对清代差票制度展开的研究，包括《清代文书纲要》利用巴县档案对清代牌票公文格式展开的研究[③]，戴炎辉、滋贺秀三等人利用淡新档案对清代差票的运用程

①〔清〕薛允升：《唐明律合编》卷一〇《职制中·信牌》，中国书店 2010 年版，第 93 页。

②徐望之：《公牍通论》，商务印书馆 1931 年版，第 31、34 页。

③雷荣广、姚乐野：《清代文书纲要》，四川大学出版社 1990 年版。又可参见吴佩林、蔡东洲：《清代南部县衙档案中的差票考释》，《文献》2008 年第 4 期；王铭：《清代青阳县档案中所见（转下页注）

序及诉讼中差票类型等问题展开的研究等[①]。对于宋代以来催勾事务中引入的信牌制度及其长期演变过程，目前未见专题研究。

一 宋代的催勾体制

宋代县衙的刑狱追证主要由县尉负责[②]，民事审判的"传讯"作为"追呼"的一种，可以由县尉、县吏与乡役三种不同的人来执行。如屈超立认为，宋代县衙词讼由保正等乡役送达传唤的通知文牒，如被传唤人拒不到案，则由县吏采取缉捕或关押等强制措施[③]。刘馨珺则指出，县尉、县吏与乡役都可能参与民事审判的追呼任务，"县尉'打量田土'是处理田产诉讼案件的追证工作之一……有地方官主张以'文引'交付保正执行勾追的任务，尤其是田讼的知证人"，同时"县衙的吏役人除了到当地集邻人会实之外，也必须接受文引(公文)，负责'勾追证逮'的工作"[④]。两位研究者都注意到执行"追呼"的人员不止一类，但各类人员的相互关系需要进一步梳理。在宋代，"追呼"通常由县吏执行，县尉与乡役执行"追呼"属于特殊现象。

宋人有关县吏"追呼"扰民的描述相当常见，比如称胥吏追呼"动以军期急速为言，甚者半夜打门，左手示引，而右手索物，曾不肯旋踵也"[⑤]；又以猛虎比喻胥吏，"乡村小民，畏吏如虎，纵吏下乡，纵虎出柙也"[⑥]；"民不识吏亡追呼"也被诗人吟唱为理想社会的景象[⑦]。"追呼"扰民固然可以归咎于胥吏的贪婪残暴，但主要还是由于县衙胥吏社会地位低下、经济待遇

(接上页注)〈差票〉一则研究》，《档案学通讯》2002年第6期。

①参见戴炎辉：《清代台湾之乡治》，联经出版事业公司1979年版，第659—660页；〔日〕滋贺秀三著，姚荣涛译：《清代州县衙门诉讼的若干研究心得——以淡新档案为史料》，刘俊文主编：《日本学者研究中国史论著选译》(第8卷)，中华书局1992年版，第528—533页。

②刘馨珺：《明镜高悬：南宋县衙的狱讼》，北京大学出版社2007年版，第84—90页。

③屈超立：《宋代地方政府民事审判职能研究》，巴蜀书社2003年版，第72页。

④刘馨珺：《明镜高悬：南宋县衙的狱讼》，第90—91页。

⑤〔宋〕欧阳澈：《欧阳修撰集》卷二《上皇帝第二书》，《景印文渊阁四库全书》第1136册，台湾商务印书馆1986年版，第365页。

⑥〔明〕张四维辑，社科院历史所宋辽金元史研究室点校：《名公书判清明集》卷一，中华书局1987年版，第3页。

⑦〔宋〕陈棣：《蒙隐集》卷一《钓濑渔樵行送严守苏伯业赴阙》，《景印文渊阁四库全书》第1151册，台湾商务印书馆1986年版，第756页。

恶劣，不收规费无以营生。南宋胡太初在介绍“御吏”经验时就曾提出“欲吏之不受赂，断无可行之策”的论断：

人皆曰御吏不可不严，受赇必惩无赦。不知县之有吏，非台郡家比。台郡之吏有名额，有廪给，名额视年劳而递升，廪给视名额而差等，故人人皆有爱惜己身之意、顾恋室家之心。乃若县吏则不然，其来也，无名额之限；其役也，无廪给之资。一人奉公，百指待哺，此犹可也。县官日用，则欲其买办灯烛柴薪之属；县官生辰，则欲其置备星香图彩之类。士夫经从，假寓馆舍，则轮次排办；台郡文移，专人追逮，则裒金遣发。其他贪黩之令，诛求科罚，何可胜纪？噫！彼财何自来哉？稍有赀产者又孰肯为吏哉？非饥寒亡业之徒，则驵狡弄法之辈。非私下盗领官物，则背理欺取民财尔。愚尝妄思《周官》胥徒府史之制，有名职、廪稍之供，是以吏皆廉平，俗亦醇厚。今时殊事异，县道财赋煎熬，救过不暇给，而暇办吏俸哉？……故欲吏之不受赂，断无可行之策。①

一些官员认为，禁止“纵吏下乡”，改由乡役“追呼”可以避免扰民。如真德秀“曾作条行下诸县，应文引只付保司，不许差人下乡。如诸色公吏辄带家人下乡搔扰者，并从条收坐，自后犯者惩治非一”②。胡石壁也主张“此等词讼，州县之间，无日无之，若合追对，但以文引付之保正足矣”③。因此除了“纵吏下乡”之外，乡役“催勾”在宋代也比较普遍，文献中常见“国家宪用保长催税苗”④、“县官追逮，多责里正”⑤、“通天下使都保耆长催科，岂有须用吏卒下乡之理”之类记载⑥。然而乡役“催勾”同样存在严重弊端。首先是妨碍本职。宋代保甲法本是寓兵于民，具有治安与军事之职能，保正并不承担催勾之责。因此差遣保正催勾，被认为是“不惟有妨主教，恐非朝廷教养之意”的法外行为⑦。在实际运行中，保正普遍“应副州

①〔宋〕胡太初：《昼帘绪论》卷五《御吏篇》，《官箴书集成》第1册，黄山书社1997年版，第105页。
②〔明〕张四维辑，社科院历史所宋辽金元史研究室点校：《名公书判清明集》卷一，第13页。
③〔明〕张四维辑，社科院历史所宋辽金元史研究室点校：《名公书判清明集》卷一一，第438页。
④〔明〕张四维辑，社科院历史所宋辽金元史研究室点校：《名公书判清明集》卷三，第67页。
⑤〔宋〕陈襄：《州县提纲》卷二《用刑须可继》，《官箴书集成》第1册，第52页。
⑥〔明〕张四维辑，社科院历史所宋辽金元史研究室点校：《名公书判清明集》卷三，第66页。
⑦〔清〕徐松辑：《宋会要辑稿》卷八五六〇《兵二》，北平图书馆1936年版，中华书局1957年影印，第6784页。

县吏使”，以致宋廷再三强调保正、团长等保甲头目“非捕盗贼，不许役使”“不得承受文引等事”①。其次是乡役不堪苛扰。对执行“催勾”不力的乡役，官府往往施以刑罚，“若有耆保不服差使，州县自合追断，枷项，传都号令，孰敢不畏”②，“里正违初限未可遽杖……次限又不至不再挞，则益见缓慢而前杖为虚设”③。其三则是仍无法避免扰民问题。面对不堪承受的额外差役与惩罚，乡役所能应对的办法无非是“募破落过犯人代役，在乡骚扰”④，变本加厉地索贿扰民：

而今之里正，以期会不报被笞索者累累也。其弊在于上之给引泛滥而无统，甚至一次当限累数十引，追逮百余辈。其里正之代役者，自知应赴不及，必遭笞决，于是并与其可以办集者一切稽违，却遍求被追者之赂。其意以为十违二三与十违七八被杖等尔，何苦不求赂哉？⑤

宋代由巡检与县尉执行催勾事务，则是县吏催勾效能低下导致的。巡检与县尉，及各自统领的土兵、弓手，属于宋代的基层武力，主要职能是缉捕盗贼、巡私捉赌，以及训练保甲与负责地方军事防御等⑥。但巡、尉常被地方官府借用，执行临民催勾事务：

诸县土军、弓手近日专充州县役使及下乡追呼，教阅一事尤不之问。⑦

弓手之制弊坏，大县额管百人，姑以十分为率，其阙额不补者常二分，差出借事者亦二分，县中过数占留与县尉干预民事、承引追呼者又二分。⑧

巡、尉催勾属于法外行为，《名公书判清明集》有记载称：

---

①〔清〕徐松辑：《宋会要辑稿》卷八五六〇《兵二》，第 6795 页。

②〔明〕张四维辑，社科院历史所宋辽金元史研究室点校：《名公书判清明集》卷三，第 66 页。

③〔宋〕陈襄：《州县提纲》卷二《用刑须可继》，第 52 页。

④〔明〕张四维辑，社科院历史所宋辽金元史研究室点校：《名公书判清明集》卷一，第 15 页。

⑤〔宋〕胡太初：《昼帘绪论》卷一三《期限篇》，第 113 页。

⑥参见黄宽重：《唐宋基层武力与基层社会的转变——以弓手为中心的观察》，《历史研究》2004 年第 1 期；苗书梅：《宋代县级公吏制度初论》，《文史哲》2003 年第 1 期；王钟杰：《宋代县尉研究》，河北大学 2006 年博士学位论文；胡旭宁：《宋代巡检制度研究》，河南大学 2006 年硕士学位论文。

⑦〔清〕徐松辑：《宋会要辑稿》卷一九二九二《刑法二》，第 6564 页。

⑧〔清〕徐松辑：《宋会要辑稿》卷八三〇七《兵三》，第 6814 页。

未闻使巡、尉差兵卒下乡追捕，而佐官辄置枷杖、绳索等，以威劫之也……今时民力亦已困矣，催科虽是州县急务，其忍复于法外肆其虐邪？[1]

胡石壁则称：

弓手、土军等人，自非缉捕盗贼，追捉凶强，及干当紧切事务，巡、尉司皆不应辄差下乡，骚扰百姓。[2]

黄震也斥责：

照对尉之为义，本取除奸以安民，今之为尉，反或滋奸以害民……两词互诉，必属差尉司躬亲追捕，以规破坏其家产。[3]

但在实际运作中，当县吏无力完成催勾事务时，地方官员往往派遣巡、尉下乡。如朱熹就曾设计过若多次追呼不到便由巡、尉差人追呼的程序：

都厅先次类聚呈押，一日者不展，两日者许一展，三日者许再展。再展而不到者，都厅指定帖某巡、尉差人追呼呈押行下。[4]

可见，在其他行政手段执行能力不强的情况下，借助巡、尉力量执行催勾事务，既是基层行政的惯例，也被视为合理且必要的手段。只有在过度骚扰民间而引发事端或诉讼时，或者在朝廷强调基层武力不得被民事差占的特定情况下，巡、尉下乡的行为才会引发上级官府的斥责或朝廷的禁令。

宋代的催勾事务，县吏、乡役与巡、尉都可能成为执行人员，各类人员间的相互关系缺乏界定，各地官府往往根据地方惯例或官员偏好选择执行人员。县吏低下的地位与恶劣的待遇，决定了他们不可能尽职办差，执行过程中他们的索贿扰民行为也在所难免。由乡役或巡、尉代行催勾既可能妨碍乡役或巡、尉的本职工作，执行效果也不尽理想。除了同样具有索贿扰民行为以外，乡役执行催勾事务往往比县吏更加难有作为，而巡、尉则比

---

①〔明〕张四维辑，社科院历史所宋辽金元史研究室点校：《名公书判清明集》卷三，第67—68页。

②〔明〕张四维辑，社科院历史所宋辽金元史研究室点校：《名公书判清明集》卷一一，第438页。

③〔宋〕黄震：《黄氏日抄》卷七〇《申转运司乞免行酒库受诬告害民状》，《景印文渊阁四库全书》第708册，台湾商务印书馆1986年版，第683页。

④〔明〕张四维辑，社科院历史所宋辽金元史研究室点校：《名公书判清明集》附录六，第643页。

县吏更具破坏性。

二　蒙元的信牌制度

宋代，县吏催勾有扰民与低效两大弊病，法外指派乡役与巡、尉执行追呼事务并不能除弊。针对“追呼”扰民问题，宋人叶适提出过“听讼，使两辞自诣，无追呼者”的构想[①]，可惜未有制度创设。为了解决催勾事务中办差者“不唯搔扰民间，转致迟误官中事务”的问题，蒙元特别创设信牌制度。

置立信牌事载于《元典章》中“公事置立信牌（二款）”条，又见于王恽《中堂事记》，两者文字略有出入。《元典章》载：

> 中统二年四月二十日，中书省：
>
> 奏准条画内一款节该：“置信牌事。缘为各路遇有催督差役、勾追官吏等事，多用委差官并随衙门勾当人及曳剌、祇候人等投下文字，不唯搔扰民间，转致迟误官中事务。为此，拟定今后止用信牌催办一切公事。据置到信牌，编立字号，令长、次官圆押，于长官厅示封锁收掌。如总管府行下州、府科催差发并勾追官吏等事，所用信牌随即附簿，粘连文字上明标日时，定立信牌限次，回日勾销，并照勘稽迟限次，究治施行。若虽有文字无信牌，或有信牌无文字，并不准用。回日即仰本人赍擎前来，赴总管府当厅缴纳。当该司吏不得一面接受文案，如违究治。据州、府行下司、县，司、县行下所管地面，依上施行。”钦此。
>
> 【又】中统五年八月，钦奉圣旨内一款：“京、府、州、县，自来遇有科征差税、对证词讼，及取会一切公事，多令委差及曳剌、祇候人等勾摄，中间不无搔扰。今仰各置信牌，毋得似前差人搔扰作弊。”钦此。[②]

中统二年（1261）、五年（1264）蒙元两次颁行信牌制度，施行范围各不相同。前者是指上下级官府之间的催勾事务，规定上级官府不得再“用委

①〔宋〕叶适：《叶适集》卷一六《著作正字二刘公墓志铭》，中华书局1961年版，第304页。

②陈高华等点校：《元典章》卷一三《吏部卷之七·公事置立信牌（二款）》，中华书局、天津古籍出版社2011年版，第507—508页。

差官并随衙门勾当人及曳剌、祗候人等"到下级官府下达命令、执行任务，改以用信牌送达行政文书，由下级官府自觉执行后缴回信牌销差。后者则是将前者的制度进行推广，在临民催勾事务中实施类似的信牌制度，其中包括"对证词讼"。

但行政公文不能自行传递至当事人手上，仍需有人传递送达，而信牌很大程度上发挥着送达凭证的功能。《公牍通论》称"元制，凡使臣过驿，驿官及差官凭以给马之文书，谓之牌面"①。这个论述可能依据的是《元史》的记载：

> (太宗)四年五月，谕随路官员并站赤人等："使臣无牌面文字，始给马之驿官及元差官，皆罪之。有文字牌面，而不给驿马者，亦论罪。"②

王恽《中堂事记》在记载置信牌事的同时又称，中统二年(1261)四月二十一日"都堂令恽检讨唐人置信牌锁长官厅事"③，意味着蒙元创置信牌可能参考了唐代的信牌制度。"唐人置信牌锁长官厅事"具体所指不明，或即《文献通考》所谓"银牌唐制，差发驿遣使，则门下省给传符，以通天下之信"④。据此判断，蒙元信牌制度来源于作为驿传凭证的符牌制度。信牌与"文字"连用的意义，即以信牌为凭证，将作为行政公文的"文字"传递送达至当事人手上，此即蒙元信牌制度取代差人的含义。

符牌(节)本是权力的凭信，具有通行证、身份牌、令牌、交割凭证等不同的功能⑤。清人汪师韩《信牌》一文，将清代"官文书所谓信牌"与宋代传信牌、女真部族信牌、明代军用符牌等符节联系起来考察⑥。照此思路，宋

①徐望之：《公牍通论》，第31、34页。

②《元史》卷一〇一《兵四》，中华书局1976年版，第2584页。

③〔元〕王恽撰，顾宏义、李文整理标校：《中堂事记》，上海书店出版社2013年版，第112页。

④〔元〕马端临：《文献通考》卷一一五《王礼十》，中华书局1986年版，第1039页。

⑤参见郑雅坤：《谈我国古代的符节(牌)制度及其演变》，《西北大学学报(哲学社会科学版)》1985年第1期。该文提出，1.先秦时期符节就有作为出入门关凭证(通行证)的功能，此后也出现了传、过所、传符、门符等通行证性质的符牌，但不再称节；2.秦汉以降，符节成为"直接体现君权的一种特殊标志物"，颁于使者则为王朝与天子的象征，颁于重臣则为"加重权力的标志"，这是作为君主授权凭证的符节，也有身份牌的意义；3.符节(牌)的另一种重要形式是兵符，兴起于战国，形制从战国的虎符变为唐代的鱼形，是专用于征调兵将的凭证，主要作为令牌出现，由君主直接掌握，执符者"执以赴君命"；4.晚唐五代以后又出现了一种所谓的"印牌"，其实是行政运作中取印用印的凭证。

⑥〔清〕汪师韩：《韩门缀学》卷三《信牌》，清乾隆刻上湖遗集本，第30页。

金时期的符牌制度可能也是理解蒙元信牌制度创立的重要背景。《宋史》《金史》对符牌制度均有记载。《宋史》卷一五四《舆服六》"符券"条记载宋代有符牌七种,其中"传信牌"为军中传递情报的交割凭证[①]。《金史》卷五八《百官四》"符制"条记载符牌主要有四种,其中的"信牌"是一种令牌,此外又有"递牌,即国初之信牌"[②]。陈永志《蒙元时期的牌符》则将蒙元符牌分为身份牌、令牌、驿牌三种,所据材料主要是蒙元时期的牌符实物,他并未注意到"信牌"[③]。总之,信牌制度可能是蒙元朝廷根据地方行政的需要,参照唐宋金时各种符牌制度而创置的。作为符牌,其材质最初并不是纸,而是金属或木材。《元典章》载:

> 成造信牌、彩画图本、淹藏菜蔬、印色心红并诸名项杂支,今后年销钱内遇有似此名项,少者就支,随即申覆,多者预为申禀明文动支,亦不得冒滥支用违错。[④]

各地制作信牌等所需经费可以专门立项开销,这样的信牌自非纸制,而且制作工艺亦应比较复杂。

《元典章》以"总管府行下州、府"为例说明信牌施用办法,并未涉及临民事务中的信牌施用方法。上下级官府之间传递信牌、公文,当然可由驿传系统完成,所以《元史》可以宣称"诸管民官以公事摄所部,并用信牌,其差人扰众者,禁之"[⑤]。但临民事务中的信牌、公文,不太可能由驿传系统来传递。在实际运作中,这个任务一般由里役承担。元代《居家必用事类全集》称:

> 如杀人劫盗,必须差人掩捕,余如婚、田、斗殴、钱谷、交关之讼,止令告人自赍判状、信牌,责付乡都保正勾解,庶免民害。[⑥]

比如元人许有壬任官时,"不许胥隶足迹至村疃,唯给信牌,令执里役者呼

---

①《宋史》卷一五四《舆服六》,中华书局1977年版,第3594—3597页。

②《金史》卷五八《百官四》,中华书局1975年版,第1335—1336页。

③陈永志:《蒙元时期的牌符》,《内蒙古大学学报(人文社会科学版)》2003年第1期。

④陈高华等点校:《元典章》卷二一《户部卷之七·拟支年销钱数》,第771—772页。

⑤《元史》卷一〇二《刑法一》,第2620页。

⑥〔元〕佚名撰,王云路等点校:《居家必用事类全集》丙集《十害箴·泛滥追呼》,浙江大学出版社2020年版,第120页。

之,民安而事集"①。元代的"里役"当即"主首",魏初曾在奏议中提出"立主首,赍信牌,立限约,催督民户赴州县官局关买"②。《元典章》"木槌打死人系故杀"条载:

责得潘壬一(名天祥)招状:皇庆元年八月初十日早,有刘仁可将夯本县立限发牌,勾唤天祥,为钟奇叔告奁田事。自合依限出官……因主首刘仁可赍公文勾唤,归对钟奇叔所告奁田公事……③

这里"夯""赍"等词均表明主首刘仁可是信牌与公文的送达人,"自合依限出官"则说明当事人是履行公文的责任者。

但蒙元的信牌制度在临民催勾事务中未必长久施行。元人传记资料中多有地方官员施用信牌制度的记载,如胡炳文称范朝列"均赋役,而富室不得容其奸,严信牌,而走卒不得肆其毒"④;黄溍撰干文传神道碑称,"公历仕所至,必以均赋役为先。催科追逮,一用信牌。度其缓急,而严为程限,民亦不敢违。村落之间,不识有悍吏之叫嚣隳突也"⑤。信牌制度如果已长久、广泛实施就没有必要将施用信牌作为个人的德政记述下来。黄溍所撰李拱辰墓志称,"有所追呼,必循旧法,遣牌为信,民以不扰"⑥,"必循旧法"似乎也说明信牌制度在当时并未广泛施行。黄溍又撰王都墓志,称王都在海北海南道肃政廉访使任上时,针对"常时遣吏卒下场,视令丞如奴隶"的现象,乃"以信牌代差人,而人亦无敢违者",这其实是在特定的情况下采用的特别措施,并不意味着王都履职所至必用信牌。之前王都在饶州路总管任上,由于"郡所统州县地大且远,民以所差吏卒为苦",王都"为立印簿,令社长书其乞取之物与凡所为之事,月一上之,由是乡落间无复叫嚣隳突之患"⑦,这个办法只是对差吏的索取进行了限制,

①《元史》卷一八二《许有壬传》,第4199页。
②〔元〕魏初:《青崖集》卷四《奏议》,《景印文渊阁四库全书》第1198册,台湾商务印书馆1986年版,第749页。
③陈高华等点校:《元典章》卷五二《刑部卷上·木槌打死人系故杀》,第1437页。
④〔元〕胡炳文:《云峰集》卷三《送知州范朝列序》,《景印文渊阁四库全书》第1199册,台湾商务印书馆1986年版,第766页。
⑤〔元〕黄溍:《嘉议大夫礼部尚书致仕干公神道碑》,《全元文》第30册,凤凰出版社2004年版,第230页。
⑥〔元〕黄溍:《奉议大夫御史台都事李公墓志铭》,《全元文》第30册,第324页。
⑦〔元〕黄溍:《正奉大夫江浙等处行中书省参知政事王公墓志铭》,《全元文》第30册,第420—421页。

并没有采用信牌制度。这些都说明当时的信牌制度是地方官员在特定条件下自主施行的制度，派遣胥吏执行催勾事务的情况在元代应该仍然十分普遍。

三 从明《大诰》到《大明律》

明朝对信牌制度做了调整，但《大诰》与《大明律》的规定差别很大[①]。明《大诰》“遣牌唤民”条规定：

> 十二布政司、府、州、县，凡有临民公务，遣牌下乡，指乡村，坐地名，下姓氏，遣牌呼唤。民至，抚绥发落。有司不如命者，民赴京诉。若牌至民所，三呼而民不至，方遣皂隶诣所在勾拿。民至，必询不至之由。所以询者为何？恐民单夫只妻，为生理而远出，或近处急事有妨。果如是，非民得罪也。若加以罪，实有司故虐吾民。设若有辞，有司之罪，巨微不赦。戒之哉。[②]

《大诰》的“遣牌唤民”专门针对临民事务而设置，不适用于官府之间。对于遣牌不至者，蒙元的信牌制度只规定“照勘稽迟限次究治施行”，具体办法不得而知。“遣牌唤民”制度则规定“若牌至民所，三呼而民不至，方遣皂隶诣所在勾拿”，即以强制勾拿作为民违牌不至的补救措施。

朱元璋重典治吏，赋予民众擒官赴京的权力，动辄以诛、族等极刑惩罚下乡官吏，主观上极力希望推行“遣牌唤民”的信牌制度，与元代的放任自

---

①明律最早的制定时间是朱元璋吴元年(1367)。洪武六年(1373)修订、次年颁行的《大明律》凡30卷、606条。洪武二十二年(1389)再次修订的《大明律》，凡30门，460条，后经朱元璋改定，并于洪武三十年(1397)正式颁布，历朝相承无改。而《大诰》是朱元璋于洪武十八年至二十年(1385—1387)间亲自编纂和颁行的非常性法令。《大诰》以皇帝对臣民训诫的形式出现，根据朱元璋重典治吏、明刑弼教的意愿，在《大明律》等正式律法之外，随意制定了对臣民的各种酷刑，而且其法律效力高于一般的法令。明律的修订虽然早于《大诰》，但最终的改定与颁布晚于《大诰》。且《大明律》正式颁行后，《大诰》基本上被搁置不用。现在所见《大明律》均为洪武三十年改定的版本，《大诰》编纂实施以前《大明律》的具体内容已不得而知。因此，现在难以确定《大明律》中有关信牌的规定是否在《大诰》实施前后有所变化，但是《大诰》与《大明律》中有关信牌的规定几乎是两个平行的系统，两者之间似乎没有传承的关系。《大明律》是在《大诰》基本废止后在明代长期实施的法令，影响深远，《大清律例》“信牌”条便是承袭《大明律》而来。

②〔明〕朱元璋：《御制大诰续编·遣牌唤民条第十五》，杨一凡：《明大诰研究》附录，江苏人民出版社1988年版，第275页。

流形成鲜明对比：

> 往常为有司官吏，动辄差人下乡勾扰，及官吏亲自下乡扰害，其良民被不才官吏、皂隶、弓兵人等酷害至极，无所伸诉。以其恃以官威，难以伸诉。古人为官者，务必便民，冤者伸之，枉者理之。今不才官吏，无故害众成家，虐害吾民，所以前编两《诰》，禁止不许官吏下乡，诸司亦不得差人勾扰，凡有一切公务必合用民者，止时遣牌。前《诰》所云：三牌不至，方许遣人捉拿。《诰》布天下，有司遵奉。[①]

朱元璋试图彻底断绝吏卒下乡的现象，与“三牌不至，方许遣人捉拿”的补救措施产生冲突。朱元璋对官吏下乡恨之入骨，认为“十二布政司并府、州、县，往常官吏不时亲自下乡，扰吾良民，非止一端，数禁不许，每每故违不止”[②]；“曩者所任之官，皆是不才无籍之徒，一到任后，即与吏员、皂隶、不才耆宿及一切顽恶泼皮，夤缘作弊，害吾良民多矣。似此无籍之徒，其贪何厌，其恶何已，若不禁止，民何以堪”[③]；“今所在有司，故违法律，滥设无籍之徒。其徒四业不务，惟务交结官府，捏巧害民，擅称的当、干办、管干名色，出入市村，虐民甚如虎狼”[④]。对下乡官吏，朱元璋不惜施以极刑，如“洪武十七年，将福建布政司右布政陈泰拿赴京师，斩首于市，敕法司行下诸司，毋得再犯……诸司明有卷宗，其无籍杀身之徒，终不循教，仍前下乡扰吾良民”[⑤]。他甚至别出心裁，允许民众擒官赴京，“设若《诰》不能止其弊，所在乡村吾良民豪杰者、高年者，共议擒此之徒，赴京受赏。若擒的当人一名，干办人一名，管干人一名，见一名赏钞二十锭，的不虚示”[⑥]；“有等贪婪之徒，往往不畏死罪，违旨下乡，动扰于民。今后敢有如此，许民间高年有德耆民，率精壮拿赴京来”[⑦]。

朱元璋以为推行这种办法可以达到很好的效果，“若民从朕命，着实为之，不一年之间，贪官污吏尽化为贤矣。为何？以其良民自辨是非，奸邪难

①〔明〕朱元璋：《御制大诰三编・民违信牌第三十六》，杨一凡：《明大诰研究》附录，第410—411页。
②〔明〕朱元璋：《御制大诰续编・官吏下乡第十七》，杨一凡：《明大诰研究》附录，第276页。
③〔明〕朱元璋：《御制大诰三编・民拿害民该吏第三十四》，杨一凡：《明大诰研究》附录，第408页。
④〔明〕朱元璋：《御制大诰续编・滥设吏卒第十六》，杨一凡：《明大诰研究》附录，第275—276页。
⑤〔明〕朱元璋：《御制大诰续编・官吏下乡第十七》，杨一凡：《明大诰研究》附录，第276页。
⑥〔明〕朱元璋：《御制大诰续编・滥设吏卒第十六》，杨一凡：《明大诰研究》附录，第276页。
⑦〔明〕朱元璋：《御制大诰续编・民拿下乡官吏第十八》，杨一凡：《明大诰研究》附录，第277页。

以横作，由是逼成有司以为美官”①。然而，如此严厉的惩罚措施，给《大诰》信牌制度的实施造成了困难。既然“三牌不至，方许遣人捉拿”，一旦民众不能自觉遵奉信牌，官吏下乡就不可避免；而对下乡官吏的酷刑以及民可擒官的规定，使得“遣人捉拿”的规定同样难以实行。结果，朱元璋在《大诰》的“民违信牌”条中发出了“是其难治”的哀叹，也宣告了《大诰》“遣牌唤民”制度的失败：

如顽民余永延等故行抗拒，不服牌唤，三牌不至者二百五十一户，有司以状来闻者数矣。又最顽民人刘以能，不止三牌不行，倒将承差人绑缚赴京，以致问出前情，得罪甚不轻矣。今后凡吾良民，但凡有司牌至，不问为何事务，随牌速赴衙门。倘或官吏着令办事，诸等科差，推派不均，自合当官哀告，以诉实情。实情既诉，若官吏不准，生事留难，或收入禁中，或散羁在外，不令还家，致使有妨生理，彼时赴京伸诉，必罪有所归。今后良民钦遵朕命，毋蹈恶人之非。呜呼！禁官吏之贪婪，以便民生，其顽民乘禁侮慢官长，及至禁民以贵官吏，其官吏贪心勃然而起，其仁义莫知所在。呜呼！是其难治也。②

事实上，准许民众擒官赴京，在削夺了官员治民权的同时，并没有赋予民众监督或制约官员的权力。“擒官赴京”意味着只有皇帝才有权处治官员，民众在这里扮演的只是为皇帝监视官员，或者向皇帝告发官员的角色。朱元璋的严禁官吏下乡和“遣牌唤民”制度，表现出其对官僚体系的极端不信任，与帝制中国既有的行政权力构架直接冲突，可能导致行政系统的瘫痪，他发出“是其难治”的哀叹也就在所难免。

朱元璋死后，《大诰》即被搁置，明朝刑律以《大明律》为准。《大明律》涉及信牌的规定主要有“擅勾属官”与“信牌”两条，均未出现类似“三牌不至，方许遣人捉拿”的规定。“擅勾属官”规定“凡上司催会公事，立案定限，或遣牌，或差人，行移所属衙门督并”③，与蒙元中统二年（1261）的信牌制度一样，仅适用于官府之间。其中“或遣牌，或差人”，意味着信牌与吏役是平行选择的关系，明朝廷并未强行规定以信牌取代差人，符合蒙元施行信

①〔明〕朱元璋：《御制大诰三编·民拿害民该吏第三十四》，杨一凡：《明大诰研究》附录，第409页。
②〔明〕朱元璋：《御制大诰三编·民违信牌第三十六》，杨一凡：《明大诰研究》附录，第411页。
③《大明律》卷二《吏律·职制·擅勾属官》，法律出版社1999年版，第33页。

牌制度的实际情况。《大明律》“信牌”条则规定：

> 凡府州县置立信牌，量地远近，定立程限，随事销缴。违者一日笞一十，每一日加一等，罪止笞四十。若府州县官遇有催办事务，不行依律发遣信牌，辄下所属守并者，杖一百。（谓如府官不许入州衙，州官不许入县衙，县官不许下乡村。）其点视桥梁圩岸，驿传递铺，踏勘灾伤，检尸、捕贼、抄札之类，不在此限。[①]

《大清律例》“信牌”条正文与《大明律》相同，但注文有区别：

> 凡府州县置立信牌（拘提人犯，催督公事），量地远近，定立限程，随事销缴，违者（指差人违牌限），一日笞一十，每一日加一等，罪止笞四十。若府州县官遇有催办事务，不行依律发遣信牌，辄（亲）下所属（坐）守（催）并者，杖一百（所属指州县乡村言）。其点视桥梁、圩岸、驿传、递铺、踏勘、灾伤、检尸、捕贼、抄札之类，不在此限。[②]

虽然正文相同，但清代的信牌制度发生了实质性变化。首先，《大明律》并未说明“信牌”专门针对“临民公务”，注文称“如府官不许入州衙”表明施行对象是下级官府。但《大清律例》注文删除了《大明律》中“如府官不许入州衙”而增加“拘提人犯，催督公事”等语，意味着清代该条规定专门针对“临民公务”。其次，“信牌”与“差人”的关系不断地调整。蒙元以“信牌”取代“差人”，《大诰》是以“差人”补救“信牌”，《大明律》“擅勾属官”条规定“信牌”与“差人”平行施行，《大清律例》注明“差人违牌限”，则说明“信牌”与“差人”已经合二为一。

“差票”从“信牌”中分化出来，应该经历了一个比较长的演化过程，但在明代后期可能已经出现。从律令以外的材料看，明代前期的信牌制度仍然保留了以信牌取代差人的规定，并非清代差遣吏役的公文制度。如汪天锡《官箴集要》“销缴信牌”条当即针对“遣牌勾办”取代“差人下乡”而言的：

> 凡官府皆须置立信牌。追会、钱粮、军需、刑名、造作，大小公事，不得差人下乡，止是遣牌勾办，牌上分明开写《大明律》一款，违限一日

---

①《大明律》卷三《吏律·公式·信牌》，第44页。

②《大清律例》卷六《吏律·职制·信牌》，法律出版社1999年版，第145页。

笞一十，每十日加一等，量地远近，定立限期，务要依限完缴，每日责罚。①

明人传记资料中也将施行信牌作为基层官员的德政予以表彰，所反映的也是信牌取代差人的做法。如洪武年间休宁知县周德成“严立信牌之禁，发遣销缴必于其前”②；“胡若思宰桐城，以爱民为本……勾摄公事，止遣信牌”③；成化年间郭纶任华亭知县，“时官失操柄，政由吏胥，每一事批帖四出，民无所稽信，追需旁午，应役者骚然。纶至，按律置信牌，令里胥摄事，禁隶卒无下乡敛里甲”④。这些记载说明，明代前期的信牌制度仍是元制的延续。

明代地方官员对于是否施用信牌制度，仍有相当的自主权力。以民事审判的传唤事务为例，明代的基层官员可以灵活采用他们认为必要或方便的办法，或差人，或令原告自拘，或由乡役催勾，或由原告将原状、红票交付干证后由干证传呼被告：

勾摄犯人，动差皂快，此庸吏之套习，实小民之大殃也。近日革弊爱民之官，多用原告自拘，夫两仇相见，势必起争，妄称抗违，以激官怒。亦有添差地方保伍同拘者，此是换名之皂快，需求凌虐与皂快同……若止以原状或红票付告人，令其递与干证，干证持之呼唤被告，约会同来……⑤

但以牌差人的情况在明代可能也已经出现。晚明的通俗小说《型世言》展现了牌的各种运用，其中就包括以牌差人的例子。该书第二十七回还记录了一件拘牌的文字：

绍兴府理刑厅为奸杀事。本月初六日，蒙浙江巡按御史马，批准山阴县告人洪三十六告词到厅，合行拘审。为此仰役即拘后开人犯，

①〔明〕汪天锡：《官箴集要》卷下《销缴信牌》，《官箴书集成》第1册，第301页。

②〔明〕刘如孙：《休宁知县周德成墓志铭》，《新安文献志》卷九三，《景印文渊阁四库全书》第1376册，台湾商务印书馆1986年版，第541页。

③〔明〕焦竑：《玉堂丛语》卷二《政事》，中华书局1981年版，第35页。

④〔明〕顾清：《正德松江府志》卷二四《宦迹下》，《中国方志丛书·华中地方·第455号》，成文出版社1983年版，第1125—1126页。

⑤〔明〕吕坤：《实政录》卷六《风宪约·提刑事宜》，《北京图书馆古籍珍本丛刊》第48册，书目文献出版社1998年版，第198页。

赴厅研审，毋违。须至牌者。计拘：

陈镳、钱流（俱被犯）

张德昌、岑岩（俱干证）

洪三十六（原告）差人吴江①

除了以牌差人拘捕之外，也有以牌差人传唤的情况。如该书第二十五回中，朱安国告朱玉“灭伦奸占事”，“县尊准了，便出了牌，差了两个人，先到朱安国家，吃了东道，送了个堂众包儿”；然后这两个差人来到朱玉家，在收取朱玉不菲的差使钱之后，他们便约朱玉反诉，“谢县尊也准了，出了牌，叫齐犯人，一齐落地。差人销了牌，承行吏唱了名”②。牌这时已经成了差役执行任务的凭证，与清代的信牌制度没有差异。

不同的材料可能反映了明代信牌制度理想与现实的落差，在理想的设计中是以信牌取代差人，而实际运作中却常常是以信牌派遣差役。这种落差体现了信牌的制度性规定与催勾事务实际情况的脱节，以及朝廷对基层信牌管理的弛懈。

四 明代嘉定县的信牌改革

制度规定与实际运作的脱节，最终的演化结果总是制度适应现实。从蒙元时期到清代，信牌已经从原来金木质地的牌符演变为纸牌，原来取代差人的信牌制度也变为以信牌差人。这个过程必然有所过渡，因而也需要对信牌制度重新定义。《万历嘉定县志》收录的《知县李资坤申议六事》，记录了信牌制度由取代差人变成以牌差人、差票从信牌中分化出来的具体过程，是信牌制度演变的突出案例。

蒙元时期催勾事务中的信牌制度，本意是乡役仅负责传递公文与信牌，到官勾销信牌的责任由当事人自己承担。但在实际运作中，这个规定很容易演变为由乡役执行催勾事务，甚至“滥设无籍之徒”专门应付遣民事务，嘉靖年间嘉定县的“总里”“民壮”就属于这种情况：

①〔明〕陆人龙：《型世言》第二十七回《贪花郎累及慈亲 利财奴祸贻至戚》，中华书局1993年版，第376页。

②〔明〕陆人龙：《型世言》第二十五回《凶徒失妻失财 善士得妇得货》，第346页。

> 切照本县钱粮重大，公务浩繁，催征勾摄之势纷不可举。其积习之弊有二，曰“总里”，曰“民壮”。每总里一人，随带家人，少则三四人、多则五六人，跟随每日，与各该班散里长在县听差。遇有一应催勾牌票，出名承受，视事之大小缓急，小者、缓者转发各该散里长，大者、急者自差家人协同催勾，似亦少便。但因而指倚求需，盘用往往视人户之强弱、地方之远近为之轻重，此总里之害也。因此又添差民壮，以民壮法不当差，改名曰“甲首”。每甲首一名，招集逋逃光棍，少则三四人，多则五六人，群养在家，谓之“次身”。若遇催勾，有领到牌票，探其事之大小，随差前项光棍，事大者五六人，事小者亦不下二三人，持带铁链，虚张声势，直到各该催勾人户，行凶锁打，除须索酒食，诛求赍发，不能悉举，此民壮之害也。之二者虽均之为害，而民壮为甚。①

“总里”是明代地方乡役的一种，如黄州府麻城县“都有长、有副，里有总里、小里”②，胡宗宪《筹海图编》称，“乡官、举人、监生、生员，人各有识，下至耆老、总里人等，不拘贵贱”③。嘉定县的“总里”应该是该县里长的头目，因此“与各该班散里长在县听差”，接受、传达“一应催勾牌票”，然后由总里分配这些“牌票”，“小者、缓者转发各该散里长，大者、急者自差家人协同催勾”。总里需要“随带家人，少则三四人、多则五六人，跟随每日”，催勾牌票之“大者、急者”则需要“自差家人协同催勾”，皆说明此时负责将牌票回缴到官府的，正是这些总里、里长，信牌制度在实际运作中已经演化为由总里这样的乡役承包执行。

民壮是明代的一种民兵，明初由官府选派，以补卫所军丁之不足。正统二年(1437)改为招募，弘治二年(1489)又改为按里派充，嘉靖以后改为民户纳银，由官招募。最初主要用于军事防守的民壮，后来成为专供官府差遣，担任迎送、拘捕和传递文书等的杂役。《万历嘉定县志》卷六《田赋考

---

①〔明〕李资坤:《知县李资坤申议六事》,《万历嘉定县志》卷七《田赋考下》,学生书局 1987 年版,第 554 页。

②〔明〕王世贞:《麻城穆侯均赋颂序》,《弇州四部稿》卷五九,《景印文渊阁四库全书本》第 1280 册,台湾商务印书馆 1986 年版,第 65 页。

③〔明〕胡宗宪:《筹海图编》卷一一《集众谋》,《中国兵书集成》第 16 册,解放军出版社、辽沈书社 1990 年版,第 974 页。

中》"徭役"部分收录的《知县王福征详定役米碑略》一文，记载了该县需要供养的各类徭役，其中就包括"本县巡捕民壮二十四名，本县巡盐民壮十一名，本县差操民壮九十七名"[①]。李资坤所谓"因此又添差民壮，以民壮法不当差，改名曰'甲首'"，即指差遣民壮执行催勾事务本属非法，于是官府改以"甲首"的名义进行差遣。

总里、民壮（甲首）等名义上仍在执行自蒙元时期延续下来的信牌制度，其实是以"牌票"执行催勾事务，大失"无追呼者"之本意，同样严重扰民，官府反而难以约束。于是李资坤提出以胥吏（皂隶）取代乡役，这就回到了宋代追呼制度的原点。李资坤设计的信牌制度，依据改革前分总里、甲首的情况分为大信牌与小信牌：大信牌九面，各面大信牌包含若干信票，由一名皂隶承包，再由其将这些信票分派给各地里长；小信牌二十五面，只能接受一件信票，由一名皂隶直接负责执行：

议将九班查叙都图联络、地里顺便，有不联络、不顺便养更易之，必如官道铺舍，一铺到一铺，络绎不绝之状，各为一班。每班以在城第一等九图各照序一图，冠之首以为之纲领，使内外联属，以便接递。照九班为总字一等九号大信牌九面，每面准皂隶一名以代总理。照均徭皂隶二十五名之数，为甲字一等二十五号小信牌二十五面，每面准皂隶一名以代甲首。照事务缓急、地理远近，为清、慎、勤信票三号，以备取用。照总字、甲字二牌各为号簿，总字九班各一扇，甲字九班共一扇，以备查考。照九班联络都图次序，为递送承受总号簿，每图里长各给一扇，以备考较。遇有一应催勾，用总字号大信牌并清、慎字二号信票。其牌一面叙"该班联络以便催勾、以免骚扰事。今遣总字几号牌皂，随带后开某字号信票若干张，仰联络图分顺序递尽，依限回缴，违者查究。计开一张某字号仰里长某人。一张某字号仰里长某人。右差皂隶某人。年月日时发。限某日时缴"。其票书"嘉定县为某事"，令填"某字几号信票，仰拘某人，依限赴县审理，违者如号限惩治。计拘某人某人"。右票以清、慎、勤三字号为缓急，仰照号依限销缴。如此，庶事不烦、民不扰，而催勾公务亦于是乎举矣。[②]

①〔明〕王福征：《知县王福征详定役米碑略》，《万历嘉定县志》卷七《田赋考中》，第438页。
②〔明〕李资坤：《知县李资坤申议六事》，《万历嘉定县志》卷七《田赋考下》，第554—556页。

这样一来，县衙的差役（皂隶）就成为信牌执行的核心力量，同时又从信牌中分化出纸质的信票。这时的信牌类似某种执业资格凭证，信票则成为下达给皂隶或里长的公文命令，完成了从蒙元时期信牌向清代信票演变的关键环节。

《元典章》规定的信牌制度，“信牌”须与“文字”合用才能生效，信牌最初是作为牌印出现的，其材质应该是金属、竹木，而非纸。据《大明会典》载，“凡火票旧例用牌。万历三年议准兵部照依牌式刊票印发各沿边沿海总督镇巡衙门收用，专备飞报声息、爪探贼情，或三十张或二十张，用完缴报、再发。其各衙门纸牌、纸票概不许行。有滥用者，以故违明旨论”①。这条记载表明，万历以前，各衙门早已在使用各种“纸牌、纸票”，万历三年（1575）只是由兵部统一印制了火票。李资坤任嘉定知县的时间是嘉靖十三年至十六年（1534—1537），他新设计的牌票制度，无论牌、票都可以书写大量指令性的文字，理应是“纸牌、纸票”。

李资坤牌票制度中公文的内容，大信牌上有两个指令，一是指令皂隶传递信票，一是指令里长执行催勾事务；信票则是发给里长执行催勾事务的直接指令。清代信票的格式与内容中，仍然保留着对县吏与乡役双重指令的痕迹。比对李资坤牌票与清代差票的公文格式如下（表6）：

表6 李资坤牌票与清代差票比较

<table>
<tr><th>李资坤牌票</th><th>清代信票（据龙泉司法档案）</th></tr>
<tr><td>信牌：
该班联络以便催勾、以免骚扰事。今遣总字几号牌皂，随带后开某字号信票若干张，仰联络图分顺序递尽，依限回缴，违者查究。计开一张某字号仰里长某人。一张某字号仰里长某人。右差皂隶某人。年月日时发。限某日时缴。</td><td rowspan="2">某县正堂某。为某事。案据某某等。除批示外，合行饬催。为此，仰原役某某等，速往协保，催传后开有名人等。勒限若干日内带县，以凭讯断。该役如再玩延，定提血比不贷。速速。计开某人某人。某日给。定限某日销。②</td></tr>
<tr><td>信票：
嘉定县为某事令：某字几号信票，仰拘某人，依限赴县审理，违者如号限惩治。计拘某人某人。右票以清、慎、勤三字号为缓急，仰照号依限销缴。</td></tr>
</table>

①《大明会典》卷一四九《勘合·火牌附》，《续修四库全书》第791册，上海古籍出版社2003年版，第539页。

②参包伟民主编：《龙泉司法档案选编》第一辑（晚清时期），中华书局2012年版，第491页。

李资坤新设计的信牌制度包含大信牌、小信牌两个层级，以及与大信牌配套使用的信票。官府遇有催勾事务，将若干件事务打包成为一个大信牌交给一位皂隶，每件事务都附有一张信票说明任务内容。这位接受大信牌的皂隶再将各件事务分发给接受小信牌的皂隶。表面上看，这里皂隶的任务只是"仰联络图分顺序递尽，依限回缴，违者查究"，即他们只是催勾任务的传达人，信牌则是他们传达信票的凭据。从牌、票上的文字看，大信牌上书"计开一张某字号，仰里长某人"，信票上书"某字几号信票，仰拘某人，依限赴县审理，违者如号限惩治"，好像真正发出催勾指令的是信票，其接受者是里长，或者说里长是催勾任务最终的执行者和责任者。但这只是表面现象，由于里长并不向官府直接负责，最终向县衙回缴信牌的是皂隶而非里长，所以实际运作中的执行者和责任者仍然是皂隶。清代的差票制度将牌、票合一，从信票中"仰原役某某等，速往协保"一语看，催勾任务的执行者仍是乡役（地保），差役只是地保的协助者，但信票的回缴仍由差役负责，违限的惩罚也是针对差役，这实质上保留了李资坤方案中皂隶与乡役之间关系。

五　清代的差票制度

《大清律例》"信牌"条正文与《大明律》同，却加注"拘提人犯，催督公事"及"指差人"等语，说明《大清律例》的修订者已经认识到《大明律》该条规定的含糊之处，并根据实际的运作状态对该条内容做了新的解释。除了增删注文之外，《大清律例》"信牌"条还有一处修改，即将该条文从"吏律"之公式门移至了职制门。《大明律》"信牌"条列于公式门"封掌印信""漏使印信""漏用钞印""擅用调兵印信"等条之后，明显承袭自《元典章》，也凸显了信牌的牌印性质。清律承袭了明律中"信牌"条的正文，却将其归于职制门，成为规范官吏行为的制度。至此，信牌从原来的直接送达给当事人的"符牌"，变成向吏役授命的"公文"。

雷荣广、姚乐野认为，"牌"与"票"都是下行公文，"票"是一种简易的"牌"；"牌"或"票"的性质，既可以是指示、命令，也可以是通行或执行公务的凭证，或者通知、传单；"牌"或"票"一般都有回缴制度①。这种解释认为

①雷荣广、姚乐野：《清代文书纲要》，第110—112页。

清代的牌、票几乎没有区别，基本符合明后期信牌制度变革的趋势，但元明信牌制度在清代仍有残余。通过对《清代巴县档案汇编（乾隆卷）》收录的若干“牌”或“票”的发文者与受文者、公文性质的梳理[①]（表7、表8），可以发现清代“牌”或“票”仍有某种区别。

表7　乾隆年间巴县牌文整理

文件名	性　质	发文者	受文者	页　码
（乾隆三十九年广东洋行商人为金川战役损纳军饷文二则之二）五月四川盐道传牌	传牌：指令、通知	四川盐道：地方官府	东路州县：下级地方官府	41—43
乾隆四十年正月十九日重庆府牌文	牌：指令	重庆府：地方官府	巴县：下级地方官府	53
乾隆二十三年十月二十八日巴县缉牌	缉牌：指令	巴县：基层官府	役	62
乾隆二十五年四月二十二日重庆督捕府信牌	信牌：指令	重庆督捕府：地方官府	巴县：下级地方官府	62—63
乾隆二十五年九月重庆督捕府缉拿遣犯信牌	信牌：指令	重庆督捕府：地方官府	巴县：下级地方官府	63—64
乾隆三十九年六月巴县缉拿逃奴信票	信票：指令	巴县：基层官府	役	64
乾隆三十五年九月十一日巴县查牌	查牌：指令	巴县：基层官府	役	238
（乾隆五十七年索金满告李正万勒索押佃银案之二）三月初七日巴县传牌	传牌：指令	巴县：基层官府	原中：民人	256
乾隆二十七年十一月十九日巴县牌文	牌：指令	巴县：基层官府	捕衙：役	308
（乾隆二十九年云南嶍峨知县顾铨督运京铜过渝文二则之二）四月十四日重庆府宪牌	宪牌：指令	重庆府：地方官府	巴县：下级地方官府	343—344

①参见四川省档案馆编:《清代巴县档案汇编（乾隆卷）》，档案出版社1991年版。

表 8　乾隆年间巴县差票整理

文件名	性　质	发文者	受文者	页　码
(乾隆五十七年十月迎接海公爷带兵过境文一束之二)十六日巴县差票	差票：指令	巴县：基层官府	役	47
(乾隆五十七年十月迎接海公爷带兵过境文一束之二)二十六日巴县差票	差票：指令	巴县：基层官府	役	48
(乾隆二十七年智里六甲民彭尔聪具告杨茂兄弟侵挖坟冢案之一)七月十五日巴县差票	差票：指令	巴县：基层官府	役	288
(乾隆三十九年巴县唤水摸王治等打捞沉铜案之一)十月二十九日巴县差票	差票：指令	巴县：基层官府	役	371

比较表 7、表 8 可以发现，巴县档案所收信牌、差票都是指令性公文，但牌的行文层级，或者是地方官府对下级官府，或者是基层官府对本衙吏役或所管民众；而差票的行文层级，一律是基层官府对差役。蒙元时期的信牌本来适用于地方官府对下级官府或基层官府对民众，不适用于官府对本衙门吏役。与此对照，清代在将信牌制度扩展到派遣本衙吏役的同时，又从信牌中分化出一种专门用于基层官府发遣差役的下行公文，即差票或信票，这种分化与明代嘉定县李资坤改革信牌的方向是一致的。

《大清律例》“信牌”条的规定除承袭《大明律》律文外，又于康熙、乾隆年间增加条例两则，律文与条例一起，反映了清代信牌、差票分化的实质：

一、道府以上官员，凡关系叛逆、军需、驿递公文等紧要重大事情，照例差人外，其余细事，止许行牌催提。如违例差遣人役者，督抚指名题参，徇情不参者，事发一并议处。其督抚于平常细事，差役害民者，亦交部议处。

一、州县大小案件，凡有差票，务须随时缴销。如遇封印而案未完结，于封印时，将票暂行缴销，俟开印差拘，另行给票。违者，将州县官分别议处。[①]

第一则条例仍是针对地方官府上下级之间使用信牌的规定,信牌与差人对举,比较符合蒙元时期信牌制度的本意。第二则条例则完全是针对基层官府差遣吏役的差票而言的。这类“差票”的条例归于“信牌”律文下,说明差票是一种特殊的信牌,由信牌发展、分化而来,是基层官府“差人信牌”的专门化。

六 信牌改革失败的原因

宋代以后,为了革除临民事务中的弊端,朝廷与地方官员多次改革催勾事务的执行体制,但扰民问题始终无法解决。蒙元时期直接将政令传达于当事人的信牌制度,要么在执行过程中被搁置,要么异化为由乡役执牌代行。为了适应临民事务执行的实际状况,经明代的演化,到清代又发展出以票差人执行临民事务的差票制度。清代差票制度是对蒙元信牌制度的背离,也是制度向实际运作妥协。

元明时期努力构建的“遣牌唤民”制度为什么在实践中难以运作,并以失败而告终?从形式上看,“遣牌唤民”制度与西方诉讼程序中的传讯制度有类似之处,那么为什么“遣牌唤民”制度在传统中国行不通?随着信牌演变为差票,清代的地方官员再次提出了在词讼中防止吏役下乡的类似传唤的办法,比如原告自拘、地保等协助拘拿、让原告把差票交给干证令其与被告同来等,这些办法为什么同样不可行?

传讯是指司法机关通知当事人自行到指定的地点接受讯问,或出庭参加法庭审理的诉讼行为。从程序上讲,“遣牌唤民”制度与传讯制度的区别在于,传讯制度以缺席审判作为传讯不到的补救措施[②]。在西方,以缺席审判为补救的传唤制度在罗马法中便已经形成。罗马法的诉讼程序经历了法定诉讼、程序诉讼、非常程序三个阶段,在法定诉讼与程序诉讼阶段,原告起诉后“应亲自向被告传唤”,非常程序阶段则建立了缺席判决的补救

①〔清〕薛允升编,黄静嘉编校:《读例存疑重刊本》卷七《吏律·职制·信牌》,成文出版社1970年版,第190—191页。

②刘家兴编:《北京大学法学百科全书:民事诉讼法学、刑事诉讼法学、行政诉讼法学、司法鉴定学、刑事侦查学》,第48—49页。

措施[1]。

朱元璋曾制定过“遣牌唤民”制度的补救措施，即“三牌不至，方许遣人捉拿”。问题是，为什么只能采用类似刑狱中拘捕的方式作为补救，而不能采用类似缺席审判的方式？从诉讼程序本身讲，传统中国的诉讼，不是当事人围绕法定权利进行对抗的过程，而是请求全能型官府作出裁判和调解的过程。这种诉讼模式产生的背景，是传统中国的制度文化中不存在属于个人的法定权利，诉讼的意义不在于维护当事人各自的法定权利，而是重新达成官府及诉讼双方三方之间的和谐关系，调解当然不能容许任何一方的缺席。朱元璋为了强力推行其遣牌唤民和不许官吏下乡的政策，甚至采取了准许民众擒官赴京这样的极端措施，但准许民众擒官赴京本身就是民众权利缺失、面对官吏凌辱必须直接求助于皇帝的极端表现，但皇帝不能不依赖官僚系统进行统治，民众擒官的措施根本无法实施。

然而，中西比较研究，不应该只看到传统中国缺失什么，也应该看到中西差异背景下，中国有什么或如何做的。“遣牌唤民”制度的失败的确反映了传统中国权利观念的缺失，但缺失权利观念未必意味着传统中国政治体制的整体性失败。传统中国依据其他的方式构建了另一套行之有效的统治秩序，信牌、差票制度的演变固然可以通过中西比较进行解释，但中西之间的差异也可以站在中国本位的立场上予以理解。因此需要进一步解释的问题是，在连“遣牌唤民”制度都无法建立、催勾事务扰民如此严重的情况下，基层官民关系是依靠什么来有效维系的？

帝制中国对民众的统治，主要并不是由扰民成灾的差役们来完成的，差役催勾只是统治秩序出现失范时的一种行政强制手段。帝制中国一般是通过教化、君民之间的伦理关系来维持其基本统治秩序的。官府通过差票指派吏役下乡执行催勾往往属于非常事件。催科主要是针对抗粮不交之户而言的。在吏役管理方面相当失败的同时，官府解决催勾事务中扰民问题的另一种办法却在发展，那就是责令乡村社会进一步加强自我管理，尽量降低催勾事务的必要性。比如诉讼中强调息讼，优先由乡邻平息；征粮中则有包征包解、串票、自封投柜等各种办法。清人鄂尔泰就认为朝廷防止差役扰民的办法是完备的，主要就是指这一层面：

---

①周枏:《罗马法原论》，商务印书馆1994年版，第934、995页。

> 如征收钱粮，则原有自封投柜并滚单、纸皂之例。如缉拿盗贼，则原有着落邻右保结之例。如查禁赌博，则原有责成佐贰转责乡甲逐户具结之例。如调处词讼，则原有户婚、田土细事先批乡邻公讲息结之例。如编行保甲，则原有户口门牌细开名数并记簿稽察之例。凡此诸条，并无遗法。[①]

通过教化建立君民之间的伦理关系，通过武力与刑罚镇压威胁统治秩序的行为，再通过加强民间社会的自我管理减少官民之间的冲突，这些构成了帝制中国协调官府与民众关系、维护统治秩序的主要方式。真正的问题在于，当民众不愿意服从君民的伦理关系，而失范行为又尚不足以需要动用武力或刑罚进行纠正时，帝制中国的统治者们往往会产生统治上的无力感。催勾事务或许表现了这样的一种困境：民众如果自觉遵行伦理规范，理论上不会成为催勾的对象；如果将其视为帝国刑罚的对象，那么按照传统中国的刑罚观念，受刑者本来就该遭受凌辱这样的统治方式包含着一种非圣即盗的内在逻辑。对于儒家士大夫而言，“民不识吏亡追呼”才是理想境界，个人权利未必符合他们的价值追求，要求他们为信牌制度提供更高层次的价值内涵似乎是强人所难。权利观念的缺失固然是传统中国制度逻辑的严重弊端，但如果与伦理文化、刑罚制度的高度成熟相互参照，中西两种体制或许各有所长。

①〔清〕鄂尔泰：《议州县不必设副官乡官疏（雍正七年）》，魏源编：《皇朝经世文编》卷一八《吏政四·官制》，《魏源全集》第14册，岳麓书社2004年版，第181页。

第八章　晚清的"屡票不案"现象

传统的细故审理，必须经过对双方当事人的堂讯才能裁断，一般不存在缺席审判机制。差役凭官府签发的信票（差票）将当事人等从居住地带至县城歇家[1]，等官府悬牌示审后，再由差役于审讯当日将当事人等带到官衙进行审讯。信票是"地方长官饬差文书"的一种，"票饬差役时，官存留内稿，将单、票正本发给差役，以示其适法受差命；职务完毕，则将印单、票缴销（或缴回）"[2]。票的应用非常广泛[3]，差役按惯例在执行催勾事务时收取规费，盘索财物、使用暴力、徇私舞弊以及玩忽职守的情况也相当普遍。虽然律法条规或者官员会对差役的这种非法行为制定严厉的惩罚措施，但是除非非法行为威胁到整个行政运作的秩序，这些规定往往形同虚设。

"屡票不案"是指官府多次签发传讯票而差役无法将当事人等带到官府的现象，这种情况在龙泉司法档案的晚清部分频繁出现。屡票不案的产生，不仅是差役徇私舞弊或者玩忽职守所致，屡票不案的过程由官府、差役与当事人共同完成，其产生与传统中国的理讼观念及当事人对理讼模式的利用有密切关系。

在清代，如果一件词讼最后由州县官堂审讯断，档案中应该留存以下五种文书：1. 原被告的呈状及相关证据；2. 州县官签发信票的定稿；3. 差役执行信票的回禀；4. 审讯时产生的点名单、供词及堂谕的草稿；5. 两造及相关人出具的遵结状等。现存龙泉司法档案晚清部分中，有相当数量的案件保留着大量呈状及多件票稿、差役回禀。龙泉司法档案中一个案件存留有大量呈状的原因主要不是多次堂审，而是差役票传不到、两造反复催呈所致。龙泉司法档案的信票包括滋贺秀三所概括的八种差票中的调查票、取证票、督责票、遏暴票、查封票、传讯票，共六种，某些案件也存在着多次堂

---

①参见胡铁球：《明清歇家研究》，上海古籍出版社 2015 年版。

②戴炎辉：《清代台湾之乡治》，第 659—660 页。

③滋贺秀三将诉讼中的差票分为调查票、取证票、督责票、调解票、遏暴票、查封票、传讯票、逮捕票八种，其实票是一种饬令公文，官员可以用票指令差役等执行任何事务，并没有特定的种类。参见〔日〕滋贺秀三著，姚荣涛译：《清代州县衙门诉讼的若干研究心得——以淡新档案为史料》，刘俊文主编：《日本学者研究中国史论著选译》（第 8 卷），第 528—533 页。

审的现象，因此同一案件出现多件信票并不是判断是否为屡票不案现象的标准。如果以三次及以上传讯才进行一次堂审为标准，那么龙泉司法档案晚清部分中约有10个案件涉及屡票不案现象[①]。通过这些案件可以讨论县官、差役、当事人等在屡票不案现象中各自扮演的角色。

一　清代的传票制度

清代词讼有传讯程序，但无独立的“传票”文书，而以信票下达传讯任务。信票是清代官衙常用的下行文书，多用于对下级官府的饬令，也用于派遣差役催稽公事。根据行文对象的不同，信票又依据持票人的不同分为兵票、火票、差票诸名目，由差役持票执事，即称“差票”[②]，而“传票”只是指派遣传讯任务时所使用的差票。雷荣广、姚乐野在《清代文书纲要》中利用巴县档案对清代牌票的公文格式进行了研究，其中对“牌”的形制与格式描述如下：

> 纸用单幅（称为状式），上面预先印有蓝色的版框，版框由上部梯形与下部方形构成。整个版框均为双边，内填以飞虎火焰花纹，火焰意在速捷，飞虎则表示威严。上部梯形内刻印有“信牌”或“宪牌”两个大字。下部方形框内空白，则备作书写文件的内容。书写牌文时，须先将框分为左右对称的两部分。方框右半部用于书写公文的前衔、事由、正文和结束语。无论文字内容多寡，都必须在中心线右侧写完……[③]

龙泉司法档案所见晚清信票共74件，包括稿本72件与正本2件[④]。《清

---

①这些案件包括：1.光绪三十四年刘绍芳控刘朝高等抢匿契票等案；2.宣统元年刘廷滔控谢河清等冒领契据案；3.宣统元年郭王辉等控叶大炎等诞谋凑锦案；4.宣统元年毛樟和控毛景隆昧良赖债案；5.宣统元年叶天茂控廖立汉一业两卖案；6.宣统二年季庆元控吴荣昌等借买混争案；7.宣统二年刘焕新控刘嘉旺恃强混占案；8.宣统二年范绍文控刘文贵越界强砍案；9.宣统二年叶佐邦控周继明听唆棚诈案；10.宣统二年廖增员控王朝信借废强砍案。参见包伟民主编：《龙泉司法档案选编》第一辑（晚清时期）。

②参见戴炎辉：《清代台湾之乡治》，第659—660页；〔日〕滋贺秀三著，姚荣涛译：《清代州县衙门诉讼的若干研究心得——以淡新档案为史料》，刘俊文主编：《日本学者研究中国史论著选译》（第8卷），第528—533页。

③雷荣广、姚乐野：《清代文书纲要》，第110页。

④两件信票正本宽约30厘米，高约58厘米，分别为宣统三年二月十四日知县周琛为勒限严催叶大炎等事票，《龙泉民国法院民刑档案卷（1912—1949）》，M003-01-10628，第29页；宣统三年六月二十七日知县周琛为饬催吴荣昌等事票，《龙泉民国法院民刑档案卷（1912—1949）》，M003-01-1042，第31页。收录于包伟民主编：《龙泉司法档案选编》第一辑（晚清时期），第359、491页。

代文书纲要》中对信牌格式的描述与龙泉司法档案中的信票正本(图 31)基本一致,只是龙泉司法档案中梯形内刻印的大字由"信牌"改为"信票";此外,方框左半侧"信牌"书写受文者的部分,龙泉司法档案中所见信票则书写发文时间、画"行"以及定限日期。信票的稿本则书写在普通的稿纸上,由书吏起草,幕友批改、长官画"行"用印后定稿(图 32),书吏再据此誊抄于信票正本。

清代的"传讯"也称"提讯",信票的事由称"为传讯事"[①]、"为立提事"[②]或"为提讯事"[③]。"讯"指"审讯","传"或"提"则指由差役执行的任务,"传"指"传达","提"则有"携带"之意,语气上两者或有区别,似乎"传"指"通知"应讯人,"提"指"带同"应讯人,但程序基本一致,皆指由差役负责将应讯人带到县衙。作为一种下行公文,传讯信票的书写程式符合一般公文的特征。如光绪十八年五月初六知县毕诒策为立提刘鼎奎等事票的正文:

> ①为立提事。②据东乡岩头庄孀妇刘叶氏呈称,伊夫刘德新在日,议立嫡侄刘鼎奎为嗣,续娶周氏生子鼎照,现年二十二岁,伊夫于光绪十三年病故,将伊夫所遗田租以及山场等项与伊子鼎照对半分管另住,议明递年奎照兄弟各纳租谷二十石,以作二氏衣食,讵逆子鼎奎胆将膳租措不交纳,□□逞凶,去年十二月间串合周正清霹指鼎照为盗讹诈等情叩究前来。③除批示外,合饬立提。④为此仰役往该庄协保,立提后开有名人证,限即日内带县,以凭讯究。去役毋得刻延干咎。速行。
>
> ⑤计开:被呈:民人刘鼎奎,应讯:周正清、族人刘德通;原呈:孀妇刘叶氏,抱告:刘鼎照。
>
> ⑥差:叶云、项德祥、吴进、金宝。[④]

---

①光绪三十四年三月廿九日知县陈海梅为传讯瞿长青等事票,《龙泉民国法院民刑档案卷(1912—1949)》,M003-01-5083,第 18—19 页。收录于包伟民主编:《龙泉司法档案选编》第一辑(晚清时期),第 137 页。

②光绪十八年五月初六知县毕诒策为立提刘鼎奎等事票,《龙泉民国法院民刑档案卷(1912—1949)》,M003-01-14932,第 32—33 页。收录于包伟民主编:《龙泉司法档案选编》第一辑(晚清时期),第 9 页。

③光绪三十年八月初二日知县陈海梅为提讯吴礼顺等事票,《龙泉民国法院民刑档案卷(1912—1949)》,M003-01-9762,第 17—18 页。收录于包伟民主编:《龙泉司法档案选编》第一辑(晚清时期),第 83 页。

④《龙泉民国法院民刑档案卷(1912—1949)》,M003-01-14932,第 32—33 页。收录于包伟民主编:《龙泉司法档案选编》第一辑(晚清时期),第 9 页。

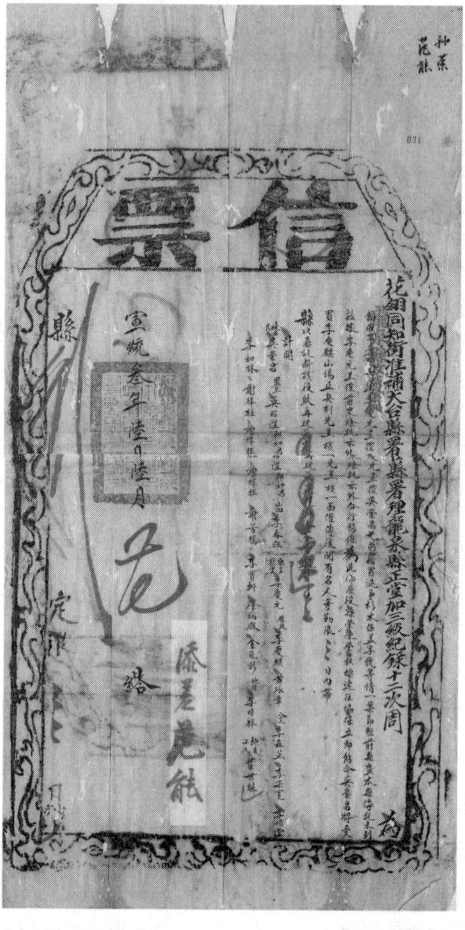

图 31　宣统三年六月二十七日知县周琛信票
（M003－01－1042，第 31 页）

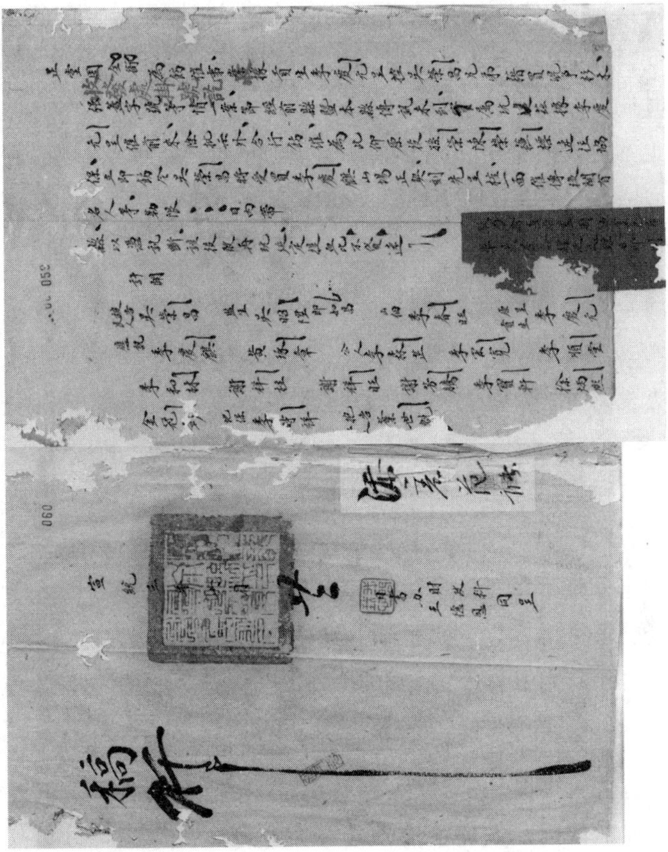

图 32　宣统三年六月二十七日知县周琛票稿（M003－01－1042，第 59 页）

以上第①部分为“事由”；第②部分叙述饬令的缘由，主要概述了刘叶氏呈状的内容；第③部分概述对刘叶氏呈状的处理办法，从而提出“立提”的决定；第④部分是饬令内容，要求差役“协保”限期将应讯者提带到案；第⑤部分开列传讯对象；第⑥部分开列执行差役名单。从第④部分饬令内容来看，传讯饬令受文者、执行者以及责任者都是差役，他们的任务是将应讯者“限即日内带县，以凭讯究”，如果违期则可能受到惩罚。但信票中又称“仰役往该庄协保”完成传讯任务，“保”是指乡村中的“地保”，“协”的字面意思是“协同”或“辅助”，这个表述隐含着由乡役地保负责传讯的意思，可以理解为元明时期乡役送达信牌制度的残余。

信票正本签发后交由差役承差，稿本则存档。差役承差后，应在期限内将“票”回缴注销，并禀复执行票差情况。如果完成了票差，禀复便请县官销票确认；如果未能完成，则要说明原因并请求进一步的指示，有时差役也会提出进一步处理的意见。如前引信票的差役禀复：

> 具禀原差：吴进、项德祥、叶云、金宝
>
> 为禀到事。案据孀妇刘叶氏呈控刘鼎奎一案，沐恩票饬役等协保往提，役即往办，现提到被呈刘鼎奎、族人刘德通、原呈孀妇刘叶氏、抱告刘鼎照，而应讯周正清役专人赶传。现提到两造人证均已在辕候讯，是否悬牌示审之处，出自鸿裁，役等未经禀明不敢擅专。为此伏乞恩主大老爷批示施行。夹票上禀。
>
> （批）候悬牌示审。票堂销。五月廿六日。
>
> 光绪十八年五月廿五日①

禀复的主要内容是报告已经提到人员的情况并请示是否开庭审讯，这次差役吴进等提到五人中的四个，其中两造都已“在辕候讯”，为堂讯提供了足够的条件。而遗漏的一人周正清，“役专人赶传”。虽然差票均有限期，但禀复时间超出期限的现象非常普遍，三日时限往往延宕至十余日，虽然县官偶尔会对玩延票差的差役采取斥革（开除）等惩罚手段，但并不能扭转差役经常玩延的局面。

---

①《龙泉民国法院民刑档案卷（1912—1949）》，M003-01-14932，第32—33页。收录于包伟民主编：《龙泉司法档案选编》第一辑（晚清时期），第10页。

二　传讯的运作机制及其失效

清代的传讯由差役限期执行，县官签发传票时并不预定庭审时间，差役将应讯人带到后再择日堂讯。换言之，庭审以应讯者到案为前提，审判进程取决于差役执行传讯的情况。在清代，除非官府授权“拘提”或“管押”，差役没有强制应讯者到案的权力，那么在这种情况下官府又是如何确保审判机制顺利运作的呢？

按照现代制度设计的逻辑，这种责权不清晰的状况会造成程序的混乱，但传统中国的社会运行很多时候并不依赖于“制度”，官民关系以统治与服从为基本形态，所谓社会与国家的对抗关系往往是隐性的，至少不是制度设计的逻辑起点。按照传统中国的观念，告官涉讼本来就有碍道德，官府因“爱民心切”为民理讼，解决传讯扰民问题的最优方案其实是息讼。当事人是否应讯，本来就不是个人权利问题，而是涉及政治秩序的维系问题，在这种观念下，当事人理应积极应讯。晚明小说《型世言》第二十五回在讲述朱安国与“年纪小两岁”的族叔朱玉因婚聘问题产生诉讼时，对差役传讯过程进行了详细描述：

> 这边亲邻倒还劝朱玉处些财礼还他（朱安国），他先是一张状子，告在县里。道：
>
> 灭伦奸占事。切某于天启六年二月凭媒张氏礼聘郑敬川女为妻。兽叔朱玉贪女姿色，乘某未娶，带棍劈枪，据家淫占。理说不悛，反行狂殴。泣思亲属相奸，伦彝灭绝；恃强奸占，法纪难容。叩天剪除断给，实为恩德。上告。
>
> 县尊准了，便出了牌，差了两个人，先到朱安国家吃了东道，送了个堂众包儿，又了后手说自己明媒久聘，朱玉强占。差人听了这些口词，径到朱玉家来。见朱玉是小官儿，好生拿捏道：“阿叔奸占侄儿媳妇，这是有关名分的。据你说，收留迷失子女也是有罪，（有□□包□自从重。）这也是桩大事。”朱玉忙整一个大东道，央李都管陪他。这讲公事是有头除的，李都管为自己，倒为差人充拓，拿出一个九钱当两半的包儿，差人递与李都管，道：“你在行朋友，拿得出？譬如水不氽来，讨这妇人，也得斤把银子，也该厚待我们些。”只得又添到一两二钱。

一个正差董酒鬼后手三钱，贴差蒋独桌到后手五钱。约他诉状，朱玉央人作一纸诉状，也诉在县里，道：

劫贼反诬事。切某贫民守分，本月因有水灾，妇女郑氏，众怜无归，议某收娶。岂恶朱安国先乘氏避患，劫伊箱二只，并杀伊母胡氏。惧氏告理，驾词反诬。叩拘亲族朱凤、陈爱、李华等电鞫，殄贼超诬，顶恩上诉。

谢县尊也准了，出了牌，叫齐犯人，一齐落地。差人销了牌，承行吏唱了名，先叫原告朱安国上去。①

从小说的描述来看，当事人一旦涉讼，在遇到差役传讯时慑于官府的威严，特别是在多名差役到家的情况下，他积极应讯是很自然的事情；何况诉讼能否顺利推进往往受制于差役的禀复，差役对当事人的态度还可能影响诉讼的成败，小说中所谓差人"好生拿捏"就是这样的暗示。因此无论当事人内心做何感想，正常情况下都会对差役表现出客气甚至殷勤的态度。传讯就在这样的"社会默契"中顺利运行，差役执行传讯非但轻而易举，更因照例收取规金而成为一项美差。这种运作机制有其制度的依据，同时也依赖惯例、潜规则或人情世故而展开。

不过在龙泉司法档案保留的少量晚清诉讼文书中，出现了较多传讯不到的案例。对造成这种情况的原因需要谨慎分析。需要明确的是，这不是常态，因为晚清诉讼文书出现在民国档案中本身就是特例，一般都是延续至民国时期的缠讼案件，大量正常运作的诉讼案例无缘留存于龙泉司法档案中，因此不能据此认为传讯制度在晚清濒于崩溃。

龙泉司法档案中现存晚清差票70余件，但差役禀复仅有17件。绝大多数禀复宣称已经完成了传讯任务，这意味着未完成传讯任务时差役一般不具禀回复。当传讯不到，诉讼因此暂时中断，当事人再次呈状催促官府传讯时，官府会再次签发信票催令差役传讯，并严厉警告差役不得延误。比如以下这件信票：

为限催事。案据孀妇殷韩氏呈控廖永年等蓄谋罩占、乘机□□等情一案，节经勒催去后，该役等抗不禀到，实属胆玩，兹据廖永年等并

①〔明〕陆人龙：《型世言》第二十五回《凶徒失妻失财　善士得妇得货》，第346页。

> 殷韩氏呈催各前来，除分别批示外，合饬限提。为此，仰原役翁琳、张琰、徐荣、黄标、詹吉高迅往该庄，督保勒提前票有名人证，勒限三日□□□□□□县，以凭究断。该役倘再抗玩，定干革究不贷。火速。①

如果差役仍然不能提到应讯人，诉讼将在无止境的“催传”中循环往复，这就是所谓的“屡票不案”现象。

比如宣统元年(1909)叶天茂案，现存知县陶霖、陈启谦、周琛签发的4件传票，以及此间原告叶天茂呈状7件，被告廖立汉、张景文等呈状4件，其中叶天茂声称：

> 迭经三载之久，当宪蒙票饬追，又有十余次之多，终不能致张石德到案一质，显系该恶货卖入手，贿差延宕，使身有冤无伸。②

这说明实际签发的传票可能多达十余件。叶天茂在呈状中还揭露被告张石德等人“屡票不案”的手法：

> 张石德从中穿鼻主使廖立汉明诉暗避，再兼原差受其弊诈，任身在城久候，屡催屡宕。立汉尤奸巧者，俟身投案，彼故避延，闻身回家，彼故来讯，害身费盘缠，误农工，荒田地，受烦恼，讼缠日久，诸苦备尝。③

又如范绍文案的被告刘文贵不但“抗延任催”，而且在一次提到后又逃脱，“生以为应讯有日，乃原差王香等将投□到，文贵忽又脱逃”④。为了混淆视听，刘文贵还反控原告范绍文“彼来生往”⑤，声称其“已投候待质，无如文(范绍文)等诡谲多端，生来彼往，及生往，彼反控生不案，此情殊不可解”⑥。

对于“屡票不案”，官府一般不会对差役实施应有的罚惩。如果官府真

---

①光绪三十年三月十六日票稿，《龙泉民国法院民刑档案卷(1912—1949)》，M003-01-4703，第3—4页。收录于包伟民主编：《龙泉司法档案选编》第一辑(晚清时期)，第58页。

②宣统三年闰六月十八日叶天茂民事诉讼状，《龙泉民国法院民刑档案卷(1912—1949)》，M003-01-2527，第38—39页。收录于包伟民主编：《龙泉司法档案选编》第一辑(晚清时期)，第472页。

③宣统二年十二月十八日叶天茂刑事诉讼状，《龙泉民国法院民刑档案卷(1912—1949)》，M003-01-2527，第21—24页。收录于包伟民主编：《龙泉司法档案选编》第一辑(晚清时期)，第467页。

④(时间不详)范绍文诉状，《龙泉民国法院民刑档案卷(1912—1949)》，M003-01-3829，第6—7页。收录于包伟民主编：《龙泉司法档案选编》第一辑(晚清时期)，第617页。

⑤宣统三年三月十八日范绍文民事诉讼状，《龙泉民国法院民刑档案卷(1912—1949)》，M003-01-10203，第4—6页。收录于包伟民主编：《龙泉司法档案选编》第一辑(晚清时期)，第622页。

⑥宣统三年三月初八日刘文贵刑事诉讼状，《龙泉民国法院民刑档案卷(1912—1949)》，M003-01-10203，第1—3页。收录于包伟民主编：《龙泉司法档案选编》第一辑(晚清时期)，第621页。

地对差役“革究不贷”，可能会发生另一番情形。这种情况在龙泉司法档案中仅有一例，即在季庆元控吴荣昌等借买混争案中，陈启谦等两任知县反复催传不到，后在宣统三年(1911)知县周琛任上出现了这样一件催传信票：

为饬催事。案据贡生季庆元呈控吴荣昌兄弟借买混争杉木、强盖字号等情一案，节经前县暨本县传讯未到，兹据季庆元呈催前来，除批示外，合行饬催。为此仰原役孙荣、陈荣、苏标速往，协保立即饬令吴荣昌将受买季庆麒山场正契刻先呈核，一面催传后开有名人等。勒限三日内带县，以凭讯断，该役敢再玩延，定提血比不贷。速行。

在这件催传信票的稿本中还有一片夹呈的纸条(参见图32)：

敬禀者：查原差周铭业已斥革，是否添标之处，理合叩明。

该案执行传讯任务的差役原有四人，其中周铭此时已被革职，书吏起草的稿本中只能派遣“原役孙荣、陈荣、苏标”三人催传，于是夹纸条请示知县是否需要添差，县官批示“添差范能”(参见图31、图32)[①]。

这件信票正本的下达时间是宣统三年(1911)六月廿七日。七月初四日，四位差役同日呈递了两件禀复。第一件痛斥被告吴如昌蛮横抗提，如果不采取强制手段便无法传到，因此要求管押吴如昌：

为禀送事。缘贡生季庆元呈控吴如昌等借买混争等情强盖字号一案，沐饬役等提讯在案。役奉票迭催，迅往该庄协保同赴吴如昌等家内传讯，无如吴如昌等身居虎穴，任役等屡提，口许心违，延今两载，不诉不案，兹役等认真屡传，始行投诉，竟肆宕延，莫能提案。惟乞恩准，即行管押，役等一面禀讯，以免脱逃，贻误公事。为此叩乞恩主大老爷俯准即行管押，诚为功便，顶德上禀。

(批)已批续禀。

宣统三年七月初四(初三)日呈[②]

①宣统三年六月廿三日票稿，《龙泉民国法院民刑档案卷(1912—1949)》，M003-01-1042，第59—60页。收录于包伟民主编：《龙泉司法档案选编》第一辑(晚清时期)，第490页。

②宣统三年七月初四日孙荣等禀复，《龙泉民国法院民刑档案卷(1912—1949)》，M003-01-15239，第4—7页。收录于包伟民主编：《龙泉司法档案选编》第一辑(晚清时期)，第494页。

对吴如昌的“管押”措施似乎产生了效果，第二件禀复报告已提到了18个传讯对象中的15个，比较圆满地完成了这次信票任务①。表面上看，县官通过厉行惩罚维护了传讯制度的有效运作，但问题没有这么简单。

七月初四日传到15人之后，堂讯一直拖延至八月二十日才进行，而堂讯时之前已经提到的“山佃季春旺”却失踪了。知县周琛认为这是“吴昭升(如昌)抗传山佃，显有隐情”，谕令“限十日补提山佃季春旺到案再行复讯”②，于是又有九月十四日知县周琛签发的补提季春旺的信票③。然而第二天，因受辛亥革命影响，杭州新军起义，浙江光复，此后原龙泉知县周琛改任中华民国龙泉县民事长，并于1912年1月4日再次签票催传吴荣昌等④。进入民国后，该案的诉讼以及案情都继续发展，但“屡票不案”现象毫无改善，直至1913年5月革命党出身的县知事朱光奎讯断此案。

这个过程中令人困惑的是山佃季春旺临讯失踪。如果差役之前确实曾收受过被告吴荣昌兄弟大量的贿赂，那就不得不让人怀疑季春旺的失踪仍是差役运作的结果。如果在知县斥革周铭业的情况下，差役集团仍然暗中运作，帮助被告拖延、逃避诉讼，就不得不认为官、民、吏的默契一旦被打破，诉讼机制随时有可能陷于瘫痪。只要差役甘冒被革的风险，当事人又不惜重金躲避诉讼，两者串通，以“此造到案而彼造未传”或者声称被传人不在家、已逃亡等办法抵制传讯，官府几乎就没有化解困局的有效手段。

三　差役得贿不办与县官批紧法宽

在失败的传讯中，差役的舞弊当然扮演着重要角色。夫马进认为，差

①宣统三年七月初四日孙荣等禀，《龙泉民国法院民刑档案卷(1912—1949)》，M003-01-15239，第8—11页。收录于包伟民主编：《龙泉司法档案选编》第一辑(晚清时期)，第493页。

②宣统三年八月廿日供词、堂谕，《龙泉民国法院民刑档案卷(1912—1949)》，M003-01-15239，第2—3页。收录于包伟民主编：《龙泉司法档案选编》第一辑(晚清时期)，496页。

③宣统三年九月十四日票稿，《龙泉民国法院民刑档案卷(1912—1949)》，M003-01-1042，第24—25页。收录于包伟民主编：《龙泉司法档案选编》第一辑(晚清时期)，第498页。

④宣统三年十一月十六日票稿，《龙泉民国法院民刑档案卷(1912—1949)》，M003-01-1042，第28—29页。收录于包伟民主编：《龙泉司法档案选编》第一辑(晚清时期)，第499页。

役制造传讯失败的通常手法就是“(原告)不给钱就不去传唤被告,即使地方官督促其尽快将被告传唤到案,差役也会以被告反抗或逃避不见等理由加以搪塞”①。龙泉司法档案所见10个存在“屡票不案”现象的案件中,有大量对差役舞弊的指控。所谓差役舞弊,并不是指收取规费,而是指收取规费之后却不执行传讯任务,即所谓的“徒取规金,仍宕如故”②。差役之所以这样做,当然是收受了另一方当事人规费以外的贿赂,为其规避诉讼而故意延宕,如刘绍芳案中称:

> 原差亦只脚钱说话,得钱入手,听延不案,弊宕如此,岂不案控十年,票出百纸,终无审讯究惩之日。③

郭梦贞案中称:

> 差役得贿不办,蔽票不出。④

季庆元案中称:

> 无如吴荣昌、如昌兄弟自知借买混争,难避秦镜,胆肆逞己财势,用资贿差孙荣、苏标故意迁延,置宪票于高阁,仅以书信往来,并未亲提一次,似此贿差抗票,殊属胆大如天。⑤

不过,在大量的传讯不到现象中,县官扮演的角色同样让人疑心,虽然每件信票上都写着类似“倘再抗玩,定干革究不贷”之语,但兑现惩罚的仅前述“周铭业已斥革”一见,难免有放任之嫌。清代循吏刘衡在讨论票差限期问题时曾指出:

> 出票签差,宜确定限期,亲查号簿也。讼牒既准,即应差传人证赴审,惟差役承票到手,任意需索,不饱不休。其所以能需索之故,

---

①〔日〕夫马进著,王亚新译:《明清时代的讼师与诉讼制度》,〔日〕滋贺秀三等著,王亚新等译:《明清时期的民事审判与民间契约》,第399页。

②宣统三年二月二十六日刘林氏刑事辩诉状,《龙泉民国法院民刑档案卷(1912—1949)》,M003-01-2235,第99—102。收录于包伟民主编:《龙泉司法档案选编》第一辑(晚清时期),第76页。

③宣统二年七月十三日刘绍芳呈状,《龙泉民国法院民刑档案卷(1912—1949)》,M003-01-2235,第81—83页。收录于包伟民主编:《龙泉司法档案选编》第一辑(晚清时期),第82页。

④宣统二年八月二十二日郭梦贞等呈状,《龙泉民国法院民刑档案卷(1912—1949)》,M003-01-2800,第4—5页。收录于包伟民主编:《龙泉司法档案选编》第一辑(晚清时期),第329页。

⑤(时间不详)季庆元禀状,《龙泉民国法院民刑档案卷(1912—1949)》,M003-01-3745,第2页。收录于包伟民主编:《龙泉司法档案选编》第一辑(晚清时期),第488页。

> 则由于官司之延宕。而官司之延宕，由于立限之不亲自稽查。是以此造到案而彼造未传，甚至两造俱到而捏称尚有未到之人证，故为捱延，致令讼者官未见面而家已半倾，皆由不亲查限簿，因而不催比原差之故。①

刘衡认为差役制造传讯不到的手法是“以此造到案而彼造未传，甚至两造俱到而捏称尚有未到之人证，故为捱延”，但他相信只要官府“亲查限簿”“催比原差”就能解决其中的问题，等于把责任指向了官府对差役的放任。

官府的放任在龙泉司法档案中也有迹可循，这主要体现在知县陈启谦任上。宣统元年(1909)八月十二日，补用知县陈启谦与另外二人以“学问优长、熟悉事理”被选派为浙江省谘议局审查委员会委员②。第二年二月二十九日陈启谦接任龙泉县知县，同年八月十三日以后卸任③，在龙泉县任职时间尚不足六个月。现存龙泉司法档案中大约有 10 个案件曾经陈启谦处理，其中 9 个案件出现了“屡票不案”现象，经陈启谦讯断的案件只有毛樟和案 1 例。传统细故审理的事实认定以堂讯招供为准，审讯以前的诉状陈述既然不作为事实认定的依据，准理时官府也不会在批词中对状词陈述有所评判，可是在陈启谦理讼的批词中，只有经其讯断的毛樟和案遵循这一规则，批词除了要求“催传”外再无余词，如“候照案催传讯断”④、“候勒集讯断，再延比差”⑤、“著投候勒集讯断”⑥。其他案件中，陈启谦的批词经常出人意料地对诉状陈述展开评述，如刘焕新案：

> 查阅绘图，刘加旺所指之木樨凸与尔之沙院岭相距甚远，岂能影射，且查刘加旺前呈印契不特内多挖补，且非乾隆年间县印，明系临讼

---

①〔清〕刘衡:《庸吏庸言》上卷《理讼十条》，《官箴书集成》第 6 册，第 182 页。

②《各省筹办谘议局・派委审查委员》，《申报》1909 年 9 月 25 日第 3 张第 2 版。

③参见《龙泉民国法院民刑档案卷(1912—1949)》，M003-01-15661，第 1—2、5—6 页。收录于包伟民主编:《龙泉司法档案选编》第一辑(晚清时期)，第 24—25 页。

④宣统二年三月十八日卓文浩呈状，《龙泉民国法院民刑档案卷(1912—1949)》，M003-01-13527，第 73—74 页。收录于包伟民主编:《龙泉司法档案选编》第一辑(晚清时期)，第 426 页。

⑤宣统二年五月十三日卓文浩呈状，《龙泉民国法院民刑档案卷(1912—1949)》，M003-01-13527，第 98—99 页。收录于包伟民主编:《龙泉司法档案选编》第一辑(晚清时期)，第 428 页。

⑥宣统二年五月二十八日毛樟和呈状，《龙泉民国法院民刑档案卷(1912—1949)》，M003-01-13527，第 94—95 页。收录于包伟民主编:《龙泉司法档案选编》第一辑(晚清时期)，第 430 页。

捏造。候即勒集讯明究断。[1]

季庆元案：

诉情有无装点，候催差传讯究断。[2]

叶佐邦案：

前案甫经批销，又有强占之事，实属逞刁健讼。候即差提讯断，尔仍检管业契据呈核。[3]

叶天茂案：

尔有无买受廖立汉半股山业情事，庭讯自明。惟查叶天茂抄呈廖立汉卖契并无回赎字样，则尔呈词应有不实。著即遵传投案备质可也。[4]

刘绍芳案：

尔子刘朝高等违犯□产，尔侄刘朝连唆烹分肥，既屡怙恶不悛，未便稍予宽容。准添差勒提讯究。[5]

吴正兰案：

现据郭梦思呈称契约缴案，并无限字，察核似无欺饰。候饬差传集后讯究断。[6]

这些批词中，"明系临讼捏造""实属逞刁健讼""则尔呈词应有不实""察核似无欺饰"等语，都体现了陈启谦对诉讼的倾向性意见。认为这些批词是

①宣统二年七月初八日刘焕新呈状，《龙泉民国法院民刑档案卷(1912—1949)》，M003-01-4519，第20—22页。收录于包伟民主编：《龙泉司法档案选编》第一辑(晚清时期)，第540页。

②(时间不详)季庆元呈状，《龙泉民国法院民刑档案卷(1912—1949)》，M003-01-1042，第19页。收录于包伟民主编：《龙泉司法档案选编》第一辑(晚清时期)，第482页。

③宣统二年五月二十八日周继明呈状，《龙泉民国法院民刑档案卷(1912—1949)》，M003-01-12627，第29—30页。收录于包伟民主编：《龙泉司法档案选编》第一辑(晚清时期)，第558页。

④宣统二年四月十三日吴景文呈状，《龙泉民国法院民刑档案卷(1912—1949)》，M003-01-2527，第11—13页。收录于包伟民主编：《龙泉司法档案选编》第一辑(晚清时期)，第466页。

⑤宣统二年八月初三日刘林氏呈状，《龙泉民国法院民刑档案卷(1912—1949)》，M003-01-2235，第84—86页。收录于包伟民主编：《龙泉司法档案选编》第一辑(晚清时期)，第183页。

⑥宣统二年六月十八日朱光荣呈状，《龙泉民国法院民刑档案卷(1912—1949)》，M003-01-1367，第48—50页。收录于包伟民主编：《龙泉司法档案选编》第一辑(晚清时期)，第577页。

导致"屡票不案"现象的原因似乎过于牵强,但当时确有当事人指控"陈前主批紧法宽,差役得贿不办,蔽票不出"[①],此恐可说明"屡票不案"现象与官府的态度不无关系,毕竟倾向性的批词会让诉讼中不利的一方产生避讼心理而拒绝应讯,进而破坏诉讼进程。

四 当事人明诉暗避

讨论"屡票不案"现象,不能忽视当事人在其中所扮演的角色,毕竟差役与县官的舞弊均以当事人的行贿互为条件,而屡票不案又以当事人的避讼需求为前提。

"屡票不案"作为一种诉讼策略,其目的在于规避官府的审判。为达到此目的,有关人员可以采用灵活的手段,而不必拘泥于形式。比如范绍文案中,刘文贵在堂讯时拒绝出示契据,并提出请在乡公正绅士李方棠、周师望登山勘明界址,并获得知县周琛的允准。但此后刘文贵"不惟不遵谕请勘,反敢捏称生(范绍文)等不爽该绅诣勘等谎"[②]。显然刘文贵在庭审中提出由李方棠、周师望勘明界址,同样只是为了拖延诉讼,与"屡票不案"的效果类似。又如刘焕新案中,原告刘焕新声称被告刘加旺以让人代呈状词、屡票不案等方法消耗刘焕新的钱财和精力,以达到不应诉的目的,"足迹不□县城,但隔久雇人代递呈词,故相延宕,而差等亦不过问,直令人莫解其所以然"[③],"是以伊的呈词皆雇人代递,即差人来催,但多费一二洋蚨,甘言缓退,无不立回,奈身财力两不能敌"[④]。相比之下,刘绍芳案中的被告刘朝高就比较失败。该案6传1讯,其中原告刘绍芳与刘林氏呈状18次,被告刘朝高等仅反诉2次。虽然刘朝高等抵制传讯的态度非常坚决,但最后官府决定勒提刘朝高并审讯该案,最后作出对刘朝高非常不利的判

①宣统二年八月二十二日郭梦贞等呈状,《龙泉民国法院民刑档案卷(1912—1949)》,M003-01-2800,第4—5页。收录于包伟民主编:《龙泉司法档案选编》第一辑(晚清时期),第329页。

②宣统三年八月十八日范绍文等民事诉讼状,《龙泉民国法院民刑档案卷(1912—1949)》,M003-01-12324,第11—12页。收录于包伟民主编:《龙泉司法档案选编》第一辑(晚清时期),第628页。

③宣统三年二月十八日刘焕新民事辩诉状,《龙泉民国法院民刑档案卷(1912—1949)》,M003-01-3498,第4—6页。收录于包伟民主编:《龙泉司法档案选编》第一辑(晚清时期),第546页。

④宣统二年八月初三日刘焕新呈状,《龙泉民国法院民刑档案卷(1912—1949)》,M003-01-9854,第10—14页。收录于包伟民主编:《龙泉司法档案选编》第一辑(晚清时期),第541页。

决。与其他几例案件相比，被告刘朝高的失败与他们没有积极反诉、制造假象不无关系[①]。

宣统元年(1909)刘廷滔控谢河清等冒领契据案运用“屡票不案”诉讼策略的手法更是到了匪夷所思的地步。该案原告刘廷滔与被告刘廷颜为堂兄弟。刘廷颜从祖上继承处坛后山场四分之一管业。刘廷滔并没有继承该山场任何管业，但作为家族长房嫡孙保管着该山业无法分割的老契，由此出现了管业与管业证据分离的现象。光绪三十年(1904)，刘廷滔曾试图利用老契混争该产业。当时，族人刘廷佐将该山场部分股份卖给王同福，刘廷滔声称该山业并未分割，要求将该山场整体卖给王同福。这个要求遭到买主王同福的拒绝，刘廷滔诉至县衙，知县陈海梅否决了刘廷滔的强卖要求，不料却落入刘廷滔的圈套，因为否决强卖的裁断无意中承认了刘廷滔对该山场的管业权。刘廷滔当时没有达到自己的诉讼目的，也拒绝出具结状，结果导致呈案契据长期留存于官府[②]。

刘廷滔混争的山场原本属于刘廷颜管业。刘廷颜在了解该情况之后，试图报复刘廷滔——取走刘廷滔留存于官府的契据并推翻之前知县陈海梅的裁断。他的计划包括：1. 到官府冒领老契；2. 制造事端引诱刘廷滔提起诉讼；3. 在诉讼过程中揭露刘廷滔光绪三十年(1904)诉讼的阴谋，推翻前任知县陈海梅的判决；4. 宣称自己作为山场业主拥有山业老契的合理性，要求官府判定自己合法地拥有该契约。刘廷颜和与他“同乳谊兄”的武生谢河清共同谋划，在光绪三十二年(1906)七月知县陈海梅离任前后，由谢河清以“刘廷滔胞弟刘廷岩”之名从官府成功冒领契据[③]，然后谢河清故意制造盗砍事件。刘廷滔意识到契据已被冒领，便以盗砍为由控告谢河清。刘廷滔的诉讼目的是领回契据，而非追回被盗砍的山木，因此呈状末尾有似是接受请托的书吏写下的批注(图 33)：

---

①参见光绪三十四年刘绍芳控刘朝高等抢匿契票等案。收录于包伟民主编：《龙泉司法档案选编》第一辑(晚清时期)，第 160—297 页。

②参见宣统元年刘廷滔控谢河清等冒领契据案。收录于包伟民主编：《龙泉司法档案选编》第一辑(晚清时期)，第 300—318 页。

③1912 年 8 月 27 日刘廷岩民事状中，县知事陈蔚批词称，“查阅前卷领结内称，刘廷滔有病，着胞弟廷岩代领等语，查廷岩是尔名字，契据是尔冒领，无疑尔既称未领，究竟何人领去，候传谢河清等对质自明”。《龙泉民国法院民刑档案卷(1912—1949)》，M003-01-14368，第 1—5 页。收录于包伟民主编：《龙泉司法档案选编》第一辑(晚清时期)，第 317 页。

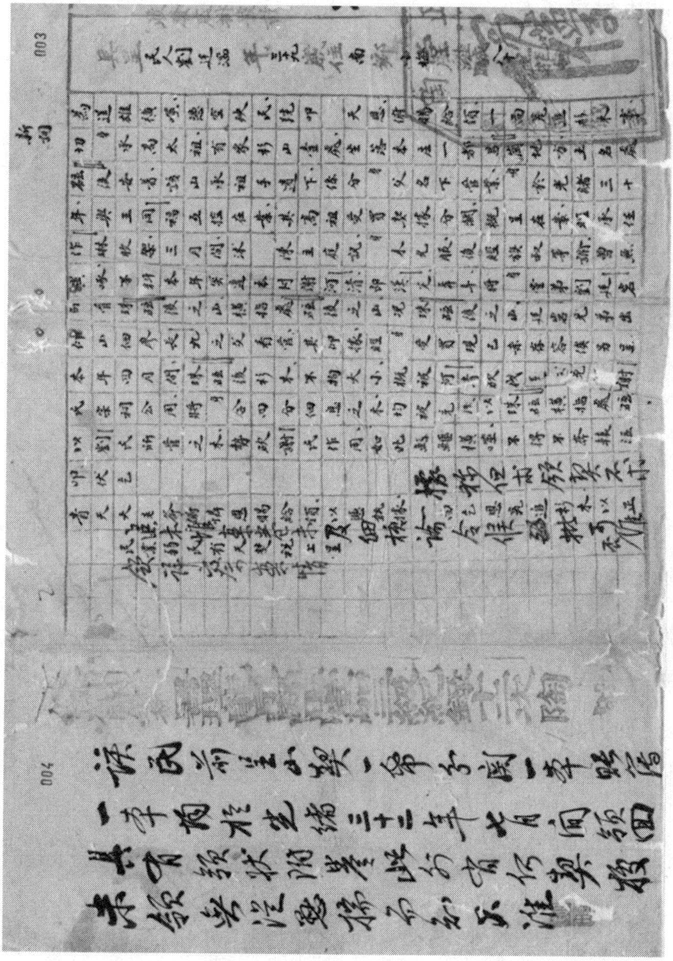

图 33　宣统元年七月初三日刘廷滔呈状（M003－01－4630，第 3—4 页）

据称但求领契，不求追木。惟案卷未及细核，谕令候批，可否准领，详察案情。[①]

该案获得准理后，刘廷颜遂开始反诉刘廷滔凭契混争的阴谋，为此甚至承认谢河清冒领契据之事：

蚪由谢河清从幼系身母抱养长大成人，情同手足，嘱身具立白纸领状，指印为押，备洋九元当交清手代为领契，由清领出。

并且，刘廷颜进一步提出自己理应拥有契据：

民业以印契为凭，若果契执，明明清业，莫能管业，且身契系合业，被滔背呈，更当具领。[②]

由于已被官府认定为冒领契据，诉讼对刘廷颜非常不利，所以刘廷颜一方面不断呈状提出自己的诉讼主张，另一方面则采用"屡票不案"的策略回避堂讯。现存宣统三年(1911)刘廷滔多件反复要求催传的呈状，其中三月二十三日呈状称：

控经三载，迭蒙陶主、陈主、王主勒提，总莫提案究追，其豪势之重大，固不必言，亦不必□。现蒙宪台两次勒提，豪原负隅，总赖城绅蔽护，故敢视国法为掌中物，屈弱民于粪土。[③]

在刘廷颜一系列行动中，唯一达到的目的就是冒领契据，这是非法行为，很可能遭到官府的惩罚。刘廷颜试图重启诉讼纠正之前的错误裁断、宣告其合法拥有山场原则的目的无从达成，但他也不担心搬石砸脚，似乎早就抱定了若诉讼不利则不应讯的原则，以"屡票不案"的手段消耗、报复刘廷滔。

夫马进认为传讯失败是因为原告"不给钱"，但真正导致"屡票不案"的往往不是原告"不给钱"，而是被告给了更多的钱(规费之外的行贿)。一旦县官约束不够严厉，或者当事人决意逃避诉讼，通过"屡票不案"破坏诉讼

---

①宣统元年七月初三日刘廷滔呈状，《龙泉民国法院民刑档案卷(1912—1949)》，M003-01-4630，第2—5页。收录于包伟民主编：《龙泉司法档案选编》第一辑(晚清时期)，第302页。

②宣统二年九月初三日刘廷颜呈状，《龙泉民国法院民刑档案卷(1912—1949)》，M003-01-16365，第13—15页。收录于包伟民主编：《龙泉司法档案选编》第一辑(晚清时期)，第303页。

③宣统三年三月廿三日刘廷颜呈状，《龙泉民国法院民刑档案卷(1912—1949)》，M003-01-8583，第3页。收录于包伟民主编：《龙泉司法档案选编》第一辑(晚清时期)，第313页。

进程的现象就会发生。这样不但能逃避诉讼，同时还能在财力与精力上消耗、拖垮诉讼对手。从这种意义上讲，采取“屡票不案”策略可以视为当事人“豪势之重大”的一种表现，其实质效果是避开官府审判而持续加剧民间纠纷的激烈程度。“屡票不案”现象是由两方面因素构成的，诉讼的一方需要足够的财力不断地催呈以维持不断催传的局面，这是“屡票”的方面，而另一方需要足够的财力（也包括相关的社会关系）贿赂差役以维持拒绝到庭受讯的局面，这是“不案”的方面。如无意外，这个过程会无限期地延续下去，直到一方财力不敌宣告败北为止。在这样的案件中，诉讼的功能不是裁断纠纷，而是成了激化或升级纠纷的工具。或者说，既然细故审理只能提供调解方案而不是诉讼对抗的竞技场，那么当事人就能通过破坏理讼规则使其沦为更加惨烈的战场。

第九章　现代传讯制度建立的曲折历程

清代的传讯基本上在“有传必到”的“信念”下推行，无法传到的情况并不罕见，但官府可能对此有些心不在焉。这样的传讯制度只有在传统中国“教谕式调解”中才能得以理解①，对现代民事诉讼制度而言，则显得不可思议。这也决定了传讯制度的现代转型相当曲折。民国初年浙江省基层审判机构经历了1912年的执法科、1913年的审检所、1914年的县知事兼理司法及1916年重建审检所四个不同的阶段，虽然某种程度上仍延续清代的传票或传讯制度，但每一次审判机构的变动，传票或传讯制度都会发生微妙的变化，总体趋势则是传讯（应讯）的责任由送达人（差役）转移到被传人（当事人），古代“无追呼者”的理想渐次变为现实。但由于当时现代民事诉讼规则尚未建立，传讯制度的转型反而加深或凸显了传统民事审判模式与现代民事审判模式之间的断裂。

一　1912年至1915年传票的沿袭与变异

1912年浙江省执法科时期，龙泉县知事兼执法长仍以清代信票形式下达传讯饬令。仅从信票的内容来看，除受文者由差役变为承发吏（或法警）以外，这时的传讯信票与清代并无差别，仍是对承发吏的饬令公文，传讯由承发吏限期执行，审讯日期在传到后再决定。如1912年10月8日的一件信票：

> 为查明提究事。兹据南乡隆丰崇信寺僧胜明呈称，地痞范邦增、范长波等假办学为名，图吞寺产，租欠田霸，夺种抢割，砍代寺竹等情，叩请禁阻押收前来。据此，除批示外，合行饬查。为此仰承发吏迅往该庄查明所控各节，如果非虚，立将后开有名人等限一日带县，以凭究

---

①参见〔日〕滋贺秀三著，王亚新译：《清代诉讼制度之民事法源的概括性考察》，〔日〕滋贺秀三等著，王亚新等译：《明清时期的民事审判与民间契约》，第21页。

迅。去吏毋稍袒延干咎。速速。

计开：被告：范邦增、范长波，应讯：范邦明，原告：僧胜明。[①]

然而从承发吏的禀复看，1912年的传讯制度还是发生了变化。清代虽然也有差役未完成传讯任务而禀复的情况，但一般都称被传人避不在家、逃亡在外，直接报告被传人蛮横抗传的情况十分罕见。但1912年承发吏林彝等并未带到范邦增等人，禀复中报告的传讯情形比较特别：

为奉票查提，据实禀复事……吏唤增等来县讯决，伊说听自由党所嘱。此系□□访事情，据实禀复执法员察核施行。[②]

无论对“伊说听自由党所嘱”一语如何理解，这样的禀复等于宣告应讯的责任由被传人自己承担。事后县知事也没有惩罚承发吏，不久后他又发票催传：

为吊簿催传事。案据……业经传讯，抗不到案。兹据该族范炳焕等禀称……各等情。据此，除分别批示外，合行照案催传。为此仰承发吏协仝法警前往该村传集后开有名人等到县质讯……去后毋延，切切。[③]

前引清代催传票中描述传讯不到的情形一般称“该役等抗不禀到”，1912年的这件催传票中却称“抗不到案”，其主语应该是当事人范邦增等而不是承发吏。又清代催传票中对差役类似“该役倘再抗玩，定干革究不贷”的警诫之辞，在1912年的催传票中也消失了。这些现象都说明，1912年的传讯过程中，送达传票的承发吏已经不再承担提到被传人的“无限”责任。

1913年审检所时期，信票由普通公文改为表格式文书。除简化对案情的描述之外，清代公文程式的基本要素均得以保留，在印制的格式化饬令中仍有限期“到所”的内容，但发票官填写的内容中有时强调承发吏的任务主要是“传知”“传唤”，即通知被传人。此外，传讯费用开始在传票上以朱笔注明，这也是一个新的现象。如1913年12月17日范子振等人的传票(图34)：

①1912年10月8日龙泉县知事朱光奎票稿，《龙泉民国法院民刑档案卷(1912—1949)》，M003-01-11869，第25—26页。收录于包伟民主编：《龙泉司法档案选编》第二辑(1912)，第131页。其中“砍代”当为“砍伐”或“砍断”的误写。

②1912年10月8日承发吏林彝等禀复，《龙泉民国法院民刑档案卷(1912—1949)》，M003-01-11869，第27—28页。收录于包伟民主编：《龙泉司法档案选编》第二辑(1912)，第132页。

③1912年10月21日县知事朱光奎票稿，《龙泉民国法院民刑档案卷(1912—1949)》，M003-01-11869，第71页。收录于包伟民主编：《龙泉司法档案选编》第二辑(1912)，第135页。

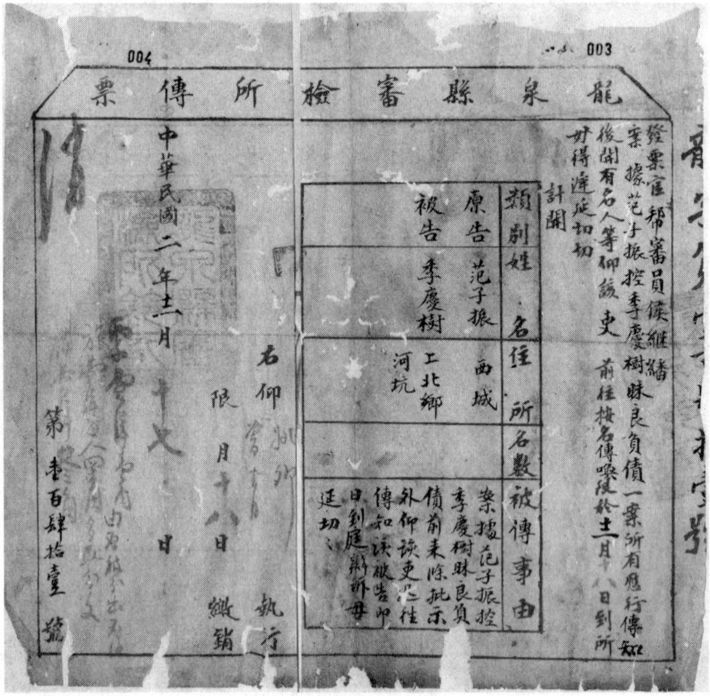

龍泉縣審檢所傳票

發票庭帮審員侯繼緒

案據范子振控李慶樹昧良負債一案所有應行傳知

後開有名人等仰該吏 前往按名傳喚限於十二月十八日到所

毋得遲延切切

計開

類別	姓名	住所	名數	被傳事由
原告	范子振	西城		案據范子振控李慶樹昧良負債前來除批示外仰該吏迅往傳知該被告即日到庭聽訴毋延切切
被告	李慶樹	北鄉工河坑		

右仰 執行

限 月十八日 繳銷

中華民國二年十二月十七日

第壹百肆拾壹號

图 34　1913 年 12 月 17 日龙泉县审检所传票

（M003 - 01 - 12964，第 3—4 页）

案(据范子振控季庆树昧良负债)一案,所有应行(传知)后开有名人等,仰该(吏)前往按名(传唤),限于(十二)月(十八)日到所,毋得迟延,切切。

计开:

类　别	(原　告)	(被　告)
姓　名	(范子振)	(季庆树)
住　所	(西城)	(上北乡河坑四十里)
名　数		
被(传)事由	(案据范子振控季庆树昧良负债前来,除批示外,仰该吏迅往传知该被告即日到庭辩诉,毋延,切切。)	

右仰(姚卿、曾青)执行

限(　)月(十八)日缴销

中华民国二年十二月(十七)日

(票费洋壹角,旅费洋每人四角,宿费洋叁角。由原、被分出,不得多取分文。)①

禀复这时改称报告,承发吏姚卿并没有将被传人"带县"候讯,他在报告书中陈述"传知"的情形:

为报告事。吏等于本月十七日奉票前往北乡河坑传知被告人季庆树即日来辕辩诉。据庆树称,所欠之项已经承认,不过另有别情,应当来庭辩诉。为此合将报告,随仝原票一并缴呈审判官察核施行。②

但限期之日(十八日)被传人并没有出现,发票官因此再次发票,并改由法警郑德兴、吴锡寿执行传讯。或许因为发票官对于是否仍然只要求法警"传知"被传讯者感到困惑,因此在任务栏中留下了空白,"被传事由"则要求"立传"被告:

①1913 年 12 月 17 日龙泉县审检所传票,《龙泉民国法院民刑档案卷(1912—1949)》,M003-01-12964,第 3—4 页。收录于包伟民主编:《龙泉司法档案选编》第二辑(1913),第 1016 页。括号内为手填内容,下同。

②1913 年 12 月承发吏姚卿报告书,《龙泉民国法院民刑档案卷(1912—1949)》,M003-01-12964,第 17—18 页。收录于包伟民主编:《龙泉司法档案选编》第二辑(1913),第 1017 页。

案(据范子振控季庆树昧良负债)一案,所有应行(　)后开有名人等,仰该(吏)前往按名(　),限于(本)月(廿)日到所,毋得迟延,切切……

被(传)事由:(案据范子振控季庆树昧良负债,业经饬催清完在卷,兹据范子振呈催季庆树迄今未付□□,除批示外,仰该吏迅往立传该被告到所讯□,毋延,切切。)[①]

第二天,法警的报告称被传人承诺"限明日必定到署质讯,断不食言,不敢冒昧妄言"[②],说明审检所时期的传讯中传讯人已不负责将被传人带到候讯。

1914年,审检所罢废,龙泉县进入县知事兼理司法时期。县公署的传票延续审检所时期的格式而有所修正,与审检所时期相比,传讯的限期消失了。如1915年罗建功与季忠寅案的传票(图35):

(案据罗建功控季忠寅砍木)一案,所有应行饬(传)事,[照](立)仰该(吏)遵照后开办理,毋违,切切。[③]

传讯的报告与之前相似,仅说明被传人承诺应讯等情况,"据季忠寅云,限于五日内来庭投讯"[④],而法警仍未带被传人一同到庭。

1912年至1915年是民国时期龙泉县传讯制度演变的第一阶段,传票某种程度上仍沿袭着清代信票的公文形式,但明显趋向格式化。这时传票的受文者仍是承发吏或者法警,而不是被传人,传票的回复文书(禀复或报告)仍由承发吏或法警出具。传票上仅注明要求被传人到庭的时间,却没有事先确定审讯时间,审讯时间仍在被传人到庭后确定,这也是对清代传讯制度的沿袭。这种传票尚不具备预先确定开庭审理时间、传票受文者为被传人、回复文书由被传人出具等现代民事传讯制度的基本特点,不符合

①1914年1月19日龙泉县审检所传票,《龙泉民国法院民刑档案卷(1912—1949)》,M003-01-12964,第9—10页。收录于包伟民主编:《龙泉司法档案选编》第二辑(1913),第1028页。

②1914年1月20日法警郑德兴报告,《龙泉民国法院民刑档案卷(1912—1949)》,M003-01-12964,第16页。收录于包伟民主编:《龙泉司法档案选编》第二辑(1913),第1029页。

③1915年4月9日龙泉县公署传票,《龙泉民国法院民刑档案卷(1912—1949)》,M003-01-12166,第19—20页。

④1915年4月承发吏卢子美、法警许年东报告,《龙泉民国法院民刑档案卷(1912—1949)》,M003-01-12166,第21—23页。

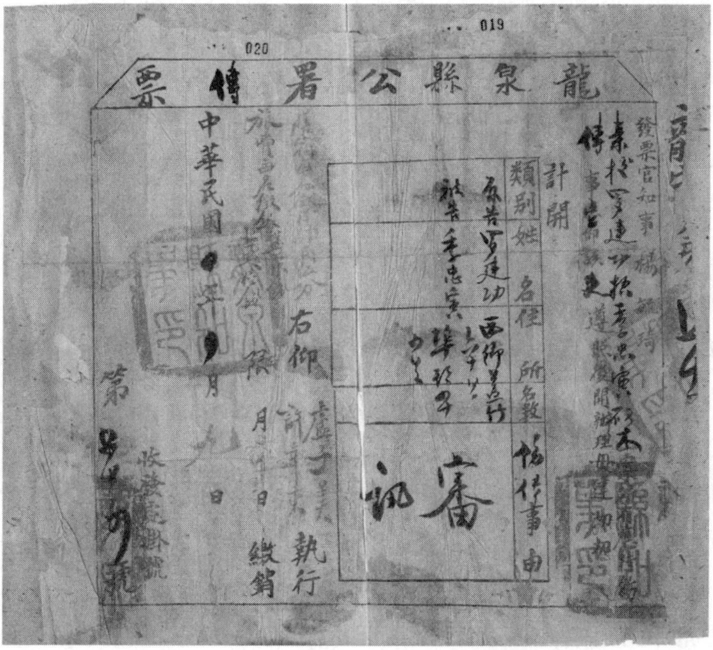

龍泉縣公署傳票

發票官知事

傳

事由

計開

類別	姓名	住所	名數	協傳事由
原告				
被告				

審訊

右仰　執行

月　日繳銷

中華民國　年　月　日

第　號

收發處掛號

图 35　1915 年 4 月 9 日龙泉县公署传票

（M003－01－12166，第 19—20 页）

当事人主义原则。但作为传票受文者的承发吏或法警仅承担通知的任务，不必再将被传人带回到庭，回复文书也仅报告被传人承诺应讯等情况。这种传讯制度存在明显缺陷，在吏、警不必带回被传人到庭的情况下，他们在报告中宣称已经通知被传人，但被传人的承诺未经签押确认，根本无法验证。一旦出现吏警未送达传票、谎报传讯情形等渎职行为，责任追究会非常困难，也为舞弊行为提供了更广阔的空间。

二　专用传票的出现及送达、收费问题

1922年《民事诉讼条例》颁行之前，中国正式施行的诉讼法是清朝的《各级审判厅试办章程》。这部法规内容简陋，对诉讼程序的规定非常模糊，关于传票送达或民事传讯制度，仅规定“传票，传讯原、被告及其他诉讼关系人等用之”（第14条）、“民事厅票，承发吏执行之”（第17条）、“凡因案传到者，应即日讯问之”（第20条）[①]。依据这些法规无法建立起清晰的传讯制度，因此龙泉司法档案所见这一时期传讯制度的演化，相当程度上是基层法院在司法实践中探索的结果。

当然，实践中的探索未必完全没有法律文本的依据。清末司法变革中形成的诉讼法规，除了民国初期沿用的《各级审判厅试办章程》之外，还有起草而未实施的《刑事民事诉讼法》与《大清民事诉讼律草案》。1906年起草的《刑事民事诉讼法》的民事规则中，对“传票”的规定包括：

首先，民事案件的当事人可以自由决定是否到案，传唤仅具有通知性质而无强制力。如第89条规定，“凡民事案件，如索债、索赔偿、索回房屋或田地等案，宜用传票往传，俱不准用拘票”；第92条规定，“凡传票，由公堂饬堂弁亲交被告”；第93条规定，“奉传票之堂弁，如未能亲交被告，即将传票留与其亲属转交”；第94条规定，“堂弁交到传票之后，即向公堂申覆销差。并于传票册内，将亲交或转交之处注明”。这些规定明确了在民事诉讼中不得强制当事人到案，传票的受达人是当事人（被告），而不是司法人员（堂弁），堂弁的责任仅仅是通知（亲交或转交），对于当事人是否到案不负责任。

其次，由于传票的受达人是当事人，因此当事人需要对其被传唤后是

---

①《各级审判厅试办章程》，怀效锋主编：《清末法制变革史料》（上卷），第458—459页。

否到案负起法律责任。如第 98 条规定，“公堂已定审期，被告无故不到案听审者，查明传票委系交给，仍将该案照例审讯”（第 102 条也有类似规定），此即所谓的“缺席审判”；第 100 条则规定原告不到案的法律责任，“公堂已定审期，原告无故不到案者，即将该案注销。堂票等费应否责令原告全缴，凭公核夺”（第 108 条也有类似规定）[①]。

不过，《刑事民事诉讼法》对被传人的传票签押制度还没有明确规定。而 1910 年的《大清民事诉讼律草案》规定，传讯应该先定庭审日期，“审判长定日期后，应由书记送达传票于诉讼关系人令其到场”（第 214 条）；又规定送达证书“由送达吏签名”并由“应受送达人”签收（第 197 条）[②]。

以上这些规定很可能是 1916 年浙江省重建审检所时期传票与送达证书制度的法规依据。1916 年浙江省重建审检所时期出现的新传票，基本具备了现代民事传讯制度的要素。如 1916 年 10 月的一件传票（图 36）：

> 起诉事实摘要：（勒逼立契）
>
> 浙江龙泉县审检所为传唤事。因（梅敦善控梅敦煜等）案件定于（十）月（廿一）日（下）午（二）时开庭讯审，该被传人应谨守日时到本所候审。切切。
>
> 被传人：（梅敦煜、梅敦熠、夏初福、虞茂子）
>
> 住址：（南乡东山头一百廿里）
>
> 中华民国（五）年（十）月（十）日
>
> 发票官：（专审员张济演）
>
> 持票人：（程希璋）
>
> 注意：此票由被传人到庭时缴销。[③]

新式传票中，被传人正式成为传票的受文者，传票写明预定的庭审时间，持票人程希璋只是传票的送达人，传票其实就是庭审通知书。1916 年浙江省的审检所制度昙花一现，当年即被废除，但是这种传票形式在县公署兼理司法时期被保留下来，仅将原“审检所”改为“县公署”而已（图 37）。

---

①《刑事民事诉讼法》，怀效锋主编：《清末法制变革史料》（上卷），第 442—443 页。

②《大清民事诉讼律草案》，怀效锋主编：《清末法制变革史料》（上卷），第 607、602 页。

③1916 年 10 月 10 日龙泉县审检所传票，《龙泉民国法院民刑档案卷（1912—1949）》，M003-01-76，第 20 页。收录于包伟民主编：《龙泉司法档案选编》第二辑（1916），第 927 页。

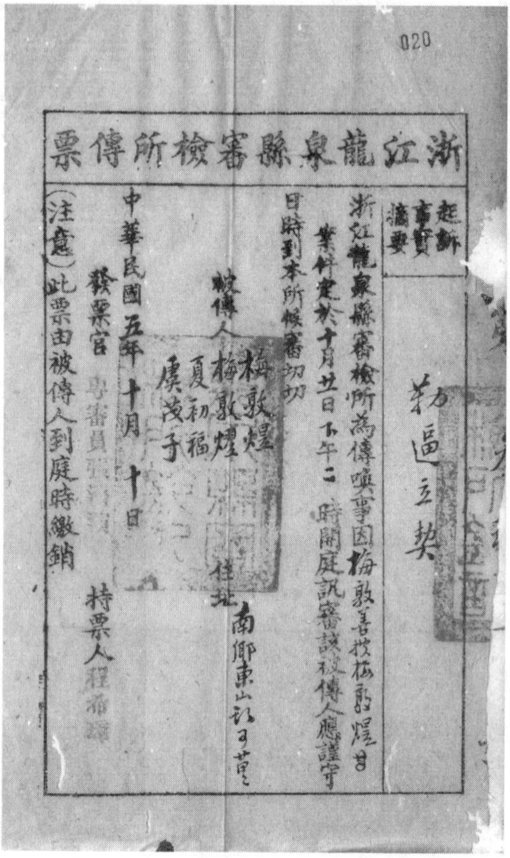
020

浙江龍泉縣審檢所傳票

起訴事實摘要 勒逼立契

浙江龍泉縣審檢所為傳喚事因梅敦善控梅敦煌甘

案件定於十月廿日下午二時開庭訊審該被傳人應謹守

日時到本所候審切切

被傳人 梅敦煌 梅敦煌 夏初福 虞茂手 住址 南鄉東山

中華民國五年十月十日

發票官 專審員

（注意）此票由被傳人到庭時繳銷 持票人 程希

图 36　1916 年 10 月 10 日龙泉县审检所传票

（M003－01－76，第 20 页）

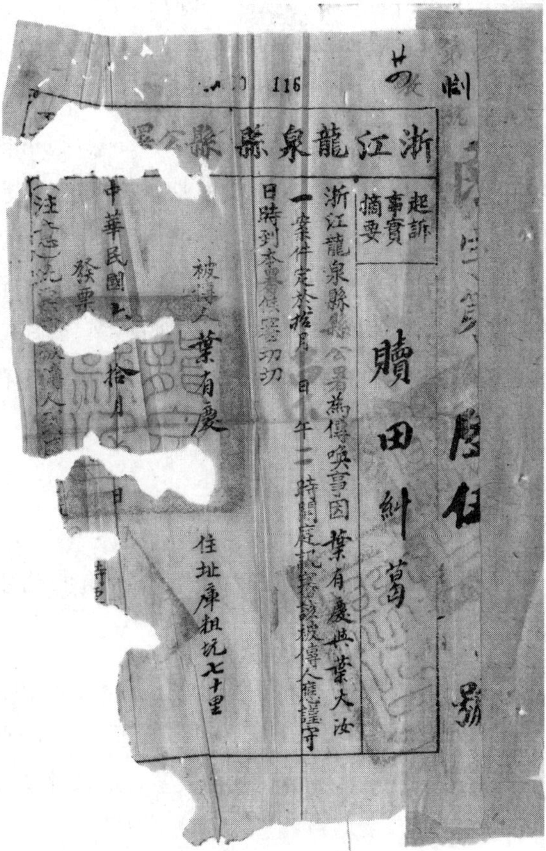

116

浙江龍泉縣公署

起訴事實摘要　贖田糾葛

浙江龍泉縣縣公署為傳喚事因葉有慶與葉大汝

一案件定於拾月　日午二時開庭訊審該被傳人應謹守

日時到本署候審切切

被傳人　葉有慶　　住址庫粗坑七十里

中華民國六年拾月　日

發票

图 37　1917 年 10 月 7 日龙泉县公署传票

（M003－01－5041，第 116 页）

新式传票似乎具备现代传讯制度的全部特征，但在具体运作中仍有缺陷。传票注意事项中注明“此票由被传人到庭时缴销”，同时设计了送达证书制度，既然如此，势必要求一人一票。但龙泉县最初仍是一票传唤多人，如前引传票就是一票传讯梅敦煜、梅敦熤、夏初福、虞茂子四人。另外，在送达传票时，“送达证书”的“受取人之姓名”一栏仍由承发吏填写，而非被传人签押，仍然留下了应讯责任难以认定的隐患（图 38）[①]。不过这种情况很快得以改变，最晚至 1917 年，一人一票的情况已经相当普遍[②]，送达证书开始有被传人的签押（图 39）[③]。

至此，现代传讯制度似乎已经确立，若稍不留意，很可能便会误认为 1922 年《民事诉讼条例》颁行之后，审检所时期的传票形式得以沿用，新出现的传票“存根”“回证”取代原来的“送达证书”只是形式上的变化，并没有实质的意义。1922 年上半年短暂出现的传票存根可能因为没有设计被传人的签押栏目而被淘汰（图 40）[④]，下半年出现的传票回证不但设计了“被传人印或押”的栏目，而且在上方空白处印有“注意”事项专门指导被传人如何签押回证（图 41）：

> 被传人收受传票时，须于被传人栏内签名捺印。如本人不能签名，准由他人代写，自捺拇印。至由他人代收时，须注明某某代收且捺印。被传人有多数人时，须各自签名捺印。倘有拒绝收受及其他情形，即由送达人于备考□内记明。[⑤]

龙泉司法档案中这种传票回证留存很少，图 41 是 1926 年的传票及对应回证，但这种与回证配套的传票在 1922 年 8 月以后便大量出现了。

由于之前的送达证书已经普遍出现被传人签押的情况，回证上的被传人

---

①1916 年 10 月 18 日传票送达证书，《龙泉民国法院民刑档案卷（1912—1949）》，M003 - 01 - 76，第 29 页。收录于包伟民主编：《龙泉司法档案选编》第二辑（1916），第 929 页。

②1917 年 10 月 7 日龙泉县公署传票，《龙泉民国法院民刑档案卷（1912—1949）》，M003 - 01 - 5041，第 116 页。收录于包伟民主编：《龙泉司法档案选编》第二辑（1917），第 557 页。

③1917 年 10 月 13 日传票送达证书，《龙泉民国法院民刑档案卷（1912—1949）》，M003 - 01 - 5041，第 115 页。收录于包伟民主编：《龙泉司法档案选编》第二辑（1917），第 564 页。

④1922 年 3 月 1 日龙泉县公署传票及存根，《龙泉民国法院民刑档案卷（1912—1949）》，M003 - 01 - 13670，第 26、50 页。收录于包伟民主编：《龙泉司法档案选编》第二辑（1922），第 24 页。

⑤1926 年 12 月 3 日龙泉县公署传票及回证，《龙泉民国法院民刑档案卷（1912—1949）》，M003 - 01 - 14444，第 92 页。

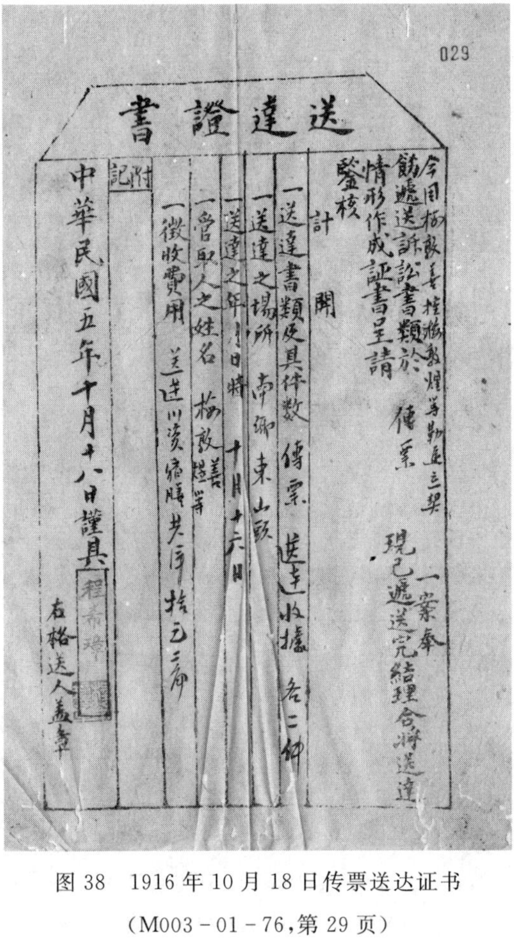
送達證書

今因楊敦善控楊敦煌等勒逼立契　一案奉
飭遞送訴訟書類於　傳案　現已遞送完結理合將送達
情形作成證書呈請
鑒核
計　開
一送達書類及其件數　傳票、送達收據各二紙
一送達之場所　南鄉東山頭
一送達之年月日時　十月十六日
一會取人之姓名　楊敦善　煌等
一徵收費用　差送川資縮膳共洋捌元二角
附記
中華民國五年十月十八日謹具　程希璋
右格送人蓋章

图 38　1916 年 10 月 18 日传票送达证书

（M003－01－76，第 29 页）

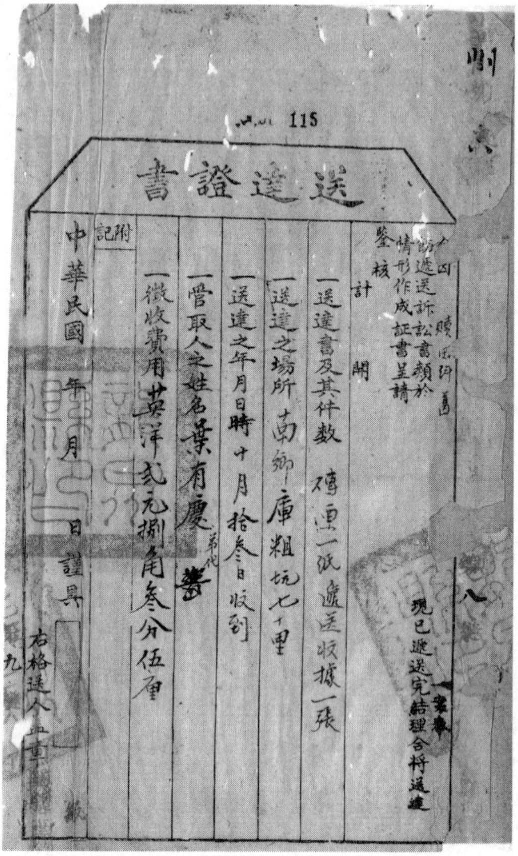
115

送達證書

將送達訴訟書類於送達情形作成證書呈請

鑒核

計開

一送達書及其件数　傳票一紙　送達回收據一張

一送達之場所　南鄉庫粗坑七十里

一送達之年月日時　十月拾叁日收到

一領取人之姓名　葉有慶　弟代

一徵收費用　英洋弍元捌角叁分伍厘

附記

中華民國　年　月　日謹具

右給送達人

現已遞送完結理合將送達

图 39　1917 年 10 月 13 日传票送达证书

（M003 - 01 - 5041，第 115 页）

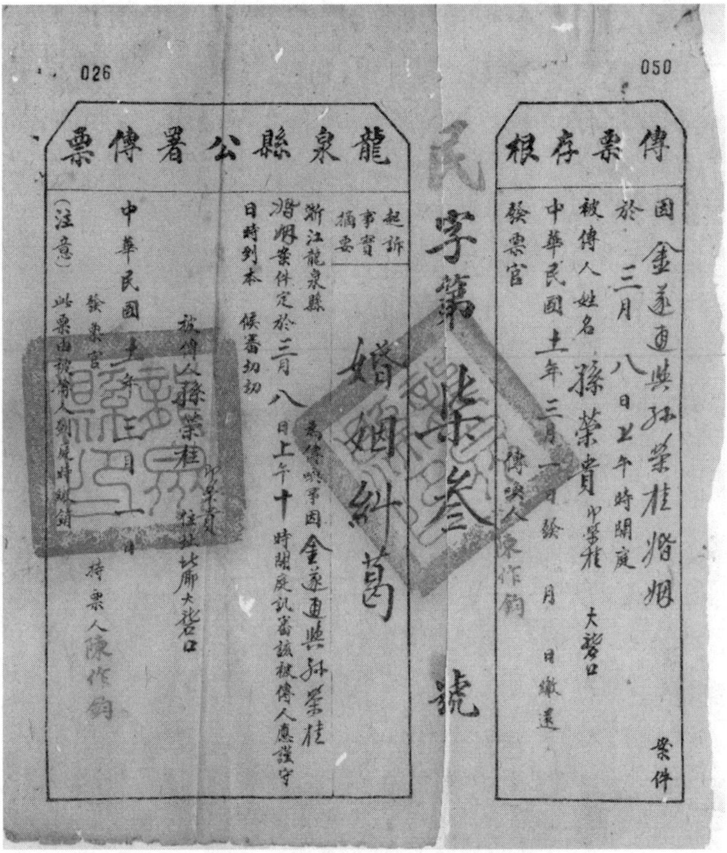
026

龍泉縣公署傳票

起訴事實摘要

浙江龍泉縣

婚姻案件定於三月八日上午十時開庭訊審該被傳人應遵守

日時到本　候審切切

被傳人孫榮桂

中華民國十一年三月一日

發票官

（注意）此票由被傳人到庭時繳銷

持票人陳作鈞

050

傳票存根

因金蓮　周興　孫榮桂婚姻案件

於三月八日上午十時開庭

被傳人姓名孫榮貴

中華民國十一年三月一日發　月　日繳還

發票官

傳決人陳作鈞

字第　號

婚姻糾葛

图 40　1922 年 3 月 1 日龙泉县公署传票及存根

（M003－01－13670，第 26、50 页）

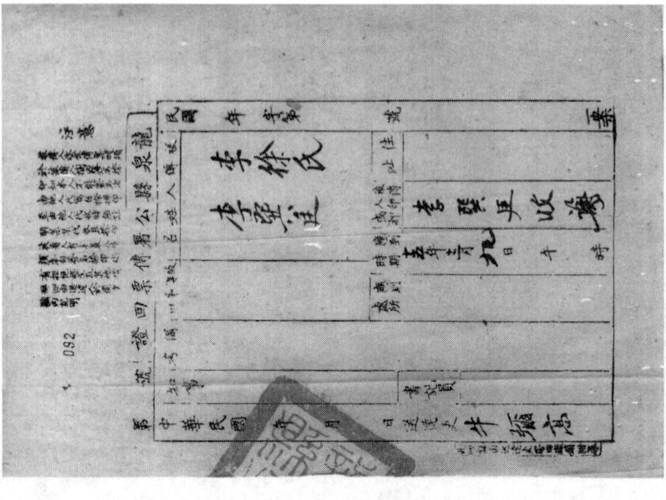

图 41　1926 年 12 月 3 日龙泉县公署传票及回证(M003－01－14444,第 91—92 页)

签押并不具备突破性意义。送达证书与回证的真正区别，在于"征收费用"栏目的消失。清代差役执差均按惯例收受"规费"，规费数额多少并无明文规定，核算并合法收取诉讼费用是晚清司法变革的内容之一。《各级审判厅试办章程》规定：

> 第九十一条　承发吏递送文书及传票，每件征收银一钱，作为承发吏办公费。
>
> 第九十二条　承发吏递送文书及传票，于十里以外者，每五里加征银五分。路远不能一日往返者，每日加征食宿费银三钱。火车轮船已通或未通之处，其川资由审判厅酌核实数，标明该文书之表面，向收受文书及奉传票者征收之。如有多索，准人告发。①

龙泉县1913年审检所时期的传票上就出现过用朱笔写明的传讯费用，这种情况一直延续到1915年，如前引1915年传讯罗建功、季忠寅的传票（图35）就写明"膳宿每名征洋四角五分，旅费每名征银盖□□钱、□□陆钱"②。1916年审检所时期虽然形成了新的传票格式并出现了送达证书，但递送传票的收费制度并未废除，送达证书的填写栏目有"征收费用"一项。如前引1916年10月18日的传票送达证书，其"征收费用"栏中就填写着"送达川资、宿膳共洋拾元二角"③，费额之高实属惊人（大约相当于当时上海普通工人的月工资）。

传讯制度的缺陷随着1922年《民事诉讼条例》在全国的实施而明显改善。龙泉县虽因仍实行县知事兼理司法制度而不能完全适用这部法规，但与兼理制度不冲突者仍须遵行。该条例规定"审判长定日期后，法院书记官应作传票送达于诉讼关系人，令其到场"（第190条），并规定应制作送达证书由收领人签收，"送达证书应于作就后交收领送达人签名或盖印，如拒绝或不能签名或盖印者，送达吏应记明其事由"（第172条）④，对之前龙泉

①《各级审判厅试办章程》，怀效锋主编：《清末法制变革史料》（上卷），第462页。

②1915年4月9日龙泉县公署传票，《龙泉民国法院民刑档案卷（1912—1949）》，M003-01-12166，第19—20页。

③1916年10月18日传票送达证书，《龙泉民国法院民刑档案卷（1912—1949）》，M003-01-76，第29页。收录于包伟民主编：《龙泉司法档案选编》第二辑（1916），第929页。

④金绶：《民事诉讼条例详解》，陈刚、邓继好主编：《中国民事诉讼法制百年进程》（民国初期第一卷），第309、318页。

县已经实行的传票制度作出明文规定。此外,《民事诉讼条例》虽有对于诉讼费用的规定,但取消了传讯费用的条文[①]。在龙泉县的司法文书中,1922 年以后包含"征收费用"一栏的送达证书仍得保留,用于送达判决等各种文书,唯独不用于传票。1922 年传讯程序中取代"送达证书"的"回证"取消了"征收费用"一栏,说明"回证"的意义正在于废除传票收费制度。因此可以说,经历了 1916 年浙江省重建审检所到 1922 年《民事诉讼条例》施行的大约 6 年时间之后,龙泉县的现代民事传讯制度才最终确立起来。

三 过渡时期传讯制度引发的混乱

转型期传讯制度的缺陷主要在于应讯责任不明确,以及传讯收费制度的存在。由于缺席审判制度的实施,传讯制度的缺陷有时会给诉讼造成严重影响。以下以龙泉司法档案中罗建功的两个案件为例,说明其中可能产生的问题。

缺席审判制度在清末的法规中已经形成。1907 年《各级审判厅试办章程》第 39 条规定:

> 公判时,遇有下列原因,可即时判决:一、因原告人无故不到案,被告人申请结案,经审判官依法律定限催传,而原告人仍不到案者;二、因被告人无故不到案,原告人申请结案,经审判官查明原告之证据确凿可信者。[②]

1914 年《县知事审理诉讼暂行章程》第 32 条规定:

> 遇有左列情形得为缺席判决:(一)民事原告人票传二次无故不到案,被告人申请结案者;(二)民事被告人票传二次无故不到案,原告人申请结案,经县知事或承审员查明原告人之证据确凿可信,其请求系属正当者。[③]

---

①1921 年《民事诉讼条例》、1931 年与 1935 年《民事诉讼法》均取消送达传票费用之规定,现行台湾地区《民事诉讼"法"》第 77 条之 23 则规定"邮电送达费及法官、书记官、执达员、通译于法院外为诉讼行为之食、宿、舟、车费,不另征收"。

②《各级审判厅试办章程》,怀效锋主编:《清末法制变革史料》(上卷),第 460 页。

③《县知事审理诉讼暂行章程》,余绍宋编:《改订司法例规》,第 488 页。

缺席审判制度意味着当事人需对出席庭审负责，只有这样，1912 年之后传讯的责任人才可能逐渐由吏警转移到当事人。缺席审判制度本来无可指摘，问题在于 1917 年以前传讯制度中没有建立被传人签收传票的制度，因此无法确保吏警将传票送达被传人，由此可能出现当事人未收到传票而被缺席庭审却无从查证的情形。

1914 年 12 月初，龙泉县知事杨毓琦裁断涉讼山场归罗建功，但罗建功须出洋收回季忠寅等手上所持废契。这是典型的传统调解式审判。罗建功对裁断并不满意，以“法律无两可之条文”为理由质疑杨毓琦“着民出洋收回废契”的裁断，杨毓琦则在批示中以“可厌”予以回应①。与此同时，被告季忠寅等也不服裁断，另案起诉罗建功。然而拖延至 1915 年 7 月，季忠寅等始终不应讯，“虽经钧审本年四月十号经传一次，嗣后再单方传过两次，乃传□自传，如忠寅不听何？藐法违令，莫甚于此”。于是罗建功以“屡传不案终结无期”为由向官府声请“照章宣示缺席裁判、保障权利而清讼累”。或许是为了尽快达成缺席审判，罗建功宣称接受之前出洋收回废契的裁断：

> 惟有请求钧审迅赐按照定章“三传不到缺席裁判”条文执行。民随将洋缴案，并将忠寅之残契准民领过执管，强制终结，保障权利。②

县知事杨毓琦对罗建功请求的批示是“准行”。于是罗建功在 8 月 1 日领回了季忠寅等人呈案的“季徐氏杜卖正印投验山契壹纸”“季忠宸杜卖正印投验山契壹纸”等所谓废契③，但并没有兑现“随将洋缴案”的承诺。在另案起诉罗建功却不应讯而导致败诉之后，季忠寅又于 1915 年 10 月向永嘉地方审判厅提起上诉④。永嘉地方审判厅受理后，季忠寅作为上诉人又二次传讯不到，又被“照章撤销上诉状”⑤。

---

①1914 年 12 月 23 日罗建功诉状，《龙泉民国法院民刑档案卷(1912—1949)》，M003 - 01 - 12166，第 43—48 页。

②1915 年 7 月 15 日罗建功诉状，《龙泉民国法院民刑档案卷(1912—1949)》，M003 - 01 - 12166，第 2—3、5 页。

③1915 年 8 月 1 日到罗建功领状，《龙泉民国法院民刑档案卷(1912—1949)》，M003 - 01 - 1889，第 38—43 页。

④1915 年 10 月季忠寅交状，《龙泉民国法院民刑档案卷(1912—1949)》，M003 - 01 - 12139，第 29—33 页。

⑤《各级审判厅试办章程》第 67 条规定，“上诉人经两次传案不到者，其上诉状即行撤销”。参怀效锋主编：《清末法制变革史料》(上卷)，第 461 页。

季忠寅两次提起诉讼(反诉与上诉)却不应讯,因而先后遭遇"缺席审判"与"撤销上诉",对这样的诉讼行为应该如何理解?如果不是因为季忠寅特别"愚蠢",那么有一种可能就是季忠寅并不了解传讯制度正在发生变化,误以为清代那种起诉而不应讯以破坏诉讼程序的策略仍然有效。但这种"失误"没有理由连续发生两次,因而还有另一种可能就是承发吏弄虚作假,季忠寅并没有收到传票,由于传票签收制度的缺失,这种情况即使发生也无从查证。至于产生虚假传讯的原因,就清代传讯舞弊的情况、罗建功的财力及他对当时法律制度的精通程度而言,不能排除罗建功与承发吏勾结作弊的可能。

还有另一案例,也可说明此问题。1918 年,在罗建功与叶有芳的佃权纠纷案中,罗建功在上诉中胜诉,推翻了第一审判决。这时,当事人签收传票制度已经确立,但价额不菲的传讯收费制度尚未废除,给山佃叶有芳造成严重困扰。该案始于 1918 年 3 月,叶有芳以"欲灭佃权、吞没分息"为由对罗建功提起民事诉讼,请求维护佃权[①]。罗建功提出答辩,认为山场业主更替之后,原佃户须与新业主重订佃约才能生效[②]。龙泉县一审判决叶有芳"当然有佃种权利",佃租"应东、佃对半平分",而叶有芳私砍的树木断归罗建功所有[③]。罗建功不服判决,向永嘉地方审判厅提起上诉[④]。永嘉地方审判厅定于 8 月 10 日、9 月 4 日两次开庭审理[⑤]。叶有芳之子暨代理人叶正树在后来的诉状中两次追述第二审的情形:

> 及第二审传票到时,民父已贫病在床。自思佃种主山,忠而被告,心实难甘,兼之票费罗掘俱穷,人病尚虑药钱无出,何堪受此衔蜂严逼。无已典出无数对象,票费始付清楚,民父受此刺激,病益加剧,接

①1918 年 3 月叶有芳诉状,《龙泉民国法院民刑档案卷(1912—1949)》,M003-01-10106,第 33—36、40 页。

②1918 年 3 月 14 日到罗建功辩状,《龙泉民国法院民刑档案卷(1912—1949)》,M003-01-10106,第 49—54、56 页。

③(时间不详)点名单堂谕,《龙泉民国法院民刑档案卷(1912—1949)》,M003-01-14949,第 8 页。

④《各级审判厅试办章程》第 58 条规定:"上诉之方法如左:一、控诉:凡不服第一审之判决,于第二审审判厅上诉者曰控诉;二、上告:凡不服第二审之判决,于终审审判厅上诉者曰上告;三、抗告:凡不服审判厅之决定或命令者,依法律于该管上级审判厅上诉者曰抗告。"参怀效锋主编:《清末法制变革史料》(上卷),第 461 页。

⑤1918 年 7 月 24 日到永嘉地方审判厅公函,1918 年 8 月到永嘉地方审判厅公函,《龙泉民国法院民刑档案卷(1912—1949)》,M003-01-12895,第 7—8、11 页。

> 到第二审判决后，旋父又病故。[①]

据此判断，叶有芳曾在贫病交加的情况下收到过二审传票。

另一件诉状中又称：

> 嗣后第二审衙门递送通知书，令民父答辩。民父因家贫如洗，又病重异常，无力叙状辩诉、遵传赴瓯听讯。等民父到所候讯，讵知第二审衙门不揣罗建功仅有山主利权，屈将民山佃对半平分权利糊涂撤销。自接到第二审判决后，旋即民父一病不起。[②]

据此描述，则叶有芳在收到传票后仍缺席二审。该判决撤销了龙泉县原来"关于以后双方对于该山出息当依照仰字所载应东、佃对半平分之部分"的裁断，判决"系争山场被控诉人之佃权应由控诉人收回"，二审讼费判归被控诉人叶有芳负担[③]。二审判决逆转了一审判决的结果，使叶有芳处于完全败诉的地位，说明叶有芳确实未及时参加二审审讯。据罗建功要求叶有芳承担二审讼费时声称"二审讼费，民赴温听讯，往返开支诉讼费用共计英洋拾元零肆角六分八厘"[④]，说明叶有芳若正常应讯需缴费英洋十元左右，这对贫病中的山佃叶有芳而言是一笔巨额开销，叶有芳二审败诉主要是因其无力承担传讯等费用导致的缺席审判所致。

以上案例说明，传讯的签押、收费等缺陷对于诉讼本身并非无关紧要。传票签收制度的缺失为舞弊行为提供了空间，传讯收费制度则给贫困人群的诉讼能动性造成严重困扰，这是新旧转型中制度断裂的典型案例。

---

①1919年12月2日到叶正树辩状，《龙泉民国法院民刑档案卷(1912—1949)》，M003-01-11741，第62—66页。

②1920年1月叶正树辩状，《龙泉民国法院民刑档案卷(1912—1949)》，M003-01-11741，第6—10页。

③1919年7月罗建功诉状，《龙泉民国法院民刑档案卷(1912—1949)》，M003-01-11741，第55—61页。

④1918年12月23日罗建功诉状，《龙泉民国法院民刑档案卷(1912—1949)》，M003-01-5311，第2—6页，

第四编　调查与审讯文书

第十章　秘密调查兴衰史

龙泉司法档案20世纪初的民事诉讼文书中出现了秘密调查程序，这是在传统细故审理或现代民事诉讼中都不可能出现的司法手段。《各级审判厅试办章程》既未排除秘密调查程序，也未对具体审判程序作任何具体规定，导致职权主义审判模式的具体操作需要基层审判机构在司法实践中自行摸索。在《各级审判厅试办章程》职权主义事实认定相关规定的基础上，通过对龙泉司法档案所见秘密调查程序的考察，可以发现20世纪初基层审判机构在司法实践中"发现真实"的特殊模式。

一　秘密调查之发端

《天津府属试办审判厅章程》《各级审判厅试办章程》的民事诉讼规则均参照刑事诉讼规则而制定，具有职权主义的特点，包括依职权展开调查、追求实质真实主义的事实认定、判决不受当事人声明的约束等。如《天津府属试办审判厅章程》第51条为刑、民案件共同适用，该条规定"凡审讯先讯问被告，次原告，次证人，皆隔别讯问，其必须对诘者亦得同时讯问，但非经承审官发问，两造不得自行辩驳"，其中"隔别讯问"代表着干涉主义的调查原则，"非经承审官发问，两造不得自行辩驳"则强调审判官主动调查事实之职权①。《天津府属试办审判厅章程理由书》进一步解释称"其用隔别讯问者，欲易得事实之真相也"，明确了职权主义的实质（绝对）真实主义之原则②。而《各级审判厅试办章程》第33条称"凡审判方法，由审判官相机为之，不加限制"，对审判的规定极尽含糊，不啻赋予审判官事实调查与裁判的无限制权力③。

清末《各级审判厅试办章程》仅适用少数已成立的审判厅，未对包括浙

---

①《天津府属试办审判厅章程》，第17页。

②王仁铎：《天津府属试办审判厅章程理由书》，第42页。

③胡康：《论清末民事诉权制度的变革》，西南政法大学2010年博士学位论文。

江省龙泉县在内的绝大部分审判衙门产生影响。民国成立之后，各种诉讼法规无不参照《各级审判厅试办章程》而修订，除有特别规定以外，未成立审判厅之各级审判衙门的审判事务也须遵照《各级审判厅试办章程》施行，这就使得模糊的职权主义审判模式开始适用于全国各地的基层审判机构。传统中国细故审理的事实认定(发现真实)模式，其实与20世纪80年代以前的马锡五审判模式非常相似，同样是边调解边调查，无论调查多么深入细致，证据是否充分，事实认定过程本质上是获得双方当事人认同的过程①。《各级审判厅试办章程》一方面打破了传统细故审理"强制调解"的逻辑，另一方面并没有构建起职权主义事实认定的具体程序，需要基层审判机构在司法实践中自行探索，龙泉县民事诉讼中的秘密调查程序就是在这种背景下出现的。

1912年至1913年任龙泉县知事的朱光奎系革命党出身。1913年，龙泉县发生了一件普通的山场纠纷，张仁钱、张李钱在沙田蓁山场砍木，遭到张德财等人阻止，双方互控，要求确认该山场归己所有。朱光奎开始时拒绝准理，直到双方先后7次呈状后，他才决定由承发吏开展调查，"既据一再请求，姑候饬吏勘明覆夺"②。

按照清代的一般经验，堂讯以前的调查一般属于"查明"，是细故审理的特殊程序。细故审理有几种类型的调查，除现代民事诉讼也有的"查勘"程序外，还有"查明"与"查理"。前者是审前程序，主要是调查纠纷是否确实存在，据以决定是否受理(准理)案件；后者是庭外调解，两者都不属于正式审判程序。

"查明"程序在龙泉司法档案中并不少见。如宣统元年(1909)十二月，叶天茂状告廖立汉一山二卖③，廖立汉则声称该山场是由其向叶天茂赎回后才卖给张石德的④。对于是否准理该案，知县陶霖一时难以决定，决定

①王亚新：《民事诉讼与发现真实——基于一种法社会学视角的分析》，《清华法律评论》1998年第1辑。

②1913年4月25日张仁钱等民事状，《龙泉民国法院民刑档案卷(1912—1949)》，M003-01-14365，第1—6、9页。收录于包伟民主编：《龙泉司法档案选编》第二辑(1913)，第130页。

③宣统元年十二月叶天茂呈状，《龙泉民国法院民刑档案卷(1912—1949)》，M003-01-2527，第7—8页。收录于包伟民主编：《龙泉司法档案选编》第一辑(晚清时期)，第455页。

④宣统二年正月廿八日廖立汉呈状，《龙泉民国法院民刑档案卷(1912—1949)》，M003-01-2527，第15—16页。收录于包伟民主编：《龙泉司法档案选编》第一辑(晚清时期)，第456页。

先派差役调查之后再作考虑，遂批示道：

既据具结呈求，姑候饬查明核夺。[①]

同时发票：

仰役迅往该庄协保，立即查明叶天茂所控前情是否属实，其中有无别情纠葛。的限三日内将饬查缘由据实复县，以凭核夺。[②]

宣统二年（1910）二月初七日，差役季福等禀复：

役等采访舆论，据耆老云称：叶天茂与廖姓结讼，实由廖立汉一业两卖起祸。[③]

这里的调查结果“廖立汉一业两卖起祸”对被告完全不利，但官府在堂讯之前，绝不能据此形成事实认定或裁断。知县陶霦所需的信息只是纠纷“结讼”确实存在，据此决定准理案件，批示“候□□传集讯断”[④]。

也有根据“查明”结果拒绝准理的情况发生，如龙泉司法档案中1910年叶佐邦与周继明杉木纠纷案，知县陈启谦在决定是否准理前要求“查明叶佐邦控情是否属实，抑或另有别故”[⑤]。差役毛吉等禀复后，知县陈启谦便以状词中有虚饰内容为由拒绝准理：

此案昨据差禀，查访村邻，周继明并无坐家吵闹之事，业经批示，将案注销，毋庸再渎。[⑥]

总之，传统的“查明”程序虽然也可能采用在当事人不知情的情况下向村邻耆老秘密调查的手段，但调查结果仅能用作决定是否准理，而不能作

①宣统元年十二月叶天茂呈状，《龙泉民国法院民刑档案卷（1912—1949）》，M003-01-2527，第8页。收录于包伟民主编：《龙泉司法档案选编》第一辑（晚清时期），第455页。

②（时间不详）知县陶霦票稿，《龙泉民国法院民刑档案卷（1912—1949）》，M003-01-2527，第25—26页。收录于包伟民主编：《龙泉司法档案选编》第一辑（晚清时期），第457页。

③宣统二年二月初七日原差季福等禀复，《龙泉民国法院民刑档案卷（1912—1949）》，M003-01-2527，第43—44页。收录于包伟民主编：《龙泉司法档案选编》第一辑（晚清时期），第458页。

④宣统二年二月初八日叶天茂呈状，《龙泉民国法院民刑档案卷（1912—1949）》，M003-01-2527，第45页。收录于包伟民主编：《龙泉司法档案选编》第一辑（晚清时期），第459页。

⑤宣统二年四月十一日知县陈启谦票稿，《龙泉民国法院民刑档案卷（1912—1949）》，M003-01-12627，第2页。收录于包伟民主编：《龙泉司法档案选编》第一辑（晚清时期），第553页。

⑥（时间不详）叶佐邦呈状，《龙泉民国法院民刑档案卷（1912—1949）》，M003-01-12627，第3页。收录于包伟民主编：《龙泉司法档案选编》第一辑（晚清时期），第554页。

为案件事实认定的依据。

在1913年张仁钱案中，朱光奎批示“姑候饬吏勘明覆夺”，这似乎是传统的“查明”程序，但他签发的差票要求“细查沙田蓑后之山约有几处，绘图具覆”[①]，而此后的处理更偏离传统“查明”程序的轨道。根据5月6日承发吏林彝、法警刘声清的禀复，他们调查的“邻近村人”声称，“此山自有树以来，或砍或拚”均由张仁钱等执管，从未听说（“未之闻也”）张仁钱等只是佃人而无山场所有权，张德财提出的契据其实是“出洋六元”向张世炎购得的[②]。根据该禀复，朱光奎并未遵循传统“查明”程序——在准理后签发传票、启动庭审，而是在批词中对案情展开初步推断，认定契据并非张德财原本所有，并决定进一步展开调查：

> 案据承吏查覆，沙田蓑后仅有一山，该民所呈之契系向别处移来等语。据此，查该民初呈钞契并无沙田蓑后单行之契，及后屡次批饬检契，始将沙田蓑后之契呈阅，其间显有可疑。姑再饬查明核夺。[③]

6月11日，审检所发票，要求承发吏叶松汤等查明张德财所持张世炎契据的来历，“究有如何隐情，彻底查明”[④]。这就不是审前程序，而是以调查作为审判手段了。

承发吏6月20日的调查禀复除记录张仁钱的陈述之外，还询问“山邻”以及“密查村内耆老”（“密查”一语于此最早出现，并在此后数年的调查程序中被频繁使用）。“密查”的结果是，村民们指认：

> 张德财等房众只知沙田蓑后之山是伊众山，因此据未曾寻着，不便争管，故此山向属李钱（仁钱）看管，今李钱将该山杉木砍卖，众等始向张世众家检寻老契验看，踏勘四至确系张李钱砍树之山，故将树木阻留。[⑤]

---

①1913年5月1日县知事朱光奎票稿，《龙泉民国法院民刑档案卷（1912—1949）》，M003－01－14365，第7—8页。收录于包伟民主编：《龙泉司法档案选编》第二辑（1913），第132页。

②1913年5月6日承发吏林彝禀复，《龙泉民国法院民刑档案卷（1912—1949）》，M003－01－1048，第7—8页。收录于包伟民主编：《龙泉司法档案选编》第二辑（1913），第132页。

③1913年5月7日张德财民事状，《龙泉民国法院民刑档案卷（1912—1949）》，M003－01－16797，第11—17页。收录于包伟民主编：《龙泉司法档案选编》第二辑（1913），第134页。

④1913年6月11日县审检所票稿，《龙泉民国法院民刑档案卷（1912—1949）》，M003－01－16797，第27页。收录于包伟民主编：《龙泉司法档案选编》第二辑（1913），第138页。

⑤1913年6月20日承发吏叶松瑞等禀复，《龙泉民国法院民刑档案卷（1912—1949）》，M003－01－16797，第25—26页。收录于包伟民主编：《龙泉司法档案选编》第二辑（1913），第139页。

得到该禀复之后，在未经审讯的情况下，6 月 21 日朱光奎通过对张仁钱呈状的批词，对案情作出了明确的认定(图 42)：

察阅全卷，张德财等初呈张定元受买山契，以为争管该山之据，契内四至既无，土名亦不对。嗣经批驳，又呈张文有受买山契，以为争管之据，虽契内土名与所争之山相同，而四至又复各异，契价亦不一律，至饬缴领字，则任催罔应。无论两次呈契均不足为据。查阅张姓宗谱，德财等亦非买契人文有之子孙，即此呈契两歧，领字无有，已为大病。再证以承发吏两次之查勘，则德财等之影射混占，更属显然矣。人情之诪张为幻，良可痛恨。但该民等虽有赎当字为凭，且执管已久，而正契失落，诚为启人觊觎之端。仰候传集讯断可也。廿一日[①]

在通过秘密调查"发现真实"之后，朱光奎才决定"传集讯断可也"[②]。将近两个月后，朱光奎"讯断"该案，将涉讼山业判归张仁钱和张李钱，但两人需在木材收入中提出五十银元交给张德财族内公用，以酬劳费名义赎回张德财所持契据[③]。这样的裁断仍有各让一步的调解色彩，裁断后张仁钱等还出具了遵结状，传统细故审理的意味浓厚。由于该案供词与堂谕现已不存，无从判断堂讯过程中朱光奎是否重新展开过证据调查，或者他是否为直接依据调查结果作出的判决，但至少朱光奎的裁断符合"密查"形成的事实认定，秘密调查可能已经成为事实认定的依据。

二　秘密调查的滥用

朱光奎卸任后，在县知事黄黻以及帮审员金蕴岳、承审员姚熙绩负责民事诉讼期间，正值 1913 年审检所制度实施，在龙泉县的民事诉讼中基本没有再出现秘密调查程序。1914 年 3 月，杨毓琦出任县知事，龙泉县审检

①1913 年 6 月 20 日张仁钱等民事诉状，《龙泉民国法院民刑档案卷(1912—1949)》，M003-01-16797，第 34—41 页。收录于包伟民主编：《龙泉司法档案选编》第二辑(1913)，第 140 页。
②1913 年 6 月 20 日张仁钱等民事诉状，《龙泉民国法院民刑档案卷(1912—1949)》，M003-01-16797，第 34—41 页。收录于包伟民主编：《龙泉司法档案选编》第二辑(1913)，第 140 页。
③1913 年 8 月 12 日张仁钱等遵结状，《龙泉民国法院民刑档案卷(1912—1949)》，M003-01-16797，第 7—8 页。收录于包伟民主编：《龙泉司法档案选编》第二辑(1913)，第 155 页。

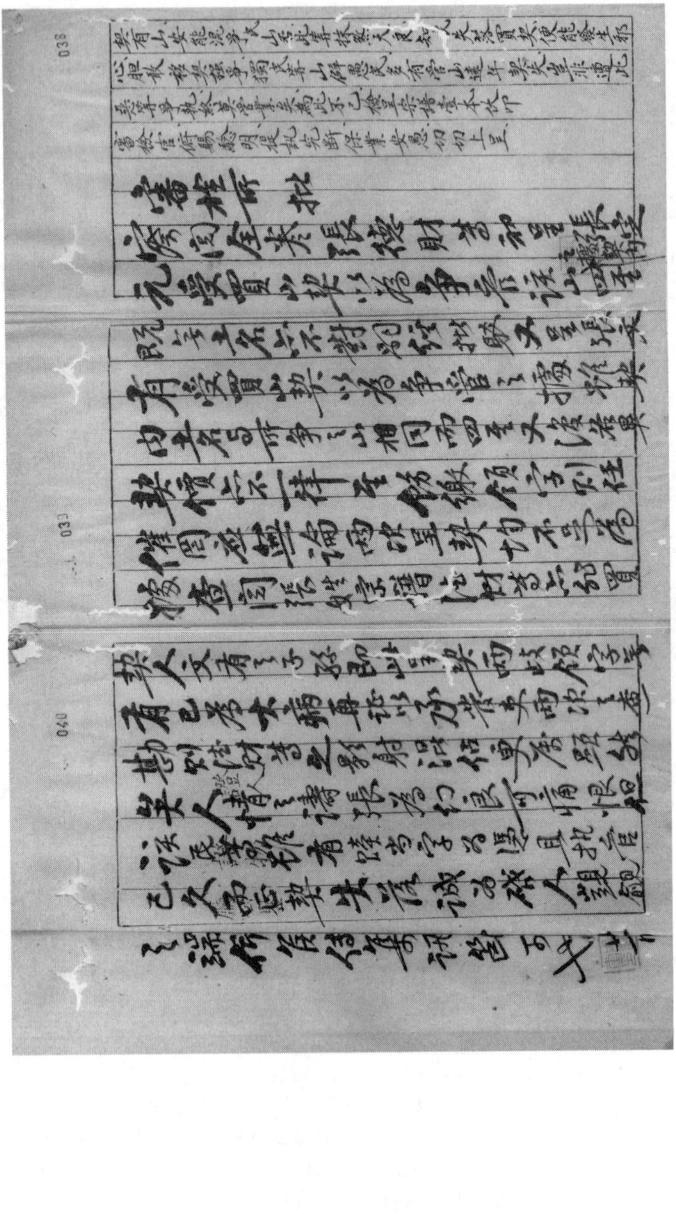

图 42　1913 年 6 月 21 日朱光奎批词(M003－01－16797,第 38—40 页)

所同时撤销，县知事兼理司法制度正式实施。在杨毓琦兼理司法时期，民事诉讼中的秘密调查程序达到了登峰造极的地步，其弊端也暴露无遗。

1914 年 9 月，罗建功因与季忠寅山场业权纠纷第一次提起民事诉讼，多次呈状后杨毓琦仍未准理，而是签发了一件查理票（图 43）：

饬查季忠寅砍木有无侵及罗建功界内，仍传两造遵公妥理□□不准缠讼，切切火速。①

所谓"查理"是派差役或吏警进行庭外调解。承发吏赵侠的报告声称，查理的结果是两造各执一词，又"不来听候公人理处"，这也就宣告了查理失败②。审前查理是清代细故审理的常规程序，虽然不见于龙泉司法档案晚清案件中，但淡新档案中有不少查理案例。如光绪四年（1878）黄阿川控徐阿盛等横占蔗廍案，官府怀疑原告的呈控"其中有无别故"，决定派遣差役勘验契据，并且"查理覆夺"③，最终"查明"租金纠纷中黄阿川、徐阿盛、徐俊观的三角关系，并且"秉公理处"④。差役的禀复只是声称各当事人"各执其是"，"非蒙传讯难以折服其心"，将理讼的责任重新交还给官府⑤。可见所谓查理一般只是形式，并无实际效果。但在罗建功案中，查理禀复的前端（右下方）有批注（图 44）：

罗建功控季忠寅砍木，罗买契写全山，仅买得季姓明房一半，悠房仍系季忠寅管业。⑥

这是对案件事实的初步认定。这样，就出现了在调查禀复上以批语形式形成事实认定的特殊现象。

与此同时，杨毓琦为审理翁光匡与翁周荣杉木纠纷案，先后三次派遣

①1914 年 10 月 29 日查理票，《龙泉民国法院民刑档案卷（1912—1949）》，M003 - 01 - 4213，第 11 页。

②1914 年 10 月 29 承发吏赵侠禀复，《龙泉民国法院民刑档案卷（1912—1949）》，M003 - 01 - 4213，第 12—13 页。

③黄阿川为横占蔗廍幸另传到恳准并提讯追究事，《淡新档案》，22415 · 1，第 20 册，第 355 页。

④台北府正堂林为饬查理覆事，《淡新档案》，22415 · 4，第 20 册，第 358 页。

⑤三快站堂役朱宗禀为遵饬查理据情禀覆事，《淡新档案》，22415 · 6，第 20 册，第 359 页。

⑥1914 年 10 月 29 日承发吏赵侠禀复，《龙泉民国法院民刑档案卷（1912—1949）》，M003 - 01 - 4213，第 12—13 页。

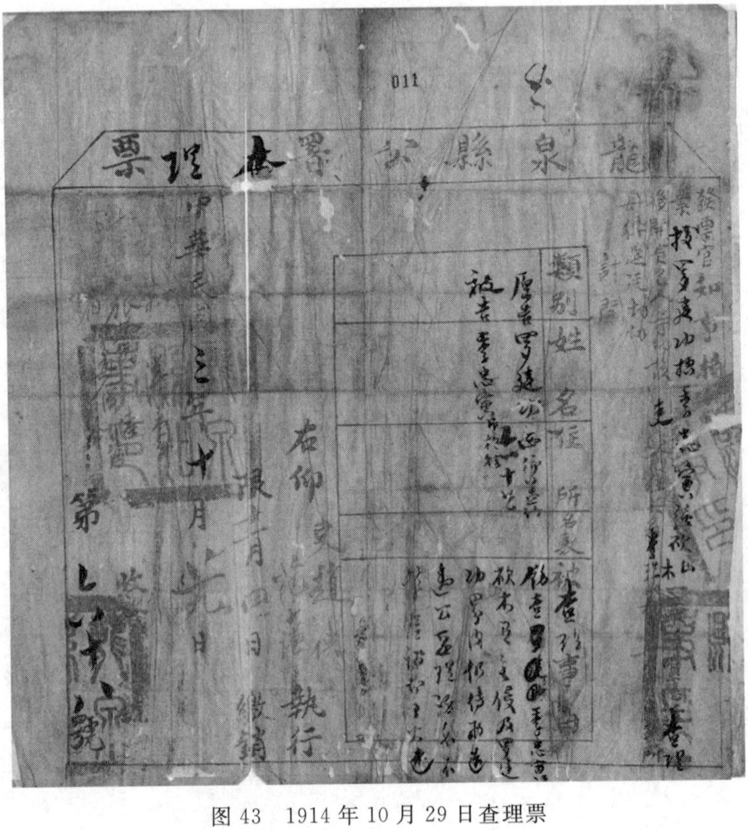
龍泉縣公署查理票

類別 姓名 住所

右仰 執行

中華民國三年十月廿九日

图 43 1914 年 10 月 29 日查理票

（M003－01－4213，第 11 页）

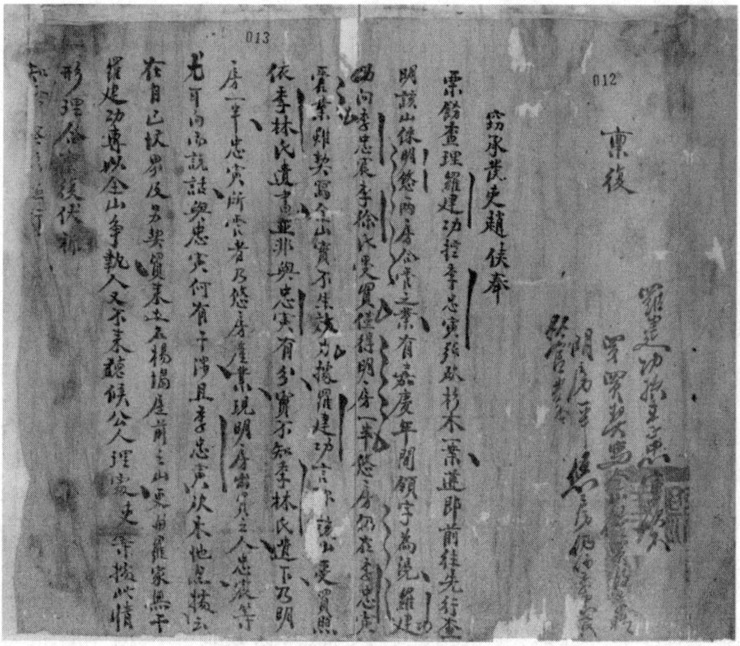
012
稟復
承發吏趙俠奉
票飭查理羅建功控李忠寅強砍杉木一案，遵即前往先行查
明該山係明悠兩房合管之業，有嘉慶年間領字爲憑。羅建功
向李忠寅李徐氏受買，僅得明房一半，悠房仍在李忠寅
[illegible]業，雖契寫全山，實不[illegible]。羅建功言下，該山受買照
依李林氏遺書，並非與忠寅，有分實不知。李林氏遺下乃明
房一半，忠寅所管者乃悠房產業，現明房[illegible]之人忠寅等
允可[illegible]說話與忠寅何有干涉。且李忠寅狀未[illegible]
在自己[illegible]及[illegible]買來[illegible]楊[illegible]山更[illegible]羅家[illegible]
羅建功專以全山爭執，又不來聽候公人理處。吏等據此情
形，理合[illegible]
013

图 44　1914 年 10 月 29 日承发吏赵侠禀复

（M003－01－4213，第 12—13 页）

吏警调查，并试图据此形成事实认定，显示了秘密调查程序的滥用及其严重的缺陷。1914年11月，翁光匡呈状，声称因其承佃族内三接蓑山场，约定主佃二八分息，当年抽砍杉木三百株，价洋四十元，不料遭族人翁周荣等纠集二十余人强搬杉木，并有威胁、勒索、“坐食”等情节。杨毓琦批示“著候饬查讯核”[①]。翁光匡第二次呈状后，杨毓琦签发查票，要求承发吏叶蓁、范子谦等查明翁周荣有无聚众在翁光匡家坐食等情节[②]，这似乎可以视为审前程序。承发吏1914年12月的调查报告主要记录了两造各自的陈述，其中翁光匡称因为翁周荣等“不肯分息”，他又“将该山中树木砍来百株左右”；而调查过程中翁周荣并不在场，支持翁周荣的族众不承认有承佃约定，声称“该山为翁姓众山，非匡所独有，亦非仰与匡养箓”，但承认曾在翁光匡家中坐食一餐。该调查报告前端也有批注(图45)：

> 翁光匡因翁周荣不给佃息，到山自砍，被不认翁周荣佃，自认得砍。廿余人到周荣家坐食一餐。[③]

批注默认翁光匡的承佃关系，但未说明任何理由。

如果说报告中批语形成的事实认定尚属内部意见，诉状之批示则须向当事人公开，属于官府对诉讼的公示。1915年1月翁光匡再次呈状，杨毓琦批示道：

> 状悉，尔因翁周荣等不给佃息，到山先砍，饬查属实，念木既被搬，候取辩核夺。[④]

此内容与调查报告批语相同，据此可以确定，杨毓琦系依据调查报告形成正式的事实认定(“饬查属实”)，断定翁光匡与山场的承佃关系。

此后杨毓琦又多次传讯，但被告翁周荣等并不应讯，直至6月他呈状

---

①1914年11月23日翁光匡民事诉状，《龙泉民国法院民刑档案卷(1912—1949)》，M003-01-15392，第2—6、8—9页。收录于包伟民主编：《龙泉司法档案选编》第二辑(1914)，第850页。

②1914年12月12日龙泉县公署查票，《龙泉民国法院民刑档案卷(1912—1949)》，M003-01-15392，第16—17页。收录于包伟民主编：《龙泉司法档案选编》第二辑(1914)，第857页。

③1914年12月22日承发吏叶蓁报告，《龙泉民国法院民刑档案卷(1912—1949)》，M003-01-15392，第18—19页。收录于包伟民主编：《龙泉司法档案选编》第二辑(1914)，第858页。批注中称“到周荣家坐食一餐”当为误记，应为“到光匡家坐食一餐”。

④1915年1月5日翁光匡民事诉状，《龙泉民国法院民刑档案卷(1912—1949)》，M003-01-15392，第20—23、25页。收录于包伟民主编：《龙泉司法档案选编》第二辑(1914)，第859页。

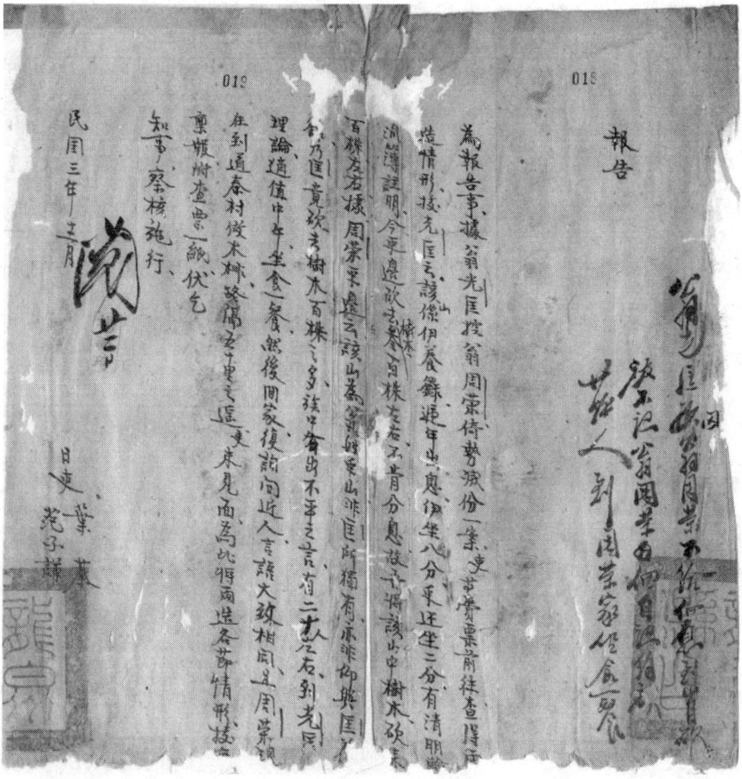

報告

為報告事，據翁先匡控翁周宗倚勢滅份一案，吏奉賫票前往查得[illegible]

[illegible]情形，據先匡云，該山係伊養錄，遞年出息，伊坐八分，周坐二分，有清明[illegible]

[illegible]註明，今周宗竟砍去[illegible]百株左右，不肯分息，[illegible]該山中樹木砍[illegible]

百株左右，據周宗[illegible]云，該山為[illegible]山，非匡所獨有，[illegible]

錢，乃匡竟砍去樹木百株之多，[illegible]有二十人左右，到老[illegible]

理論，適值中午，坐食一餐，然後周家復詰，向近人言，語大致相同，且周宗[illegible]

在到[illegible]村砍木[illegible]，[illegible]之遙，吏未見面，為此將兩造各節情形，據實

稟報，附查票一紙，伏乞

知事察核施行。

民國三年十二月　日吏　葉蓁　謹

图 45　1914 年 12 月 22 日承发吏叶蓁报告

（M003 - 01 - 15392，第 18—19 页）

反控翁光匡，声称族内山场并未出佃①。6月某日该案庭审，现存点名单与供词，但未见堂谕②。据翁光匡交状可知，杨毓琦在认定翁光匡承佃山场的基础上，判决山场收益按主六佃四分息，令翁光匡向翁周荣祠众这边交出英洋八元③。原告翁光匡于6月26日向官府交洋八元，但当天支持被告的族长翁宗仑等人联名呈递一件辩诉状，声明所有涉讼家族山场向来都是委派人员经营，并不存在租佃关系，要求再审，并提出宗谱作为证据：

> 氏等祠内族谱，系有清光绪十年修纂，光匡祖宗系光绪初年到山居住，该山杉木若系光匡扦插，又议过二八分息，当时必立议约为凭，既无议约，又无领仰，修谱时当必添入，何无一点正当证据，任意混争，显见久居生奸，侵夺权利……

翁宗仑等人只是不能接受该案的事实认定，并没有从诉讼规则的层面向官府提出挑战，更于6月26日的辩诉状中主动请求杨毓琦"饬警密查"，秘密调查在当时似乎已经成为民事诉讼的常规程序：

> 佥叩贤知事网开三面，饬警密查，开庭再审，生死沾恩。

面对被告提出的新证据，知县杨毓琦可能意识到之前仅依据调查报告所形成的事实认定比较草率，但又为当事人拒绝遵依裁断、挑战官府理讼权威、破坏细故审理"无异"规则而备感懊恼，他在辩诉状上批示：

> 尔宗祠果无余山，尔族光匡自不能勉强承佃。如是余山，主佃办法亦情之常。现尔族光匡已缴八元到县，尔等听愿领则领，不愿可将堂谕体会明白，再行呈覆。讼则终凶……④

"愿领则领，不愿……"是杨毓琦在宣泄懊恼情绪，"讼则终凶"是传统理讼观念的残余与挣扎。

---

①1915年6月11日翁周荣等民事诉状，《龙泉民国法院民刑档案卷(1912—1949)》，M003-01-15392，第58、62—63、65、67页。收录于包伟民主编：《龙泉司法档案选编》第二辑(1914)，第873页。

②1915年6月26日点名单、供词，《龙泉民国法院民刑档案卷(1912—1949)》，M003-01-15392，第73—76页。收录于包伟民主编：《龙泉司法档案选编》第二辑(1914)，第878—879页。

③1915年6月26日翁光匡交状，《龙泉民国法院民刑档案卷(1912—1949)》，M003-01-13648，第16—18页。收录于包伟民主编：《龙泉司法档案选编》第二辑(1914)，第880页。

④1915年6月26日翁宗仑等民事辩诉状，《龙泉民国法院民刑档案卷(1912—1949)》，M003-01-13648，第24—27页。收录于包伟民主编：《龙泉司法档案选编》第二辑(1914)，第881页。

7月6日，又有翁德意呈控翁光匡纠众强砍。杨毓琦仍不打算传集堂讯，决定再次派员调查。7月18日吏警调查报告的内容除两造各执一词的陈述之外，又有村邻等的证词，他们均称该山系翁光匡养箓，是否约定分息则不得而知①。

第二次调查报告没有给出明确结论，但是在吏警此次报告之前，翁光匡又于7月17日呈状对作为书证的宗谱提出种种质疑②。这为杨毓琦再次开展秘密调查提供了新的理由，除批示“应候复查核夺”外，杨毓琦又在第二次调查报告上留下了明显带有情绪化色彩的批语：

> 翁德意吊祭作为讼本，非常可恶，姑准再查，一俟覆到，即行定案。③

档案中保存了杨毓琦朱笔亲拟的第三次饬查谕令的稿本，要求吏警“密访”宗谱记载的与案情并无直接关系的历次拚木记录，显然是为了伺机进行报复（图46）：

> 饬查翁德意、宗仑、德森、德同、先志等擅拚祠木盗卖祭祖是否属实，照后开各节详细覆答，以及祭簿有无被翁光有藏匿，翁光匡出拚之木是否亲手扦插。切实密访，无隐无漏。切切，火速。
>
> 七月十九（二十一）号谕王高廷、谢复邦
>
> 计开：翁德意等盗卖盗拚
>
> 一、前清光绪三十四年拚洋六百元与张恒太并查明是否傅、陈二姓合插；
>
> 一、宣统元年拚洋三百六十元与廖宗隆；
>
> 一、宣统元年盗卖大岗横坑大汇祭祖五十八石、受买何人，住何村并查明；
>
> 一、民国元年两次擅拚坟荫与叶金华共得洋壹百元。

---

①1915年7月6日翁德意民事辩诉状、7月10日龙泉县公署传票、7月18日法警谢复邦等报告，《龙泉民国法院民刑档案卷（1912—1949）》，M003-01-13648，第7、14、28—32页。收录于包伟民主编：《龙泉司法档案选编》第二辑（1914），第887、890、896页。

②1915年7月17日翁光匡民事诉状，《龙泉民国法院民刑档案卷（1912—1949）》，M003-01-13648，第10—13、15页。收录于包伟民主编：《龙泉司法档案选编》第二辑（1914），第891页。

③1915年7月18日法警谢复邦等报告，《龙泉民国法院民刑档案卷（1912—1949）》，M003-01-13648，第7页。收录于包伟民主编：《龙泉司法档案选编》第二辑（1914），第896页。

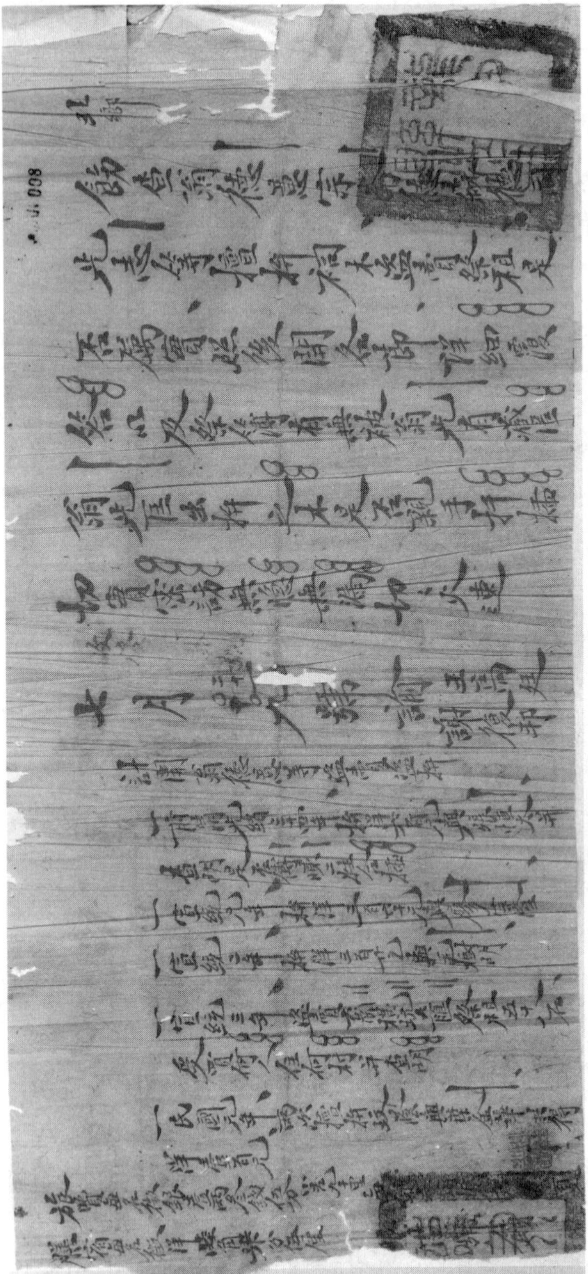

图46 1915年7月19日龙泉县公署谕（M003-01-13648,第8页）

旅费每名征银壹两叁钱伍分。小吉。九十里。每银壹两折钱□□百文。

膳宿每名征洋陆角柒分伍厘。

二十四号销。[①]

在第三次调查报告出炉前，该案在7月23日曾有过一次堂讯，除翁光匡与翁德意两造各执一词之外，族人翁光南的供词支持翁光匡，指控翁德意等在翁光匡家中“坐食”。但杨毓琦并未据此形成新的裁断，而对第三次秘密调查仍抱有期待。但第三次调查报告仍让杨毓琦大失所望，报告称经向邻村耆老、住山人家、在田耕作农夫等多方密查，了解到翁姓山场并无主佃分息约定，清明祭租等亦无祭簿、仅以粮串为凭等，直接否定了杨毓琦此前的讯断[②]。杨毓琦随即离任，该案由继任知事张绍轩展开审讯。据1916年1月21日翁宗仑呈状可知，该案在1915年9月7日开庭审讯，“判令光匡毫无证据，不能捏争分息，一切杉木拚价，应归众有，至匡盗砍盗卖杉木，着赔出英洋四十元存众公用”，彻底推翻了前任知事杨毓琦的裁断[③]。此后案件进入上诉阶段。

民初的司法制度，由革命党激进的全盘西化转变为袁世凯统治早期相对稳健的审检所制度，再到全面倒退的县知事兼理司法制度，经过这番折腾，任何审判官都可能陷于无所适从的境地。更多的龙泉司法档案材料显示，杨毓琦的审判工作经常陷入混乱之中，这或许跟他个人能力低下、或有意舞弊有关；但不可否认的是，他是袁世凯重建县知事兼理司法制度之后龙泉县的第一任行政长官，他的“混乱”与司法制度反复变更中基层审判机构无所适从的境地密切相关。从杨毓琦的审判经历来看，一方面他试图保留传统细故审理“教谕式调停”的理念，另一方面他又热衷于革命党朱光奎开创的秘密调查“发现真实”模式，由此陷入了传统细故与职权主义两种审

①1915年7月19日龙泉县公署谕，《龙泉民国法院民刑档案卷(1912—1949)》，M003-01-13648，第8页。收录于包伟民主编：《龙泉司法档案选编》第二辑(1914)，第897页。

②1915年7月23日翁德意供词、堂谕，7月27日法警黄丽报告，《龙泉民国法院民刑档案卷(1912—1949)》，M003-01-13648，第1—4页。收录于包伟民主编：《龙泉司法档案选编》第二辑(1914)，第900—903页。

③1915年8月26日翁德意等供词，1916年1月22日翁宗仑等民事诉状，《龙泉民国法院民刑档案卷(1912—1949)》，M003-01-5286，第1—5、46—47页。收录于包伟民主编：《龙泉司法档案选编》第二辑(1914)，第920、935页。

判模式不可调和的冲突之中。无论如何，杨毓琦这种排除审讯、仅凭秘密调查形成事实认定的模式是彻底失败的，他的继任者仍然采用秘密调查程序，同时又吸取杨毓琦的教训，开始注重秘密调查与庭审的结合。

三　秘密调查的隐秘化

杨毓琦之后数年，秘密调查程序在龙泉县没有消失，但不再构成"发现真实"的充分依据，转而成为为审讯寻找线索的手段，职权主义事实认定模式在司法实践中日益成熟。

在处理完杨毓琦遗留的翁光匡案之后，县知事张绍轩在柯作桢等案件中同样采用秘密调查程序。1916 年春，王贤林将母亲葬于麻车坳墓地，6 月间，柯作桢提起诉状，声称王贤林侵占墓地，王贤林也提起辩诉，双方各据契约主张墓地业权①。在传讯以前，张绍轩于 8 月 8 日签票调查：

> 迅往查勘两造坟山是否□是一处，抑或各有各山，王贤林母柩究实葬于何人山内，务须详细查勘，据实禀复，以凭核夺。切切，毋延。②

8 月 26 日承发吏王汝琛提交了调查报告。他的调查分为三个部分，一是实地踏勘山地，二是查勘契据，三是对其他证人展开秘密调查：

> 再密查其村邻，均谓此山王姓久管，日前并未闻有柯姓坟山在此，实为王姓葬母之后，间隔数月，柯姓始称伊地有契可凭。③

该调查报告前后均无批语，张绍轩并未据此形成事实认定。调查完成之后，接手该案的专审员张济演于 9 月 18 日签发审检所传票。9 月 23 日庭审，两造各执一词。张济演决定再行查勘，"候勘明再断"，但因档案缺失，查勘结果不详。10 月 14 日再次庭审，两造仍各执一词，但张济演"判令原

①1916 年 7 月 21 日柯作桢等民事诉状，1916 年 8 月 1 日王贤林等民事辩诉状，《龙泉民国法院民刑档案卷（1912—1949）》，M003－01－11843，第 2—5、8—12 页。收录于包伟民主编：《龙泉司法档案选编》第二辑（1916），第 844、847 页。

②1916 年 8 月 8 日龙泉县公署查勘票，《龙泉民国法院民刑档案卷（1912—1949）》，M003－01－11843，第 13 页。收录于包伟民主编：《龙泉司法档案选编》第二辑（1916），第 853 页。

③1916 年 8 月 26 日承发吏王汝琛报告，《龙泉民国法院民刑档案卷（1912—1949）》，M003－01－11843，第 14—15 页。收录于包伟民主编：《龙泉司法档案选编》第二辑（1916），第 857 页。

告败诉，讼费十六元由被告负担”[①]。张济演命令进行的查勘具体结果不详，但最终的判决与第一次调查报告中“密查其村邻”的内容相符，而两次庭审两造均各执一词，无从形成事实认定。据此推断，张济演“发现真实”的主要依据仍是第一次秘密调查的报告，但他在据此形成事实认定之前曾反复审讯以排除反证。

1918 年县知事王施海处理何佐邦债务案时，秘密调查程序的运用又发生微妙变化。该案原告何佐邦起诉杨至稳抵赖所欠债务 240 元，并有票据为证；被告杨至稳声称债已偿清，并对何佐邦提起伪造票据诈欺取财之刑事诉讼。11 月 4 日的第一次庭审没有结果，又定于 11 月 23 日再次庭审。在第二次庭审之前，11 月 13 日县知事王施海签发了一件调查令。调查令的原稿可能系由哪位“不识时务”的书吏所起草，他以传统“查明”程序的辞令要求法警“秘密查明本案所诉是否属实，并有无别情”，即调查纠纷是否真实存在。原稿似乎因未得要领而被大幅涂改（图 47）[②]，重新拟订的饬令要求法警秘密调查各当事人的事实主张“究竟是何实情”：

> 案据东乡岱根村何佐邦诉杨至稳欠债洋二百二十四元一案，并提出杨志稳票据一纸，据杨志稳辩称欠款已履行，系交付洪马荣减作一百五十元，票已收回呈案，其何佐邦所提出之票系伪造，并称其履行情节有杨马奶、项夏祥、项五奶、季马富等均知情等语。究竟是何实情，仰该警即前往秘密调查，克日具报，毋稍偏袒干咎。[③]

法警秘密调查后，发现杨至稳人品极坏、毫无信用：

> 迅往东乡岱根源头安下东坞四村秘密调查。据该处均云，何佐邦为人公直，昧良伪造票据断断不肯做出，若云杨至稳为人昧良赖债并非一次。警闻，防伊等惧何某之势，诈说何佐邦案呈之票当庭对过花

---

①1916 年 9 月 23 日点名单，1916 年 10 月 14 日供词、点名单（判决），《龙泉民国法院民刑档案卷（1912—1949）》，M003－01－11843，第 34、41、65 页。收录于包伟民主编：《龙泉司法档案选编》第二辑（1916），第 870、877—878 页。

②1918 年 11 月 13 日龙泉县公署饬稿，《龙泉民国法院民刑档案卷（1912—1949）》，M003－01－7828，第 62 页。收录于包伟民主编：《龙泉司法档案选编》第二辑（1918），第 909 页。

③1918 年 11 月龙泉县公署饬稿，《龙泉民国法院民刑档案卷（1912—1949）》，M003－01－7828，第 72 页。收录于包伟民主编：《龙泉司法档案选编》第二辑（1918），第 910 页。龙泉司法档案中常有书写错误，如此档案中人名“杨至稳”与“杨志稳”异出，“季马富”在其他档案中又写作“季学富”，人名异出者当指同一人；又，欠洋“二百四十元”误记为“二百二十四元”。

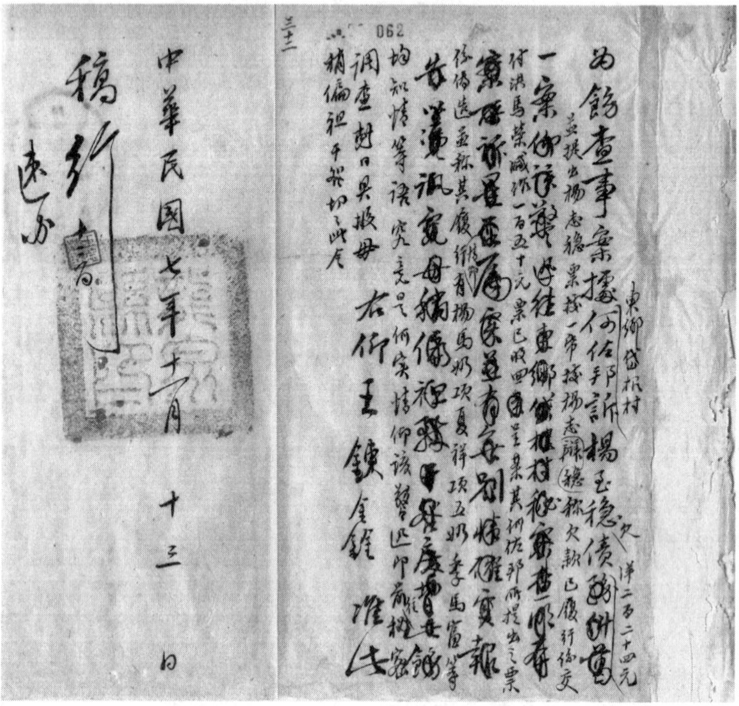

三十三　062

为饬查事。案据东乡岱垟村何佑邦诉杨玉稳欠洋二百二十四元债务纠葛

并据出杨志稳票据一纸，指杨志稳称欠款已履行偿交

一案 [illegible]

付洪马荣诚收一百五十元，票已收回 [illegible] 其何佑邦所提出之票

[illegible]

系伪造，并称其履行偿付有杨马奶、项夏祥、项五奶、季马富等

[illegible]

均知情等语。究竟是何实情，仰该警区即前往秘密

调查，封日具报，毋

稍偏袒，干咎，切切。此令。

右饬王镇金镇　准此

中华民国七年十一月十三日

稿　行

图 47　1918 年 11 月 13 日龙泉县公署饬稿

（M003 - 01 - 7828，第 62 页）

押不合，何云杨至稳赖债？伊等又说，票据真假不知，不过为人若起心昧良，莫说一个花字，百事可作。内中并有安下杨至彦说，本案头尾均知，于三年立契、立票据，至本年八月何某托我向稳取债，只求宽限，并未说过该项还与洪某之等语。警又控询项五奶、杨马奶、季学富等，均云不但还洋与洪某未有在场，而且未听见过说。□项夏祥与稳郎舅致亲，亦说不知。据此四人均云不知，其情显系杨至稳赖债大约有的。为此将密查情形理合具报。①

调查报告内容翔实、结论明确，提交之日正值第二次开庭审讯之时，如果据以形成事实认定，则不难讯断判决。然而第二次审讯似乎并未受调查报告的影响，11 月 23 日杨至稳的供词仍然坚持之前的陈述，明显与调查报告抵触的陈述并未遭到质疑或驳斥，秘密调查的内容在审讯过程中并未暴露：

民向何佐邦借洋二百四十元，立票字是实的。迨民国五年十一月初三日交付洋一百五十元与吴马荣，系吴马荣之外甥及杨至奶看见，确凿是实的。吴跃渊与何佐邦三月间到民家并未说过账款，所说叫民前卖之田上手老契寻觅与伊。李承和并未到民家的。何应淦亦未到民家的。②

但第二次审讯之后，主审官依据秘密调查发现的线索，堂谕"候拘项五奶、杨马奶、项夏祥到案，再行讯判"③。第三次审讯于 12 月 4 日进行，项五奶、杨马奶、项夏祥均到案应讯，他们当庭提供了对杨至稳不利的证词：

项五奶供：年七十岁，农。民国十一月初三并未有项夏祥叫民到杨至稳家的。余事不知的。

项夏祥供：年四十四岁，农。杨至稳是民亲戚，民亦未叫项五奶到其家的。

①1918 年 11 月 22 日法警王炼鑫报告，《龙泉民国法院民刑档案卷（1912—1949）》，M003－01－7828，第 73—74 页。收录于包伟民主编：《龙泉司法档案选编》第二辑（1918），第 911—912 页。

②1918 年 11 月 23 日供词，《龙泉民国法院民刑档案卷（1912—1949）》，M003－01－7828，第 76—78 页。收录于包伟民主编：《龙泉司法档案选编》第二辑（1918），第 914 页。

③1918 年 11 月 23 日点名单，《龙泉民国法院民刑档案卷（1912—1949）》，M003－01－7828，第 75 页。收录于包伟民主编：《龙泉司法档案选编》第二辑（1918），第 915 页。

> 杨马奶供：四十八岁。五年分杨至稳还洋一百五十元与吴马荣，民不知的。

尽管有上述证词，但杨至稳仍坚称已偿还债务，并指不利之证词乃“公人等一统受何佐邦贿”的结果[①]。这次审讯后，事实调查已经结束，12 月 13 日县公署对民事部分进行宣判，被告杨至稳败诉，判“被告尖还原告银洋贰百二十四元，又补利四十元。诉讼费用被告负担”。判决书还中阐明了诉讼事实与判决理由，其中诉讼事实部分并未提及法警秘密调查证人项夏祥等人的情节，而只叙述传讯这些证人的过程，他们的证词是在“到案俱供”而非秘密调查时形成的：

> 其杨至稳所指之证人项夏祥、项五奶、季马富、杨马奶，经续传到案，俱供并不晓得杨至稳有交洋一百五十元与洪马荣之事。[②]

这样，秘密调查就不再是事实认定的直接依据，而成为庭审调查的准备工作。此后秘密调查在民事案件中逐渐减少，1922 年当事人主义的《民事诉讼条例》施行后，秘密调查程序便从龙泉司法档案中消失了。

四 秘密调查的相关法律规定

1912 年至 1918 年，龙泉县民事诉讼中出现了秘密调查程序，不同的主审官对秘密调查程序的运用也不相同，有一个演变的过程。朱光奎是民事诉讼秘密调查程序的首创者，他可能是脱离庭审程序，依据秘密调查直接形成事实认定的。杨毓琦似乎是朱光奎的模仿者，脱离庭审、依据秘密调查直接“发现真实”的模式在他手中完全失败。张绍轩、张济演让事实认定不再脱离庭审，以庭审检验秘密调查的结果，秘密调查仍是事实认定的基础。王施海仍然采用秘密调查程序，但秘密调查不再构成事实认定的直接依据，而是成为庭审的准备工作，事实认定主要通过庭审形成。

在龙泉县的司法实践中，1918 年王施海对秘密调查程序的运用方式，

---

①1918 年 12 月 4 日供词，《龙泉民国法院民刑档案卷(1912—1949)》，M003 - 01 - 7828，第 94—95 页。收录于包伟民主编：《龙泉司法档案选编》第二辑(1918)，第 928 页。

②1918 年 12 月 13 日龙泉县公署判决，《龙泉民国法院民刑档案卷(1912—1949)》，M003 - 01 - 3891，第 5—10 页。收录于包伟民主编：《龙泉司法档案选编》第二辑(1918)，第 933 页。

建立了一种比较成熟的县知事兼理司法制度下职权主义的“发现真实”模式，但这并不意味着其乃民事诉讼事实认定的合理选择。王施海处理的杨至稳债务案没有依据秘密调查直接认定事实，而是对被告提出的证人先秘密调查再传讯做证，但是杨至稳质疑对他不利的证词乃“公人等一统受何佐邦贿”的结果[①]。虽然没有直接证据说明该案是冤案，但在县知事兼任调查与审判职权、当事人与审判官地位不对等的情况下，也无法彻底排除此案为冤案的可能性。特别是在杨至稳最初的状词中项五奶等证人已被提到，但最初的庭审并没有传讯这些证人，而在秘密调查后这些证人却提出对杨至稳不利的证词，这其中恐怕不无隐情。无论如何，从程序上讲，合理化的职权主义事实认定模式仍有严重缺陷。

《各级审判厅试办章程》对事实认定几乎没有任何具体规定，同时赋予了审判官几乎无限制的权力，这为司法实践中基层审判机构对具体诉讼程序的摸索提供了空间，也意味着这期间的诉讼史研究必须通过对司法实践的考察才能把握。比如秘密调查主要由承发吏或法警执行，民初沿用的宣统三年(1911)的《修正承发吏职务章程》规定，承发吏的职务为“发送”“执行”及“受当事者之申请而办理之事件”，其中“执行”包括“执行民事搜查票”，但对“搜查票”的具体功能却未有明确规定[②]。1919 年的地方性法规《浙江永嘉地方审判厅承发吏办事规则》对承发吏调查案件有比较具体的规定，比如“承发吏奉命调查案件时务须详实报告，不得徇情偏护，挟嫌诬报”“调查费用除照调查票所开外，不得向当事人额外需索分文”“承发吏调查后应依限制成报告书”[③]。永嘉地方审判厅是龙泉县诉讼案件的上诉审判机构，其 1919 年制定的承发吏办事规则可能吸取了龙泉县秘密调查的实践经验，但对秘密调查的运作方式与实际职能并没有明确说明与规定。

---

①1918 年 12 月 4 日供词，《龙泉民国法院民刑档案卷(1912—1949)》，M003 - 01 - 7828，第 94—95 页。收录于包伟民主编：《龙泉司法档案选编》第二辑(1918)，第 928 页。

②《修正承发吏职务章程》，余绍宋编：《改订司法例规》，第 511 页。

③《浙江永嘉地方审判厅承发吏办事规则》，余绍宋编：《改订司法例规》，第 516 页。

第十一章　供词变形记

研究者一般认为，清代供词的文字记录，并非应讯实录，而是书吏编写的对应讯人招供的书面总结[①]。这个观点固然合理，但可能会掩盖另一个问题，即讯问与招供之间的关系。之所以会注意到这个问题，是因为发现龙泉司法档案1916年之后的庭审记录虽然仍采用传统供词的形式，但内容已不再是从前那样的对案情的完整叙述，而是成了支离破碎的，有时甚至是毫无逻辑的短语，很容易判断这是讯问的回答部分。由此不得不令人追问以下问题：讯问与招供究竟是同一个过程还是两个不同的阶段？1916年以后供词发生变化的原因是什么？

一　堂讯与招供

目前，传统文献中所见各种“供”的记录，无论称为“口供”“招供”，还是“叙供”，均有完整叙述事件的特点，兹不赘举；唯一的例外是《大义觉迷录》，其中以“问曾静”“曾静供”的形式记录审讯问答[②]，这也说明传统的审讯记录可能已有两种不同形式。历史文献或档案材料很少反映堂讯的完整过程，但古代小说的描述似乎显示，堂讯与招供其实是两个过程，堂讯是审判官与应讯人之间的问答，招供则是堂讯之后审判官与应讯人之间对某种陈述的确认，理想的状态是应讯人对案情坦白。比如明代《廉明公案》的《韩推府判家业归男》记录：

推官曰：“你缘何久占翁龙家业，现今不还？”

---

①参见〔日〕唐泽靖彦著，尤陈俊译：《从口供到成文记录：以清代案件为例》，〔美〕黄宗智、尤陈俊主编：《从诉讼档案出发：中国的法律、社会与文化》，法律出版社2009年版，第103—104页；〔日〕谷井阳子著，魏敏译：《从做招到叙供——明清时代的审理记录形式》，中国政法大学法律史学研究院编：《日本学者中国法论著选译》，中国政法大学出版社2012年版；吴佩林：《清代中后期州县衙门“叙供”的文书制作——以〈南部档案〉为中心》，《历史研究》2017年第5期。

②参见《大义觉迷录》，沈云龙主编：《近代中国史料丛刊》第36辑，文海出版社1973年版。

> 杨庆曰："这家业都小人外父付小人的，不干翁龙了。"
>
> 推官曰："翁龙是亲儿子，既与他无干，你只是半子，有何相干？"
>
> 杨庆曰："小人外父明说，他不得争执，现有遗嘱在证。"遂致上嘱咐。
>
> 推官看讫，笑曰："你想得差了，你不晓得读。分明是说'八十老翁生一子，家业田园尽付与'，这两句是说付与他亲儿子也。"
>
> 杨庆曰："这两句虽说得去，然小人外父说翁龙不是他子，那嘱咐内已明白说破了。"
>
> 推官曰："他这句是瞒你。盖'不'者'莫'也，说翁龙莫是吾子么。"
>
> 杨庆曰："小人外父把家业付小人，又明说别的都是外人，不得争执。看这句话，除了小的都是外人了。"
>
> 推官曰："只消自家看，你儿子看，你把他当外人否？这'外人'两字，分明连上'女婿'读来。盖他说你女婿乃是外人，不得与他亲儿争执也。此你外父藏有个真意思在内，你又看不透耶？"

以上是堂讯过程。在推官的论证下，杨庆无从辩解，最后做出符合推官判断的陈述，这才是真正意义上的招供：

> 杨庆见推官解得有理，无词以应，即将原付文契，一一交还翁龙管业，允服供招。[1]

又如冯梦龙《喻世明言》第二卷《陈御史巧勘金钗钿》讲述一桩骗奸致命案，堂讯与招供同样是两个不同的过程：

> （御史）又问鲁学曾道："你说在乡，离城多少？家中几时寄到的信？"
>
> 鲁学曾道："离北门外只十里，是本日得信的。"
>
> 御史拍案叫道："鲁学曾，你说三日后方到顾家，是虚情了。既知此信，有恁般好事，路又不远，怎么迟延三日？理上也说不去。"
>
> 鲁学曾道："爷爷息怒，小人细禀。小人因家贫，往乡间姑娘家借米，闻得此信，便欲进城。怎奈衣衫蓝缕，与表兄借件遮丑，已蒙许下。怎奈这日他有事出去，直到明晚方归，小人专等衣服，所以迟了两日。"

---

①〔明〕余象斗：《廉明公案》下卷《韩推府判家业归男》，中国戏剧出版社2000年版，第104页。

御史道:"你表兄晓得你借衣服的缘故不?"

鲁学曾道:"晓得的。"

御史道:"你表兄何等人?叫甚名字?"

鲁学曾道:"名唤梁尚宾,庄户人家。"

御史听罢,喝散众人,明日再审。

此后经过御史的微服密访,终于在第二次堂讯时获得了梁尚宾的招供:

御史喝道:"梁尚宾!你在顾佥事家干得好事!"

梁尚宾听得这句,好似青天里闻了个霹雳,正要硬着嘴分辩,只见御史教门子把银钟、首饰与他认赃,问道:"这些东西那里来的?"梁尚宾抬头一望,那御史正是卖布的客人,唬得顿口无言,只叫:"小人该死!"御史道:"我也不动夹棍,你只将实情写供状来。"梁尚宾料赖不过,只得招称了。你说招词怎么写来?有词名《锁南枝》一只为证:

写供状,梁尚宾。只因表弟鲁学曾,岳母念他贫,约他助行聘。为借衣服知此情,不合使欺心,缓他行。乘昏黑,假学曾,园公引入内室门。见了孟夫人,把金银厚相赠。因留宿,有了奸骗情。三日后,学曾来,将小姐送一命。

御史取了招词……①

小说以曲词形式表现招供的内容,突出体现了招供的书面化特点。此外,《三侠五义》中著名的包公阴府审郭槐案同样显示了堂讯与招供的分离。据此可以初步断定,传统理讼或断狱过程中,堂讯与招供是两个不同的过程。虽然不排除书吏依据堂讯总结、编排招供的可能,但过程本身不需要书面记录,招供是指经最后确认的陈述,这才是需要书面记录的内容。

无论堂讯过程具体如何施行,作为最终陈述(供认)的供词总是呈现为完整的叙事。如龙泉司法档案中宣统三年(1911)八月二十日季庆元的供词,详述吴荣昌兄弟将其树木强盖斧号的前因后果:

这下坞的山,贡生兄弟分居后归贡生执管。去年六月间贡生所砍的树木确在这山界至内,不料吴荣昌、如昌兄弟们听山佃季春旺唆使,

①〔明〕冯梦龙:《喻世明言》第二卷《陈御史巧勘金钗钿》,上海古籍出版社1996年版,第49—51页。

贡生的树木一百枝被他强盖斧号是实。前经公人直斥其非，后来荣昌兄弟自知没有道理，托出公人徐炳熙、季贤珍们叫贡生下坞北至山场界址卖把他，愿出洋三百元。贡生不肯卖，照契管来。他们因吞业不遂，昧良混占。贡生下坞北至小塆直上坳门的山，这山界至内竹也有，杉树也有。今荣昌兄弟自知□□情亏，故将山佃季春旺留住家里不到案。①

有些供词内容非常简单，但不会缺少关于案情的核心叙事，比如宣统元年(1909)十二月二十一日李师福的供词：

监生契管高坪篩姑垟的山是有失管，被季锡璜管去扦插杉苗。现已查明本年监生将这杉木百二十三株拚把陈观林砍伐锯做木段，被季锡璜搬去。②

民国初年，龙泉县的供词仍沿袭传统模式，如1915年5月29日林亿供词的核心叙事是其债务"向索不回"：

前清光绪三十二年，这何顺德与民父伙做生意，结该民父英洋一百六十余元，当时除回过八十几元，又经公人吴华宝等理处洋三十元外，余五十元订立期票为据，过后迭次向索不回，延至去腊认真催讨，何顺德始邀公调停，愿将在山已砍杉木作抵。直至本年清明往问抵木事情，据云已另抵与伊亲翁张元利运售，民一方债权仍无着落。③

二　供词形式的讯问笔录

1916年之后，龙泉司法档案中所见供词发生了明显的变化。在形式上，清末的供词没有标题，每位应讯者的庭审记录以"据某某供"起始；供词结束处书"堂谕"两字，以下空白留县官批谕，末尾处书"某月某日供"，以上

①宣统三年八月廿日供词、堂谕，《龙泉民国法院民刑档案卷(1912—1949)》，M003-01-15239，第2—3页。收录于包伟民主编：《龙泉司法档案选编》第一辑(晚清时期)，496页。

②宣统元年十二月二十一日供词、堂谕，《龙泉民国法院民刑档案卷(1912—1949)》，M003-01-2416，第6—7页。收录于包伟民主编：《龙泉司法档案选编》第一辑(晚清时期)，第449页。

③1915年5月29日林亿等供词，《龙泉民国法院民刑档案卷(1912—1949)》，M003-01-2723，第113页。"结该民父英洋一百六十余元"中"结"当为"借"之误。

均由书吏以墨笔书写；县官则以朱笔在每条供词的始末处勾画，并画出其中提及的人名，然后在“堂谕”以左用批示的形式对该案作出分析、裁断或处置，最后以朱笔填写具体日期(图 48)。民国初年，龙泉司法档案的供词中不再出现堂谕(朱笔堂谕一般书写于点名单)，但主审官仍以朱笔对供词勾画审核(图 49)。1916 年浙江省重建审检所时期，供词上的朱笔勾画开始消失(图 50)。

在朱笔勾画消失的同时，供词内容变得支离破碎，既无时间上的连贯性，也无统一的主语，不再构成完整的叙事。比如 1916 年蔡金氏与蔡起旌祭田纠葛案中，蔡金氏在诉状中声称其轮值祭田被蔡起旌等抢贴，蔡起旌辩诉状则反诉蔡金氏“抢收贴价”[①]。该案 10 月 6 日的供词全文如下(序号为笔者所加，下同)：

> 蔡金氏供：
>
> 1.年二十八岁，住城西河厂巷。
>
> 2.民夫已死五年，蔡王氏死已九年，吴氏上年死故。
>
> 3.今年轮祭是志珑公分下乾房本名分。
>
> 4.该祭山贴价有三百余洋。
>
> 5.起麟是坤房王氏之子。
>
> 6.上代分立乾、坤两房清明田租，隔年轮及一年。
>
> 7.蔡吴氏自五十几年都未轮过，都系氏轮收。
>
> 8.起旌子文光承祧蔡吴氏，伊名下有已租二百余挑，交把起旌收管，氏亦不向取回。
>
> 9.别亦没有言说，氏就说醮祭清明，从前立有议约，要作凭的。这议约乾、坤两房各有一本仝共的，今年轮乾房，明年轮坤房，照序推轮，明年坤房名下应氏出贴，起旌尽要强收。求恩断。
>
> 10.但志珑公清明种田旧佃城内有曾高荣，坊下村有曾客马，足可传查的。
>
> 11.总求作主。

---

①1916 年 9 月 8 日蔡金氏民事诉状，9 月 20 日蔡起旌民事辩诉状，《龙泉民国法院民刑档案卷(1912—1949)》，M003-01-1454，第 29—36,56—58、74—76 页。收录于包伟民主编：《龙泉司法档案选编》第二辑(1916)，第 1010、1017 页。

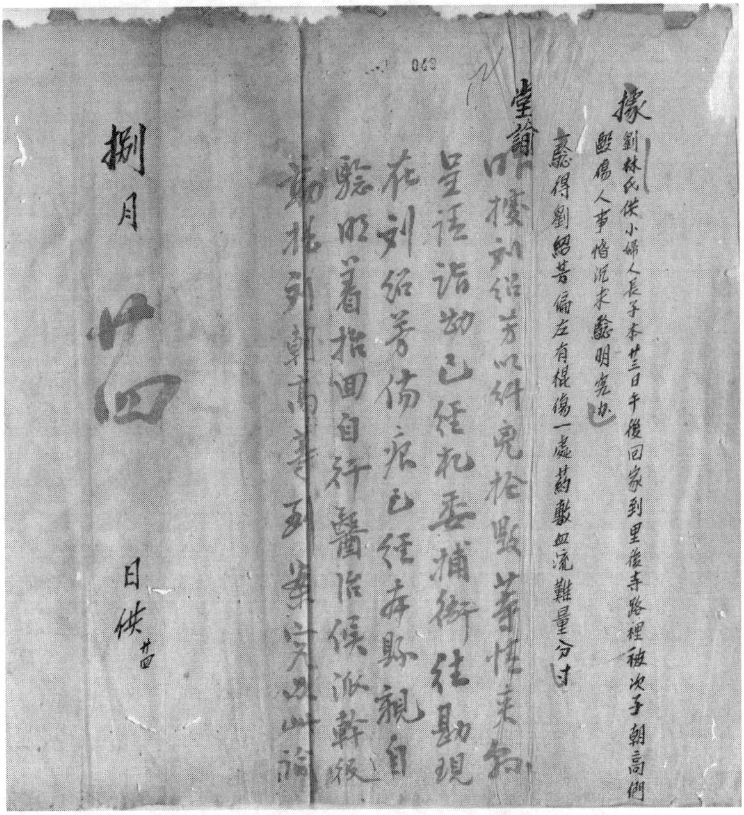
據劉林氏供小婦人長子本廿三日午後回家到里後寺路裡被次子朝高們毆傷人事惛沉求驗明究辦
驗得劉紹芳偏左有棍傷一處藥敷血流難量分寸
堂諭
昨據劉紹芳以糾兇搶毀等情來轅呈控詰訊已經札委捕衙往勘現在劉紹芳傷痕已經本縣親自驗明著指回自行醫治候派幹役前往拘劉朝高等到案究辦此諭
捌月　廿四　日供　廿四

图 48　宣统三年八月二十四日供词、堂谕

（M003-01-17086,第 49 页）

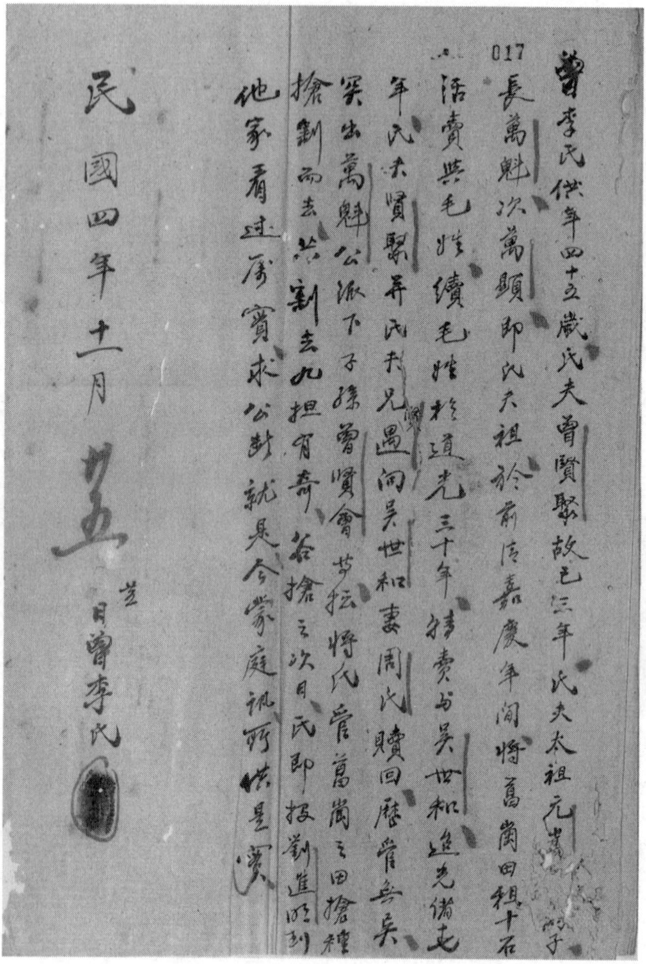

017

曾李氏供年四十五歲氏夫曾賢聚故已三年氏夫太祖元嵩[illegible]子
長萬魁次萬顯即氏夫祖於前清嘉慶年間將高崗田租十石
活賣與毛姓續毛姓於道光三十年轉賣與吳世和迨光緒末
年氏夫賢聚并氏夫兄偶向吳世和妻周氏贖回歷管無異
另出萬魁公派下子孫曾賢會等强將氏管高崗之田搶種
搶割而去共割去九担有奇前搶之次日氏即投劉進明到
他家看過屬實求公斷就是今蒙庭訊所供是實

民國四年十一月廿五日曾李氏

图 49　1915 年 11 月 25 曾李氏等供词

（M003－01－5453，第 17 页）

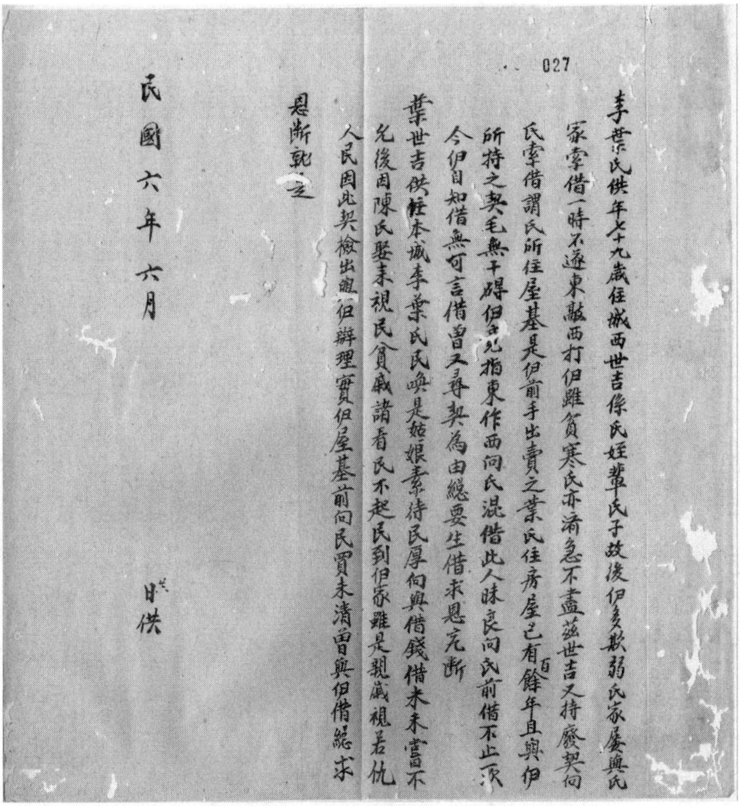
027

李葉氏供年七十九歲住城西世吉係氏姪輩氏子故後伊多欺弱氏家屢與氏
家寧借一時不遂東敲西打伊雖貧寒氏亦清急不盡茲世吉又持廢契向
氏索借謂氏所住屋基是伊前手出賣之業氏住房屋已有百餘年且與伊
所持之契毛無干碍伊亦允指東作西向氏混借此人昧良向氏前借不止一次
今伊自知借無可言借曾又尋契為由總要生借求恩究斷
葉世吉供住本城李葉氏氏喚是姑娘素待民厚向與借錢借來未嘗不
允後因陳氏娶來視民貧戚諸看民不起民到伊家雖是親戚視若仇
人民因此契檢出與伊辦理實伊屋基前向民買未清曾與伊借總求
恩斷就是
民國六年六月　日供

图 50　1917 年 6 月 26 日供词

（M003 - 01 - 8938，第 27 页）

蔡起旌供：

12. 年四十五岁，住城西，业儒。

13. 蔡吴氏即起源之妻；起源，世臣名下嗣子。

14. 原先起源承继，立有合同议约是真的，议约内载要帮他醮祭等语，议约同治三年写立。

15. 这祭租吴氏统未轮过。

16. 志珑公祭田今年轮乾房之房长，明年轮坤房之文房，应民子文光轮贴，今蔡金氏要把田租尽行贴去。

17. 民所争系在坤房之祭田。

18. 乾房分立爵、齿、德三房，坤房分立文、行、忠、信四房。

19. 起源死已有二十年，该祭租吴氏在日未经轮过。

20. 遗书是同治四年立的，且志珑公祭田之旧佃迭向更换，约有几十个，民多查不来。现城佃有翁八妹、吴廷坤、叶发仁可传质的。

21. 至李氏之祠，迄未建过，既管祭田，何不依约建祠。

22. 求恩究断就是。①

以上供词的内容多是简单的判断句，相互之间并不连贯，主语不断变化，如果不联系诉状则根本不知所云。唯一一处事件叙述出现在蔡金氏供词的第 9 段，其中“明年坤房名下应氏出贴，起旌尽要强收”是原告对案情的核心陈述。这是供词中最长的一段，却以“别亦没有言说”起始，显然是对诸如“你还有别的什么话说”之类讯问的回答。由此不难推论，此类供词直接记录了应讯者对审判官提问的回答，第 9 段是面对开放式提问时形成的事件叙述，其他各段则属于对是非、特指、选择等封闭或半封闭式提问所做的简单的判断句式回答。

这种情况在 1916 年以后的供词中相当普遍。又如 1916 年柯作桢等控王贤林等贪穴盗葬案，柯作桢在状词中称被告王贤林在其管业山场内盗葬其母亲棺柩，王贤林则辩称所葬之地在其父所买山界之内，然而在两人供词中均没有提及盗葬的任何情节：

①1916 年 10 月 6 日供词，《龙泉民国法院民刑档案卷(1912—1949)》，M003-01-1454，第 45—46 页。收录于包伟民主编：《龙泉司法档案选编》第二辑(1916)，第 1031 页。

柯作栋供：

1. 年三十二岁。

2. 民昨天未到山仝勘。

3. 陈应福早经死故，民不知情。

4. 继贤死后亦有十几年，他住在城，离民家五十里。

5. 这坟契未税，在民乡俗说是小情，曾未投税。

6. 民父早故，民俱年幼。

7. 查应祖之契是没有的，坟契向无上手交缴，即他契内亦抽过。

8. 坟穴各处有两丈五尺。

9. 该城离山四十几里。

10. 求恩勘明作主。

柯作梁供同前意。

王贤林供：

11. 年五十三岁。

12. 陈应福死有几年，民都不知。

13. 该山民先父受买，伊当未故，但老契民家没有。

14. 有陈福遐出当与民契一张，先当后卖。

15. 民山与柯作栋山毗连。

16. 共一处山业。

17. 应福出卖自己的山。

18. 总求恩断就是。①

这份供词几乎每句话都变换主语，“该”“这”等指示代词经常出现，由于没有记录提问内容，具体所指不易判明。有些回答省略了主语，供词也照录不补，如第16句“共一处山业”，若不了解提问内容就根本不知所云。有些是因应讯者拒绝回答，因此审判官重复了提问内容，比如第12句“陈应福死有几年，民都不知”的前半句便应是提问内容。总之，1916年之后的庭审以审

①1916年9月23日供词，《龙泉民国法院民刑档案卷（1912—1949）》，M003－01－11843，第35页。收录于包伟民主编：《龙泉司法档案选编》第二辑（1916），第871页。

判官与应讯者一问一答的形式展开，庭审记录即所谓“供词”仅记录应讯者的回答，而将提问内容完全略去，既不能形成对案情的完整叙述，也不能记录完整的庭审过程。

供词变化的成文法依据应该就是《天津府属试办审判厅章程》，其刑民通则对审讯方式有以下规定：

> 第五十一条 凡审讯先讯问被告，次原告，次证人，皆隔别讯问，其必须对诘者，亦得同时讯问，但非经承审官发问，两造不得自行辩驳。
>
> 第五十二条 审讯时，先由承审官将原告诉状、被告辩状朗读一遍，再令原告或被告申诉争讼之原因，并略述证据。
>
> 第五十三条 讯问时由书记官照供记录后一一朗读，详问原、被告及证人等，如有错误随时更正。①

第53条要求在堂讯时即时“照供记录”，并经朗读向应讯人验证，虽然没有要求应讯人签字确认，但记录内容显然是指讯问过程的回答部分。该法规第95条又规定“遇有证据确凿、供招毫无疑窦者，即下有罪之判决”②，明确把这种庭审记录称为“供招”而非“讯问笔录”之类其他名称。这是目前所见供词变形唯一可能的成文法依据。

三 书面审理与取辩票

供词中如果只记录支离破碎的讯问回答，不能构成完整的案情陈述，也就不能据此形成事实认定。因此这一时期必须采用书面审理主义，以两造的诉状、辩诉状的书面陈述作为事实认定的依据，讯问其实只是证据调查的一个过程。这是与细故审理或当事人主义民事诉讼非常不同的审判方式，也是供词变形的前提条件。

传统细故审理的呈状其实只是获得准理的一份申请报告，其内容往往夸大其词、谎话连篇，堂讯时当事人的陈述有时与呈状内容毫不相干，有经验的审判官也不会将呈状作为事实调查的起点。晚清民国的民事诉讼制

①《天津府属试办审判厅章程》，第17页。
②《天津府属试办审判厅章程》，第26页。

度主要移植自德国、日本，遵行当事人主义与言词审理主义等原则，当事人的事实陈述以庭审时的口头发言为准，诉状仅作为准备书状出现，陈述内容一般不具备法律效力，言词辩论中当事人对事实主张的口头表达才是事实认定的基础。只有在承认书面审理、诉状陈述成为事实认定依据的情况下，对案情的基本陈述才无须在庭审记录中出现。1916 年后供词的变形，正是以书面审理程序的确立为前提的。

无论是在成文法还是在龙泉县的司法实践中，这一时期的书面审理都有迹可循。书面审理确立的标志是书面辩诉成为法定程序。书面辩诉制度产生的过程比较暧昧。清末民初施行的《各级审判厅试办章程》并无"辩诉"或"辩诉状"一说，但 1906 年的《刑事民事诉讼法》规定，被告接到诉状抄本后，"即须呈递覆词，伸辩曲直"（第 106 条），"原告控词及被告覆词，俱已呈递，公堂可允原告之请，定期审讯"（第 109 条）①，这里的"覆词"即"辩诉状"的原型。此后《天津府属试办审判厅章程》中出现了辩诉程序，该章程第 113 条规定"被告欲辩诉者，准其于堂期前呈辩诉状"，第 52 条又规定"审讯时，先由承审官将原告诉状、被告辩状朗读一遍"②。《天津府属试办审判厅章程理由书》第 109 条解释"辩诉"称：

> 谨按：此条系规定被告得对于诉讼状之辩诉。关于审理各主义，有口头辩论及书面审理二者。文字记载，容有词不达意，故有非直接质问不能明了者，似口头实较书面为优。然如因卖买等事涉讼，计算错杂，又有非记载不能明了者，故本条亦准被告呈辩诉状。③

由此明确了兼采书面与口头审理义的诉讼原则，辩诉状的陈述成为事实认定的依据。

《各级审判厅试办章程》虽然没有任何有关辩诉的明文规定，但同样参照《天津府属试办审判厅章程》而制定的《试办诉讼状纸简明章程》所规定的 5 种状纸类型中包括辩诉状，"凡民事被告、刑事被告，于各审判厅呈诉者用之"④。该章程声称"法制取乎大同，所有状纸一项，天津既由一府渐

---

①《刑事民事诉讼法》，怀效锋主编：《清末法制变革史料》（上卷），第 442—443 页。
②《天津府属试办审判厅章程》，第 17、30 页。
③王仁铎：《天津府属试办审判厅章程理由书》，第 76 页。
④《试办诉讼状纸简明章程》，怀效锋主编：《清末法制变革史料》（上卷），第 465 页。

及全省，臣部即可由京师各省"[①]，因此可知最早的辩诉状应该出现在天津审判厅。宣统元年(1909)的《推广诉讼状纸通行章程》将状纸分为12种，该章程第5条规定，"民事辩诉状，凡民事被告于各审判厅呈诉者用之"[②]。龙泉司法档案中，辩诉状最早出现于宣统二年(1910)末，其产生依据是参照《试办诉讼状纸简明章程》而制定的《浙江讼费法律案》："辩诉状，凡民事被告、刑事被告对于本案辩诉者用之。"[③]这样，自光绪三十三年(1907)袁世凯的《天津府属试办审判厅章程》提出以后，书面辩诉程序虽然并未正式出现在全国性的民事诉讼法规中，但辩诉状的运用已经相当广泛，书面辩诉成为一种隐晦的诉讼程序。

但如果没有新审判模式的形成，辩诉状就没有实质意义。传统细故审理中，官府一旦准理原告的呈状，被告随后一般也会递交呈状。如果说原告呈状的目的是获得准理，被告呈状的目的则在于获得与原告同等的地位，其内容与其说是对原告陈述的辩诉，不如说是另一次耸人听闻的反诉。宣统二年(1910)龙泉县就出现了辩诉状，但内容仍是传统的被告反诉。1912年1月至1913年5月，辩诉状在龙泉县状纸类型中一度消失，1913年5月以后采用司法部颁定状纸，其中有"民事辩诉状"，但内容仍是传统的反诉风格。如民国二年陈秋亭与徐世克等互争山业案，原告陈秋亭于1913年8月、10月两次递呈民事诉状，声称其于1912年9月间受买徐李氏母子山场一处，被徐世克恃蛮强砍山内松树70余株。被告徐世克则在官府施行调查程序之后呈递所谓的"民事辩诉状"，声称其承太祖受买山场土名上攀儿，分五房历管无异，乃徐李氏与陈秋亭狡串立契，以徐李氏名义出卖，争夺山场[④]。

"取辩"是官府在收到民事诉状后，将原告诉状抄送被告并要求被告书面答辩的程序，该程序在传统细故审理中并不存在。龙泉司法档案中最早出现"取辩"一词是在1914年，如杨毓琦对1914年9月26日罗建功诉状

---

①《法部等会奏京师各级审判由部试办诉讼状纸折》，怀效锋主编：《清末法制变革史料》(上卷)，第465页。

②《推广诉讼状纸通行章程》，怀效锋主编：《清末法制变革史料》(上卷)，第475页。

③《浙江讼费法律案》，汪林茂、张凯主编：《浙江辛亥革命史料集》第4卷《浙江谘议局》(下)，第120页。

④1913年10月16日徐世克等民事辩诉状，《龙泉民国法院民刑档案卷(1912—1949)》，M003-01-1748，第1—7页。收录于包伟民主编：《龙泉司法档案选编》第二辑(1913)，第631页。

的批示即有"着候取辩吊契核夺"[①]的表述。1915 年的邱明昌控李棠灭界侵占案中，最早出现了送达被告的"取辩票"。邱明昌提起诉讼后，官府批示"候饬被呈辩核夺"，然后签发取辩票（图 51），要求被告"着被克日呈辩，以凭核夺"[②]，"呈辩"即呈交辩诉状，这是书面辩诉程序确立的标志。然而取辩程序下形成的辩诉状也未必就具备辩诉的意义，如 1916 年 1 月被告李棠呈递民事辩诉状声称：

> 突出买一占二之邱明昌……借伊右界与棠左界毗连，预埋奸计，私将契内右至小岗黄竹分水脱去"分水"二字，又于"分水"二字之下添入"直下坑"三字，并令佃暗将右界黄竹挖尽，计图谋占，陡于阴历八月间串仝拚客周兴利，将棠左至大岗分水黄竹界内杉木越砍三百余株。[③]

辩诉状的"反诉"意味仍然明显大于"辩诉"。

但随着取辩程序的常规化，有少数被告从 1917 年开始在民事辩诉状中展开辩论意义上的陈述，比如 1917 年叶景隆控凌宏茂靛青纠葛案中，原告叶景隆控凌宏茂侵吞其靛价等款计洋 136 元 6 角，要求归还。按照传统的审判模式，被告往往会以原告欺诈为由提起反诉，但凌宏茂在收到县审检所要求"仰即速辩诉"的传票（图 52）[④]之后随即呈递的民事辩诉状虽然仍保留反诉的形式，但其反诉的罪名是"诬告"而非"欺诈"，并辨析原告陈述之不实无理，实际上等同于辩诉：

> 刻奉钧所票饬取辩，商应将叶景隆诬诈各节再叙如下：查叶景隆卖靛系上年阴历十一月卅日，钧署出示改革，在于上年阴历腊月下旬，伊之承批，载明规则及价目，乃是庄洋，今据状称英洋，此景隆之诬告者一也。今年运到之靛，不对上年靛样，乃是去腊天寒冻坏之靛，买者不受，当经公人叶天根等理息，作九折扣算，单开明晰，价即清找，今隆

---

①1914 年 9 月 26 日罗建功诉状，《龙泉民国法院民刑档案卷（1912—1949）》，M003 - 01 - 14309，第 5—9 页。

②1915 年 12 月 6 日邱明昌民事诉状，1915 年 12 月 24 日龙泉县公署取辩票，《龙泉民国法院民刑档案卷（1912—1949）》，M003 - 01 - 16419，第 113—119 页。收录于包伟民主编：《龙泉司法档案选编》第二辑（1915），第 514、516 页。

③1916 年 1 月 12 日李棠民事辩诉状，《龙泉民国法院民刑档案卷（1912—1949）》，M003 - 01 - 16419，第 122—128 页。收录于包伟民主编：《龙泉司法档案选编》第二辑（1915），第 518 页。

④1917 年 4 月 3 日龙泉县公署传票，《龙泉民国法院民刑档案卷（1912—1949）》，M003 - 01 - 10549，第 16—17 页。收录于包伟民主编：《龙泉司法档案选编》第二辑（1917），第 130—131 页。

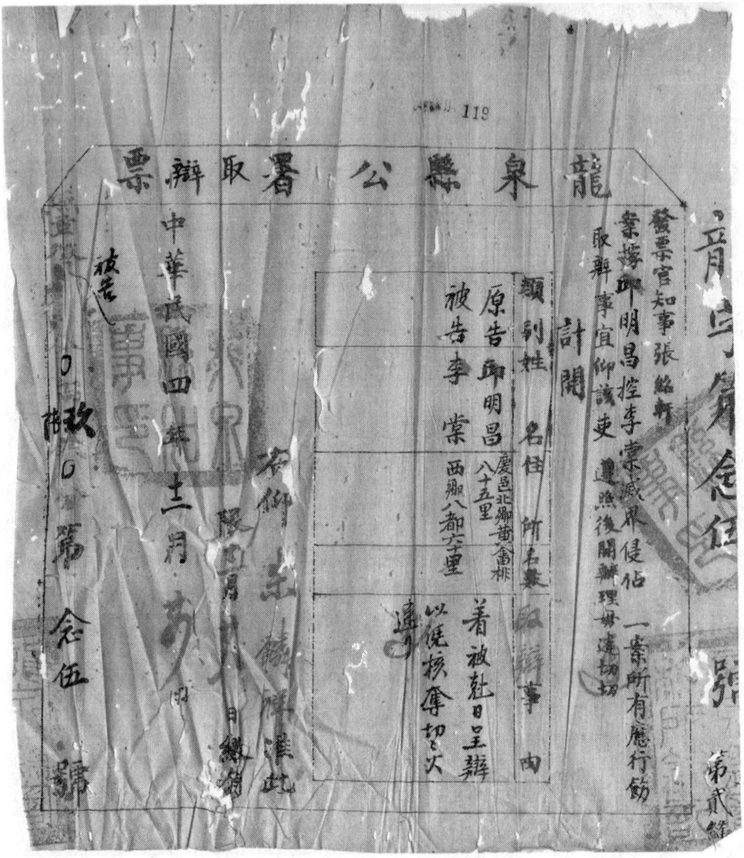
龍泉縣公署取辯票

發票官知事張紹軒

案據郎明昌控李棠滅界侵佔 一案所有應行飭

取辯事宜仰議吏 遵照後開辦理毋違切切

計開

類別	姓名	住所	名數	事由
原告	郎明昌	慶邑北鄉黃畬排 八十五里		取辯事
被告	李棠	西鄉八都六十里		

着被赴 日呈辯 以憑核奪切切 火速

中華民國四年十二月 廿四 日

限 月 日繳銷

右仰 准此

图 51　1915 年 12 月 24 日龙泉县公署取辩票

（M003－01－16419，第 119 页）

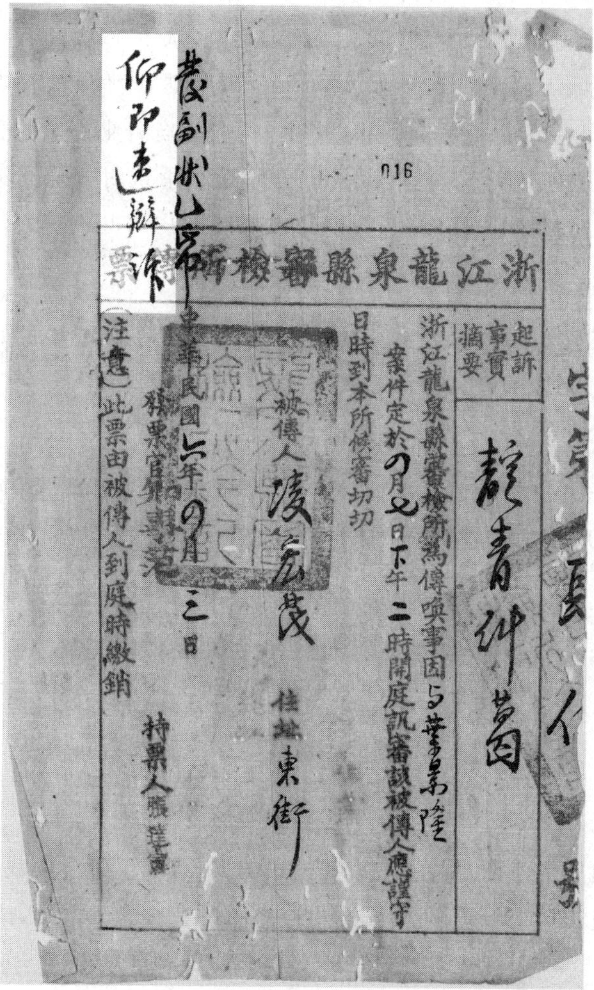

图 52 1917 年 4 月 3 日龙泉县公署传票
(M003－01－10549,第 16 页)

谓商噬欠，此其诬告者二也。即如控称英洋拾五元一款确系鋈向隆揭并贴火食，天鋈现在，足可证质，今隆犹以天鋈与商来去，混糊牵入，此景隆诬告者三也。[①]

又如1917年叶有庆控叶大汝措陷活业案，原告叶有庆声称其家原有水田一标，先世将其活卖与叶大英等为业，叶有庆于1917年向叶大英等取赎，叶大英等称已将田卖与叶大汝掌管，立有契据，叶有庆即持契向叶大汝赎田，叶大汝不允，因此提起诉状，控叶大汝"措陷活业"[②]。叶大汝的民事辩诉状没有反诉叶大英如何谋占田业，而是在承认对方陈述案情的基础上，辨析相关权利的归属问题，特别是声称叶有庆与叶大英之活卖契约已失去时效：

至叶大英、大梧转卖与民之年止，为时已有百数十年之外，按诸法定时效，对于加赎问题不生效力。[③]

这样的陈述属于比较典型的法律辩论。

这样，自1917年开始，书面辩诉程序在龙泉县的民事诉讼中获得了实质意义，诉状与辩诉状的书面陈述成为事实认定的依据。《天津府属试办审判厅章程》规定的"审讯时，先由承审官将原告诉状、被告辩状朗读一遍，再令原告或被告申诉争讼之原因，并略述证据"的审讯方式由此成为可能[④]，也为供词中不再记录案情而仅记录讯问回答提供了条件。

四　以证据认定事实

传统细故审理具有调解型审判模式的特点，不仅最终的裁断需要当事人出具遵依状保证服从，事实认定也以各方陈述一致为前提，或者说"发现真实"以当事人"坦白真相"为先决条件，这是招供的本质含义。诉讼中

①1917年4月7日凌宏茂民事辩诉状，《龙泉民国法院民刑档案卷（1912—1949）》，M003-01-10549，第69—71、73页。收录于包伟民主编：《龙泉司法档案选编》第二辑（1917），第135页。

②1917年9月5日叶有庆民事诉状，《龙泉民国法院民刑档案卷（1912—1949）》，M003-01-5041，第74—76、80页。收录于包伟民主编：《龙泉司法档案选编》第二辑（1917），第545页。

③1917年10月1日叶大汝民事辩诉状，《龙泉民国法院民刑档案卷（1912—1949）》，M003-01-5041，第88—95页。收录于包伟民主编：《龙泉司法档案选编》第二辑（1917），第553页。

④《天津府属试办审判厅章程》，第17页。

经常出现双方当事人各执一词的情况，这种陈述也会作为供词记录，对此审判官有时会以“两造各执”为理由不予裁断，但这并不影响招供本身的性质。

1916 年以前，上诉与缺席审判制度破坏了传统细故审理的内在逻辑，当事人拒绝出具遵结状、审判官以秘密调查“发现真实”等非传统的审判方式也已出现，但审判官多数时候仍保留传统的理讼观念，招供、调解式裁断、遵结状等文书仍比较常见。1916 年以后，由于浙江省重建审检所等多方面的原因，传统细故审理模式难以为继，依据证据而非招供认定事实的新审判模式在司法实践中逐渐成形。

《各级审判厅试办章程》对审讯程序没有任何具体规定，但《天津府属试办审判厅章程》明确规定，无论刑事还是民事案件，证据与招供同样构成判决的依据：

> 遇有证据确凿、供招毫无疑窦者，即下有罪之判决，如犯人坚不承认而承审官认为证据确凿者亦同如。证据、供招两无可凭者无罪。①

既然允许上诉、单方审理与缺席审判，就很难再要求当事人必须提供一份招供。在不谋求当事人招供，秘密调查又不足为凭的情况下，只能通过当事人陈述及举证形成事实认定及判决。

龙泉司法档案的案例显示，在 1916 年之后供词发生变形的同时，审判官已基本掌握证据审判的规则。如 1916 年吴翁氏等与吴忠赓产生纠纷，吴翁氏开始以刑事案件起诉吴忠赓“欺寡灭侄”，龙泉县审检所裁定刑事起诉不成立②。此后吴翁氏之子吴家瑞又以债务纠纷为由提起民事诉讼，并提出批字作为证据：

> 自光绪叁拾壹年至本年止，陆续总供揭借去本英洋壹佰叁拾陆元捌角壹分，有递年流水簿逐一记载，足查可证。除此外，尚立有贴批字抵民为硬，借去本英洋肆拾陆元，字订利息每月壹分，至今捌年，总计

①这是第 95 条的规定，参《天津府属试办审判厅章程》，第 26 页。该章程对民事判决的规定只有 2 条，除第 118 条对判词程式有所规定外，仅在第 117 条宣称刑事判决之第 94、95、99 条同样适用于民事判决。

②1916 年 8 月 2 日点名单，《龙泉民国法院民刑档案卷(1912—1949)》，M003-01-15750，第 55—56 页。收录于包伟民主编：《龙泉司法档案选编》第二辑(1916)，第 748 页。

共本利英洋捌拾陆元，有贴批字存在，前电在卷。又有壬子字样，代付本英洋拾陆元，至今已欠五年。[1]

此后吴家瑞又多次呈状陈述并催促传讯，又提出汇票作为"英洋捌拾六元"债务的证据。档案中未见被告吴忠赓进行书面辩诉的辩诉状。12月11日，龙泉县审检所对该债务纠纷案进行第一次庭审，所录问答式供词内容如下：

吴家瑞供：

1.翁氏系民母。

2.吴忠赓系民叔。

3.少民四十六元。

4.是有祭田抵当，他将该祭租又贴过别人。

5.后民两家来去账目，有几十元，俱有流水可核。

6.民系光绪二十六年分家，抵当祭租是宣统二年。

7.种的，他将该田贴与王仁泉、徐乌风，足可提质。

8.民并没有收过。

9.就应轮及民名下，亦被夺去。

吴忠赓供：

10.民唤家瑞是侄辈。

11.他贴批年月内注过年满不通行数字。

12.他说抵当。

13.他们不是当字。

14.该田他自收去，民未贴过别人。

15.那汇票是吴元太店偷窃去的。

16.吴元太即系民三弟吴忠献。

17.开，现开本城大街。[2]

这些供词对应的提问内容是什么并不难推测。讯问内容除对涉案人物身

①1916年8月7日吴家瑞民事呈诉状，《龙泉民国法院民刑档案卷(1912—1949)》，M003-01-15750，第44—46、49页。收录于包伟民主编：《龙泉司法档案选编》第二辑(1916)，第753页。

②1916年12月11日供词，《龙泉民国法院民刑档案卷(1912—1949)》，M003-01-15750，第75页。收录于包伟民主编：《龙泉司法档案选编》第二辑(1916)，第766页。

份与案情陈述进行确认之外，主要围绕着吴家瑞提出的证据展开。除第5条是询问流水、账簿情况之外，吴家瑞供词中第4、6、7、8、9条均是询问祭田贴价的相关情况，吴忠赓供词中第12、13条是回答祭田贴价的相关问题，第14条至17条回答汇票的相关问题。由于吴家瑞供词中提供了王仁泉、徐乌风这两位与祭田贴价相关的证人，吴忠赓供词中提供了其三弟吴忠献这位与汇票相关的证人，审检所决定传王仁泉、徐乌风、吴忠献等"到案覆讯"。在12月17日的第二次庭审中，审检所分别对当事人与证人进行讯问：

吴家瑞供：

1.忠赓欠民当定洋五十六元□□□洋，又民经付汇票洋十六元，尤有账簿内该款俱系确实。

2.求核对究追。

吴忠赓供：

3.这汇票，民他时在瓯。

4.未回家。

5.瑞是未拿出有钱。

6.至账簿内来往，多经付过，民亦有流水。

7.求恩核对。

王人泉供：

8.住临江。

9.宣统二年民向吴家贴种田租，这贴价交与吴忠赓收去。

10.该田民与吴仁桂经面付交贴价，徐乌风仝种的。

11.今蒙提讯，所供是实。

徐乌风供：

12.年三十八，住半岭。

13.民种土名廿石亩。

14.民与人泉仝贴的。

15.该田贴价实交吴忠赓，有家瑞祖吴仁桂与面付的。

16.今蒙传问，不敢虚语，所供是实。

吴忠献供：

17.年四十一岁。

18.民开小铺“元泰”字号。

19.忠赓在瓯时，寄有汇票一张到民，民因无钱付出，即对他妻说过。据伊妻说，忠赓有信，朋友王正昌，俟其向问正昌借款。

20.这洋民未付过，是正昌付出。

21.那时家瑞曾帮王永丰店，想他亦未经付过。

22.求恩断。[①]

该案最终判“被告应限判决确定日直接还楚原告洋银六十二元”，其认定的事实如下：

缘被告与原告素有金钱进出，均各登账，并无手折。惟宣统元年被告有贴批一纸，计洋四十六元，至期该田被告仍贴与王人泉、徐乌风收种。民国元年被告有汇票一纸，由温州寄至吴源泰汇洋，源泰拒绝，该洋由□□汇□□存原告。迄未将贴价、汇洋还楚，由原告诉请县公署移交本所审理结案。

而认定以上事实的理由则为：

本案可分为三，即(一)历年挂欠；(二)贴价；(三)汇款是也。历年挂欠，两方账簿均针锋不对，本所认为证未确实，免议。贴价，由王仁泉、徐乌风证明该田确由其收种，前既贴与被告，后又贴人收种，一业二贴，此贴价之应令被告偿还者一。汇票，由吴忠献证明确由被告自温州向伊店汇现，因伊店无款，故不知如何在原告手，则汇票应由被告负责，毫无议义，此汇票之应令被告偿还者又一。[②]

---

①1916年12月17日供词，《龙泉民国法院民刑档案卷(1912—1949)》，M003-01-15750，第91—92页。收录于包伟民主编：《龙泉司法档案选编》第二辑(1916)，第776页。第14条中“人泉”当为“仁泉”之误。

②1916年12月17日龙泉县审检所判决，《龙泉民国法院民刑档案卷(1912—1949)》，M003-01-15750，第93—95、202页。收录于包伟民主编：《龙泉司法档案选编》第二辑(1917)，第778页。引文中“毫无议义”当为“毫无疑义”之误。

其中“由王仁泉、徐乌风证明”“由吴忠献证明”以及“本所认为证未确实”等表述，明确表现了依据证据形成事实认定的审判模式。

1916 年前后龙泉县的庭审记录表面上都是供词，实质内容却发生了变化，由总结当事人陈述的招供，变成了对讯问回答的实录。这种变化不是庭审记录技术上的改进，而是审判模式变化的必然要求。1916 年前后全国范围内的诉讼制度没有发生变化，但浙江省经历了短暂的重建审检所时期。不过在浙江省重建审检所之前，司法实践中已经要求把被告的书面辩诉作为正式诉讼程序来实施，出现了向被告“取辩”的流程，当事人的诉状陈述成为事实认定的依据。事实认定不再依赖当事人的招供，而是依据证据由审判官自行判定，庭审的主要意义从获得招供演变为证据调查，这是供词由招供变为讯问笔录的制度背景。供词式讯问笔录的出现，标志着职权主义民事审判模式在龙泉县司法实践中正式确立，而《天津府属试办审判厅章程》是对这种庭审记录有具体规定的唯一成文法。

第十二章　从讯问到言词辩论

龙泉县的庭审记录“现代化”进程中，在供词与言词辩论笔录之间还出现了讯问笔录，起讫标志是1922年《民事诉讼条例》的施行和1929年龙泉县法院的成立。龙泉县民事庭审记录经历了供词、讯问笔录、言词辩论笔录三个阶段，与传票、诉状或裁断文书相比，庭审记录变化的界限与分期尤为清晰，表面上看它似乎为梳理民事诉讼规则的演变提供了清晰而可靠的线索，但深入解读后就会发现，三种形式庭审记录的界限其实十分模糊。一方面，讯问笔录上也分明写着“供词”与“言词辩论”；另一方面，“供词”或“言词辩论”的内容似乎也只是记录审判官讯问的过程。除上一章已经论述的供词以外，对讯问与言词辩论笔录的形式与实质同样需要加以仔细辨析。

一　暧昧的讯问笔录

1922年《民事诉讼条例》颁行以后，龙泉县开始采用讯问笔录作为庭审记录。讯问笔录直接书写于空白纸张上，首书“龙泉县公署讯问笔录”，以下仍以“某某供”开始。与变形后的供词的区别在于，讯问笔录在编写上采用一问一答的形式，即增加了审判官提问的内容。然而每位应讯人的问答记录之前均被冠以“某某供”，而审判官在批示中又经常称“讯问”为“言词辩论”。如1925年罗建功与季马养的田租纠纷案中，11月19日的庭审记录被称为“龙泉县公署讯问笔录”。审判官首先讯问原告罗建功，记录为“罗建功供”，以下是一问一答的讯问过程（图53）：

罗建功供：

问：年、籍、住、业？

答：年三十三岁，龙泉人，住盖竹，商业。

问：你田坐什么地方？

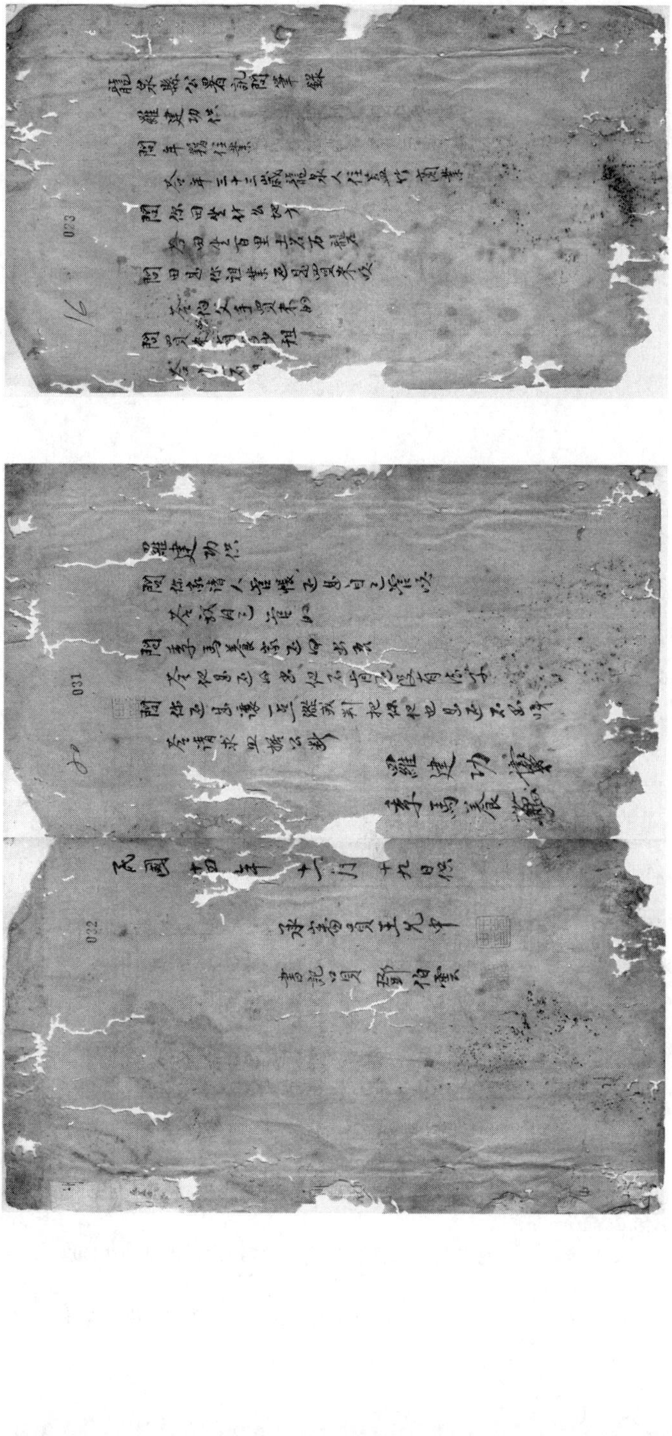

图 53　1925 年 11 月 19 日龙泉县公署讯问笔录首尾页(M003－01－07625,第 23 页)

答：田坐百里土名石砻……[①]

这次讯问又留有点名单，审判官在点名单上的朱笔批示又称之为“辩论”（图54）：

案已辩论终结，候送达判词。罗建功庭呈租簿一本附。此谕。[②]

1922年以后龙泉县的庭审有“讯问”“言词辩论”和“供”三种称呼，其中“某某供”可以理解为传统供词形式的残余，“言词辩论”是1922年施行的《民事诉讼条例》所规定的民事诉讼庭审的法定程序。但是当时龙泉县仍实行县知事兼理司法制度，刑、民诉讼条例颁布之后新修订的《县知事审理诉讼暂行章程》规定刑、民案件均以讯问方式审理：

第十八条　讯问方法由县知事或承审员相机为之，但不得非法凌辱。

第十九条　民、刑案件讯问笔录应由审理该案件之县知事或承审员并记录之，书记员签名。前项笔录应向供述人朗读，令其签名或印指模。[③]

因此，这时龙泉县庭审记录的正式名称应是“讯问笔录”。然而相关法规中没有说明讯问、言词辩论以及传统供词三者之间的关系，当时龙泉县讯问笔录中所体现的诉讼规则需要依据司法实践加以辨析。

理论上讲，供词、讯问、言词辩论分别对应不同的审判模式，供词是传统细故审理的产物，讯问代表职权主义的审理模式，而言词辩论对应当事人主义诉讼原则。1922年《民事诉讼条例》确立了当事人主义、口头审理主义原则，并规定庭审采用言词辩论程序。龙泉县由于尚无独立的审判机构，审判实务不能完全适用《民事诉讼条例》，新颁《县知事审理诉讼暂行章程》规定“讯问方法由县知事或承审员相机为之”，即要求县知事在司法实践中自行摸索庭审模式。

依据龙泉司法档案所见讯问笔录初步判断，这期间的庭审虽然仍采

---

①1925年11月19日龙泉县公署讯问笔录，《龙泉民国法院民刑档案卷（1912—1949）》，M003-01-07625，第23页。

②1925年11月19日点名单，《龙泉民国法院民刑档案卷（1912—1949）》，M003-01-07625，第22页。

③《县知事审理诉讼暂行章程（1923）》，司法例规编纂处：《改订司法例规第一次补编》，第57页。

图 54　1925 年 11 月 19 日点名单

（M003－01－07625，第 22 页）

用审判官与应讯人问答的形式，但向由当事人主动举证、辩论并提出诉讼请求等体现当事人主义的诉讼原则转变的趋势相当明显。如 1924 年季庆丰与季庆元山地纠葛案中，原告季庆丰声称该山场由其伯父季锡璜向被告之兄季庆琪购得；被告季庆元辩称，季庆丰先伯父季锡璜买得山场时，其母尚在，兄未成丁，买卖契券悉盖其母图章，而季锡璜该山场买契未盖其母图章，属于无效，请求断还山产、赔偿损失。4 月 3 日该案庭审，讯问笔录内容如下：

龙泉县知事公署讯问笔录
季庆丰供：
问：年、籍、住、业？
答：年三十二岁，龙泉人，住何坑，读书。
问：你山那年买来？
答：同治十三年。
问：你契带来吗？
答：契在验契处投验。
问：你父手买来？
答：伯父锡璜手买来。
问：你在山上砍了好多树？
答：脑子六百株。
问：树抵得好多钱一株？
答：大的抵得二元，小的抵得几角。

季庆元供：
问：年、籍、住、业？
答：年五十三岁，龙泉，住城北，业儒。
问：山有好阔的？
答：阔的，民未去过。
问：你说寻出老契来，你老契带来吗？
答：带来。（当呈上手老契二纸。）
问：这山是你祖手买或你父手买？
答：太祖手买来。

问：向何人买来？

答：方家买来。

问：你卖与季庆丰？

答：他契是同治十三年，民父同治十一年故身，民母民国十二年故身。

季庆丰供：

问：你说还有老契？

答：老契未带来。

问：你契内作中什么？

答：契内在见凭中都死了，季润霖是他嫡堂叔，翁富养是他舅公。

问：有两张契没有？

答：就是一张杜契。

问：外首有人对你和解吗？

答：没有。

问：从前季庆祺出卖他母，怎么不要他母花押？

答：他母年青，都是用季庆祺出卖的。

问：他有老契？

答：他老契藏匿，民不晓得。

右供朗读，经当事人承认无讹。

季庆丰（押）

季庆元（押）

民国十三年四月三日供

书记员：邓伯云

承审员：吴载基①

这里审判官问“你契带来吗？”“你说寻出老契来，你老契带来吗？”“你说还有老契？”，其实是对当事人之前举证行动的复述，意味着这个讯问过程

①1924年4月3日龙泉县公署讯问笔录，《龙泉民国法院民刑档案卷（1912—1949）》，M003-01-8955，第16—21页。收录于包伟民主编：《龙泉司法档案选编》第二辑（1924），第32页。

虽是形式上的审判官依职权开展调查，但也要求由当事人主动承担举证责任。第二次庭审时，在未经审判官提问的情况下，季庆丰主动提出“请求证明他兄别地方亦卖有产业是盖章的，民向别处借来证明”[①]，更明确地展现了当事人的举证责任。

此外，有些讯问回答具有言词辩论色彩。如上案6月4日第二次庭审时的讯问笔录：

龙泉县公署讯问笔录

季庆丰供：

问：年、籍、住、业？

答：年三十二岁，龙泉人，住何坑，儒业。

问：季庆元说他兄庆祺未满十一岁，他母未在场见押卖。

答：是他产业，不是卖民一家，田山都是这样卖的。

问：他打个图章？

答：他图章是季瑞人的章。

问：你买来有几年？

答：民伯父受买分与民的，民正契内在见季润霖是他堂叔。

问：他为什么事来阻封？

答：民去年砍树，他来混阻，他欲图山上树木。

季庆元供：

问：年、籍、住、业？

答：年五十三岁，龙泉人，住城北，业儒。

问：季庆麒今天来未？

答：今天有病，他前吴承审有清供在卷。

问：你山是同治十三年卖了有五十余年？

答：是民不知，民兄尚未成年，山民有一分，卖出去民母不知，如晓得会对民说。民母民国二年才死，况且同治十一年民母尚卖有田租，与蔡家有契草可证，他是显在串诈，请求照律判断。

---

①1924年6月4日龙泉县公署讯问笔录，《龙泉民国法院民刑档案卷(1912—1949)》，M003-01-8955，第45—49页。收录于包伟民主编：《龙泉司法档案选编》第二辑(1924)，第45页。

问：季润霖是人何人？

答：是同太祖堂叔。

问：翁富养是人舅公吗？

答：是。

季庆丰供：

请求证明他兄别地方亦卖有产业是盖章的，民向别处借来证明。

季庆元供：

问：你山同治十三年卖了有五十余年？

答：是季锡璜与民堂叔谋占串诈。

问：劝他出洋与你作为和解？

答：不能和解，他杉木发去出售，有白皮放去卖了。

问：笋有好多？

答：篆笋有三千余斤，请求派警标封。

问：你状上没有说过篆笋？

答：有的。请求照律判决，民如有产权就判有，如无判无就是。

右供朗读，经当事人承认无讹。

季庆丰（押）

季庆元（押）

民国十三年六月四日供

书记员：邓伯云

承审员：陈桢①

审判官开篇称"季庆元说他兄庆祺未满十一岁，他母未在场见押卖"，这是陈述句而非疑问句，是审判官对被告既有陈述的复述。对此，原告季庆丰陈述称"是他产业，不是卖民一家，田山都是这样卖的"，这是不同意被告而提出另一种陈述。这个对话与其说是审判官的讯问，不如说是原告与

①1924年6月4日龙泉县公署讯问笔录，《龙泉民国法院民刑档案卷（1912—1949）》，M003-01-8955，第45—49页。收录于包伟民主编：《龙泉司法档案选编》第二辑（1924），第45页。

被告之间关于山场买卖情形的辩论，审判官只是转述被告的陈述。在讯问将要结束时，审判官对被告季庆元说“劝他出洋与你作为和解”，这是询问季庆元是否接受调解。季庆元回答“不能和解，他杉木发去出售，有白皮放去卖了”。这是一次失败的庭内调解，也是对当事人诉讼请求的征询。在细故审理或职权审判模式中，官府可以不顾当事人意愿直接提出调解方式要求当事人接受，这里的询问意味着审判官有意识地寻求在当事人诉讼请求范围内进行裁断。讯问结束时季庆元再次声明“请求照律判决，民如有产权就判有，如无判无就是”，表明审判官曾询问他对判决有何请求，这至少在形式上是尊重当事人诉讼请求的体现。

随着《民事诉讼条例》的颁行，庭审记录由变形的供词变成讯问笔录，除了在形式上增加了对提问的记录之外，讯问笔录中已经显露出言词辩论的意味与当事人主义诉讼原则，这在变形后的供词中是无从体现的。当然这主要体现了审判官在讯问中努力与更高阶的《民事诉讼条例》保持一致的取向，但其时讯问中的言词辩论意味仍是由审判官依职权赋予的，当事人在诉讼程序上尚未获得言词辩论的充分权利。

二 “扶行”的言词辩论

1929 年龙泉县法院成立之后，1922 年的《民事诉讼条例》及 1930 年的《民事诉讼法》完全适用于龙泉县，民事诉讼的庭审开始正式采用言词辩论程序。言词辩论须制作笔录，案由、时间、地点、参加人等内容油印于首页，此后笔录言词辩论的内容。理论上讲，言词辩论的内容主要应该是双方当事人的言词交锋，但龙泉司法档案中所见言词辩论笔录，内容多为审判官与当事人之间的问答。这种情况虽不违背言词辩论的法定程序，但并非言词辩论的理想状态。

当事人直接的言词交锋并非言词辩论的必要环节。1922 年的《民事诉讼条例》、1930 年的《民事诉讼法》对言词辩论的程序与法理有明确规定与解释。以 1930 年的《民事诉讼法》为例，它所规定的言词辩论的过程应该包括：

1. 由当事人声明应受裁判之事项，就诉讼关系作事实上及法律上之陈述，声明所用之证据、对他造提出之事实及证据作出陈述；

2.由审判长或陪席推事向当事人“发问或晓谕令其为必要之声明及陈述”而使陈述明了、完足；

3.其间当事人在向审判长声请并获许可之后，可以向他造自行发问。①

据此，言词辩论过程由当事人的声明、审判官的询问、经法庭同意之后当事人之间直接的言词交锋三部分构成。直到2003年修订时，台湾地区现行的《民事诉讼“法”》才规定当事人间的直接发问无须经审判长许可，“当事人得声请审判长为必要之发问，并得向审判长陈明后自行发问”②，但当事人之间直接的言词交锋仍然不是言词辩论必须要进行的环节。

另外，通篇的问答意味着言词辩论的不理想状态。南京国民政府时期言词辩论程序的具体流程，可参见当时出版的司法指南类书籍。1933年出版的《民事审判实务》中分14个要点对言词辩论程序展开说明：

1.维持秩序；2.点呼当事人及报告案由；3.当事人之声明；4.事实之讯问；5.证据之调查；6.讯问之态度；7.观察当事人旁听人之言行颜色；8.讯问方法；9.和解；10.指挥当事人为适当之辩论；11.许当事人自行发问；12.最后之发问；13.更新辩论；14.宣告辩论终结并宣示判决或指定宣判日期。③

书中对第4、5点“事实之讯问”“证据之调查”又有说明：

言词辩论，既因当事人声明应受裁判之事项而开始。原告所声明应受裁判之事项，苟为被告所否认，当然继续向原告讯问其起诉原因之事实。原告所主张起诉原因之事实，苟又为被告所否认，应再进而讯问原告就所主张之讼争事实有无证据足资证明，一面更问被告关于所主张之抗辩事实，又有何种证据足资证明。指使两造各尽攻击、防御之能事。此为开庭讯问所应注意之事项及其讯问之次序。④

该书对第8点“讯问方法”也有说明：

①据《民事诉讼法》第186、187、188、192、193条整理，参见蔡鸿源主编：《民国法规集成》(第34册)，第224页。

②《民事诉讼“法”》第200条，陶百川等编：《最新综合六法全书》(其三)，第37页。

③曹凤萧编：《民事审判实务》，世界书局1933年版，第9—16页。

④曹凤萧编：《民事审判实务》，第11页。

> 讯问案件，除不得用恐吓、诱骗或其他不正当之方法外，可随意为适当之发问。遇有充分之陈述能力者，可使其尽情为适当之陈述。遇无充分之陈述能力者，改用一问一答之方法，亦无不可。[①]

据此可知，在司法实务中，原告声明的诉讼请求如遭被告否认，审判官将询问原告起诉之事实与理由，理想状态下原告应该对事实与理由做完整的陈述，但当事人如果没有“充分之陈述能力”，则代之以“一问一答之方法”，即在审判官问题的提示下展开陈述。这说明言词辩论始终以问答形式展开是当事人陈述能力不足的表现。

龙泉司法档案中言词辩论笔录所见当事人的陈述或辩论一般都在审判官的提问下展开，因为只有代理律师才有能力主动展开完整的陈述与辩论。如 1934 年金良训与金玉珍的杉木纠纷案，金良训于 1934 年 6 月 7 日对金玉珍提起民事诉讼，原告诉状由代理律师练公白撰写。诉状声称涉讼山场实为金良训、金春明等五房共有，金吉助未经五房同意将山场私卖与金玉珍为无效，要求法院确认山场之共有所有权，追回被盗砍的杉木等[②]。被告金玉珍于 6 月 22 日在准备书状中陈述说，金吉助出卖山场时称该山场已经原告各房析产，并以卖契中各房“见人”签押为证[③]。该案在 6 月 23 日曾有过一次庭审，最后法庭决定“本案候勘明再讯”[④]。此后经法院派员现场勘验，又于 1935 年 12 月 28 日再次进行言词辩论，出席者有原告金良训、金春明，原告代理律师练公白，被告金玉珍，证人叶春旺(图 55)[⑤]。

这次言词辩论的笔录按发言人的轮替次序可以分为七个部分。第一、二部分其实是双方当事人的诉讼请求、事实主张、证据等需要声明的内容，均在推事提问下以一问一答形式展开。如原告陈述部分的笔录如下：

---

①曹凤萧编:《民事审判实务》，第 13 页。

②1934 年 6 月 7 日民事诉状，《龙泉民国法院民刑档案卷(1912—1949)》，M003 - 01 - 6786，第 5—8、11 页。

③1934 年 6 月 22 日民事辩诉状，《龙泉民国法院民刑档案卷(1912—1949)》，M003 - 01 - 6786，第 22—28 页。

④1934 年 6 月 23 日审判笔录，《龙泉民国法院民刑档案卷(1912—1949)》，M003 - 01 - 6786，第 37—46 页。

⑤1935 年 12 月 28 日点名单，《龙泉民国法院民刑档案卷(1912—1949)》，M003 - 01 - 6786，第 171—172 页。

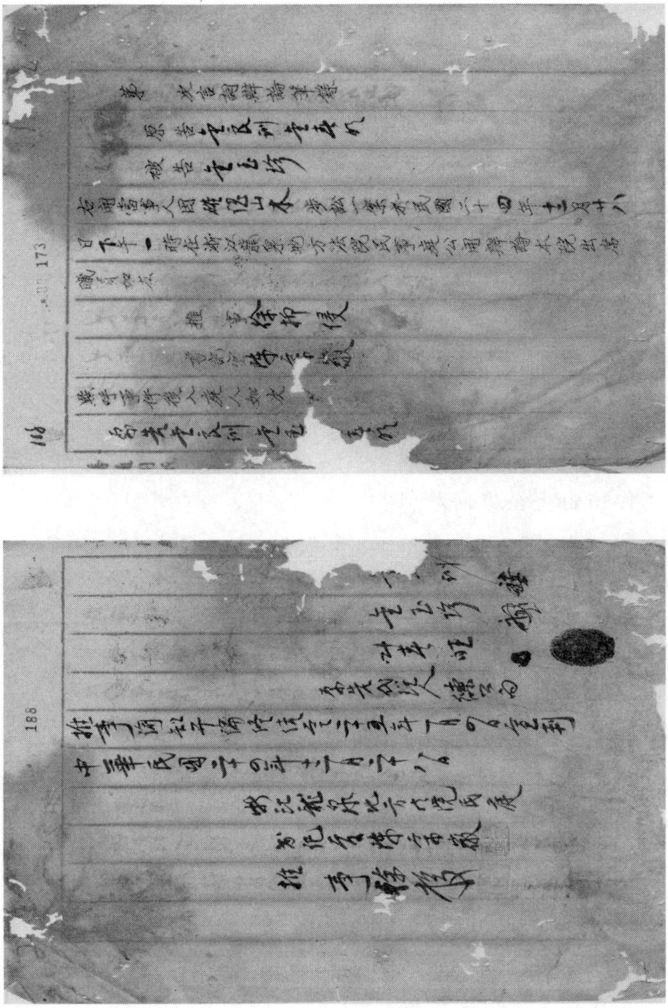

图55　1935年12月28日言词辩论笔录首尾页(M003-01-6786,第173,188页)

推事问原告：姓名、年、籍、住、职？

答：金良训，六十七岁，住塘上，农。

答：金春明，三十八岁，住同上，儒。

问：你二人涉讼意思同，得推一人说话。

金良训、金春明均答：由春明说话。

问金春明：你为什么事体打官司？

答：为争山场。

问：争什么地方的山场？

答：争土名桐树坞长砻的山场。

问：这山你们私山还是众山？

答：我们五房有份的，是盛珠公派下的。

问：那天叫你谱带来，今天有无带来呢？

答：谱被“赤匪”烧了，没有了。

问：你的土名桐树坞长砻山四至如何？

答：上至山顶，下至田，左至蛇山岗分水，右至大岭头直下为界。

问：你的山上至方向如何？

答：上至东，下至西，右至南，左至北。

问：你向那个买来的？

答：是叶家送我们□公盛珠□。

问：你是第几房？

答：我是第三房丛□，四房丛雷亦我承继的。

问：你现在所争如何？

答：我现在所争山的所有权及山木。

问：金玉珍向金吉助买来的山在哪里？

答：金玉珍向吉助买来的山土名是柏树坞，与我山土名不同的，我众山内他没有山的，不过金吉助对桐树坞山亦有份的。

问：桐树坞山五房有无分过？

答：没有分过。

问：那天履勘时被告所指为水堀是否水堀呢？

答：不是水堀。

问：金吉助部分有无分过呢？

答：金吉助部分没有分过。

问：被告有金姓分关证明分过的。

答：他分关上亦柏树坞不是桐树坞。

笔录的第三、四部分进入辩论程序，先通过推事转述被告陈述，由原告辩论，然后同样是在推事转述下由被告进行辩论。如原告辩论部分为：

又问金春明：前据卖主金吉助到案供明，是卖把金玉珍的，究竟怎么样？

答：我实在没有分过，前呈案乾隆四十一年分关二本，并没有载着桐树坞山场，可见系争山场的确我们众有的。

问：如果你争的山共有的，分关上亦应当做上去，可以证明山权。

答：因为这山大家晓得，所以没有写上去。

问：金吉助到案何以说山卖把金玉珍？

答：我不晓得。

问：金吉助分关内载良永是什么人？

答：良永是我们的伯父即陈旺的父。

金春明请求将金吉助上手契、金玉珍买契给阅。

推事将金玉珍买契及金吉助上手契给阅。

金春明阅毕，答：金先魁上手契、金玉珍拿出是抄白，应当拿原契来。

可以注意到，推事有些发言其实只是陈述或转述，如首句“前据卖主金吉助到案供明，是卖把金玉珍的”，然后追问“究竟怎么样”，这是典型的辩论提示。第二句“如果你争的山共有的，分关上亦应当做上去，可以证明山权”同样是辩论提示，转述时甚至连提问都省略了，并不是疑问句。

笔录的第五部分为询问证人的内容，应该属于证据调查，同样由推事主导：

推事点呼叶春旺。

问：姓名、年、籍、住、职？

答：叶春旺，七十四岁，住塘上源头。

问：你的坟是叶观凤、金观凤？

答：我是叶观凤不是金观凤，我穴葬桐树坞。

问：观凤你的什么人？

答：我的太公，我是一人。（呈坟约一纸。）

之后推事为结束言词辩论而向原、被告确认各自是否陈述充分，之后进入第六部分的环节——律师陈述。显然由于律师具备独立陈述与辩论的能力，因此无须推事"问题"的提示，也就无须采用"一问一答"的形式进行言辞辩论：

又问：金春明，另外还有话么？

答：另外没有话了。

又问：金玉珍，另外还有话么？

答：另外没有话了。

推事请原告代理人陈述意见。

原告代理人练律师起立陈述，略称：按龙泉习惯，田的土名即山的土名，原告对系争山证据确实，有粮册、契据呈案，粮册内的字系被告金玉珍所写的，被告所说的柏树坞即桐树坞。且原告的众山绝对没有分过，既然没有分过，当然为共有产业，查共有产业出卖要得共有人之同意，是法律上所规定的。本案被告金玉珍所称柏树坞山系金吉助所出卖，查吉助不过有共有权之一人，共有人未得同意，何能出卖。被告金玉珍的话完全不对的。至被告所呈案的契据等有的是抄白，有的或内容不对，请庭上□□明白。再原告的山是叶家送把他的，有送字为□□□□叶春旺到案，当然明白。请庭上确认系争山为原告所有，并假扣押的树木亦归原告所有，并判令被告负担本案诉讼费用。

在笔录的第七部分，推事最后向两造确认争执的事实要点及诉讼请求，体现了民事诉讼的当事人主义与言词审理主义原则：

推事问原告：你所争的山土名长砻桐树坞还是桐树坞长砻？

答：实在桐树坞长砻。

问被告：你所争的山土名柏树坞别样有名称么？

答：就是柏树坞，别样没有名称。

问原告金春明：已经调查明白，请求如何判决呢？

答：请求确认系争山为桐树坞土名为原告五房共有，并假扣押在塘上河边杉木一百六十一株亦判归原告五房共有。

问金良训：你请求与春明同么？

答：请求同的。

问金玉珍：请求如何判决？

答：请求驳回原告之诉。[①]

言词辩论程序至此结束，最后是参加言词辩论者对笔录内容的签押确认，以及推事宣告此次言词辩论的结论等。

需要补充的是，虽然十分罕见，但自行辩论的情况在龙泉司法档案中也并非完全不存在。在1933年11月20日罗建功与罗黄氏遗产纠纷案的言词辩论中，被告罗黄氏的代理律师练公白曾多次主动提出进行辩论。最典型的一次是在推事请原告罗建功举证时，练公白插话对罗建功的举证提出质疑：

问：白岩砻山场据原告说了她丈夫买的？

答：徐迪斋说这些山场没有在拍单之内，都没有分的。

练公白律师声称徐迪斋是他们舅，证言不足采的。

辩论将要结束时，练公白又要求原告罗建功进一步举证：

练公白律师起立，声称命原告将杨梅岭等处山契及判决拿出来看。[②]

根据代理律师练公白的表现，可以确定在龙泉县的司法实践中，当事人主动的言词辩论并非不被允许。言词辩论笔录中一般所见均为推事与当事人的"一问一答"，这并非对言词辩论程序的扭曲，而是在当事人不具备主动陈述能力的情况下，为言词辩论能够顺利开展而采用的一种辅助手段，可以称之为"扶行"的言词辩论。

龙泉司法档案中所见1929年前后的讯问笔录与言词辩论笔录虽都以问答为主要形式，但二者之间并不只是文书名称的简单变化。讯问笔录中所见庭审过程也体现了当事人主义原则及某些具有言词辩论意味的陈述，这明显是受到了《民事诉讼条例》所规定的言词辩论程序的引导，但仍是审

①1935年12月28日言词辩论笔录，《龙泉民国法院民刑档案卷（1912—1949）》，M003-01-6786，第173—188页。

②1933年11月20日言词辩论笔录，《龙泉民国法院民刑档案卷（1912—1949）》，M003-01-2677，第66—83页。

判官依职权对庭审方式进行的一种选择。在讯问笔录中,审判官一般直接展开事实调查,言词辩论程序所规定的先由原告、被告陈述事实与理由的环节在讯问笔录中无从体现,辩论环节也可有可无。总之,1922 年至 1929 年间民事诉讼的讯问无须完全依据言词辩论程序展开,审判官只是在职权主义的审讯中参照了言词辩论程序,这与 1929 年以后法定的言词辩论程序仍有本质的区别。

三 庭审记录的"拟现代性"

民国时期龙泉县的民事诉讼庭审记录经历了三次变化:第一次是由传统供词演变为供词形式的讯问笔录,对应的是传统的调解型审判模式到职权主义审判模式的演变;第二次是讯问笔录脱离了供词形式,似乎变得名实相符了,但审判官在庭审过程中可以依职权采用当事人主义原则及言词辩论程序;第三次是由讯问笔录变为言词辩论笔录,庭审也严格采用言词辩论程序,但当事人一般不具备独立陈述与辩论的能力,需要根据审判官的问题提示完成言词辩论,因此言词辩论笔录的内容多为审判官与当事人之间的问答,形式上类似讯问笔录。

冯筱才教授曾提出"拟现代性"这一概念①,意指近代转型过程中对现代性似是而非的模拟现象,以此表达对中国现代化进程的失望之情。近代以来中国的现代化进程多以移植西方经验的方式展开,现代性的西方经验在移植过程中扭曲走形的现象相当常见,将一部中国现代化史理解为"拟现代性"史似乎并不过分。如果以当事人主义原则作为民事诉讼现代性的标准,庭审记录的三次演变也可以理解为其"拟现代性"的不同层次或类型。供词的变形,意味着对招供程序及其所代表的传统调解型审判模式的抛弃。职权主义审判模式虽然完全不符合民事诉讼当事人主义的现代性标准,但其本身是审判模式从"青天大老爷"的恩断走向职业化、独立化的"拟现代性"产物。相对当事人主义的"现代性"标准而言,职权主义审判模式虽然只是拙劣的模拟,但这种审判模式经历了制度层面上《天津府属试办审判厅章程》《各级审判厅试办章程》的立法与颁行,以及 1916 年以后审

①冯筱才:《近代中国的"僭民政治"》,《近代史研究》2014 年第 1 期。

判官的自行摸索，才在龙泉县的司法实践中成为现实。1922 年的《民事诉讼条例》确立了当事人主义的现代性标准，但讯问笔录所依据的《县知事审理诉讼暂行章程》仍然赋予审判官依职权审判的权力。讯问笔录中所表现的当事人主义观念、言词辩论环节，并不具备充分的法律地位，在司法实践过程中依然容易造成混乱。因此前两次庭审记录的演变虽然处于现代化进程的不同阶段，但其作为“拟现代性”产物既否定传统又不符合现代性标准，从而引起制度性混乱的特性却是相同的。

1929 年以后，随着法院的成立，龙泉县开始实施《民事诉讼条例》《民事诉讼法》，民事诉讼的现代性标准似乎得以确立。然而言词辩论笔录仍以问答为主，显示当事人尚不具备充分陈述与辩论的能力，需要借助审判官的提问完成言词辩论程序，这说明民众的诉讼观念可能仍不符合法律现代性的标准，意味着制度层面上确立的“现代性”标准与社会现实仍可能脱节。从民事诉讼规则的角度观察，民众落后的诉讼观念固然可以通过言词辩论程序的实施强行加以纠正，但从社会文化的角度观察，现代民事诉讼规则恐怕不能立即改变传统社会关系的实质，倒是为传统社会秩序构建了一种似是而非的现代性表象，或者说诉讼规则现代性的确立恰是社会秩序的一种“拟现代性”现象。从这种意义上讲，“拟现代性”不是近代中国现代化的程度或水平问题，而是一个结构性的现象，甚至是依靠移植而推进的现代化进程的本质属性。

第五编　裁断文书

第十三章　裁断文书双轨制的形成

传统细故审理的堂谕与现代的民事判决，是两种完全不同审判模式下的裁断文书。在近代中国诉讼史上，从1913年要求审检所制作判词、1914年又允许以堂谕代判词，至1934年禁止堂谕代判决，其间出现了堂谕与判决两种裁断文书并行的双轨体制。在制度层面，判词原本只是对传统堂谕"即旧例略增加之"，但当1915年的《遵照部订判词程式通饬》要求民事判决需按当事人主义原则撰写后，双轨制中堂谕与判决这两种裁断文书各自所依据的诉讼原则就走向了背离。

一　作为裁断文书的传统堂谕

传统的裁断文书，主要是主审官以朱笔书写于供词或点名单上的堂谕。有时堂谕也称"堂批"：

> 我国惯例审讯时必开一"点名单"，其断语即书于姓名之下，谓之"堂批"。[①]

但在清代，堂谕并非专指裁断文书，而是正堂官下达的指令，细故审理中很多堂谕的内容只是指令如"再行复讯"（图56）、"究办"[②]，只有命令两造"取结销案"的堂谕才是裁断文书（图57）[③]。这类堂谕一般字迹潦草、涂改严重、用纸不一。1915年5月17日的司法部"堂谕样本准通行批"对此就有批评：

---

①王仁铎：《天津府属试办审判厅章程理由书》，第67页。

②宣统三年八月二十日供词、堂谕，《龙泉民国法院民刑档案卷（1912—1949）》，M003-01-15239，第2—3页；宣统三年八月二十四日供词、堂谕，《龙泉民国法院民刑档案卷（1912—1949）》，M003-01-17086，第49页。收录于包伟民主编：《龙泉司法档案选编》第一辑（晚清时期），第232、496页。

③光绪三十二年八月十九日供词、堂谕，《龙泉民国法院民刑档案卷（1912—1949）》，M003-01-91，第2页。收录于包伟民主编：《龙泉司法档案选编》第一辑（晚清时期），第96页。

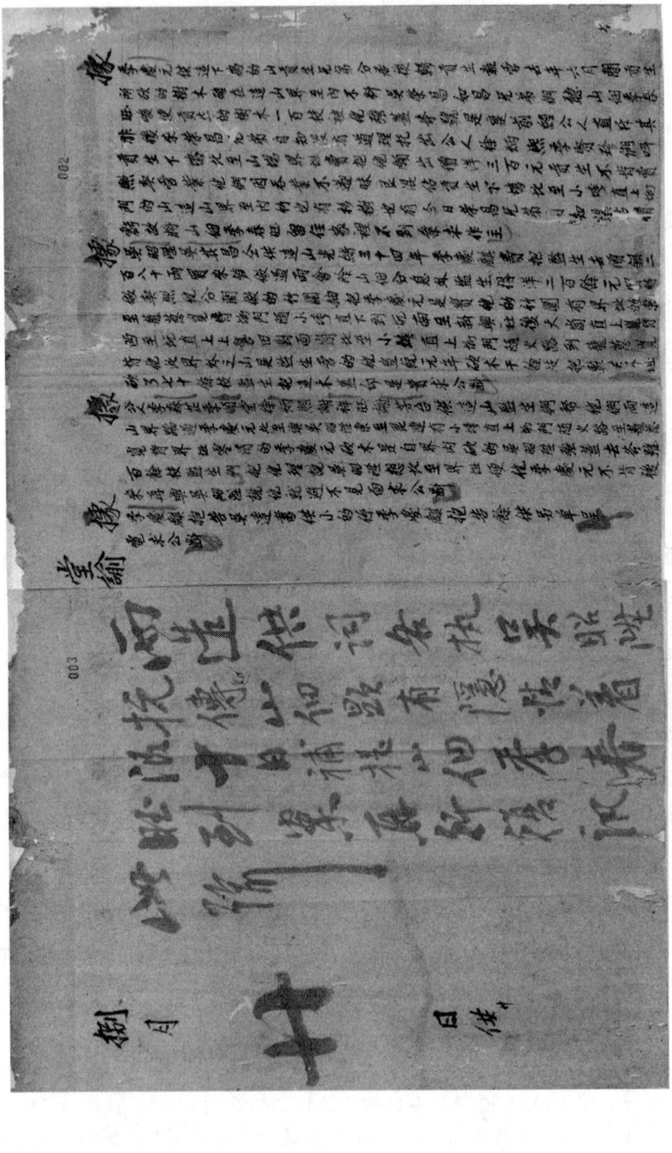

图 56　宣统三年八月二十日供词、堂谕（M003－01－15239，第 2—3 页）

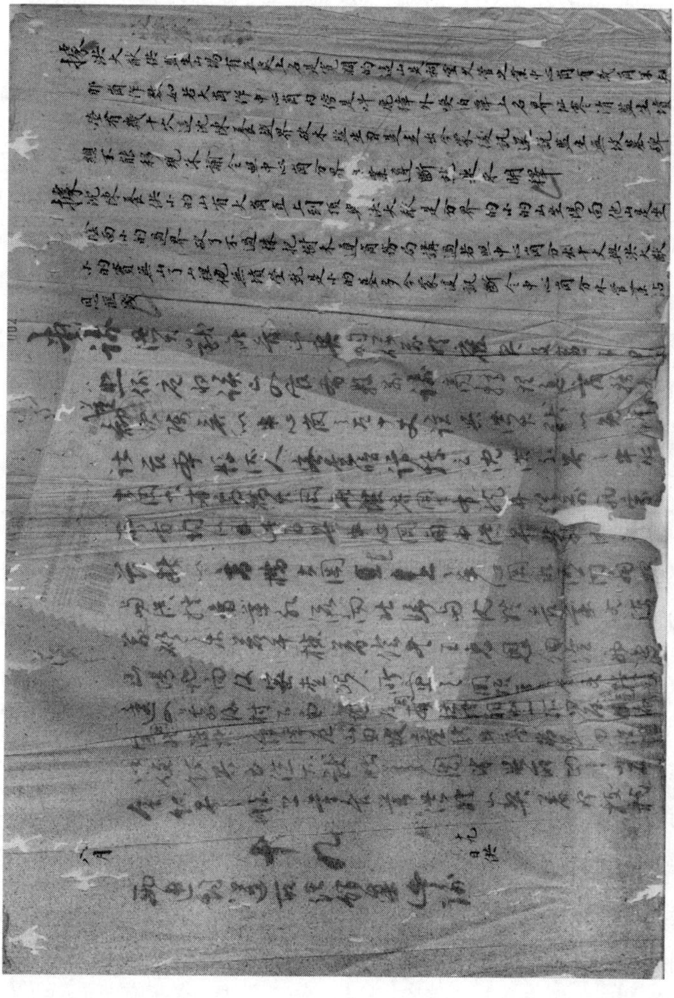

图 57　光绪三十二年八月十九日供词、堂谕(M003-01-91,第 2 页)

> 或沿用朱笔，经月即字迹模糊，莫可确认；或不列案由、原被不分、判词拉杂挂漏，至不能辩其主旨，拘束谁何，为病不一而足。至其用纸之广狭长短尤属多差不齐，缩张任意不便附卷，更不待言。[①]

据此也可以确定，朱笔堂谕是细故审理的正式裁断文本[②]。

作为裁断文书的堂谕一般都会要求两造“具结销案”，说明堂谕并非细故审理的终结，裁断之后还须当事人出具结状，以表对官府的服从。这类结状的具体形式包括遵依状、甘结状、遵结状、切结状、息结状、限状等，其中胜诉者出具遵依状，败诉者出具甘结状，平诉则两造出具遵结状，相关人出具切结状，自行调解结案者出具息结状，保证限期执行裁断者出具限状。各类结状的程式相似，正文起始一般先称“今当大老爷台下实结（遵）得：某某一案，兹沐庭讯”，然后叙述堂谕内容，最后表示遵从裁决等。如刘鼎奎甘结状称“以后改过，不敢稍违，如有再犯，愿甘重究”，结语则为“出具甘结是实”出注。有时结状为官代书代写，因此有官代书戳记（图 58）[③]。

传统朱笔堂谕与“无异、突出、非沐、乞叩”的状词陈述模式相互呼应。龙泉司法档案所存作为裁断文书的清代堂谕数量极少，但淡新档案中有大量堂谕，并呈现出相对固定的“案据、审得……兴讼、断令”式叙述结构。以下试举两例。例一是郑绍基告陈本越界占芸案光绪二年（1876）九月初四日的堂谕：

> 案据陈本呈称郑语混界占管，佃被掳去；郑绍基呈称陈本越界占芸，恳迅拘讯等情各来。审得郑伯麟等四房，以诗、礼、传、家四字为派，将可分田产立合约字分管，抽出公租一百四十石，土名大屯溪底，载明东接礼房田尾为界，光绪元年出卖与陈本为业。礼房分得中薞下份水田埔园一所；西与陈本所买郑姓公田毗连，亦于光绪元年出卖与郑语为业。陈本买契，郑伯麟等情将契内东连礼房田尾为界一句，改作东至礼房横丘为界，陈本遂越田尾而耕至横丘。郑语不愿，因而互

①《堂谕样本准通行批（附原详及样本）》，余绍宋编：《改订司法例规》，第 1540 页。

②《淡新档案》第 21 册所附彩图一“22506 · 14 堂谕”为墨笔书写，其实是何良呈状所附光绪五年（1879）闰三月初二日堂谕的抄件，堂谕原件见于 22506 · 5 号文书，与点名单相连，结语中“此谕”在抄件中改为“台北府陈堂谕”。参《淡新档案》，22506 · 5，第 21 册，第 46 页。

③光绪十八年五月廿八日刘德通切结状，《龙泉民国法院民刑档案卷（1912—1949）》，M003 - 01 - 14932，第 40 页。收录于包伟民主编：《龙泉司法档案选编》第一辑（晚清时期），第 14 页。

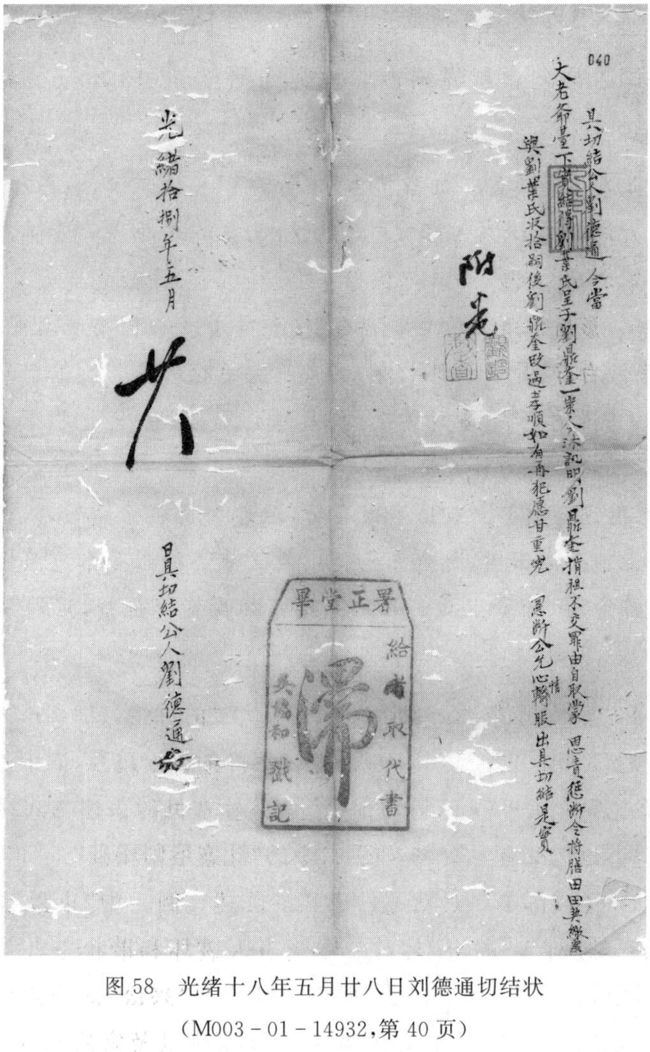

040

具切結公人劉德通，今當

大老爺臺下，實結得劉葉氏呈子劉鼎奎一案，入訟訊明，劉鼎奎指牀不交，罪由自取，蒙恩責懲，斷令將膳田田契繳案，與劉葉氏收拾歸後，劉鼎奎改過孝順，如有再抗，應甘重究。恩斷公允，心情願服，出具切結是實。

附卷

署正堂畢 給 取 代書 吳鴻和 戳記

光緒拾捌年五月廿八日

具切結公人劉德通

图 58　光绪十八年五月廿八日刘德通切结状

（M003-01-14932，第 40 页）

控兴讼。断令公田一份合给字内，载明东连礼房田尾，出卖之时何得改写横丘，致滋争端。陈本耕田仍应耕至礼房田尾，不准越界。至郑语所买郑姓礼房之田，载明北至山脚透仑顶车路分水为界，则车路分水以南，即系郑语之田，陈本不得占耕。至陈本控捞不实，著责惩示儆。取具依结完案。两造一切契据发还。此谕。[①]

例二是许国告许乞食越界霸占埔地案光绪十年(1884)五月廿六日的堂谕：

此案屡断屡翻。细察情由，实缘许国捏造伪契，希图诈索。该处总名大湖，横直十有余里，平田无数，凡各户之分界管业者，又有小湖名以别之，如土地公湖、粪箕湖等类是也。乃许国竟造大湖总名之远年伪契，影射混争。前县饬差查覆，该处并无许国向管之业。前次覆讯，呈缴白契，是以愿罚半价充公，照例投税。盖其所捏契价，仅银壹拾玖元，罚充一半，连同税银，亦不过十元有零。出此些须之银，冀争数段之业，自以为计诚良得，殊不知造契图霸，例干严究，此等鬼蜮伎俩，奚能逃乎洞鉴。兹已审出真情，应即将伪契涂销附卷，以斩讼根。该处土地公湖田埔，断令许乞食照契管业。许国等本应照例究诬，姑念俯首遵断，从宽申斥。具结完案。如再逞刁混控，定即从严究办。此谕。[②]

例一的"案据、审得……兴讼、断令"与例二的"此案、细察……混争、断令"在结构上是相同的。其中"案据"概述案件的诉讼过程，如果是初审，例一中的"案据某某呈称某某等情前来"是一种常见的表述方式；如果是复审，也会对诉讼情况有所交代，如例二中的"此案屡断屡翻"。"审得"至"兴讼"，或"细察"至"混争"，是对案件事实的陈述。例一中"审得"是对案件无争端状态的交代，"兴讼"是对一方当事人破坏和谐状态事实的认定，分别与诉状陈述的"无异""忽出"两部分呼应。"兴讼"部分如有争议，有时会概述调查过程，但并不交代当事人的陈述以及官府事实认定的理由，重点在叙述最终被官府认定的事实。例二中"细察"至"混争"部分与

①谕令陈本不得越界侵占郑绍基田业，《淡新档案》，22502·18，第21册，第23页。
②谕令将许国所造伪契涂销其土地公湖埔业仍归许乞食照旧管业，《淡新档案》，22419·54，第20册，第93页。

"审得……兴讼"类似，又因该案曾经多次堂讯，"混争"之后又大量补充之前事实调查的结果。"断令"部分则与诉状陈述的"非沐""乞叩"呼应，是官府为解决争端下达的"谕令"，一般都遵循"衡情判决"规则，无须直接的"法律依据"。最后，堂谕无一例外要求当事人"具结遵依"，并以"此谕"作为结语，强调堂谕在官府与当事人之间所构建的命令与服从的关系。

现代的民事判决书分主文、事实、理由三部分，如果说这三部分分别与传统堂谕的"断令""案据""审理……兴讼"对应的话，不同的诉讼规则就决定了裁断文书表述方式的差异："主文"依据当事人"诉讼请求"而判决，"断令"则是官府"衡情"裁断；"事实"需要详细说明当事人的陈述及举证，"案据"则是概述诉讼过程；"理由"包括认定事实的证据与论证过程，以及形成判决主文的法律依据，而"审理……兴讼"则描述认定的事实本身，无须说明证据与论证过程，一般也无涉法律依据。

二　堂谕与判决双轨制的形成

1912 年龙泉县的裁断文书一仍旧贯，但 1913 年出现了判词。1913 年审检所时期，因《各县帮审员办事暂行章程》第 9 条规定"凡地方初级审判厅、检察厅适用之法令，审检所得适用之"①。据此而适用于审检所的 1913 年修订版《各级审判厅试办章程》明确规定以判词作为诉讼的裁断文书：

> 第三十六条　判词之宣告，于决议后三日内行之。民事则使承发吏誊写副本，递送于诉讼人……
>
> 第三十八条　判词之定式，除记载审判厅之名称，并标明月日，由公判各官署押盖印外，其余款如左……民事：一、诉讼人之姓名、籍贯、年龄、住居、职业；二、呈诉事实；三、证明理曲之缘由；四、判断之理由。②

1913 年 3 月 26 日龙泉司法档案中出现了第一件标题为"判词"的裁断文书

①《各县帮审员办事暂行章程》，唐吉祥编：《司法重要法规汇编》(第 13 种)，第 2 页。

②《各级审判厅试办章程》)，怀效锋主编：《清末法制变革史料》(上卷)，第 459—460 页。

(图59)[①]。这件由帮审员金蕴岳撰写的文书除开篇标注“判词”两字以外，格式一如旧式堂谕，并不符合《各级审判厅试办章程》所规定的“判词之定式”。同年6月5日制作的“判决词”主体部分包括“判决主文”与“证明曲直之理由”两部分，稍具“判词之定式”的形式(图60)[②]。此后，龙泉司法档案中判词的撰写有明显改进。

1914年三四月间龙泉县审检所废除，全国范围内的县知事兼理司法制度开始施行，但以判词作为诉讼裁断文书的规定并未因此废除。直至同年11月21日，司法部以《县知事简易案件准以堂谕代判决呈》向大总统请示“是否有当”：

> 司法部为县知事审理简易案件推拟请准以堂谕代判决事。窃自县知事兼理诉讼以来，积案未理，多托词于制作判词之烦累，迭经广东等省巡按使咨请酌予通融，拟以堂谕代判决等因到部。查判决为诉讼终结之宣言，必以定式相纠绳，无非保护当事人之权利，而揆其实际，除钞录诉状各节外，不过述证明判断之理由，本为断狱者应有之事，初非繁重难行之举。惟既据该巡按使等咨称“县知事以是为苦”，本部所期于兼理司法衙门者原不过判断之得当，苟能言之成理，自不必强拘形式。嗣后拟请将县知事受理案件中民事属于初级管辖、刑事无庸覆判者，划为“简易案件”，准其得以堂谕行之。而对于堂谕，如当事人不声明上诉时，并准其得径送执行，借收简捷清理之效。至其他属于地方管辖之民事及应送覆判之刑事案件，仍应照《县知事兼理诉讼暂行章程》，依定式作成判词，以昭慎重。如蒙核准，拟即由部通行遵照所有县知事审理简易案件拟请准以堂谕代判决。缘由。是否有当，理合具呈，谨乞大总统鉴核训示祇遵。谨呈。

对此大总统批示：

> 准如所拟办理，即由该部通行遵照。[③]

---

①1913年3月26日龙泉县审检所判词，《龙泉民国法院民刑档案卷(1912—1949)》，M003-01-9696，第10—11页。

②1913年6月5日龙泉县审检所判词，《龙泉民国法院民刑档案卷(1912—1949)》，M003-01-17136，第1—4页。

③《县知事简易案件准以堂谕代判决呈》，余绍宋编：《改订司法例规》，第492页。

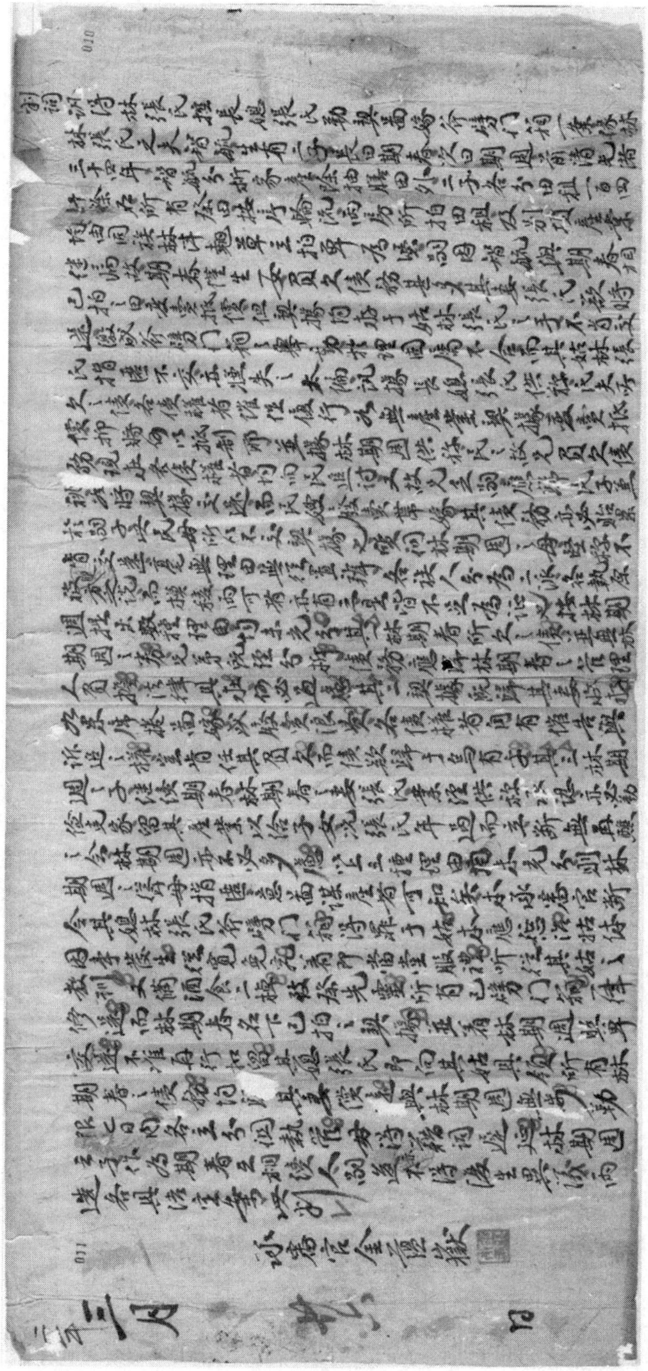

图 59　1913 年 3 月 26 日龙泉县审检所判词（M003－01－9696，第 10—11 页）

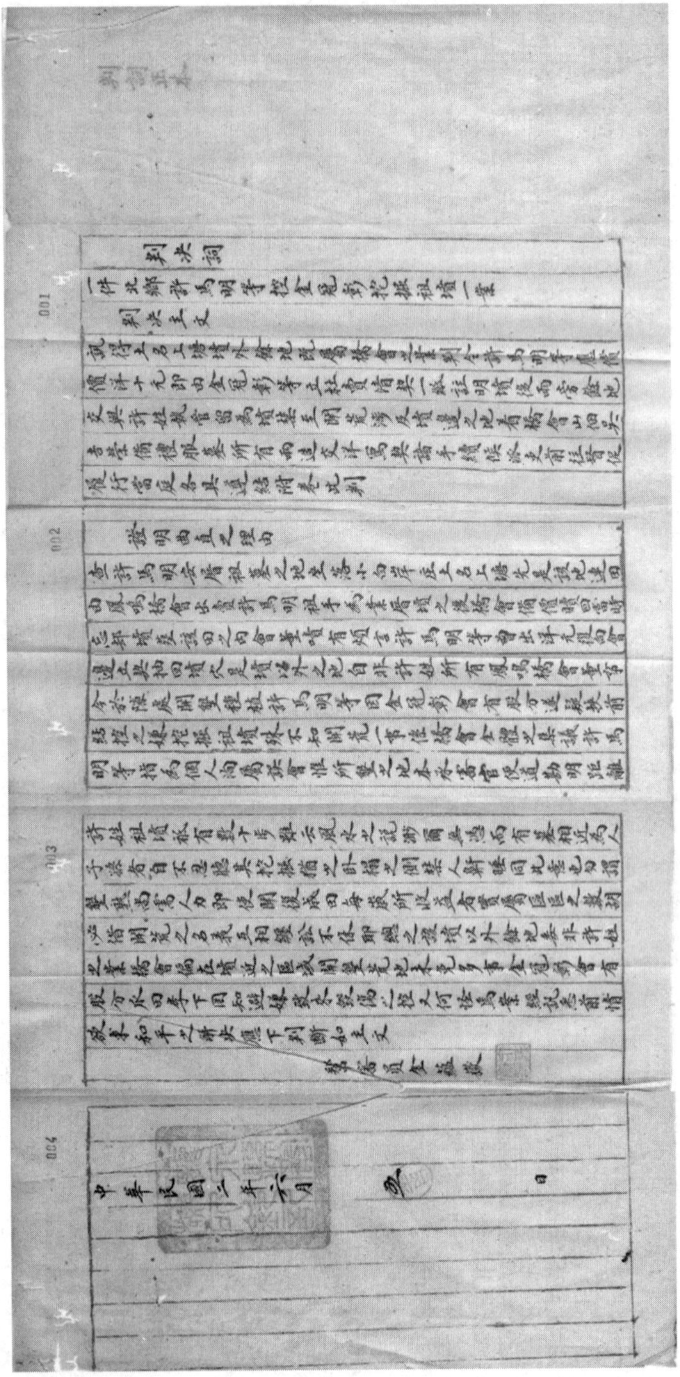

图60　1913年6月5日龙泉县审检所判词(M003－01－17136,第1—4页)

这就开启了“简易案件”可以堂谕结案、其他案件需要制作判词的裁断文书双轨制度。在司法部准以堂谕代替判词后，先后又有《县知事于呈准前以堂谕代判案件准予认为有效文》《呈准前堂谕代判认为有效者以毋须覆判及简易案件为限批》《县知事应送覆判案件须依式作成判词令》《禁止各县不用判词并无堂谕通饬》等相关文件出现[①]，进一步完善堂谕与判词的双轨制。

在最初的堂谕与判词双轨制中，堂谕仍是传统的以朱笔随意书写的形式。1915 年 5 月 17 日，司法部又以批准陕西高等审判厅拟制堂谕样本通行“该省兼理诉讼各县知事一体遵照”的形式颁布了一种堂谕样本，具体程式如下：

某　县　事堂谕　　年　　第　　号

原告人(刑事不列)：

被告人：

右列　　人　　因　　　　　一案经本县堂判如左：

此判

中华民国　　年　月　日作成

某县知事○○○(签名盖章)

某县承审员○○○

中华民国(县印)　　年　　月　　牌示

样本批文又附说明，规定以堂谕代判决的条件以及改造传统堂谕的各项细则：

堂谕样式说明：

一、凡得以堂谕代判决之案件，刑事查照司法部三年十二月第一一一八通饬并三二七号通饬办理，民事查照司法部第二六七号通饬办理，并摘列于左：

(甲)民事金额及价额一千元以下者；

①《县知事于呈准前以堂谕代判案件准予认为有效文》《呈准前堂谕代判认为有效者以毋须覆判及简易案件为限批》《县知事应送覆判案件须依式作成判词令》《禁止各县不用判词并无堂谕通饬》，余绍宋编：《改订司法例规》，第 492—495 页。

（乙）刑事法定最重主刑为三等有期徒刑之宣告案件、四等有期徒刑以下之刑者；并科罚金刑准照四等有期徒刑一般比例宣告三百元以下者；单独罚金刑法定数不满五百元者。

一、除前列甲、乙两款外概不得以堂谕代判决。

一、堂判须叙明本案事实，判决理由之大概及判断之要旨。

一、堂判不得用朱笔，须用墨写。

一、添注涂改之处须由县知事或承审员加盖私印。

一、堂判须由县知事或承审员亲笔写。

一、堂判长者，纸不敷用时，可加张接写，但不得变更首尾规定程式。

一、加张骑缝处须盖县印。

一、堂谕格式之大小须一律按照规定程式，不得任意缩张，以便日后附卷。①

以上法令的适用范围以及施行的严格程度并不确定。龙泉司法档案中1915年3月开始出现较多的“样本堂谕”，填写时间为1914年9月6日的堂谕最后以朱笔批注“王佐臣四年五月十四号补领”（图61），应该是对早前案件的补撰，日期是倒填而成②。此外，《禁止各县不用判词并无堂谕通饬》之类法令的出现，也说明当时判词的使用情况不容乐观，传统的朱笔堂谕可能已逐步减少，但一时仍无法禁止，因此出现了判词、样本堂谕与朱笔堂谕三者并行的局面。

在颁布样本堂谕之后不到三个月，因为发现“京外各级审判衙门判词程式极不整齐，亟应明定，以归一律”，司法部又于1915年8月12日颁布了判词程式即《遵照部订判词程式通饬（附判词程式）》。通饬中的“判词”又称“判决”，规定正文部分包括“主文、事实、理由”三项③，与《各级审判厅试办章程》所规定的“呈诉事实、证明理曲之缘由、判断之理由”的判词定式有所不同。目前所见龙泉县最早的民事判决由县知事张绍轩、承审员沈宝璩于

---

①《堂谕样本准通行批（附原详及样本）》，余绍宋编：《改订司法例规》，第1541页。

②1914年9月6日龙泉县公署堂谕，《龙泉民国法院民刑档案卷（1912—1949）》，M003-01-5461，第10—12页。

③《遵照部订判词程式通饬（附判词程式）》，余绍宋编：《改订司法例规》，第1526—1528页。

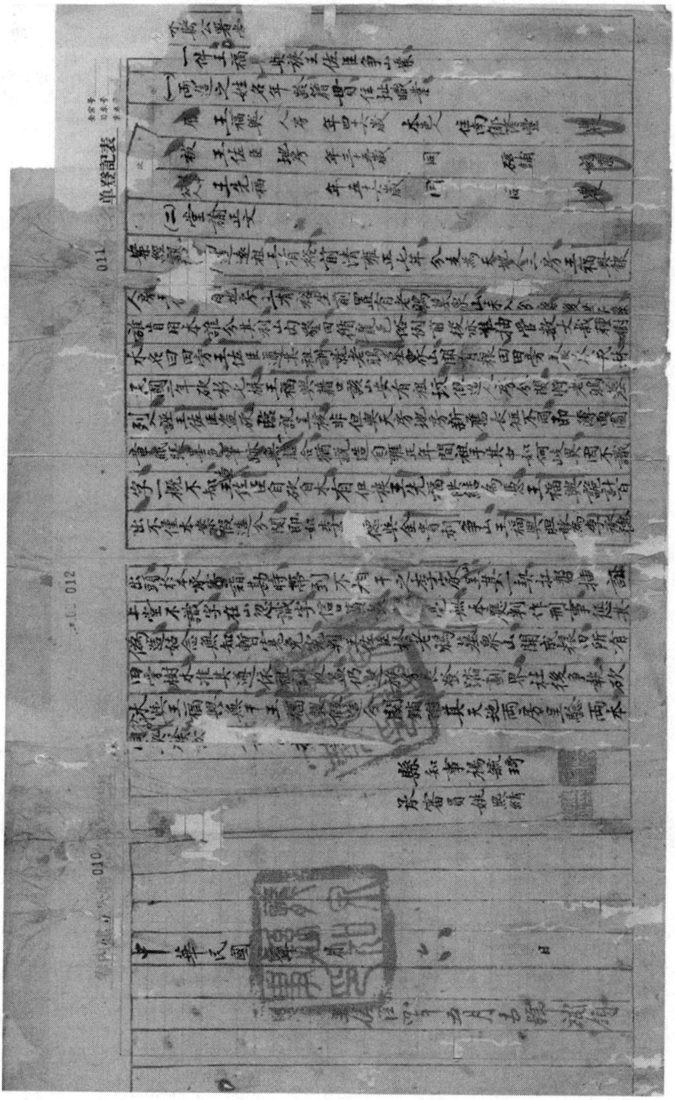

图 61　1914 年 9 月 6 日龙泉县公署堂谕(M003－01－5461,第 10—12 页)

1916 年 5 月 3 日制作(图 62)[1],与制作于 1915 年 6 月 23 日的最后一件判词相隔将近一年时间。

综上所述,龙泉县自 1913 年 3 月 26 日出现名义上的判词以来即已出现判词与堂谕并行的局面。1914 年 11 月允许简易案件以堂谕代替判词之后,裁断文书的双轨制正式形成,司法实践中又有传统朱笔堂谕与新式样本堂谕的区别,以及 1915 年前后从判词到判决的调整。1922 年施行的《民事诉讼条例》第 266 条对判决书程式的规定与 1915 年《遵照部订判词程式通饬(附判词程式)》相似[2],这时县知事兼理司法制度下堂谕代判词的制度仍在施行,裁断文书双轨制的格局没有改变。1934 年 1 月 5 日司法部训令"各省兼理司法事务之县政府……不得再以堂谕代行判决"[3],全国范围内的堂谕与判决并行的双轨制才正式结束。但在龙泉县,1929 年成立县法院之后堂谕已丧失合法地位;事实上,1926 年后的龙泉司法档案中已无堂谕。

三　双轨制时期裁断文书的制作

在堂谕与判决双轨制以及朱笔堂谕与样本堂谕并存的情况下,审判官对裁断文书形式的选择,究竟是有规则可循还是仅凭个人的偏好?

通过对龙泉司法档案 1912 年至 1927 年间收录裁断文书卷宗的初步统计,可以发现以下几个现象。首先,在整个双轨制期间,样本堂谕与判决的数量大体相当。具体而言,1913 年至 1914 年间,由于司法部尚未允许以堂谕代判词,也没有规定样本堂谕的样式,如果忽略传统朱笔堂谕,那么就出现了一个明显的判词独霸阶段。而在 1926 年初出现了最后两件样本堂谕后,龙泉司法档案中再未见堂谕,堂谕与判决并行现象随之而结束。

如果将 1915 年至 1925 年视为双轨制时期,则这期间龙泉司法档案所见样本堂谕(有时称为庭谕)总计为 136 件,判决为 110 件,但如果计入 1913 年

①1916 年 5 月 3 日龙泉县审检所民事判决,《龙泉民国法院民刑档案卷(1912—1949)》,M003-01-12644,第 1—6 页。

②参见《民事诉讼条例详解》,陈刚、邓继好主编:《中国民事诉讼法制百年进程》(民国初期第一卷),第 354 页。

③《各县嗣后不得再以堂谕代行判决》,《法令周刊》1934 年第 187 期。

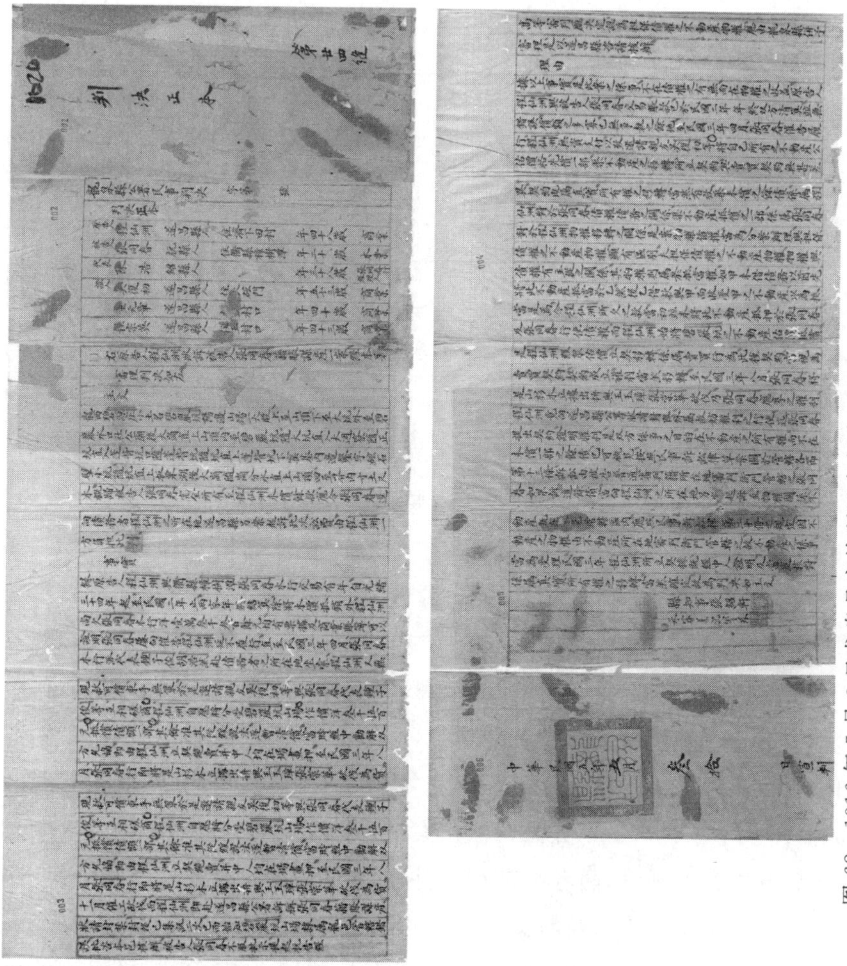

图 62　1916 年 5 月 3 日龙泉县审检所民事判决(M003－01－12644,第 1—6 页)

至1914年的判词，则两种裁断文书各有136件，这是龙泉县实行裁断文书双轨制的总体面貌（表9）。

表9　1913—1925年样本堂谕与判决统计

年　份	样本堂谕（件）	判决（件）	总计（件）
1913		15	15
1914	1	11	12
1915	19(11)[①]	3	22
1916	11	19	30
1917	2	3	5
1918	10	16	26
1919	12	16	28
1920	21	19	40
1921	1	14	15
1922	14	0	14
1923	29	4	33
1924	9	6	15
1925	7	10	17
	136	136	272

其次，在1926年堂谕消失以前，朱笔堂谕仍然普遍存在。即使是制作样本堂谕，一般也先以朱笔堂谕草拟，然后再以墨笔誊抄为样本堂谕[②]。判决也往往以朱笔堂谕的形式草拟主文，在制作判决时再补充事实与理由部分（图63、图64）[③]。从龙泉司法档案中样本堂谕与判决（词）数量较少而集中归卷的情况来看，两者都是在案件需要进入上诉程序时才会制作，这也说明以朱笔堂谕作为裁断文书结案的情况仍然比较普遍。

虽然龙泉司法档案的归档情况相当混乱，但同一卷宗内保存同一案件

①其中有一个案件中形成了9件不同的堂谕。

②参1915年1月14日堂谕（朱笔），1915年4月17日龙泉县公署堂谕，《龙泉民国法院民刑档案卷（1912—1949）》，M003-01-1791，第8—12页。

③1916年11月18日点名单，龙泉县审检所民事判决，《龙泉民国法院民刑档案卷（1912—1949）》，M003-01-475，第2—6页。

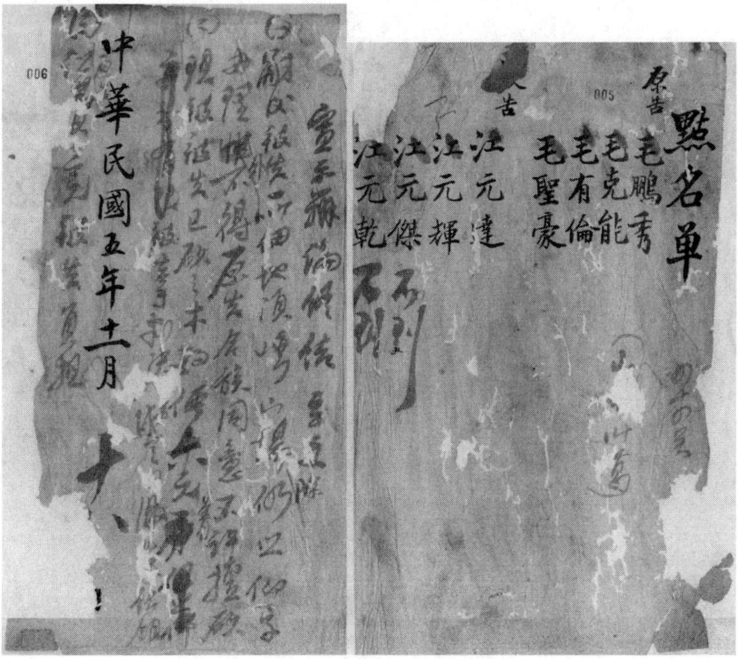

點名單

原告
毛鵬秀
毛克能
毛有倫
毛聖豪

被告
江元達
江元輝
江元傑
江元乾　不到

中華民國五年十一月十八

图 63　1916 年 11 月 18 日点名单(M003-01-475,第 5—6 页)

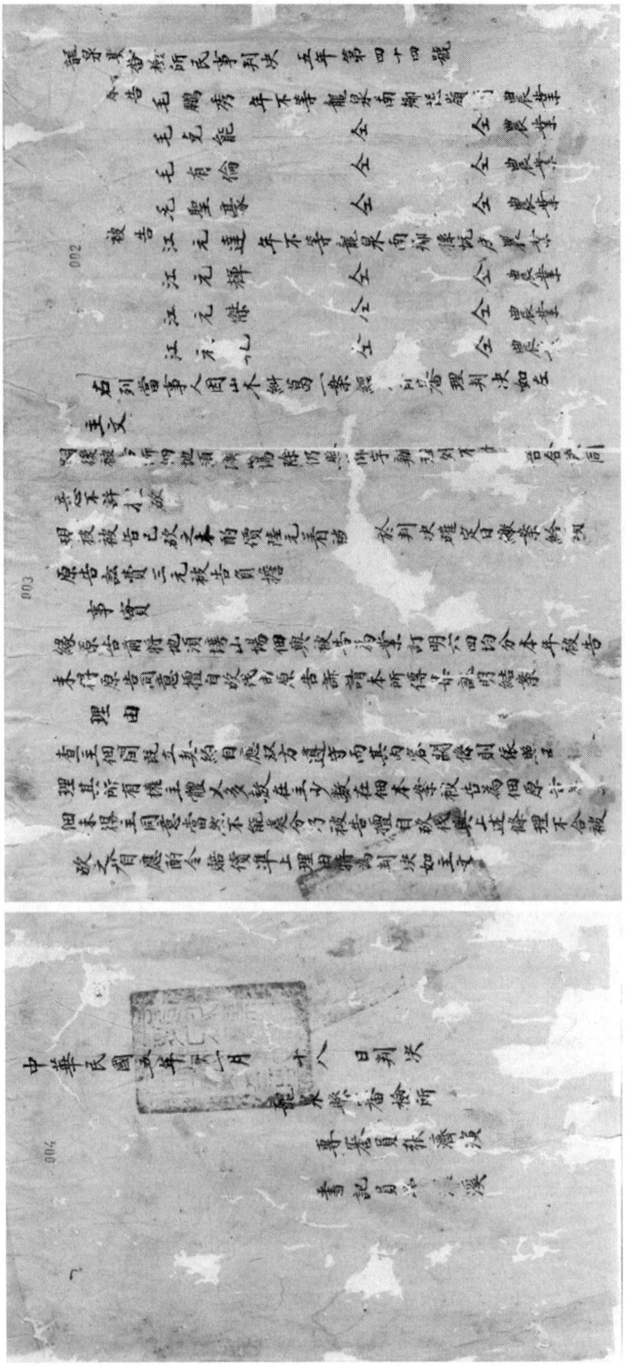

图 64 1916 年 11 月 18 日龙泉县审检所民事判决（M003-01-475，第 2—4 页）

的多件文书仍属比较正常的情况，裁断文书即使不能与诉状等审前文书集中在一起，至少应该与点名单、庭审笔录等审讯文书同时保存才比较合理。但1913年至1925年间的样本堂谕或判决（词）极少与同案其他诉讼文书保存在同一卷宗，多数情况下或是不同案件的多件裁断文书集中保存在同一卷宗，或是单件裁断文书单独构成一个卷宗，或是第一审的裁断文书与同案第二审判决书等保存在同一卷宗。这就说明样本堂谕或判决（词）的制作与第一审的审理过程相脱离，而与该案的上诉程序关系密切。对于这种现象，如果结合之前出现的诸如《县知事应送覆判案件须依式作成判词令》一类的法令[①]，不难推断第一审中的样本堂谕或判决（词）其实是上诉审理的准备文书，如果当事人不提起上诉，官府一般不会制作。这个推论合理解释了1926年堂谕消失后判决急剧增多的现象：1913年至1925年这13年间的样本堂谕与判决（词）合计272件，平均每年约21件，有些年份只有数件或10余件，这显然不是所有裁断案件的数量；而1926年堂谕的消失意味着判决成为裁断文书唯一的形式，该年判决书有近60件，此后数年都保持类似规模，这个数字应该就比较接近所有裁断案件的数量了。

最后，审判官对样本堂谕与判决两种裁断文书的选择可能并无明确的规则可循。堂谕样式说明曾明确规定民事诉讼案件以堂谕代判决的条件是“民事金额及价额一千元以下者”[②]，但这个规定未必得到严格执行。比如1916年程仙洲与张同春借账谋产案涉及债务金额数以千计，其中包括“碧严坑山场作价洋叁千伍百元抵偿债额一部”[③]，该案符合涉讼“价额一千元以上当制作判决”的标准。但同年蔡世璆与俞玉溪债务纠葛案的判决书主文中称“被告应还原告洋银本利共三百元”[④]，1918年制作了判决的何佐邦与杨至稳债务纠葛案涉及债务也不过“银洋贰百二十四元又补利四十元”[⑤]。事实上，样本堂谕与判决数量整体上相当只能说明双轨制确实存

---

①《县知事应送覆判案件须依式作成判词令》，余绍宋编：《改订司法例规》，第494页。

②《堂谕样本准通行批（附原详及样本）》，余绍宋编：《改订司法例规》，第1540页。

③1916年5月5日龙泉县审检所民事判决，《龙泉民国法院民刑档案卷（1912—1949）》，M003-01-12644，第1—6页。

④1916年12月25日龙泉县审检所民事判决，《龙泉民国法院民刑档案卷（1912—1949）》，M003-01-465，第12—16页。

⑤1918年12月13日龙泉县公署判决，《龙泉民国法院民刑档案卷（1912—1949）》，M003-01-3891，第5—10页。收录于包伟民主编：《龙泉司法档案选编》第二辑（1918），第933页。

在，但并不说明两者的比例关系，因为不同年份、不同审判官制作两种裁断文书的数量极不平衡，体现出明显的个人偏好。如表10所示，张绍轩、吴载基偏好制作样本堂谕，张济演偏好制作判决，杨毓琦则在1915年前后分别集中制作判词与样本堂谕，其他审判官则相对比较均衡。这种“偏好”有时与司法制度的变革有一定关系，比如张济演偏好制作判决时恰逢浙江省重建审检所时期，但《民事诉讼条例》在全国颁行之际吴载基偏好制作样本堂谕却是一个反例。此外，1920年的县知事赖丰煦无论是制作堂谕还是判决，一律题为“民事判决”（图65），有意混淆两者的界限。

表10　1913—1925年历届审判官裁断文书统计

审判官	任职时间	在职时长（月）	堂谕（件）	判决（件）	总计（件）
帮审员金蕴岳、侯继翻，县知事朱金奎、黄黻	1913年3月—1914年1月	11		17	17
县知事杨毓琦，承审员姚熙绩	1914年7月—1915年3月	9	0	10	10
县知事杨毓琦，承审员姚熙绩	1915年3月—1915年7月	5	19(10)	2	21
县知事张绍轩，承审员沈宝琢	1915年12月—1916年8月	9	9	1	10
专审员张济演，县知事范贤礽	1916年9月—1917年3月	7	3	20	23
县知事王施海，承审员谢伯镕	1917年10月—1919年11月	26	23	32	55
县知事赖丰煦，承审员刘则汤、项华鬴	1919年12月—1921年1月	14	23	21	44
县知事刁良枢，承审员范耆生、许德沛	1921年3月—1922年9月	19	8	13	21
承审员吴载基，县知事黄丽中	1922年10月—1924年4月	19	38	5	43
承审员陈桢	1924年6月—1924年9月	4	6	4	10
知事吴涛，承审员李传敏、王允中	1925年4月—1926年3月	12	9	11	20
合　计			138	136	274

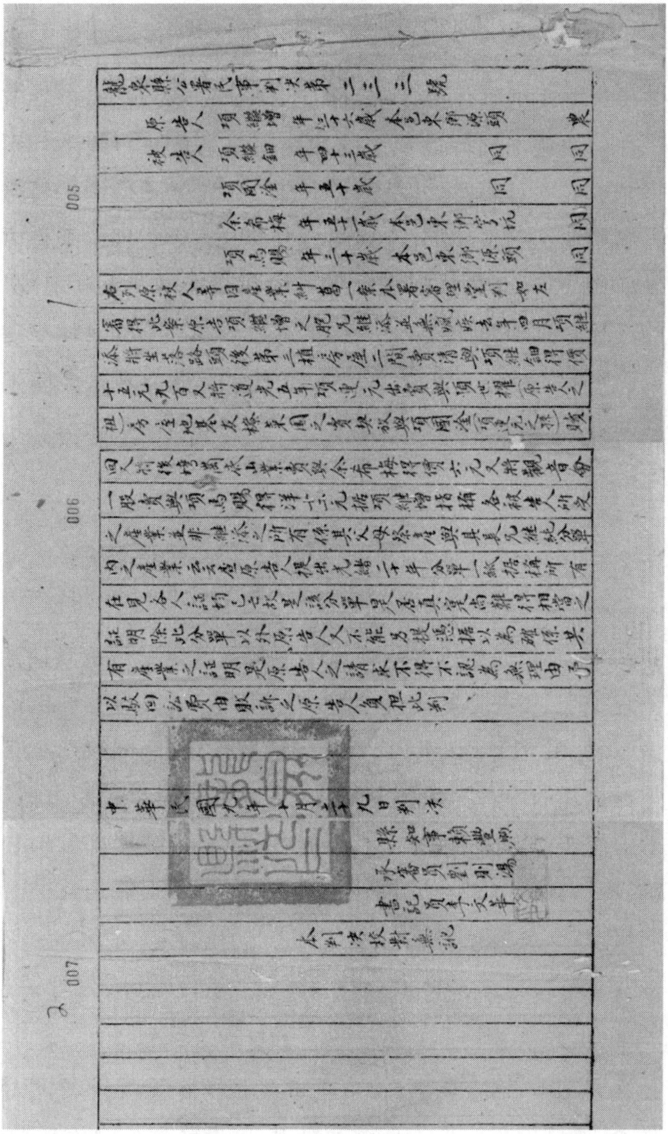

图 65　1920 年 10 月 29 日龙泉县公署民事判决（M003－01－01045，第 4—7 页）

第十四章　双轨制时期裁断文书的诉讼观念

堂谕与民事判决的具体表述理应体现不同的诉讼观念，但在双轨制的条件下又该如何协调不同诉讼观念的冲突呢？是堂谕与判决分别代表的两种不同审判模式并行不悖，还是两种裁断文书都为适应同一特殊审判模式而变得无本质区别？事实上，这期间只有涉及上诉程序的案件才必须制作样本堂谕或判决，而究竟选择哪种形式的裁断文书并无确定规则可言，各审判官的选择具有相当的随意性，样本堂谕或判决书的具体表述方式更依历史情势及审判官个人的诉讼观念而定。但标准的判决书的确代表了与堂谕不同的诉讼观念，因此裁断文书的双轨制还是可能会引起诉讼规则的混乱。

一　样本堂谕

龙泉县从1915年开始出现的样本堂谕基本保留了传统堂谕的叙述结构。如应该是1915年补作的1914年9月6日王福兴与王佐臣等山场纠葛案的堂谕（参见图61），以“讯得”开始陈述案件情节，同时增加了不少对事实认定进行推理的内容。在此基础上，堂谕直接提出裁断方案以“杜后争执”，并未引用法条。其与传统堂谕的明显区别是结尾部分不再要求当事人“具结遵依”，宣称“此谕”的表述也消失了，原因当然是此时当事人拥有了上诉的权力：

> 案经讯得两造远祖王有裕前清雍正七年分支为天地人三房，王福兴隶人房，王佐臣隶地房。王有裕生前置有老鸦墓众山，未入分关，后世子孙谁肯用本，谁分其利，山内垦田循龙邑俗例，前后亦准抽管数丈栽种树木，名曰田旁。王佐臣遵其祖训，就老鸦墓众山开有粮田，田旁养木成林，民国二年砍杉七株。王福兴借口该山安有祖坟，假造人房分关，将老鸦墓列入，诬王佐臣盗砍，临讯呈核，非但与天房、地房新旧长短不同，即簿面图章、纸张、墨色、笔迹无一吻合，犹说造自雍正年间

祖手，其中如何歧异，因不识字，一概不知。查王佐臣自砍自木，有伊族王先福供结为凭，王祖兴诡计百出，不仅本案假造分关，即如李□德与金贵利争山，王福兴胆敢为李承德出头，于本承审诣勘时带到不相干之李家山呈其一契，扛帮插诬，上堂不识字，在山忽识字，信口簧鼓，□□毫无。本应判作刑事惩其伪造，姑念无知，暂宽免究，判王佐臣于老鸦墓众山开成粮田所有田旁树木准其遵依祖训收益，仍邀族房长登踏划界，杜后争执，砍木与王福兴无干，王祖兴假造分关销附，其天地两房呈验两本分别同契发□□□□□□□□。①

此后十余年间的样本堂谕基本上保持着这种叙述特征，但也有例外。1926年初最后出现的样本堂谕的叙述方式明显向现代民事判决靠拢，比如1926年3月9日李学球与卓清富田亩纠葛案的堂谕：

本案原告人李学球等承先辈集有惜字会，于嘉庆间受买有田租十五硕，坐落水南坞地方，土名高尖。日前向贴与被告卓清富耕种，近因百物昂贵，谷价高抬，向其增加贴价，而被告人辞还会边，曾将该田贴与吴马章耕种。无如被告人挟此嫌隙，竟敢于本年八月二十二日，将吴马章种熟早稻抢割十余担，请求讯判追偿等情涉讼到署。旋据被告人辩状略谓：惜字会田租原有十五硕，日前由民耕种，初作贴价钱六千文，递年增加至十二元。今原告人等又要加增贴价，是以辞还另贴与吴马章耕种无异，惟民所割之田稻系为徐姓清明祭田，由徐树养出贴耕种，并非惜字会之田，非空诬告，请求补传徐树养到案质讯核判辩诉前来。经予传集审理，讯据被告人供称，惜字会田只有四丘，而原告人供称大小共五十丘，两造各执一词，庭谕派员查勘。业经呈复在案，再予重开言辞辩论，并传徐树养代理人徐火妹到庭对质，问其你田把卓清富种有几丘，答以不晓得。复诘之乡警胡献廷惜字会田有几丘，则曰统共十五丘云云。此足证明该惜字会之田确有十五丘无疑。再查阅勘员图说详加采取，尤足认定原告人之惜字会被被告人抢割而去。依上论结，据原告人供称把他割去田谷十三担有零，要他赔偿十担谷等语，本庭酌量情形，着被告人偿还原告人田谷八担(每担焦谷百斤)，

---

①1914年9月6日县公署堂谕，《龙泉民国法院民刑档案卷(1912—1949)》，M003-01-5461，第10—12页。

论费归被告人负担。此谕。[①]

堂谕中详细引述两造的陈述以及庭审(言词辩论)过程,并据此形成事实认定,明显由实质真实主义向形式真实主义转变。不但如此,在形成裁断之前还引用原告的诉讼请求"酌量情形",体现了当事人主义诉讼原则。不过在这种"现代化"的堂谕出现后不久,堂谕就在龙泉司法档案中消失了。

二　判词

如果说样本堂谕仍是传统细故审理诉讼观念的体现,那么 1913 年至 1914 年审检所时期依据《各级审判厅试办章程》制作的判词,则可以理解为过渡时期职权主义审判方式的产物。《各级审判厅试办章程》第 38 条规定的民事判词程式为:

> 一、诉讼人之姓名、籍贯、年龄、住居、职业;二、呈诉事实;三、证明理曲之缘由;四、判断之理由。[②]

对这里"呈诉事实、证明理曲之缘由、判断之理由"的具体含义,似乎并没有任何文件予以解释,不过法部呈奏章程时声称:

> 向来办理民事案件,仅限于刑法之制裁。今审判各厅分民事为专科,自宜酌乎情理之平,以求尽乎保护治安之责。[③]

"酌乎情理之平,以求尽乎保护治安之责",可谓是对传统理讼观念的精确概括。

另外,《各级审判厅试办章程》的法源《天津府属试办审判厅章程》第 118 条对民事案件的判词有所规定:

> 判词须照左列之各项记载:
>
> 一、判旨;
>
> 二、理由;

①1926 年 3 月 9 日县公署堂谕,《龙泉民国法院民刑档案卷(1912—1949)》,M003-01-12864,第 16—21 页。

②《各级审判厅试办章程》,怀效锋主编:《清末法制变革史料》(上卷),第 459—460 页。

③《法部奏酌拟各级审判厅试办章程折》,怀效锋主编:《清末法制变革史料》(上卷),第 414 页。

三、原、被告姓名；

四、承审厅局承审官、会审官、书记官签名盖章；

五、判决之年、月、日。[①]

《天津府属试办审判厅章程理由书》称对民事判词程式的解释与刑事判词相同，而其在第93条中对刑事判词的解释是：

> 谨按：此条系规定判词记载之事项。我国惯例，审讯时必开一点名单，其断语即书于姓名之下，谓之“堂批”。今即仍旧例而略增加之，故首列姓名，因犯何事而科何罪；次“事由”；又次则“罪名”。所以必签名盖印者，即表明厅局各官所负之责任也，故又次之。末列年月日，于上控期间最有关系也。[②]

据此可知，所谓判词，不过是对堂批（堂谕）“即旧例略增加之”而已，在法理上并无新意可言。

因此从理论上讲，1913年审检所时期要求官府制作的判词，与传统堂谕相比，不过是形式上的繁简不同而已，并不要求其与传统堂谕有本质区别——即使这时传统细故审理规则已被破坏。如1913年3月26日林张氏控张氏勒契图嫁斧劈门箱案的判词不过是在传统堂谕上增加“判词”两字，而1913年6月5日许马明等控金冠彰挖掘祖坟案的判词未列明“诉讼人之姓名”等，只有“判决主文”与“证明曲直之理由”两个部分：

> 判决词
>
> 一件。北乡许马明等控金冠彰挖掘祖坟一案。
>
> 判决主文：
>
> 讯得土名上塘坟外余地既属桥会之业，判令许马明等应偿价洋十元，即由金冠彰等立杜卖清契一纸，注明坟后两旁余地交与许姓执管，留为坟禁。至开荒涉及坟边之地，着桥会山佃吴吉荣备礼服墓。所有两造交洋、写契诸手续，候派吏前往督促履行。当庭各具遵结附卷。此判。
>
> 证明曲直之理由：
>
> 查许马明安厝祖墓之地坐落小白岸庄，土名上塘。先是该地连田

①《天津府属试办审判厅章程》，第31页。

②王仁铎：《天津府属试办审判厅章程理由书》，第67页。

由凤鸣桥会出卖许马明祖手为业，厝坟之后，桥会备价赎回，当时忘却坟葬该田之内，会董啧有烦言，许马明等曾出洋元复向会边立契抽回坟穴，是坟以外之地自非许姓所有。凤鸣桥会董事今于隙处开垦种植，许马明等因金冠彰会有股分，遂疑挟前结控之嫌，挖掘祖坟。殊不知开荒一事系桥会全体之集议，许马明等指为个人，洵属误会。惟所垦之地，本承审官便道勘明，距离许姓祖坟只有数十步。虽云风水之说渺尔无凭，而有墓相近，为人子孙者自不忍听其挖掘，犹之卧榻之侧禁人鼾睡，同此意也。勿谓垦熟尚需人力，即使开复成田，每岁所收益者实属区区之数，胡必借开荒之名义，互相缠讼不休耶。总之该坟以外余地委非许姓之业，桥会偏在坟近之区域开垦荒地，未免多事，金冠彰会有股分，瓜田李下，罔知避嫌，致来毁伤之控，又何怪焉。案经讯悉前情，欲求和平之解决，应下判断如主文。

帮审员　金蕴岳

中华民国二年六月五日[①]

该判词内容完全遵循细故审理观念展开，“主文”相当于堂谕的“断令”部分，“证明曲直之理由”包括案件情节与情理说明，并无诉讼过程的描述或引用当事人陈述，裁断时要求当事人具结遵依，“当庭各具遵结附卷”，还引用“卧榻之侧禁人鼾睡”之类历史典故阐释情理。

那么，判词只是传统堂谕的简单改头换面么？也不尽然。事实上，审检所时期主要由帮审员金蕴岳制作的十余件判词，有些已经完全超越了“即旧例略增加之”的限制，在法律条件不具备的情况下仍明显表现出现代民事诉讼的观念。如1913年6月毛世璥控毛裕鍅霸种祭田案的判词：

判决词

一件。北乡毛世璥控毛裕鍅霸种祭田一案。

(一)两造之姓名，年籍，住址，职业：

起诉人：毛世璥，年三十六岁，籍隶龙泉县，住北乡溪口庄，耕作。

辩诉人：毛裕鍅，年三十二岁，同，同，同。

(二)呈诉事实：

---

①1913年6月5日龙泉县审检所判决，《龙泉民国法院民刑档案卷(1912—1949)》，M003-01-17136，第1—4页。

缘毛世瓛控毛裕鍩霸种祭田一案，据毛世瓛状称：民有祖遗博、厚、高、明、悠、久六房，轮流祭田数标，坐落本庄，土名米坞儿、和礼门、前旱畈儿、溪口屋下，共租十九石，该祭田向系轮及何房、何人，或自耕种、或收租出贴，由办祭人自主。本年轮民厚房值祭，民于旧历清明备礼办祭，各房散胙均无异议，不料悠房毛裕鍩恃强霸田，不准民种，并将民下米坞儿田内谷种锄毁，投族理论不依，叩乞提究等情，据经派警，禁止霸种。旋据毛裕鍩诉称：六房轮流之田，如礼门、前旱畈儿两标，向由毛裕鏠、毛裕鈵分种，其米坞久归民种完租，惟溪口屋下一标则归值祭自种，请求审判田归原佃完租承值等情前来，当传两造开庭质讯。

（三）证明曲直之理由：

查租种田地须得所有人之许可，斯为适法行为。此业毛世瓛轮值祖遗祭田四标，其或躬亲耕种，或出贴收租，应听自行主张，断非他人所得霸阻，毛裕鍩虽于该田内米坞儿一标历年承种，然亦按年贴价，并非永佃性质，况毛世瓛当清明办祭设宴之时，已表示田须自种之意思，乃毛裕鍩借口原佃恃强霸种，妨害他人权利行使，殊属不合。米坞儿之田应归毛世瓛耕作办祭，毛裕鍩另行赁种。劝令毛世瓛推念一本，酌贴工本，以示体恤。准诸以上理由，应下判决如左：

（四）判决主文：

毛世瓛轮值祭祀耕种祭田，理无不合，米坞儿一标归其自种，毛裕鍩不准再向霸阻，并劝令毛世瓛推念族情，津贴毛裕鍩洋两元，俾作下种工本缴案给领。本案诉讼费应归败诉人毛裕鍩负担，查系赤贫，宽予免缴。此判。

帮审员　金蕴岳

中华民国二年六月十八日①

判词的"呈诉事实"部分所述并非案件情节，而是诉讼过程，直接引用当事人陈述及诉讼请求等，出现了"据毛世瓛状称……旋据毛裕鍩诉称……请求审判田归原佃完租承值等情前来，当传两造开庭质讯"的表述，体现了形式真实主义与当事人主义诉讼原则；"证明曲直之理由"部分开篇提出"查

①1913年6月18日龙泉县审检所判决，《龙泉民国法院民刑档案卷（1912—1949）》，M003-01-14901，第1—3页。

租种田地须得所有人之许可，斯为适法行为”，在几乎没有民法可依的情况下提出了民事判决的法理依据，体现了“依法审判”的诉讼观念。相对传统堂谕，该判词的这些表述几乎是革命性的。

目前所见龙泉县审检所时期最后一件判词的落款时间是1914年1月25日，审判官是帮审员侯继翻[①]。随着1914年三四月间龙泉县审检所的罢废，龙泉司法档案中再次出现判词，但时间已是1914年7月，审判官则是县公署的县知事杨毓琦、承审员姚熙绩。他们也制作了十余件判词，虽然形式上统一为“判决主文、呈诉事实、判决理由”三段式的结构，似乎更加趋近现代民事判决，但内容基本回归到“即旧例略增加之”的水平，审检所时期金蕴岳判词所体现的当事人主义原则已经消失。以1914年9月1日吴学高与吴学铨书田纠葛案判词为例：

龙泉县公署判决词

(一)两造之姓名，年岁，籍贯，住址，职业：

原告：吴学高(星房)，年四十二岁，本邑，张山庄，农；

吴学朱(月房)，年四十四岁，同，同，农。

被告：吴学铨(日房)，年四十九岁，同，同，农；

吴学英(日房)，年四十四岁，同，同，农。

(二)判决主文：

判吴学铨、学英当堂呈缴土名麻田众契一纸，吴学高、学朱各派赎契洋壹元，饬两造分别具领。其李马荣既未收有吴学高、学朱麻田卖契，准依吴学乾结称，日后李马荣如有吴学高、学朱麻田卖契检出，永远作废。此判。

(三)呈诉事实：

案缘吴学高、学朱上代分日、月、星三房，置有书灯田一标，计租七石五斗，坐落东乡官铺，土名麻田，专作贡监生员奖励。吴学高隶星房，学朱隶月房，与日房之吴学铨、学英在前清时均以监生挨轮。光复后伊族吴鼎、吴学纯、吴学泉以前清生监业已销去，欲将书田拨归祭首，吴学铨、吴学英即借办学为名，托日房吴学乾向吴学高之母取出麻

---

①1914年1月25日龙泉县审检所判决，《龙泉民国法院民刑档案卷(1912—1949)》，M003-01-17109，第2—10页。

田众契抵与李马荣，借洋廿二元，与吴鼎涉讼争书田，并欲向吴学高、学朱派款赎契，吴学高弟兄不愿，遂以吴学铨、学英造契捏押控案请追。吴学英、学铨亦已以前情呈辩，传由姚承审员熙绩集讯，吴学铨等赎契呈案，并邀吴学乾作证，声明李马荣处只立借字，并未立契。应就两造供证，为之据实判决。

（四）判决理由：

查吴学铨因争书田与吴鼎、吴学纯、吴学泉涉讼，托吴学乾向吴学高之母借麻田众契抵与李马荣，得洋廿二元，只立一票，并未立契，虽系私押，尚非盗卖。堂讯吴学英、学铨先期赎契呈案，吴学高、学朱各认派洋壹元偿回吴学英、学铨赎费，自应分别饬领，惟李马荣处吴学高、学朱恐其执有卖契，吴学乾为吴学英、学铨具结证明，并无其事。应即据结完案。爰下判决如主文。

知事　杨毓琦

承审员　姚熙绩

中华民国三年九月壹日①

在这件判词中，"呈诉事实"部分不再记载当事人的陈述与诉讼请求，而是开创了一种"案缘……遂以某某控案……"的叙述模式，将经认定的事实作为诉讼的起因一并叙述，案情"事实"与诉讼"事实"由此融为一体；"判决理由"并不说明事实认定的证据或者判决的法律依据，而主要是对"判决主文"内容的解释，其中以"吴学高、学朱各认派洋壹元偿回吴学英、学铨赎费"作为"吴学高、学朱各派赎契洋壹元"的理由，这其实是对细故审理中调停式裁断的阐释或同义反复。

三　判决

杨毓琦以"判决主文、呈诉事实、判决理由"三段式结构结合传统细故审理观念撰写判词的状态持续了大概一年时间。1915 年 8 月司法部颁布的《遵照部订判词程式通饬》又规定了判决（词）的"主文、事实、理由"程式。

①1914 年 9 月 1 日龙泉县公署判决，《龙泉民国法院民刑档案卷（1912—1949）》，M003-01-8372，第 2—3 页。

通饬中进一步规定“事实”应当包括当事人之陈述、举证、辩论要旨及踏勘等证据调查过程，这显然是指“诉讼事实”而非“案情事实”：

> 事实项中凡构讼之事实及当事人对于事实上之争点或证据，应详细载入。
>
> 记载事实如由踏勘所得者，应将勘实情形记入，如以辩论为主者，应将辩论要旨记入，其状词中声叙不明者，均应于辩论时令其明白申说，详细记载。

“理由”则包括“事实认定”与“法律依据”两部分：

> 理由项中应根据事实及法例叙明主文中所云云之理由。[①]

这些说明确定了判决(词)撰写的当事人主义诉讼原则，但该规定并不符合当时通行的诉讼法《各级审判厅试办章程》，其立法依据应该是1910年《大清民事诉讼律草案》第472条的规定，包括判决书的主体部分由“判语、事实、理由”三部分构成，以及“事实项下，应记明言辞辩论时当事人之声明，并摘录所陈述之事项”等内容。该法条的立法理由与《遵照部订判词程式通饬》“说明”的联系更为紧密：

> 记载为言辞辩论目的之声明、事实上主张证据之事、证据声明等，则所谓事实是也。记载事实上及法律上说明，则所谓理由是也。而判决主文，则记载据事实及理由而生之断定也。[②]

这就意味着在允许以堂谕代判决之后不久，又以该通饬否定了之前《天津府属试办审判厅章程理由书》所谓的判词是对传统堂谕“即旧例略增加之”的解释，要求直接依据现代民事诉讼规则撰写判决，从而导致双轨制中样本堂谕与判决的诉讼原则毫不统一，甚至背道而驰。

在龙泉县的司法实践中，裁断文书的演化过程就更加曲折复杂了。虽然龙泉县审检所于1914年三四月间废除，但允许以堂谕代判决的政令延至同年11月21日才颁发，因此该年7月开始制作裁断文书的县知事杨毓琦、承审员姚熙绩采用“判决主文、呈诉事实、判决理由”三段式的结构撰写判词，这种习惯一直保持到1915年2月。从1915年3月开始，显然是受

①《遵照部订判词程式通饬(附判词程式)》，余绍宋编：《改订司法例规》，第1527页。

②《大清民事诉讼律草案》，怀效锋主编：《清末法制变革史料》(上卷)，第669页。

允许以堂谕代判决政令的影响，杨毓琦开始集中制作样本堂谕（18件），尽量减少判词（2件）的制作。1915年8月《遵照部订判词程式通饬》颁行时杨毓琦已经离职，但继任的张绍轩似乎不为通饬所动，仍制作了9件样本堂谕，唯一一件判决是其为浙江省高等审判厅指定龙泉县审理的程仙洲与张同春借账谋产案制作的，可以视为一个例外[①]。而在1916年浙江省重建审检所时期，专审员张济演撰写了20件判决，样本堂谕只有3件。审检所再次罢废后，1917年至1919年县知事王施海在任时样本堂谕与判决的数量分别为23件与32件。因此可以说，相比1915年的《遵照部订判词程式通饬》的颁行，1916年浙江省重建审检所事件更加直接地推动了龙泉县制作民事判决的进程。

或者说，在龙泉县的司法实践中，继1913年审检所时期帮审员金蕴岳制作了10余件判词之后，重建审检所时期的专审员张济演重启了现代民事判决的撰写。比如张济演1916年10月为蔡金氏与蔡起旌祭田纠葛案撰写的判决，"事实"部分虽然没有直接引用当事人的陈述，但以"……原告诉请禁止。开庭讯问，被告供认……惟辩称……"等表述，明确记载了原告的诉讼请求以及被告的辩论要点[②]。而1917年3月张济演为季肇岐与季焕文损害赔偿案制作的判决对当事人主义原则有更充分的体现：

> 龙泉县审检所民事判决（六年第二十八号）
>
> 原告：季肇岐……
>
> 被告：季焕文……
>
> 右列当事人因损害赔偿纠葛一案，经本所审理判决如左：
>
> 主文：
>
> 内岗路后田六丘、外岗路下田二丘，外边田塍皆已损坏，应令被告赔偿洋银八元。已毁灰寮，应令被告赔偿洋银十元。荒废四年，应令被告赔偿租谷二十四硕。害谷部分驳回。讼费双方各自负担。
>
> 事实：
>
> 原告起诉意旨略称：涉讼未已（一）季门前内岗路后田六丘、外岗

---

①1916年5月30日龙泉县公署民事判决，《龙泉民国法院民刑档案卷（1912—1949）》，M003-01-12644，第1—6页。

②1916年10月6日龙泉县审检所民事判决，《龙泉民国法院民刑档案卷（1912—1949）》，M003-01-1454，第50—52页。收录于包伟民主编：《龙泉司法档案选编》第二辑（1916），第1032页。

路下田二丘，共八丘塍田，田土均被文等掘毁，计开复工资应请赔偿三十余元。(二)内岗路后灰寮一所价银十两，被文等拆毁，应请赔偿。(三)该田等八丘荒废四年。计失去租三十八硕，亦应请赔偿。(四)该田八丘被文等抢割□□，计谷十九担零，亦应请赔偿。(五)本案讼费应令文等负担。被告答辩意旨：(一)该田毁荒原因实由猪羊往来、淫雨积湿及案未判决两不耕种所致，掘必有掘迹，搬必有搬证，何无迹证。(二)灰寮为争田之附属物，非重要之点，在判决未确定前，既争其田，必争其灰寮，必不自为拆毁。(三)查该田当未结讼，前实系民等耕种，及交涉一起，肇岐等遂发生抢割之行为，续后均肇岐等种割，民等叠诉在前，有案可查。若证人连洪祥与民涉讼有案，连洪森为肇岐亲戚，无证人资格，请求驳回，撤销诉状等语。立证方法，原告提举连洪森、连洪祥为本案抢割部分证人，并嘉庆十年季承延加契一纸。

理由：

查损害赔偿法理，须备具各种要件，方能发生。要件者何，即(一)有损害发生的原因、事实；(二)必有损害之发生；(三)相当因果关系是也。本案请求目的为赔偿损害，则其损害应否赔偿，应有否具备上列要件为凭。查本案内岗路后田六丘、外岗路下田二丘，经本专审员履勘，确系无塍，虽不能证明由原告掘毁，然阅杨知事判词内有因争控而辍耕，因辍耕而荒废，则该田无塍亦由双方涉讼荒芜所致，可以断言既因涉讼荒芜所致，则不涉讼即不荒芜，不荒芜即不致无塍，核与上述要件一一俱备，案经原告胜诉……又若割谷部分，原告最有力之证据为证人连洪祥、连洪森二名，连洪祥既证明与被告结有讼仇，连洪森又称不知孰应认定为证据，自有瑕疵，被告割取三年田谷无从证明，诉讼各有胜负，讼费依例应各自负担。本案原被各有胜负，准上理由，特为判决如主文。

中华民国六年三月九日判决

龙泉县审检所

专审员　张济演

书记员　裘梦声[①]

---

①1917年3月9日龙泉县审检所民事判决，《龙泉民国法院民刑档案卷(1912—1949)》，M003-01-12647，第9—13页。

该判决的"事实"部分直接引用当事人陈述及其诉讼请求、举证情况，"理由"部分在实体法缺失的情况下尽量阐述法理以体现"依法判决"的原则。

但在审检所再次罢废之后，一方面样本堂谕的数量增多、比例增高，另一方面有些判决的表述方式也出现了变异。1917 年 4 月范贤礿出任龙泉县知事，此时正值浙江省重建后的审检所再被裁撤。之前，审检所的专审员张济演于 3 月 9 日制作了龙泉司法档案中最后一件体现当事人主义原则、"主文、事实、理由"结构的民事判决[①]。之后出现的 4 月 20 日的一件民事判决由"县知事范贤礿"及张济演同共签署，张济演的身份已由审检所的专审员变为"承审员"。这件民事判决的内容不但没有"主文、事实、理由"结构，甚至直接以"此谕"结尾(图 66)[②]，标志着重建审检所时期民事诉讼规则的现代化势头再次消退。1917 年 4 月以前的民事判决只此 2 件，王施海继任县知事后又制作了 2 件民事样本堂谕与 1 件民事判决，这就是目前所见 1917 年全部民事案件的正式裁断文书，总数是 5 件。与其他年份约有 20 件相比，1917 年裁断文书的数量之少只能理解为是重建审检所再次被裁撤后的一个特殊现象。当然，到了 1918 年、1919 年，王施海制作裁断文书的数量恢复到了正常水平，并重新开始制作样本堂谕。无论哪种形式，这些裁断文书依证据认定事实以及依法审判的观念相当清晰，但并没有体现依据当事人诉讼请求进行判决等当事人主义原则。

在王施海之后，1919 年至 1922 年间龙泉县的县知事是福建人赖丰煦、江苏南通人刁艮枢。这时期的民事判决变得极不规范，有时甚至以判决之名行堂谕之实。1922 年 10 月湖北随县人黄丽中出任县知事，1924 年他去职后一度由本地人彭周鼎(丽水)、蔡龄(龙泉)暂代，这三年之间的诉讼裁断文书主要由承审员吴载基制作，而吴载基明显偏向于制作堂谕，这一时期的 43 件民事裁断文书中仅有 5 件判决，可以视为诉讼规则持续趋于保守。此后福建闽侯人吴涛于 1924 年 12 月出任龙泉县知事，他在任时的裁断文书一般与承审员李传敏、王允中共同签署。吴涛离职后，1926 年上半年龙泉县又连续换了三任县知事，制作裁断文书的任务落入

---

①1917 年 3 月 9 日龙泉县审检所民事判决，《龙泉民国法院民刑档案卷(1912—1949)》，M003-01-12647，第 9—13 页。

②1917 年 4 月 20 日龙泉县公署民事判决，《龙泉民国法院民刑档案卷(1912—1949)》，M003-01-10549，第 66—67 页。

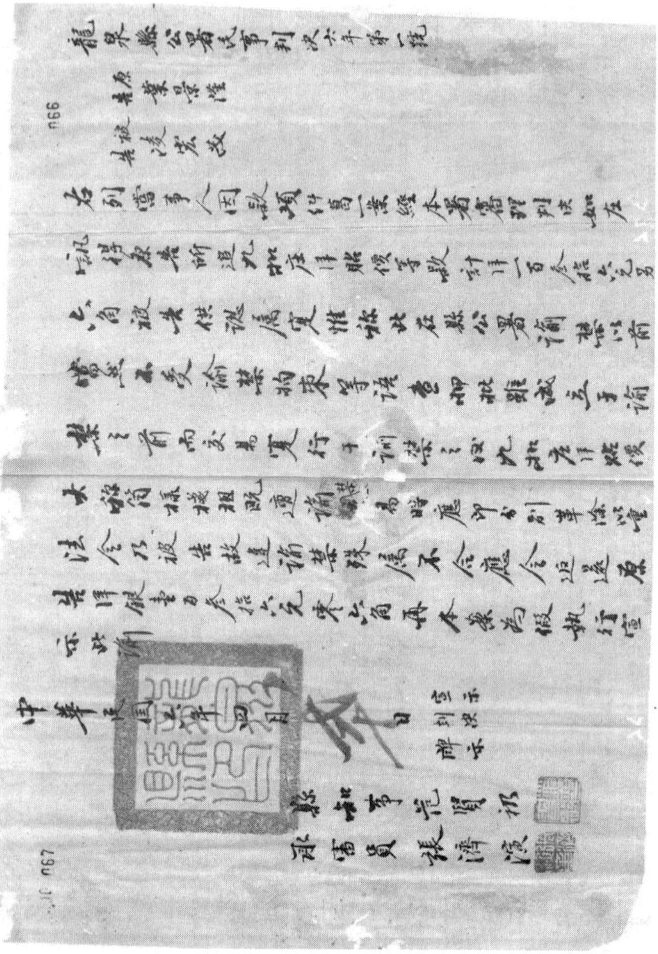

图66 1917年4月20日龙泉县公署民事判决（M003－01－10549，第66—67页）

吴涛时代的承审员王允中手中。而正是从1926年初王允中独立制作裁断文书开始，样本堂谕从龙泉司法档案中迅速消失，判决在裁断文书中占据绝对主导地位，而这个时间点又与国民革命运动在广州兴起的时间恰好重合。

对1920年、1921年县知事赖丰煦、习艮枢时期的民事判决，特别需要仔细辨析。首先是在赖丰煦时期，出现了标题为"判决"，却不采用"主文、事实、理由"程式的情况。如1921年1月朱文耀与朱文高杉木纠葛案的民事判决，正文中将判决内容称为"堂判"，并不区分"主文、事实、理由"三个部分，而采用相当传统的"审得……此判"的表述方式。但是深究其内容，它又不是完全沿袭传统堂谕，对现代民事判决的诉讼规则也有所采纳：

> 龙泉县公署民事判决(第　号)
>
> 原告人：朱文耀，年五十六岁，本邑南乡竹蓬后村，商。
>
> 被告人：朱文彩，未到；
>
> 朱文高，年五十八岁，本邑南乡念翁坑，农。
>
> 右列原、被告人因杉木纠葛一案，本署审理堂判如左：
>
> 审得二造系争竹蓬后、上寮、石草坑等处山木，原告朱文耀是否有佃权存在，应以原告人提出宣统三年刘朝和、刘廷盛等仰字一纸是否真实以为断。兹查该仰字纸张笔色均极新鲜，且山主刘朝和、刘廷盛亦无名押，此项仰字自无证据力之可言。而察阅被告人朱文高呈出仰字一纸，又刘廷盛呈出领字一纸，自系真确可信，原告人何得涎羡山木，霹空横争。认原告人之请求为毫无理由，予以驳回，讼费原告人负担。此判。
>
> 中华民国十年一月十日判决
>
> 县知事　赖丰煦
>
> 承审员　刘则汤
>
> 本判决校对无讹。
>
> 书记　王寿田①

这件内容简洁的民事判决既不引述当事人的陈述与诉讼请求，也没有实体法的依据，似乎全无当事人主义原则之观念，但有限的内容围绕事实认定的举证与论证展开，且判决内容表述为"认原告人之请求为毫无理由，予以

①1921年1月10日龙泉县公署民事判决，《龙泉民国法院民刑档案卷(1912—1949)》，M003-01-11895，第22—23页。

驳回”，也体现出了依据诉讼请求进行判决的当事人主义的取向。因此这种形式上极不完善的民事判决，也可以理解为是在县知事兼理司法制度以及民事实体法缺失情况下，对现代民事诉讼规则有限但合乎实际条件的一种适应方式。

如果说赖丰煦时期的民事判决与现代民事诉讼规则是“貌离神合”的话，那么习艮枢时期的民事判决可能恰好相反，出现了“貌合神离”的情况，即裁断文书虽然采用了“主文、事实、理由”的结构，但内容极为简单，似乎只是将堂谕内容强行分割为“事实”与“理由”而已。如 1921 年 12 月柳学祁与柳家齐房屋纠葛案的民事判决：

龙泉县公署民事判决（第　号）

原告人：柳学祁，年三十八岁，龙泉县人，住城北，商。

被告人：柳家齐，年五十三岁，龙泉县人，住古田，农。

右列当事人因房屋纠葛一案，经本署审理，判决如左：

主文

原告之请求驳回。讼费各自担负。

事实

本案言辞辩论后，复调查得原告之父柳家余于前清光绪年间将白果园房基与被告人之父柳张富以房屋对换，事已三十余年，至梨树园房基原告实已另行立契卖与柳家吉为业，现在原告因持有梨树园未交老契一纸，遂出而混争，此本案之事实也。

理由

柳家齐住房已历三十余年，原告何能待至今日始行追究，其无理由一。梨树园屋基明明卖与柳家吉，与被告何涉，其无理由二。老契何以至今始税，其无理由三。因为判决如主文。

中华民国十年十二月三日判决

龙泉县公署民事庭

县知事　习艮枢

书记员　田寿田

本判决较对无讹。①

①1921 年 12 月 3 日龙泉县公署民事判决，《龙泉民国法院民刑档案卷（1912—1949）》，M003-01-9902，第 3—5 页。

这一从表面上看相当现代化的判决书，却并不围绕证据展开事实认定，所谓“何能待至今日始行追究”“老契何以至今始税”等理由并不需要当事人举证，属于情理上的推断，在传统细故审理中相当常见。

1922 年 10 月，黄丽中继任龙泉县知事，情况又发生变化。当时开始在全国施行的《民事诉讼条例》中有关民事判决的规定与《遵照部订判词程式通饬》或《大清民事诉讼律草案》并无明显不同，也不完全适用于当时龙泉县的司法实践，因此样本堂谕与判决双轨并行制度仍在延续。但是《民事诉讼条例》的颁行毕竟确立了民事诉讼的当事人主义原则，从而取代了《各级审判厅试办章程》所代表的职权主义民事诉讼规则。实际的情况是，1922 年 10 月至 1924 年 4 月的县知事黄丽中及承审员吴载基时期制作的民事判决完全符合现代民事诉讼规则的要求，但他们制作的判决仅有 5 件，样本堂谕则有 38 件。此后，1924 年至 1925 年承审员陈桢与县知事吴涛担任主审官期间，样本堂谕与判决的数量相对均衡，在 1926 年王允中成为龙泉县的主审官后，堂谕很快便消失了。

四　演变的三个阶段

总体而言，双轨制形成以后，裁断文书的制作经历了反复、混淆、分裂这三个不同的阶段。1913 年至 1916 年是反复阶段。在 1913 年审检所时期，金蕴岳已经习惯制作当事人主义的判决；1915 年允许堂谕代判决后，杨毓琦、张绍轩基本上不采用判词；1916 年浙江省重建审检所时期张济演又大量制作判决，这是堂谕与判决（词）制作的反复阶段。1917 年至 1921 年是混淆阶段。这时堂谕与判决两种形式的裁断文书数量相当，但诉讼观念相互混淆而无实质区别。各审判官的具体办法又有所不同，王施海采用折衷主义，赖丰煦多以堂谕之名行判决之实，而刁良枢则以判决之名多行堂谕之实。1922 年至 1924 年则是分裂阶段。由于《民事诉讼条例》的颁行，这时制作的判决必须严格符合当事人主义诉讼原则，于是龙泉县又多以制作堂谕来逃避判决的制作，造成制作判决遵循当事人主义原则，制作堂谕则依据职权主义原则的分裂局面。

虽然龙泉县在 1926 年以后基本不再以堂谕作为裁断文书，1929 年龙泉县法院成立之后判决成为唯一合法的裁断文书，但事实上在 20 世纪 30

年代民法正式颁行以前，贯彻民事诉讼的当事人主义原则的条件始终不充分。而20世纪30年代以后的民事判决，由于具备了立法、机构等各种条件，因而得以迅速规范化。如当时市面上出售的诉讼指南类图书中对民事判决的描述：

> 主文。主文系就为判决标的之事项所为之裁判，而揭示本于判决事实及理由所生最后之结果。
>
> 事实。事实为判决理由之根据。故言词辩论时，当事人之声明及其提出之攻击或防御方法，均宜记载之。他如关于诉讼经过情形之重要者，如分别或合并辩论，当事人之变更，及依职权命调查证据等事，亦以记载于事实项下为宜。
>
> 理由。理由为判决主文之根据，故关于攻击或防御方法之意见及法律上之意见，并其他中间争点，与先决事项之一切意见，皆为判决之理由，宜一一记载之……至得心证之理由，亦应记载于判决……①

这显然符合龙泉司法档案所见1930年以后民事判决的实际情形，兹不赘引实例。

民国初年(主要是北洋政府时期)裁断文书的双轨制是理解近代中国民事诉讼史的重要环节。双轨制反映了诉讼制度现代化进程的曲折顿挫，也可以理解为是减少现代化变革阻力的一种特殊机制。双轨制现象在中国现代化进程中不止一次地出现，其中20世纪80年代价格改革中的双轨制以及经济特区制度的影响尤为深远。有人认为价格双轨制是一大失误，也有人评价价格双轨制"开辟了在紧张经济环境下进行生产资料价格改革的道路，推动了价格形成机制的转换，把市场机制引入了国营大中型企业的生产与交换中"，其主要局限性在于"仅仅是价格改革中的一种过渡模式"②。从推动现代化的角度而言，双轨制是以制造混乱为代价减缓变革的阻力，但如果打破单纯的"现代化"视角，双轨制其实将现代性的时间维度转化为动态的社会结构维度。传统与现代性混杂而相互流动，或许正是移植的现代性所固有的图景。

---

①傅澜:《诉讼实务》(民事编)，大东书局1941年版，第200—201页。

②杨圣明:《价格双轨制的历史地位与命运》,《经济研究》1991年第4期。

兼论　传统与现代的断裂、层叠、互嵌

民事诉讼法专家王亚新教授在审阅本书初稿时指出，书稿所讨论的种种现象在当代中国民事审判模式转型中都有所体现。当代中国经历了与近代类似的民事诉讼法转型过程：马锡五审判模式类似传统细故审理，苏联绝对职权主义审判模式对中华人民共和国成立后的民事诉讼规则影响甚大，而当前中国已经基本完成向当事人主义民事审判模式的转型。相信关于清末民初职权主义民事审判模式的讨论，对于理解当代中国民事诉讼规则转型的条件、技巧、趋势及利弊得失，会有一定的参考价值。特别地，虽然清末民初的职权主义审判模式隐晦而混乱，苏联绝对职权主义审判模式现在也已被抛弃，但不能因此就认为，职权主义审判模式产生的条件及其造成的影响已经完全消除。

近代中国职权主义民事审判模式的重新发现对法史研究或有推进，不过社会史的阐释，特别是通过诉讼史转型重新理解近代中国社会演化的复杂形态，才是本书关注的焦点。诉讼文书反复变化的各种细节，生动微妙地展现了中国现代化进程的复杂性。虽然"复杂性"已经成为社会史研究的自觉意识，但清末民初诉讼文书所展现的情况还是远远超出本书最初预设的解释框架，由此也使我产生了重建近代中国史解释范式的冲动。

总体而言，以往的中国史叙述被一种现代性意识形态所控制；但中国的"现代性"可以分为历史事实、理论构建、价值体系与意识形态等不同的层面。作为历史事实，现代性首先表现为西方的科技、经济与军事的革命性成功及其对传统中国的冲击；作为一种理论构建，现代性首先表现为一种线性发展的时间观；作为一种价值体系，现代性因重建信仰体系的需求而由中国知识精英主动从西方引进；作为一种意识形态，现代性被当作民族救亡的方案从而确立其政治上的合法地位。

对中国现代化史的叙述——即使意识到现代性观念在中国的复杂构建过程及其多歧性——仍主要停留在精英思想史的层面，意识形态及社会文化层面的讨论仍然比较薄弱，而且总体上对现代性持认同立场，现代性的冲击给中国社会造成的诸多困境不是被忽略就是被情绪化地加以解释，其中的复杂性没有转化为有效的理论构建。事实上，不止中国的现代化进程，现代西方社会同样面临着后现代主义、保守主义的挑战，以及技术加速发展所造成的冲击[①]。在中国，现代性的未完成状态与因技术加速发展而造成的现代性停滞体验叠加在一起，又加深了问题的复杂性。如果基于这些问题来理解清末民初民事诉讼文书的演化，其意义就在于它展现了传统与现代之间断裂、层叠、互嵌等各种复杂情形，为重建近代中国"现代化"的历史图景提供了分析模型。

一 近代中国现代性时间观念的形成

如果把现代性分为不同的层面，民事诉讼规则的现代化问题就会变得比较复杂。在历史事实层面，1906年的《刑事民事诉讼法》既然是借鉴西方诉讼法制定的中国第一部诉讼法，其现代性意义自然不容置疑，1910年制定的《大清民事诉讼律草案》更是法律现代性的完美移植。但是在观念层面，清末的法律移植却与现代性并无必然联系，因为清末新政非常决绝地否定线性发展的现代性时间观念。

清末新政是戊戌变法刺激下的产物，内容也多为百日维新的翻版。戊戌变法发生在严复的译著《天演论》出版后的第二年即1898年，但这并不意味着戊戌变法与清末新政系在现代性观念下展开。光绪二十六年(1900)，八国联军攻入北京，慈禧太后与清德宗(光绪帝)等逃往西安。是年末，正当李鸿章等与列强谈判之时，清廷又发布了关于筹谋实行新政的谕旨，宣告"取外国之长乃可补中国之短"以求变法。为了驳斥戊戌变法的"妄分新旧"，这篇上谕对时间观念有专门阐述，强调政治变革并不影响传统时间结构的稳定性。上谕首先强调传统伦理秩序的亘古不变，认为变法不过是统治的常态：

> 世有万古不易之常经，无一成不变之治法。穷变通久，见于《大易》；损益可知，著于《论语》。盖不易者，三纲五常，昭然如日星之照

---

①参见〔德〕哈尔特穆特·罗萨(Hartmut Rosa)著，董璐译：《加速：现代社会中时间结构的改变》，北京大学出版社2015年版。

世；而可变者，令甲令乙，不妨如琴瑟之改弦。伊古以来，代有兴革，即我朝列祖列宗，因时立制，屡有异同。入关以后，已殊沈阳之时。嘉庆、道光以来，岂尽雍正、乾隆之旧？大抵法积则敝，法敝则更，要归于强国利民而已。

既然变法是历朝统治的常态，那么移植西方制度的意义自然不是追求现代化。清廷强调，一方面，变法是“取长补短”而不必“妄分新旧”：

自播迁以来，皇太后宵旰焦劳，朕尤痛自刻责。深念近数十年积习相仍，因循粉饰，以致成此大衅。现正议和，一切政事，尤须切实整顿，以期渐图富强。懿训以为，取外国之长乃可补中国之短，惩前事之失乃可作后事之师。自丁戊以还，伪辩纵横，妄分新旧。康逆之祸，殆更甚于红拳。迄今海外逋逃，尚以“富有”“贵为”等票诱人谋逆，更借保皇、保种之妖言为离间宫庭之计。殊不知康逆之谈新法，乃乱法也，非变法也。该逆等乘朕躬不豫，潜谋不轨。朕吁恳皇太后训政，乃拯朕于濒危，而锄奸于一旦。实则剪除乱逆，皇太后何尝不许更新；损益科条，朕何尝概行除旧？执中以御，释善而从，母子一心，臣民共见。

另一方面，成功的统治经验遵循着普世的根本法则而不分中西，“往圣之遗训，即西人富强之始基”，而这种普世法则是指“居上宽、临下简，言必信、行必果”之类伦理规范，而不是线性的进化论：

今者，恭承慈命，壹意振兴，严禁新旧之名，浑融中外之迹。我中国之弱，在于习气太深，文法太密，庸俗之吏多，豪杰之士少。文法者，庸人借为藏身之固，而胥吏倚为牟利之符。公事以文牍相往来而毫无实际，人才以资格相限制而日见消磨。误国家者在一私字，困天下者在一例字。至近之学西法者，语言文字、制造机械而已。此西艺之皮毛，而非西政之本源也。居上宽、临下简，言必信、行必果，我往圣之遗训，即西人富强之始基。中国不此之务，徒学其一言一话、一技一能，而佐以瞻徇情面、自利身家之积习。舍其本源而不学，学其皮毛而又不精，天下安得富强耶！①

①《德宗景皇帝实录》卷四七六，《清实录》第58册，第273—274页。

清末新政明确排斥线性时间观念，认为中西政治经验不分新旧，共同遵循着普世原则，移植西法的意义不过是“取长补短”，因此这次变革不会引发时间观的变革，只是赋予西方制度以“往圣之遗训”的地位与价值而已[①]。

但这并不意味着被指为“伪辩纵横，妄分新旧”的戊戌变法已经接受了现代性的线性时间观念。光绪二十四年(1898)正月，康有为上《应诏统筹全局折》请求光绪帝变法，这篇文献也集中体现了慈禧所谓的“伪辩纵横，妄分新旧”。虽然立论急切粗率，但康有为所谓的“新旧”也不涉及线性时间观念(康有为当时或许不具备这样的知识背景)。首先，求新只是变法的手段而非目的，变法的动力来自救亡图存：

> 职窃考大地百年来，守旧诸国，削灭殆尽。有亡于一举之割裂者，各国之于非洲是也；有亡于屡举之割裂者，俄、德、奥之于波兰是也；有尽夺其政权、利权而一旦亡之者，法之于安南是也；有遍据其海陆形胜而渐次亡之者，英之于印度是也。此皆泰西取国之胜算，守旧被灭之覆辙，近事彰彰者也。当此主忧臣辱之日，职亦何忍为伤心刺耳之谈？然自东师辱后，泰西以野蛮鄙我，以黑奴侮我，故所派公使，皆调从非洲，无一调自欧洲者。按其公法均势保护诸例，只为文明之国，不为野蛮。
>
> 故当今日而思图存，舍变法外更无他巧，此固万国谋自强者，所殊途而一辙，亦中外谈经济者，所异口而同词。臣民想望，有不可不变之心；外国逼迫，有不能不变之势。然则今日之国是，莫有出于尽革旧习，变法维新者矣。

新政的意义不在于现代化，而在于强盛，将“新”与“强”画上了等号：

> 夫今日当大地忽通，万国竞长之时，迥非汉、唐、宋、明一统之旧；各国治法、文学、技艺、制造、财富、武备之盛，迥非匈奴、突厥愚犷之风。以地言，则英、俄倍我。以新政言，则自英人倍根变法，至今五百年，政艺日新；而我今始用之，其巧拙与彼有一与五百之比。以财富言，英人匀算人有二万七千镑，而吾民鸠形菜色，不及十金；今镑价值

①就其强调“严禁新旧之名”而言，“清末新政”这个历史名词或许有所不妥，应该改称“清末变法”。

> 银十一员，是英人人有三十万员，是吾贫富较彼有一与三万之比；英、美赋税皆七十万万，而吾仅七千万。以兵言，则泰西强国皆数百万，铁舰百数，而吾无一劲兵，无一铁舰，则不在比数之列。

康有为对“新旧”关系的阐释囿于传统经典而与西方知识（包括《天演论》）无涉。光绪帝关于筹谋实行新政的谕旨中所谓“穷变通久，见于《大易》；损益可知，著于《论语》”与《应诏统筹全局折》的以下表述其实有某种对应关系：

> 《易》贵观会通，以行典礼。《论语》称：孝无改父道，不过三年，则四年后，可改无疑。

考其“新旧”之含义，不过是《易经》所强调的应时而变的“时义”：

> 故大《易》贵乎时义，《管子》贵乎观邻。水涨堤高，专视比较，若执旧方以医变症，药既不对，病必加危。

以及《大学》所表达的“推陈出新”之义：

> 《大学》称“日新又新，其命维新”；伊尹称“用新去陈，病乃不存”。故新则和，旧则乖；新则活，旧则板；新则疏通，旧则阻滞；新则宽大，旧则刻薄。自古开国之法无不新，故新为生机；亡国之法无不旧，故旧为死机。更新，则乳虎食牛；守旧，则为丛驱爵。①

总之，戊戌变法以“新法”救亡图存，但并未塑造线性时间观念，没有将既有中国作为“传统”与“现代性”的西方对立起来。

中国历史上最早开始构建中国的现代性时间观念的人物可能是梁启超。梁启超往往被视为引入进化论解释中国史的第一人，但学者对其进化史观的理解尚有分歧，当然这主要是梁启超思想本身的多歧易变造成的。比如有学者认为，虽然晚期有所修正，但梁启超的进化论主要表现为超越个人意志的、合目的性的普世规则，“夫进化者，天地之公例也”②。然而一

①康有为：《上清帝第六书（应诏统筹全局折）》，姜义华、张荣华编校：《康有为全集》（第四集），中国人民大学出版社2007年版，第12—13页。

②梁启超：《新民说·论进步》，汤志钧、汤仁泽编：《梁启超全集》（第三卷），北京出版社1999年版，第686页。参见王中江：《进化主义原理、价值及世界秩序观——梁启超精神世界的基本观念》，《浙江学刊》2002年第4期。

旦梁启超将进化论观点应用于中国史研究就不得不做出重大调整，强调“时势”“人意”“所缘”（偶然性）的重要性，因此有学者认为这是梁启超杂糅儒家哲理、大乘佛学与进化论的结果，并且体现了根深蒂固的中国中心意识①。但杨念群依据《过渡时代论》，认为梁启超提出了与线性时间观有所不同的、更加合理的“过渡期历史观”②。

戊戌变法失败后，梁启超逃亡日本并创办《清议报》，《过渡时代论》即于光绪二十七年（1901）五月发表于该报，这是在清廷宣告“筹谋实行新政”数月之后。文中称：

> 数月以来，凡百举措，无论属于自动力者，属于他动力者，殆无一而非过渡时代也。故今日我全国人可分为两种：其一老朽者流，死守故垒，为过渡之大敌，然被有形无形之逼迫，而不得不涕泣以就过渡之途者也；其二青年者流，大张旗鼓，为过渡之先锋，然受外界内界之刺激，而未得实把握以开过渡之路者也。而要之，中国自今以往，日益进入于过渡之界线，离故步日以远，冲盘涡日以急，望彼岸日以亲，是则事势所必至，而丝毫不容疑义者也。以第二节之现象言之，可爱哉，其今日之中国乎！以第三节之现象言之，可惧哉，其今日之中国乎！③

所谓“数月以来，凡百举措”应是指清末新政的举措。这数月间清廷正为与列强谈判及镇压义和团而焦头烂额，清末十年的变法尚未正式铺开，但之后改革的内容基本上是康梁百日维新的翻版。可以想象，作为戊戌变法主要参与者、受慈禧太后迫害而流亡日本的梁启超对清末新政异常敏感，既喜且恨，并容易不由自主地产生代入感。就此而言，《过渡时代论》可以视为梁启超对慈禧新政的评述，所谓“自动力者”“他动力者”而无非“过渡时

①江湄：《“新史学”之“新”义——梁启超“人群进化之因果”论中的儒、佛思想因素》，《史学月刊》2008年第4期。

②杨念群：《梁启超〈过渡时代论〉与当代“过渡期历史观”的构造》，《史学月刊》2004年第1期。杨念群讨论《过渡时代论》是为构建其“过渡期历史观”服务的，他认为梁启超在《过渡时代论》中展现了一种有别于合目的性的、不可逆转的进化论观点，“并没有把西方的变革经验视为历史的必然而设定为趋同的目标”，“是一种开放性的，并不完全是从中国传统无条件地走向西方的发展模式”，强调现代化进程中中国社会的主体性以及中国传统的可塑性，“必须视中华帝国自身作为一种有机体所表现出的文化气质的形成为重要关切点”。这种理论固然可以从梁启超的《过渡时代论》中引申而成，但梁启超该文的本意可能更注重于时政评述，而非理论构建。

③梁启超：《过渡时代论》，汤志钧、汤仁泽编：《梁启超全集》（第二卷），第465页。

代”，未必不是戊戌变法与清末新政的对举；所谓“老朽者流”而“被有形无形之逼迫”“不得不涕泣以就过渡之途者”，“青年者流”而“受外界内界之刺激”“未得实把握以开过渡之路者”，岂非慈禧太后与光绪帝当时处境之生动写照？因此《过渡时代论》与其说是观念的构建，不如说是对时局的评论、对形势的评估，这既是梁启超构建另一种进化论观念的现实背景，也体现了当时中国政治接纳进化论的政治处境。此后，由于在民国初年深度参与袁世凯的统治、一度成为熊希龄责任内阁中的司法总长，梁启超的“过渡时代论”还将转化为政治实践，特别是成为民初司法变革的指导思想。

梁启超的《过渡时代论》更多表现为对现实政治变革的期待与忧惧之情，从而在引用进化论观点的基础上，他具象化地描述了通往政治变革“彼岸”可能会面临的惊涛骇浪与颠覆。因此，《过渡时代论》中的现代性时间并不是抽象的“线性”，而是变成了具象的“水流”(图 67)：

> 人群进化，级级相嬗，譬如水流，前波后波，相续不断，故进步无止境。

作为人类历史的“水流”时静时动：

> 则一群之中，常有停顿与过渡之二时代。互起互伏，波波相续体，是为过渡相；各波具足体，是为停顿相。

所谓“过渡”乃“此岸”抵达“彼岸”之险途：

> 其在过渡以前，止于此岸，动机未发，其永静性何时始改，所难料也；其在过渡以后，达于彼岸，踌躇满志，其有余勇可贾与否，亦难料也。

“进化”是险恶的“过渡”，能否抵达“彼岸”难以预料，而且渡水之舟亦有颠覆之虞，率众“过渡”更有族群灭亡之风险：

> 抑过渡时代，又恐怖时代也。青黄不接，则或受之饥；却曲难行，则惟兹狼狈；风利不得泊，得毋灭顶灭鼻之惧；马逸不能止，实惟蹶山蹶垤之忧。摩西之彷徨于广漠，阁龙之漂泛于泰洋，赌万死以博一生，断后路以临前敌，天下险象，宁复过之！且国民全体之过渡，以视个人身世之过渡，其利害之关系，有更重且剧者：所向之鹄若误，或投网以自戕；所导之路若差，或迷途而靡届。故过渡时代，又国民可生可死、

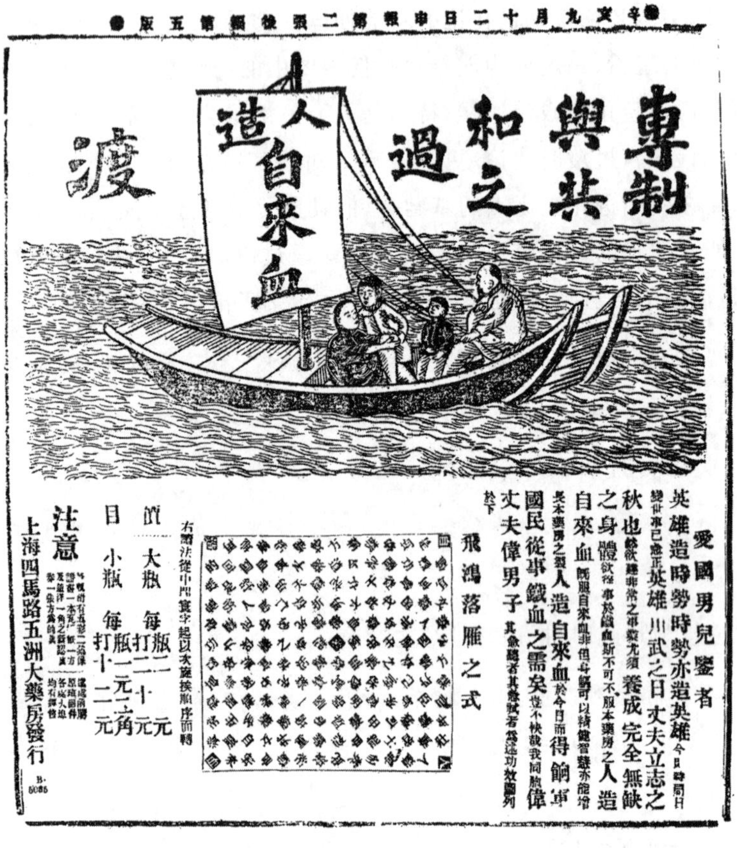

图 67 《申报》广告中的“过渡时代”意象

[《申报》辛亥年九月十二日(1911 年 11 月 2 日)第 2 张后幅第 5 版]

可剥可复、可奴可主、可瘠可肥之界线，而所争间不容发者也。

“死守故垒”之此岸既成万死之地，率众“过渡”又未必能够抵达“彼岸”，中国遂陷于险境：

故今日中国之现状，实如驾一扁舟，初离海岸线，而放于中流，即俗语所谓“两头不到岸”之时也。语其大者，则人民既愤独夫民贼愚民专制之政，而未能组织新政体以代之，是政治上之过渡时代也；士子既鄙考据词章庸恶陋劣之学，而未能开辟新学界以代之，是学问上之过渡时代也；社会既厌三纲压抑虚文缛节之俗，而未能研究新道德以代之，是理想风俗上之过渡时代也。语其小者，则例案已烧矣，而无新法典；科举议变矣，而无新教育；元凶处刑矣，而无新人才；北京残破矣，而无新都城。

对于如何避免“过渡”之险梁启超并无万全之策，只能将希望寄托于“时势造英雄”：

而惟望有崛起于新旧两界线之中心的过渡时代之英雄。

梁启超认为此种英雄又需“冒险性”“忍耐性”“别择性”三种“不可缺之德性”，其中“别择性”乃指“过渡”之目的地（彼岸）是多样的，因而须由“英雄”考虑族群（国民）之幸福而慎重选择：

其三别择性，是过渡时代之末期所不可缺者也。凡国民所贵乎过渡者，不徒在能去所厌离之旧界而已，而更在能达所希望之新界焉。故冒万险忍万辱而不辞，为其将来所得之幸福，足以相偿而有余也。故倡率国民以就此途者，苟不为之择一最良合宜之归宿地，则其负国民也实甚。世界之政体本有多途，国民之所宜亦有多途。天下事固有于理论上不可不行，而事实上万不可行者，亦有在他时他地可得极良之结果，而在此时此地反招不良之结果者。作始也简，将毕也巨。

梁启超最终将“过渡”成功之希望寄托于多数国民尽成“过渡”之英雄：

抑又闻之，凡一国之进步也，其主动者在多数之国民，而驱役一二之代表人以为助动者，则其事罔不成；其主动者在一二之代表人，而强求多数之国民以为助动者，则其事鲜不败！故吾所思所梦所祷祀者，不在轰轰独秀之英雄，而在芸芸平等之英雄！[①]

然则达成此种希望之条件未必不渺茫，逻辑上讲不能排除“过渡”事业停滞于“两头不到岸”岛礁，乃至被迫“返航”的可能。从这种“过渡时代论”出发，或许就不难理解民国初年担任司法总长的梁启超为何会主动要求裁撤审检所、搁置司法独立的改革进程。

梁启超的“过渡时代论”，与后来长期支配中国人观念、成为政治行动直接依据的现代性时间观念存在着很大的差距，与北洋时期民事诉讼规则的混乱局面倒是非常契合。

在中国，能够直接转化为政治行动、作为意识形态的线性时间观念，可以追溯到孙中山光绪三十一年(1905)在日本发表的《民报》发刊词。光绪二十八年(1902)，梁启超停办《清议报》而创办《新民丛报》，鼓吹君主立宪。光绪三十一年(1905)，清廷表示有意仿行宪政，梁启超撰书拥护，这时《新民丛报》论战的主要对手便是中国同盟会的机关报《民报》。孙中山在《民报》发刊词中阐释三民主义，其理论基础便是普世主义的进化论，由此构建了其“罗马之亡→民族主义、专制主义→十八、十九世纪之交民权主义→二十世纪民生主义”的线性历史观：

余维欧美之进化，凡以三大主义：曰民族，曰民权，曰民生。罗马之亡，民族主义兴，而欧洲各国以独立。洎自帝其国，威行专制，在下者不堪其苦，则民权主义起。十八世纪之末，十九世纪之初，专制仆而立宪政体殖焉。世界开化，人智益蒸，物质发舒，百年锐于千载，经济问题继政治问题之后，则民生主义跃跃然动，二十世纪不得不为民生主义之擅场时代也。是三大主义皆基本于民，递嬗变易，而欧美之人种胥冶化焉。其他旋维于小己大群之间而成为故说者，皆此三者之充满发挥而旁及者耳。

他同时将传统中国定义为专制主义与殖民地，从而将其纳入普世的线性时间脉络中：

今者中国以千年专制之毒而不解，异种残之，外邦逼之，民族主义、民权主义殆不可以须臾缓。而民生主义，欧美所虑积重难返者，中

①梁启超：《过渡时代论》，汤志钧、汤仁泽编：《梁启超全集》(第二卷)，第464—466页。

> 国独受病未深，而去之易。是故或于人为既往之陈迹，或于我为方来之大患，要为缮吾群所有事，则不可不并时而弛张之。

孙中山就这样完成了“传统”与“现代性”在中国的拼接，在意识形态的层面上构建起“吾群之进步适应于世界”的中国式现代性时间观：

> 惟夫一群之中，有少数最良之心理能策其群而进之，使最宜之治法适应于吾群，吾群之进步适应于世界，此先知先觉之天职，而吾《民报》所为作也。抑非常革新之学说，其理想输灌于人心而化为常识，则其去实行也近。吾于《民报》之出世觇之。①

近代中国自戊戌变法以后开始不断移植西方政治制度，但这背后的时间观念各不相同。康有为抱着一种推陈出新的更新观念，清廷则强调时间结构的稳定性，变革只是取长补短，两者都在变法的意义上谈新旧，不涉及社会形态的进化论观点。中国最早以现代性观念讨论政治变革者，可能是逃亡日本时期的梁启超，他的《过渡时代论》以进化论为基础，但强调的重点并不是由旧而新的必然性，而是新旧之间难以跨越、令人恐怖的沟壑。只有到了孙中山，线性发展的时间观念才转化为政治学说或意识形态。以上四者的时间观，姑且可以概括为更新、补充、断裂与发展，前两者不涉及传统与现代的对立，梁启超关注传统与现代性断裂的恐怖，孙中山宣扬社会发展必然性的前景。就时间观念而言，梁、孙都涉及现代性，梁说更贴近中国现实而孙说更符合现代性理论。

二　民事诉讼规则中传统与现代的复杂关系

虽然中国的现代化进程在接受进化论或现代性时间观之后开始加速，但既有的现代性理论或现代化范式很难解释现实的传统与现代性的关系。在西方，现代性理论是对现实的概括，这种现实是新的社会形态对传统秩序的离弃，或者说传统与现代性的对立在西方是基本事实。但在中国，现代性的情形首先是期待与想象，这就势必造成中、西方传统与现代关系的

①孙中山：《〈民报〉发刊词》，广东省社会科学院历史研究室、中国社会科学院近代史研究所中华民国史研究室、中山大学历史系孙中山研究室合编：《孙中山全集》（第一卷），中华书局1981年版，第288—289页。

根本差异。这些差异主要体现在以下两个方面：

首先，现代性在中国通常表现为在传统社会裂缝中发生的催生现象，而且催生的效果并不确定，由此构成的传统与现代性的关系固然也有断裂与对立，但最显著的特点是现代性在瓦解传统社会的同时又依附于传统社会，从而造成了传统与现代性之间相互依存而又背离的不稳定状态。

其次，现代性在中国首先作为期待与想象出现，但中国并没有传统秩序以外的新社会阶层来主导现代性的发展，推动中国现代性发展的社会阶层主要还是传统的知识与政治精英。这就造成了传统精英通过精神上的自我否定来追求现代性的特殊现象，而这种自我否定的精神根基仍是传统的出世精神。因此，近代中国传统与现代性关系的复杂性又表现为精神世界激进、撕裂的现代化诉求，与现实世界停滞、无效的现代化进程的并存。中国的现代性精神的内在矛盾，也必将以偏离西方现代性本意的转化为根本出路，这就提出了中国现代化图景重建的必要性。

现代性首先表现为线性发展的时间观念，强调现代与传统对立、断裂的时间观念。但现代性始终与非现代性力量相伴而生，现代性理论不可能将所有非现代性现象解释为理应被取代的传统。在讨论民事状词的非典型案例时，曾提出传统与现代的不对应关系及互嵌模式的概念，就是试图为传统与现代性对应关系以外的非现代性力量预留出理论解释的空间。

龙泉司法档案民事诉讼文书所展现的传统与现代的不确定关系，为重建中国现代化的图景提供了历史经验与分析模型。在前述立法与机构、传票、诉状、调查报告、庭审记录、裁断文书七方面内容中，传统与现代的关系大致可以分为三种类型：一是断裂，主要体现在立法、传票与调查报告等方面；二是层叠，主要体现在机构与裁断文书两方面；三是互嵌，主要体现在状词与庭审记录两方面。

1. 断裂

中国式的传统与现代性的断裂，相当于梁启超所谓的“过渡时代”，其特征也如其所述，“故今日中国之现状，实如驾一扁舟，初离海岸线，而放于中流，即俗语所谓‘两头不到岸’之时也”。一方面是弃旧而不顾，一方面是迎新而不得，于是出现空白地带。弃旧迎新的内容如果是某种重要制度，一旦出现空白地带就会导致社会运作机制的瘫痪，于是不得不采用某种不新不旧、不伦不类的临时机制填补空白。这种现象在立法、传票与调查报告三方面都有所表现。立法方面，传统细故审理模式被抛弃，当事人主义民事审判模式一时无从移植，于是出现了1906年至1907年间三部刑民合一的诉讼法，构建起粗糙简陋的职权主义审判模式，其中地方性的《天津府属试办审判厅章程》稍具规模，清末民初在全国施行的《各级审判厅试办章程》则简陋至极，这是由于填补机制不符合新旧社会秩序而不得不采用的自我压缩机制。因此，断裂模式的完整结构主要体现为：(1)现代性的想象或期待；(2)抛弃传统；(3)断裂，产生空白地带；(4)制造临时机制填补空白；(5)临时机制因不符合新旧秩序而自我压缩，相关社会功能萎缩。

民事诉讼法之外，司法实践中的传讯与调查制度也存在类似情况。传统的传讯制度由于缺席审判的出现而陷于崩溃，这就是传统与现代性断裂的表现。为了弥合审判机制，司法实践中逐渐要求当事人对传讯负责，但因一时没有建立起完善的传票签收制度且保留了传讯收费制度，导致过渡时期传讯制度的运作经常陷于困境。秘密调查制度则在传统招供与现代言词辩论两种事实认定模式的断裂中产生，又由于试图脱离庭审直接作为事实认定的依据而趋于崩溃。

所有这些断裂现象的最终出路都在于新制度的建立，但从更广阔的视野来观察，断裂现象并非暂时的，而是具有一定的普遍意义。这不仅是因为在各种移植现代性的过程中反复出现断裂现象，更重要的是中国现代化进程中彻底抛弃传统、确立现代性的前景并不明朗。如果现代化意味着所有事物必须归属于传统与现代性两者之一，那么断裂及其造成的临时填补机制就有可能成为理解现代化的一种固有模式。

2.层叠

层叠是指庞大的中国社会具有复杂的垂直或水平分层结构，在现代化进程中现代性对各分层影响力不均衡的现象。这就意味着现代性冲击中国社会的效果，并不是以线性发展的形式带动整个中国社会发生演变，而是在某些特定的分层较快地推进现代化进程，其他分层却处于相对停滞状态。现代性总在分层结构的夹缝中生长，或者说现代性的生长总是受到分层结构的挤压。县知事兼理司法时期各层级不同的审判机构及对应的诉讼法规，以及裁断文书的双轨制，都表现出明显的层叠现象。

现代化进程中层叠现象的效应也是多方面的。比如不均衡性，民国初年立法上已经形成了当事人主义的《大清民事诉讼律草案》，实际施行的却是职权主义的《各级审判厅试办章程》，而龙泉县的司法实践仍是传统细故审理模式。比如挤压效应，民国初年对基层的民事审判模式并没有具体规定，司法实践曾经试图维持传统的细故审理模式，但当缺席审判与上诉制度成为一种明文规定后，传统细故审理模式已经难以维系，这是正面的挤压；负面的挤压是指由于实施条件的不具备，现代性被压缩在某个层面，比如当事人主义民事诉讼法相当长时期内只能作为立法或实施法出现，却不能落实为司法实践的规则。在裁断文书的堂谕与判决双轨制中，具体的审判官其实很难做到使两种不同裁断模式并行，因此往往采用堂谕形式的判决或者判决形式的堂谕以混淆两者的界限，这其实是一种相互挤压效应。挤压效应势必造成某种扭曲与混乱。从正面效应来讲，层叠现象可以缓解现代性的冲击力，增加传统社会对强制的现代化进程的适应性。当然这是以社会秩序的扭曲与混乱为代价的退让，也可能造成灾难性后果，具有高度风险。

清末民初民事诉讼规则变革的层叠现象基本属于被动产生，是观念与条件俱不充分的产物。但在当代中国的改革进程中，层叠效应已经成为有效、有序推进变革的成熟手段，价格双轨制、经济特区制都是这方面的典型案例，这也体现了理解现代化进程中的层叠现象的现实意义。与断裂现象一样，层叠现象同样是中国现代化进程的固有模式。现代性对中国社会可能总是局部的，不足以消解或颠覆传统社会的整体结构，或者说只有从层叠结构中才能准确把握中国现代化进程的总体特征。

3.互嵌

互嵌是指传统并不被现代性完全取代，而是出现了传统与现代性相互渗透与依存的结构重组现象。前述状词与庭审记录两部分都涉及互嵌关系，当然具体的形态又有所不同，比如庭审记录中出现了供词形式的讯问笔录，借鉴言词辩论程序展开的讯问，以及类似于讯问形式的言词辩论。这些互嵌或渗透的现象，有时是现代性的内容嵌于传统形式（供词），有时是现代性的内容嵌于传统的内容（讯问），有时是传统的形式嵌于现代性的内容（言词辩论）。无论哪种，都表现为传统与现代之间的紧张与拉锯关系，不过现代化的趋势仍然明确，传统基本上处于被拖拉与适应的地位，不是承载现代性的简陋形式，就是沦为现代性的低标准（或不标准）版本，并不具备理想类型的意义。

在诉状的非典型案例中又出现了两种互嵌的特殊形式。李镜蓉 1914

年的层套式状词，目的在于攫取传统与现代规则的双重利益，是纯粹功利性的互嵌设计。练公白 1934 年的互嵌式诉状则将现代性状词镶嵌于传统的“无异”状词叙述模式中。在现代民事诉讼规则已经完全确立的情况下，律师练公白此举不是对传统形式的因陋就简，而是在接受法律现代性的同时，刻意维护传统诉讼的某种理念，在互嵌结构中实现传统与现代两种价值体系的并存甚至相互依托。

三　现代性图景的重建

近代以来的中国史观因政治文化的不同立场而形成不同的体系。除钱穆的《国史大纲》强调儒家政治理想的终极价值外，绝大部分中国史体系均以线性发展时间观为前提，而具体的解释模式又各不相同。有强调社会进化的普世模式的，也有关注各国族进化模式特殊性的；有相信中国的进化动力在于外在冲击的，也有主张中国现代化的动力源自内在的。然而梳理民事诉讼文书演变的体会却是，现代性在对传统社会结构产生巨大冲击的同时，由此引发的现代化进程只在传统社会结构的局部发生显著效应，不足以根本改变传统社会的整体结构。这种现象并非秘密，甚至可以用来说明生活中必须面对的诸多现实境遇。问题是以往一般将这种现象理解为现代化面临的障碍或反弹，而未将既有结构的局部现代化理解为近代以来中国历史演变的基本模式。根据前面所总结的传统与现代性关系的几种模式，这种“既有结构局部现代化”具有几个主要特征，即过渡时代的持续性、断裂形态的结构性、传统社会结构的稳定性、现代化进程的局部性。

所谓过渡时代的持续性，是指中国的现代化进程始终摆脱不了“两头不到岸”的状态。这不是指中国的现代化没有进展，而是指在无论如何推进现代化进程都难以达成标准的现代性时，传统却已被抛弃，无论整体社会形态还是更具体的层面均是如此，这就使得所谓的过渡状态成为社会的本质特征。

所谓断裂形态的结构性，主要是指在过渡形态的基础上，社会机制的断裂势必产生种种临时弥补机制。这种临时机制难以获得合法性从而成为重建社会秩序的基础，但在社会运作中它却可能始终占有一席之地，甚至成为不可或缺的环节。

传统社会结构的稳定性是指现代性可能无从消解或颠覆传统社会的整体秩序，一个现实的例子是中国现代化进程中中央集权体系的完整保留（重建）。

现代化进程的局部性则指“纯正”现代性在中国社会的异化是常态，现代性的意义只能在其与传统的关系中获得理解。

综上所述，“既有结构局部现代化”的解释模式并不是否认或抵制现代性，而是承认现代化（性）在社会变迁中的局限性，将社会结构与社会变迁的关系进一步相对化，从而消解线性发展时间观在社会史解释中的绝对或主流地位。

与此相对应，则是价值体系的构建不再完全与现代性意识形态对应或挂钩。这同样不是试图否认或抵制任何现代性的价值标准，而是承认现代性价值难以充分实现、无法完全取代传统、未必成为构建新社会秩序的基础。在这种现实面前，与其陷于“求不得”状态，不如依据现实重建价值体系。就此而言，传统与现代的互嵌结构应该具备相当广阔的理论前景。互嵌结构并不意味着消解传统与现代性的内在冲突，而是承认在现代性价值基础之上保存传统（非现代性）的可能并探究其合理性。理想状态下传统与现代性价值观念可以相互依存，练公白的互嵌式状词是这方面的一个精致模型。

互嵌理论的现实意义体现在两个方面。一方面，是为构建主流价值体系或社会秩序提供一种新的模式——保守主义、现代主义与后现代主义以外的互嵌模式。另一方面，对于个人的精神世界而言，传统与现代性的双重体系恐怕本来就是日常的现实，既然如此，当然应该更加自觉地构建起精致的互嵌模式，承认价值双重体系存在的现实，调节二者之间的冲突，充分发掘其积极意义，限制其弊端可能造成的消极影响。

值得一提的是，构建互嵌模式价值体系的现实基础，或许不只是传统的始终不退场，还与当前现代化的加速密切相关。现代主义的自我修正主要是针对现代性理论的缺陷而提出，比如多元现代性、沟通理性等[①]，但也

①相关论著不胜枚举，如〔德〕哈贝马斯（Jürgen Habermas）著，张博树译：《交往与社会进化》，重庆出版社 1989 年版；〔以〕艾森斯塔特（Shmuel N. Eisenstadt）著，旷新年、王爱松译：《反思现代性》，生活·读书·新知三联书店 2006 年版；〔英〕安东尼·吉登斯（Anthony Giddens）著，田禾译：《现代性的后果》，译林出版社 2011 年版；〔美〕杜赞奇（Prasenjit Duara）著，黄彦杰译：《全球现代性的危机——亚洲传统和可持续的未来》，商务印书馆 2017 年版。

有理论家从现代性加速的角度对现代主义价值体系提出修正。简而言之，现代性的时间流动如果过于迅速，乃至超越了个人的感受与掌控，就会产生一种“自动扶梯”式的时间停滞感[①]。这种时间停滞感一旦成为常态，现代性价值体系将丧失感性基础而陷于空虚，这时，价值体系就需要在现代性的时间停滞感中重新构建。在加速理论中，罗萨还指出，随着时间结构的改变，“情境化”或“片段式”将成为个人不可避免(或者说更加清晰)的命运[②]。当然，与现代性一样，个人命运的“情境化”或“片段式”，并不意味着极乐世界或世界末日。或者说，无论是否“情境化”或“片段式”，作为社会关系总和的人的意义总是不垢不净、不增不减。

---

①参见〔德〕哈尔特穆特·罗萨(Hartmut Rosa)著，董璐译:《加速:现代社会中时间结构的改变》，第356页。

②〔德〕哈尔特穆特·罗萨(Hartmut Rosa)，董璐译:《加速:现代社会中时间结构的改变》，第363页。

附录一　天津府属试办审判厅章程理由书

王仁铎　编著
吴铮强　整理

按:《天津府属试办审判厅章程理由书》首刊于《北洋法政学报》1907年第31—34册。原文"谨按"部分有传统句读而多不规范,此次重新标点,以为初步整理。又,《理由书》中少量章程条文与本书所引用的《天津府属试办审判厅章程》有文字出入,因无法查明《天津府属试办审判厅章程》不同版本的情况,故此次整理未予注明。《理由书》原文多有疑似文字讹误处,因难以考辨,多保留原文。特此说明。

目　录

承发吏规则

堂丁规则

第一编　总纲

第一条　本试办章程至高等审判分厅而止。

谨按：此条系规定本章程适用之范围。自光绪三十二年九月二十日奉谕改大理寺为大理院，专司裁判，此为我国行政司法分立之始。敬读核定官制王大臣奏定法部节略，即以大理院为全国最高裁判之所；于省则置高等审判厅；府县统以县称，各置地方审判厅；视州县之大小，分置乡谳局若干所。大理院拟定审判办法一折中即将此数项叙入，是年十月二十七日奉旨允准。本章程呈袁宫保核示时，适在此际，故奉批"外省官制尚待筹议。高等审判厅未设以前，自应仍归臬司办理。知府未裁，应暂以府治设高等审判分厅"。本章程系从天津一府先行试办，故曰"至高等审判分厅而止"也。试办含有数意：过渡之际，只宜分期办起，本章程不完全处甚多，必待随时修改，一也；法部颁有通行章程，即当改从一律，二也。此章程仅咨法部及大理院，办有成效，再行具奏，故曰"试办"也。

第二条　高等审判分厅设在府城，地方审判厅设在各县城，其乡谳局暂就巡警所定区域而设，其未设有巡警之处暂行缓设。

谨按：此条系限定厅局之设置及区域。所以设置厅局之理由，已详于前。考东西各国，关于行政，有行政之区域；关于司法，有司法之区域。我国现当创办之际，且仅从天津一府试办，似与其另划区域，过为更张，不如暂就目前所固有者而利用之。故厅各从府县城，而乡谳局则就巡警之区域而定之。目前乡谳局可以少设，不如先就一二处用全力试办之。庶几对于已设者，可求其实验，而使未设者亦有所模范。故曰"其未设有巡警处暂行缓设"也。

第三条　凡审判案件分为二项：

一、刑事案件；

二、民事案件。

谨按：此条系规定案件之分类，采用修律大臣奏颁民刑诉讼法第一条。我国旧制，刑部专理刑名，户部专理钱债田产，刑事、民事似有分析之意。惟外州县既以一身兼司法、行政，尚何有于刑、民之分？东西各国则皆分析为二，盖刑、民性质实异。民事仅损害私人之权利，刑事则并破坏国家之公安。故各国诉讼制度，民事则以私人为原告，刑事则以国家为原告。虽同一厅局，而办法宜有区别，故本章程亦分为二项。

第四条　凡叛逆，谋杀，故杀，伪造货币、印信，强劫，并他项应遵刑律审判之案，为刑事案件。

谨按：此条系规定刑事之界限，采用民刑诉讼法第二条。

第五条　凡因婚姻、承继、钱债、房屋、地亩、契约，及索取赔偿等事涉讼，为民事案件。

谨按：此条系规定民事之界限，采用民刑诉讼法第三条，加"婚姻、承继"四字。

第六条　除谋反、叛逆及逆伦，并杀一家三命（指例应恭请王命者而言），暨京控奏交案件，仍照旧律例归按察司衙门审理外，其人命重案（指州县应行回避者而言）暨京控咨交案件改归高等审判分厅办理，其余一切民、刑诉讼概归地方审判厅办理。

谨按：此条系规定高等审判分厅及地方审判厅之管辖权限，就旧律而略变通之。查大理院奏准之审判办法折中已将审级权限定明（附图于后），惟分厅之设为原折所无者。

法部 {大理院 / 执法司} 高等审判厅、地方审判厅、谳局

法部监督大理院各厅局，执法司隶于法部，受督抚节制，监督各厅局，不能干涉审判官之审判权。始于谳局者终于高等厅，始于地方厅者终于大理院，皆三级也。

第七条　左记各项归乡谳局办理：

一、刑事：凡违警罪止于笞杖者；

二、民事：分为二项：

甲、钱债及所争物价不逾一百两者；

乙、不论价值之多少均可收理者，如左记之各项：

子、田产界址之争讼；

丑、雇佣契约之争讼；

寅、旅客与客店及运送商账目之争讼。

谨按：此条系规定乡谳局之管辖权限。凡乡谳局所管辖者皆极小而须急速办理之事，其刑事之所专属者只违警罪及轻罪之一部分耳。现在天津巡警局设有发审处，则违警罪实于巡警局办理之。若其办理不当而欲请求正式之审判时，仍归乡谳局审判之。兹节录大理院奏定审判办法折中之关于厅局权限之处于后，以供阅者之参考。

节录大理院奏定审判厅办法折（光绪三十二年十月二十七日奉旨依议）：大理院既为全国最高之裁判所，凡宗室官犯及抗拒官府并特交案件，应归其专管，高等审判厅以下不得审理。其地方审判厅初审之案，又不服高等审判厅判断者，亦准上控至院为终审，即由院审结。至京外一切大辟重案，均分报法部及大理院，由大理院先行判定，再送法部覆核，此大理院之权限也。高等审判厅则不收初审词讼，凡轻罪案犯，不服乡谳局，并不服地方审判厅判断者，得控至该厅为终审。凡重罪案犯，不服地方审判厅之判断者，得控至该厅为第二审。其由该厅判审之案，内则报法部及大理院，外则咨执法司以达法部。其死罪案件，并分报大理院，此高等审判厅之权限也。地方审判厅，则自徒流以至死罪，及民事讼案银价值二百两以上者皆得收审。讯实以后，拟定罪名。徒流案件，在内则径达法部并分报大理院，在外则详由执法司以达法部。死罪案件，在内在外，俱分报法部及大理院，此地方审判厅之权限也。乡谳局则笞杖罪名及无关人命之徒罪，并民事讼案银价值二百两以下者，皆得收审。讯实以后，径自拟结，按月造册报告，在内则分报法部及大理院，在外则详执法司以备考核，此乡谳局之权限也。

第八条　凡同一诉讼事物分向两处呈控，或既经判决之案复向同等厅局呈控者，概不收理。

谨按：此条系规定不收理之案件。我国旧习，有一事而分向两处呈控者，有前任已判决之案复向后任呈控者。一则厅局间易启冲突，一则使两造缠讼无已时。考东西各国，前者则采权利拘束之原则。罗马法有云，凡诉讼物，必至诉讼手续完了后，方能变更裁判所之管辖。今皆沿用之而成定例，盖不独免冲突也，且可省无益之时间，及繁难之手续与浩大之费用也。后者则采一事不再理之原则，夫讼起于一曲一直而有所争，判决则曲直分而争息。争息而复许其争也，则曲者尚有复直之望，直者仍有终曲之虞。不独司法上失信用，充其极端，可使呈控者一经呈控，终其身日在危险中，无一刻之可安。夫所谓判决者，须过上控期间方为确定，则所以保护其权利者亦至矣。本条即采用此两原则而规定之也。

第二编　厅局官制

第一章　高等审判分厅

第九条　高等审判分厅应设左记之官吏：

一、高等审判分厅长一员（知府）；

二、刑事部长一员；

三、民事部长一员；

四、刑事民事每部分设审判官，以事之繁简定数之多寡，审判时由部长轮流指定承审官一员、会审官二员；

谨按：此项即采用合议制。

五、预审官二员（轮流审理预审事件）；

六、检事长一员；

七、检事官一员；

八、书记官五员；

九、书记生（以事之繁简定数之多寡，以下皆同）；

十、检验吏；

十一、承发吏；

十二、堂丁；

十三、司法警察。

谨按：此条系规定高等审判分厅之官吏。

第二章　地方审判厅

第十条　凡繁要之州县，其设官员额与高等审判分厅同，其中简州县应设左记之官吏：

一、地方审判厅长一员（知县）；

二、刑事部长兼承审官一员；

三、民事部长兼承审官一员；

四、会审官（以事之繁简定数之多寡，以下皆同）；

五、预审官；

六、检事官；

七、书记官；

八、书记生；

九、检验吏；

十、承发吏；

十一、堂丁；

十二、司法警察。

谨按：此条系规定地方审判厅之官吏。此条与前条所设各官吏之理由，散见于以下各条文中，后当详之。此次厅局之设，原为司法行政分立起见。惟官制攸关，未能骤改，故仍以本府本县为厅长。第参观本章程第十二条，则知厅长仅有考察分配之权，并不能干涉审判官审判权。似于相混之中，隐寓分离之意，盖为将来改良地也。

第三章　乡谳局

第十一条　乡谳局应设左记之官吏：

一、承审官一员；

二、检事官一员；

三、书记官一员；

四、承发吏（以事之繁简定数之多寡，以下皆同）；

五、堂丁；

六、司法警察。

谨按：此条系规定乡谳局之官吏。前条以承审官一人、会审官二人审理民刑事，此条以承审官一人行之。盖一取单独制，一取合议制也。乡谳局所管辖者皆极小之事，而其事实多，不急速办理，必至积压，而诉讼人之受累不浅，所以设为单独制，即审判权属诸一人也。其利益大略有三：一则使审判敏捷以省时间；一则使责任归一；一则使节省费用。此皆单独制之所长也。合议者乃以多数之意见为全部之意见，如全部止二人，则意见相异时，即无多数之可决矣，故合议制必须三人以上。其利益大略有二：一则互相考究，得穷事实之真相；一则互相监视，必少枉法之情弊。此又合议制之所长也。然合议制所长者，即单独制之所短；单独制所长者，即合议制之所短，故谳局事小而多，宜急速者，可取单独制；若谳局以上则事大而重，宜精详者，必取合议制。东西各国亦皆如是。

第四章　厅局官吏之职务

第十二条　厅长之职务如左记之事项：

一、考察各员之勤惰；

二、分配内部之事务；

三、一切公牍署名、签押。

谨按：此条系规定厅长之职务。厅长有总辖本厅之权，故一切公牍，皆须署名、签押。曰“考察”，曰“分配”，盖皆司法上之行政事务，而不及于审判事宜，并不能干预各部长之权。“各员”二字，包括部长、承审官、会审官、预审官、检事长、检事官、书记官而言。

第十三条　部长之职务如左记之事项：

一、指挥本部之事务；

二、指定承审官及会审官；

三、遇有重大案件时得兼充承审官。

民、刑事部长有故不能视事时，两部长得以互相代理。

谨按：此条系规定部长之职务。部长为一部之长，各治其事，彼此不得侵越，故曰“指挥本部之事务”。曰“指定承审会审者”，即指挥之一种。依严正之解释，在部长亦不能侵审判官之权。惟现在审判人才甚少，遇有重大案件，设或才不胜任，则权限虽明，而于事无济。部长得兼充承审官者，权宜之办法也。二项之规定，明乎部长、代理部长，则部长可以专决，此外则部长不能随意委人代理也。考东西各国，对于裁判所职员之代理，皆有一定之顺序，于每年终前定。既定之后，不许变更，皆所以明司法权之严确。查《审判厅办事规则》之第九条，于司法年度终会议一切，此亦可以议及者也。

第十四条　承审官之职务如左记之事项：

一、定关于诉讼各种期日；

二、维持公堂秩序；

三、讯问原、被告及证人、鉴定人；

四、定案及宣读判词；

五、关于承审案内一切公牍署名、签押。

谨按：此条系规定承审官之职务。查《审判厅办事规则》第二条，载承审、会审各员，既经部长指定，于指定范围内得以自己职权从公审判，他人不得干涉。论者颇以他人不得干涉为可疑者，不知其所谓范围者，即指本条一至四是也。其五之规定，明承审官担承审之责任既指定矣。即以全权畀之，且有一定之范围，所以不干涉者，略存司法独立之精神耳。审判不公，则许诉讼人之上控。不公而出于有意，则承审官又有应得之处分，何疑之有？

第十五条　会审官之职务如左记之事项：

一、会同承审官讯问案件；

二、表决定案之意见。

谨按：此条系规定会审官之职务。其理由于第十一条下详之。

第十六条　预审官之职务如左记之事项：

一、预行秘密之讯问；

二、勘验及搜集证据；

三、证据不确凿时免其诉讼；

四、遇有目睹犯罪者，虽未经起诉，得先行讯问。

谨按：此条系规定预审官之职务。本章程既采检事制度，分起诉与公判为二机关，故又不可不采用预审制度。预审者，限于刑事案件之重罪及轻罪中之疑难者，于起诉之后、公判之前，预审官对于刑事被告人预行讯问其罪之有无及轻重是也，故自地方审判厅始有此官。所以秘密讯问者，盖一开公堂，则犯罪人或以大众观听，反不肯吐露真情。且其人或非真实犯罪，虽一讯之后即可释放，而匍匐公庭，名誉已伤，又非所以示国家保护良善之道。其详则见八十六条中。所谓证据者，不独包括人与物言，即家屋树木及至无形之声音色臭，皆在其内。故有可搜集者，有必须勘验者。预审制度之精神，不独欲有罪者易得真情，使审判时先有把握，又欲使无罪者即时开释，以保全其名誉。故无罪之证据万分确凿，可免其诉讼。其详则见于八十七条中。至四项之规定，即东西各国所谓现行犯是也。盖其时证据尚在，犯罪人虽欲匿赖而不能，当时讯问，则既省时间，又少手续。若必讯问于起诉之后，或反有意外之虑，如证据灭失、犯人逃亡之类。惟原则非检事起诉不能审讯，故此为本章程七十六条之例外。依本条规定，则预审之职务，不独决定证据之是否确凿，且有决定其是否犯罪之权。责任如此重大，且为我国向来所未曾有之官，万一不得其人，则起诉之后，一经预审，认有为无，即时开释，检事又放弃其权利，不知陈述意见，则反为犯罪者开一幸免之路，是他国行之而有效，我国行之而滋弊矣。故预审、检事两官，当此试办之际，亟宜慎选其人。惟东西各国之采用预审制度者，对于预审官不当之决定，又有抗告之方法。本章程无此规定为缺点耳。

第十七条　检事长之职务如左记之事项：

一、监督所属之检事；

二、指挥所属检事施行之职务。

谨按：此条系规定检事长之职务。理由详下条。

第十八条　检事官之职务如左记之事项：

一、收受关于刑事控告各呈状；

二、检阅呈状，分别应预审或公判送交部长；

三、遇有目睹犯罪者时得略加讯问；

四、监视刑事堂讯，但伦纪之有关民事者亦同；

五、指挥司法警察执行处刑。

谨按：此条系规定检事之职务。考刑事诉讼之审理主义，大别为二：一曰纠问，一曰弹劾。并起诉与审讯为一机关者曰纠问，分起诉与审讯为二机关者曰弹劾。弹劾之优于纠问也，一则审判时可以得公平：起诉者一人，审讯者又一人，既无先入之见，易下公平之断，一也；一则审判官可以轻责任：情罪即或不符，与承审官毫无关涉，不受起诉时之束缚，便可凭良心以考究，二也。观我国通常讼案，大都由人民起诉，依不告不受理之明文，颇近于弹劾主义。而各国言法律者，反谓中国为纯然取纠问主义者，此盖因由风闻访缉而随意株连者亦复不少耳。然则我国实兼采两主义者也。本章程则采弹劾主义，故设有检事一官，以刑事起诉事专属之。其所以设检事之精意，盖以人民犯罪，即妨害社会上之安宁。国家有保护社会之责者，然国家系属无形，故以检事代表国家为刑事原告人，而请求审判厅适用刑罚。然则检事局与审判厅固平行对待而独立者也，惟审判厅专管司法事务，检事局则掌司法上之行政。审判官对于部长皆有独立之权，检事官对于检事长则有服从之责。故前条既曰"指挥"，又曰"监督"。审判厅监管民、刑二事，检事局专管刑事，故曰"收受刑事之呈状"，特收受时亦有驳斥之权（见《检事执务规则》第五条）。轻罪而证据确凿者，直送公判可也。若重大案件则必须预审，故曰"分别送交部长"。检事对于罪人，有斟酌释放或轻减其罪之权。审判官亦有斟酌释放、减轻或加重其罪之权，然必由检事认为正当者方可。倘罪名混淆，检事仍可再提意见书求再审，惟定罪之权仍属诸审判官耳，故曰"监视刑事堂讯"。民事案件中如结婚承继等事，倘检事认为必要时，亦得要求审判官开公堂，检事临堂陈述意见，故又有但书之规定。判决之后，苟执行不适当，对于犯罪者之刑罚仍不能达目的，故指挥执行处刑亦属职务之一——此条为民刑法中所无。现在大理院新官制有司直一官即司检察事，袁宫保奏覆民刑诉讼法折中亦极言检事制度之良善。盖检事官有起诉权而无审判权，故必有实在之证据，然后起诉，断无有以虚伪情状相告者。审判官有审判权，而必待检事官之起诉，又须被其监视，决不能任意讯断、冤抑无辜。上无扰民之累，下无滥诉之弊，其必自设检事官始乎！

第十九条　乡谳局检事官之职务，除前条第二项外皆遵用之。

谨按：此条系规定乡谳局检事官之职务。前条第二项不遵用者，因乡谳局所管之刑事，仅违警罪及轻罪止于笞杖者，直送公判可也。

第二十条　书记官之职务如左记之事项：

一、招录口供；

二、核拟文牍；

三、整理、保存诉讼文牍、案件；

四、管理本局会计及庶务事宜；

五、核算诉讼费用。

谨按：此条系规定书记官之职务，另定有《书记规则》十一条附后。分为二课：一曰文书课，以第一项、第二项、第三项属之；一曰会计庶务课，以第四项属之。当事者之口供，即为判决之根据，稍有不符，出入甚大，故以书记官司其事。在书记官则自负招录正确之责任，而审判官不能下更改内容之指挥。惟得部长之许可，准由书记官选派书记生代其事，然其责任仍由书记官担当，且讯问时书记官又必须到堂耳——此见于《书记规则》之第七条。核拟文牍一事，旧例尚未删除，仍非从前刑幕必不能办，故以一等书记官委用刑幕充当。整理保存之法，详见规则之第五条。会计庶务等事，详见规则之第十条、第十一条。核算诉讼费用，详本章程第一百二十八条。

第二十一条　书记生之职务如左记之事项：

一、受书记官之指挥分理文书、会计庶务事宜；

二、受书记官之委托招录口供；

三、代递状人写状；

四、抄发案底；

五、缮写、申详、报告、示谕一切文牍。

谨按：此条系规定书记生之职务。书记分为文书及会计庶务两课，得由书记官选派书记生分理之，惟其责任仍由书记官担当，故曰受书记官之指挥。招录口供详前条。代人写状，另定有《写状书记规则》五条（附后）。抄发案件，其应得之费，详本章程一百三十八条。但应秘密者不得擅抄，详见《书记规则》之第八条。本厅局除书记生外，无别项书吏，故一切文牍，均归书记生缮写之。

第二十二条　乡谳局书记官之职务兼用前二条之规定。

谨按：此条系规定乡谳局书记官之职务。谳局事少，故不用书记生，一切皆由书记官一人任之。

第二十三条　承发吏之职务如左记之事项：

一、收受关于民事控告各呈状；

二、民事判决后之执行；

三、递送文书及传票。

谨按：此条系规定承发吏之职务。民事控告各呈状，概归承发吏收受后呈交部长，其主要职务在于执行送达，故日本谓之执达吏。详见《承发吏规则》（附后）。

第二十四条　检验吏之职务如左记之事项：

一、检尸验伤；

二、检验后须具确实报告书。

谨按：此条系规定检验吏之职务。外国多以医生充当，本厅现在暂用旧日之仵作充之。必具报告书者，俾其负报告确实之责任，备存案也。

第二十五条　堂丁之职务由厅长另定规则颁发遵守，其乡谳局由该局承审官定之。

谨按：此条系规定堂丁之职务，现已另定规则（附后）。

第二十六条　司法巡警之职务如左记之事项：

一、搜查；

二、逮捕；

三、执行处刑；

四、遇有目睹犯罪者时，不持拘票亦得逮捕直送交检事官。

谨按：此条系规定司法巡警之职务。本厅司法巡警分四种：一曰暗查，暂归探访局办理；二曰搜查，一项之事属之；三曰逮捕押解，二项、四项之事属之；四曰巡守，三项之事属之。详见《司法巡警规则》（附后）。

第五章　各厅局官吏之回避

第二十七条　审判官遇有左记之原因，得因诉讼人之陈请或自向部长陈请回避：

一、审判官自被损害者；

二、审判官与原告或被告有戚谊者；

三、审判官于该案曾为证人或抱告者；

四、审判官于该案，无论现在或将来有关涉利益或损害者。

谨按：此条系规定回避之原因，采用民刑诉讼法第十条。凡有四项之原因者，审判官与诉讼人皆得向部长陈请之。《大清律例》中亦有听讼回避一条，此较详耳，无非欲保持审判之公正平允而已。

第二十八条　凡陈请回避之案由，部长另指他审判官以承其乏。

谨按：此条系规定回避后之办法，采用民刑诉讼法第十一条。原文由高等公堂另委，本条由部长另指，盖部长本有指定审判官之权，则另指之权自仍属诸部长耳。

第二十九条　前二条之规定书记官援用之。

谨按：此条系规定书记官之回避。书记官有招录口供之责，关系甚大，亦应回避，故援用前二条。

第三编　诉讼规则

第一章　民刑通则

第一节　抱告

第三十条　凡职官、妇女、老幼、残废，于民事诉讼之原、被告及刑事诉讼之原告，须用抱告。但审判官认为必须到堂者，仍可传令到堂。

谨按：此条系规定得用抱告人之资格。按审理主义中，有当事者诉讼主义、代理诉讼主义二者。诉讼之事实与原因，惟本人知之最真，使其自为陈述，则审判官之审察亦较易。惟专取当事者主义，使本人实无诉讼能力时，亦有失权之虞。至于代理之缺点，拘束其自由，糜费其报酬，万一本人所陈述者，代理人临时忘之，本人所未陈述者，审判官骤然讯之，皆不免有错误之虞。故东西各国皆以当事者主义为原则，而以强制代理主义为例外。除刑事被告人外，本章程对于职官、妇女、老幼残废，依旧习惯，纯取强制代理主义。遇有不能不到堂时，故又有但书之规定。曰抱告者，仍旧有之文字也。曰民事诉讼之原、被告及刑事诉讼之原告者，明乎刑事诉讼之被告，其结果有剥夺生命及自由之虞，必取当事者主义也。

第三十一条　凡抱告，必系其人之亲戚或向所亲信之人，但左记人等不得充当：

一、妇女；

二、未成丁者；

三、有心疾及疯疾者；

四、非本国籍贯之人。

谨按：此条系规定抱告人之限制，即抱告限于本人之亲戚及向所亲信之人是也。左记四项人，其第一、第二、第三三种，皆无诉讼之能力，即彼自为诉讼犹且须用抱告，岂反有为人抱告之理。至第四项则既非本国人，则对于我国之感情必然薄弱，且不受我国之法律，即欲加以处分而不能，故亦不许充当之。

第三十二条　凡抱告，除祖孙、父子、夫妇及同胞兄弟间不必另用委任状外，其余须具委任状。

谨按：此条系规定抱告必具委任状，即证明其确系其本人之代理人，且确有代理人之资格，使审判官可以与本人同一视之也。若祖孙、父子、夫妇及兄弟间，则皆至亲骨肉，本与本人无异，故不必用委任状。

第三十三条　凡抱告于诉讼上一切行为及供述，与本人之行为及供述无异，但左记各项须经本人特别之许可：

一、上控；

二、和解；

三、抛弃诉讼物；

四、代具输服甘结。

谨按：此条系规定抱告之权限。本人既委任他人为抱告，则委任证人于本人亦负责任。而审判官之对于委任人，既有委任状之证明，自与本人无异。设无此规定，则委任人所言所行，本人日后必至反悔不认，未得抱告之利，反增无数波折，甚非计也。故一经委任，将来不准反悔，以防此弊。惟此时我国之熟谙法律者甚少，权限过大，反有拘束本人之虞。本条四项，皆有关本人重大利害，特指出之。

第三十四条　委任状须照左列之各项记载：

一、抱告及委托者之姓名、职业、籍贯、住所、年龄；

二、抱告与本人之关系；

三、本人委任抱告之原因；

四、委任之权限有无增减；

五、年月日。

谨按：此条系规定委任状记载之事项，本厅已另定状式。其第四项之所谓委任权限有所增减者，如前条所列四项，本不在委任权限之内，而本人信托之，并此亦委任其代理，即是增也；其行为供述有所限制时，即是减也。

第二节 证人

第三十五条 凡刑事、民事各案之原告或被告，均可带同证人到堂供证，并可呈请传令某人到堂作证，审判官亦可酌量该案情形传令某人到堂作证。

谨按：此条系规定证人之发生，采用民刑诉讼法第二百三十五条。证人到堂可分三种，一由原告或被告带来者，一由原告或被告呈请传来者，一由审判官自行传来者。现今拷问制度已废，全凭调查证据为主，故证人为审判案件时至不可少之人。惟从前所谓邻右乡约，一经到案，与犯人无所差别。沿革既久，一旦过于优待，反或多所观望。故斟酌目前情形，不用知单而用传票。此与原文略异耳。

第三十六条 凡证人奉到传票后，即须依限到堂，如有疾病或不得已之事故不能到堂，必须预向厅局声明以便展期。

谨按：此条系规定证人到堂之期限，采用民刑诉讼法第二百三十七条。有事故而不依期限到堂，必须声明其事故者，盖苟不声明，则到期必开公堂，所有公堂费用，实因证人不声明而增多，将来理曲人呈缴讼费时，得向证人索赔偿，不但为下条罚金勒传之张本也。

第三十七条 凡证人临期不到又不声明不到之原委者，即由审判官处勒传到案并得处以相当之罚金。

谨按：此条系规定证人不到堂之处分，采用民刑诉讼法第三百三十八条。惟原本一次不到科罚，用传票，二次不到罚加倍，用拘票。本条则证人不到，即行勒传科罚，诚以证人亦国民中一分子，对于一国之公安当负维持之责任。审判厅局为维持公安而设，判断非资证据，情罪不能精确。若任证人不到，则审判厅局于疑难之案件，终无了结之期。长此搜查，曷胜烦扰，妨害公安，莫此为甚。况现在充当证人，迥非昔日可比。到堂有酬金（一百四十一条）、川资（一百四十二条)、旅中费用(一百四十三条),除照价计算外,可视其身分随时酌加,并许其站立陈述(五十四条),无昔日匍匐公庭之苦。且实有事故时,又许其声明原委,体恤之意,无微不至。犹复恃刁不出,则勒传到案,不得为苛。惟证人究属无罪之人,不用拘票耳。

第三十八条　凡证人到堂供证后,具有随时听传甘结,准其从便,不得拘留。

谨按:此条系规定证人到堂后结案前之待遇,采用民刑诉讼法第二百三十九条。原文分二种,寻常证人听其任便归家,紧要证人令其具结取保。本条则折衷之,悉令自具甘结,随时听传。我国旧惯,往往以为一作证人,便无端拖累,甚至身入缧绁,与囚为伍,以故趋避不遑,案悬莫结。此本条所以有不得拘留之规定也。

第三十九条　凡普通人民得认其一事之真正情状者,皆可为证人,但左记人等不得为之:

一、未成丁者;

二、有心疾及疯疾者。

谨按:此条系规定证人之资格及制限,采用民刑诉讼法第二百四十条,与原文字句间略变更耳。此一案而其人得知其真正情状者,即可令其为证人,故曰"普通人民"。未成年者则知识尚未完全,有心疾及疯疾者则精神错乱,莫辨是非,故不得为之。

第四十条　凡证人须据实供述不得捏造诬蔑,违者即处以相当之罚金。其关于刑事而入人罪者,以诬告论,关于民事致人损害者,责令赔偿。

谨按:此条系规定伪证之惩罚,采用民刑诉讼法第二百四十三条。本章程之待证人可谓至优且渥,既有收受酬金之权利,即负据实陈述之责任。如因捏造诬蔑而误入人罪、致人损害,除处罚之外,刑事则科诬告罪,民事则责令赔偿之。此项因伪证科罪，可以不经起诉，付诸预审或公判，亦为本章程七十六条之例外也。

第三节 鉴定人

第四十一条 凡诉讼事物须经具有一定学识、经验、技能之人鉴定始能得其真正情状者，得用鉴定人。

谨按：此条系规定鉴定人之发生。此项鉴定人略有旧日牙纪之意，惟向来充当牙纪之人，类无一定之学识经验而真有技能者，且皆视为贱役，故贤者尤不乐为之。世界文明日启，即事物之种类日繁，非旧日牙纪所能胜任，故另设鉴定人名目。能知此一事此一物之真正情状者，皆可为鉴定人。曰"诉讼事物"者，盖鉴定包人与物两种言。例如甲、乙以毁损房屋涉讼，即以工于建筑者为鉴定人；丙以邻家有疯人来诉，即以精于医术者为鉴定人，故其范围比旧日之牙纪为广。其"鉴定"二字，系采用日本民事诉讼法之第三百二十四条。

第四十二条 鉴定人得由审判官或因两造公同之申请选用之。

谨按：此条系规定用鉴定人之方法。目前足当鉴定人者甚少其人，故由审判官自用外，得由两造公同申请，惟选用之权仍归审判官耳。

第四十三条 鉴定人鉴定后须作确实鉴定书。

谨按：此条系规定鉴定之结果。此项鉴定书，即鉴定人所负之责任须存案备查，以资征信。

第四十四条 本节所未规定者援用本章第二节证人之规定。

谨按：此条系规定鉴定人可援用证人之条文。鉴定人所以不包在证人之内者，二者实有不同。证人但有陈述之责，鉴定人则有断定之权，不同一也。证人以寻常智识经验陈述其事实，鉴定人则以一定之智识经验断定其事实，不同二也。证人对于过去之事实陈述之，鉴定人对于审判官所与现在之事实断定之，不同三也。惟其性质实与证人相类，故一切援用证人之规定。

第四节　厅局所用各票

第四十五条　厅局所发之票分左记之四种，须由发票之官盖印画行：

一、传票；

二、拘票；

三、管收票；

四、搜查票。

谨按：此条系规定各票之种类，采用民刑诉讼法第二十九条。原文无管收票，所以设管收票之理由详下四十九条。此四种票式，已另定附后。

第四十六条　凡审判官皆有发传票、拘票、管收票、搜查票之权，但情形急迫、案情重大，恐有人犯逃匿、证凭灭失之虞者，检事亦得发之。

谨按：此条系规定有发票权之官员。原则惟审判官有此权，例外则检事亦得发之。

第四十七条　凡左记之各项用传票：

一、民事之原告、被告；

二、刑事之原告；

三、轻罪人犯有一定之住所者；

四、证人及鉴定人。

前项之传票以路之远近定到堂之时日。

谨按：此条系规定传票之用法，采用民刑诉讼法第三十五、八十九等条。此项传票由承发吏递送。第二项之规定，防承发吏之故意延搁也。

第四十八条　凡重大案件必须押解到堂者用拘票。

谨按：此条系规定拘票之用法。此项拘票由司法巡警持票拘提。所谓重大案件必须押解到堂者，如第四条所列举之各种是也。

第四十九条　凡用拘票押解到堂，因人证不齐或其他事故临期不及审讯者，用管收票。

谨按：此条系规定管收票之用法。限于用拘票押解到堂而临期不及审讯时用之，照五十五条之规定。拘到之人，务须于即日审讯。临期而不及审讯，若仿旧日差带之名目，即交与押解到堂之巡警，既非政体所宜，若仍责令取保，则拘之来而保之去，恐有逃亡之虞。本章程参日本拘置监之制，仿京师地方审判厅待质所之设，即于厅内设管收所而管收之，既便厅局之审讯，复防罪犯之诪张。惟管收期限亦有一定，于五十六条中详之。

第五十条　凡搜查人犯或证据用搜查票。

谨按：此条系规定搜查票之用法，由搜查巡警持票行之。有只令巡警前往搜查者，有发票官协同搜查者。详《司法巡警规则》中。

第五节　审讯（附取保及管收）

第五十一条　凡审讯，先讯问原、被告，次证人，皆隔别讯问。其必须对诘，亦得同时讯问，但非经承审官发问，两造不得自行辩驳。

谨按：此条系规定审讯之次序，采民刑诉讼法之五十二条。应先原告或被告，由审判官临时斟酌。证人则为审判官之补助人，故次之。其用隔别讯问者，欲易得事实之真相也。一经涉讼，则必各挟一愿胜不愿败之心，言过其实，人之常情。若遇两造供词不符时，则非对诘莫明，故又许同时讯问。但不应辩驳而辩驳，无益案情，徒费时间，且易紊乱公堂之秩序，故又有但书之规定也。

第五十二条　审讯时先由承审官将原告诉状、被告辩状朗读一遍，再令原告或被告申诉争讼之原因，并略述证据。

谨按：此条系规定审讯之开始。所以朗读之理由，可省两造之供述。所谓再令申诉及略述者，即令其申诉、略述原状外之原因及证据也。

第五十三条　讯问时由书记官照供记录后一一朗读，详问原、被告及证人，如有错误随时更正。

谨按：此条审讯之终了，所以朗读而详问之理由。盖一经记录或更正，即不能变更或增减。责任重大，断非旧日招书所能担承，故此为书记官之主要职务也。

第五十四条　凡审讯除刑事被告照例跪供外，其余原、被告及各证人均准其站立陈述。

谨按：此条系规定审讯时对于诉讼人之待遇。我国问刑之官，高坐堂皇，人民长跪阶下，久为东西学者所讪笑。惶悚之余，又迫以威严，其所白者半非真确。况证人、鉴定人即非诉讼当事人，而亦令其匍匐陈述，无怪贤者相率趋避，以终身毋到公门为戒。惟现在我国民程度太低，骤变亦属为难，故除刑事被告外，其余则准站立。行之既久，或能一律免其跪供，此则编者之所希望者也。

第五十五条　凡用拘票拘到者即时审讯，用传票传到者亦同。

谨按：此条系规定审讯之期限。用拘票拘到者，即四十八条所指者，必系重大案件。各国通行之法，予以犹豫期间，俾其有所准备，不至张皇失措。惟目下我国情形，若非即时讯问，反恐听人教唆，难得真情。用传票传到者，即四十七条所列举之四种人，非系民事，即属轻罪，或非诉讼当事人，故须珍重其自由，若迟久不问，即其受累甚深。况民事则无须调查，(取不干涉主义)，轻罪则事极简单，传证鉴则必在审勘准备之中，故即时审讯，于实际亦并无妨碍。

第五十六条　凡用管收票者不得逾六日，但得展限每次均不得逾六日，如逾十次尚不能审讯者即令取保暂行释放。

谨按：此条系规定管收之期限，采用民刑诉讼法第四十六条。惟原文每次七日，此则每次六日，其十次亦同。此等被管收之人，虽是重大案件之刑事被告人，然既未曾确定其为有罪，则不过在嫌疑之中而已。我国目前情形，即对于原告，尚有一经传到，审讯无期，甚至有拖累至死者，故有“命案不敢为尸亲，盗案不愿为失主”之谚语。今对于刑事之被告，尚有释放之规定，似深足令人疑者。不知搜集证据，有六十日之限，逾六十日而尚不能审讯一次，则其证据必无者。被管收者之是否有罪，实难豫必，故管收至十次，则暂行释放。且释放时仍令取保，则其保人仍负担其必到案之责任，非一经释放而此案即消也。

第五十七条　凡刑事被告，除叛逆、谋杀、故杀、强劫并他项重轻之案不准取保外，其余各案被告得审判官允许者，均准其取保出外候审。

谨按：此条系规定审讯后结案前对于刑事被告之待遇，采用民刑诉讼法第四十七条。叛逆等案，虽于未确定时不能认为有罪之人，然其结果则为生命之刑，故管收之不准取保。此外各案，事既轻微，即属有罪，其结果亦不过拘禁科罚而止，故不妨准其取保。但取保之准不准，仍在审判官之许不许也，故曰得审判官之允许者。

第五十八条　凡民事被告遵传到案，如审讯未完展期再审，应准其归家，令依限到堂听审。

谨按：此条系规定审讯后结案前对于民事被告之待遇，采用民刑诉讼法第四十八条。既遵传而到案，第一次已来，第二次亦无有不来。若管收之，是以寻常细故而使其废时失业，不忍也。若依限不到，则遵用第一百十条之规定可也。

第五十九条　凡例应管收之人，于审讯中应另置一所，不得与已定罪之犯人同狱监禁。例准取保尚未觅有保者亦同。

谨按：此条系规定管收之处所，采用民刑诉讼法第四十九条。此等被管收之人，前已详之。不过在嫌疑之中，今若置之狱中，其人实系无罪也，则将来释放后，以为此人既经入狱矣，易招社会上之嫌忌，则于彼不便。若果为有罪之人，则狱中尽犯罪者，恶习易染，教唆翻供、避重就轻莫不萌芽于此，则于我亦不便，故于本厅内另设管收所。至准取保之人，有已管收而后取保者，有未管收而即取保者，更不可监禁之。

第六十条　凡承审一案限三十日结案。其应勘转者，除扣除路程所费之时日不计外，每级加十日。其必须展限者，亦不得逾三个月。

谨按：此条系规定审结之期限。我国目前情形，往往有官历十数任，事隔十余年，案中人十死八九，而其案尚未清结者，家破人亡，言之痛心。现在所定之三十日，虽无一定标准，第恐骤然变更，难于通行，故又有三个月之宽限。勘转仅核文书而已，似有十日已足。其路程之所以必规定扣除者，交通机关未备，不能预定故也。

第六节　上控

第六十一条　凡关于刑事案件经公判后，如因审讯不公或裁判不合供证，及违背法律而心不甘服者，自判决后十日内在原厅局提出上控状，请求送交上级审判厅覆审。

谨按：此条系规定刑事案件上控之期间，略采民刑诉讼法第二百四十四条。欲保审判之公允，所以有上控之规定。审判官亦人耳，际此人才不足，机关不备，所谓不公、不合及违背法律种种，实难保其必无。使其拘束于原审之厅局而无救济之方，则人民将长此冤抑，而审判官之错误偏私且益甚。然许其上控而不定以期限，则任其自由缠讼不已，亦足妨社会之安宁。故本条规定自判决之后，限以十日。所以必提出于原审厅局者，可以使原审厅局一面整理应呈上级厅局之文件，一面知会原告及被告，无非为省时间与手续而已。况审判以公允为目的，在审判官亦深虑此判决或有冤抑，有希望其上控者既由原厅局送交，则对于上控人之上控状如不合例，又可代为补救，此又本条之精神也。

第六十二条　凡关于民事案件，因前条理由而上控者，其上控期间以二十日为限。

谨按：此条系规定民事案件上控之期间。所谓因前条之理由，即审讯不公、裁判不合供证及违背法律而心不甘服是也。民事较刑事为轻，故期限较长，以二十日为度，其提出之法亦同。前条民刑诉讼法上控期不分民刑，统以一月为限，与本章程不同。

第六十三条　凡欲上控者应按级上控，不得越诉。

谨按：此条系规定上控之次序。大清律例亦有不准越诉一条，既定审级，则各有权限也。

第六十四条　凡犯人在监而上控者，其上控状应由监狱官转呈原厅局。

谨按：此条系规定在监犯人之上控。犯人既在监中，即不能亲自投状，故由狱官转呈原厅局请求之。

第六十五条　上控状须照左列之各项记载：
一、上控人之姓名、职业、籍贯、住所、年龄；
二、被控之厅局；
三、不服之理由；
四、上控之年月日；
五、赴控之审判厅。

谨按：此条系规定上控状记载之事项，本厅已另定状式。

第六十六条　原厅局收受上控状后于三日内将本案一切文件、凭证、判词送呈上级审判厅之部长，并知会原告及被告。

谨按：此条系规定原厅局对于上控状之手续，略采用民刑诉讼法第二百四十六条。上级审判厅之准驳，必调查其关于本案之一切书类，故由原厅局检齐送呈，即可免其行文来取。此为省手续起见，其必知会原被告者，使其有所准备，而易于出头也。

第六十七条　凡已逾上控期限而不行上控者，其原判决即为确定，但因天灾或意外事变之障碍而未能上控者，虽已逾上控期限，准其于障碍原因终止后立即具状详细声明，由审判官查无虚伪，仍许上控。

谨按：此条系规定上控之期限，略采用民刑诉讼法第二百四十五条。已判决而复许上控，已为格外施仁，若竟过期不为上控，是其情甘认罪，并无冤抑可知。然有时本欲上控，而于定期内或因天灾，或因意外事变，以至坐待逾期，无可为力，此而不许上控，情实可悯，故本条下半规定及此。六十一条之上控状，上控人投状后，原厅局即为转呈，无准驳权。本条之上控状，则必经原厅局查无虚伪，始为转呈。此审判官指原厅局之审判官。

第六十八条　承受上控审判厅之部长，调查上控之合例及理由之正当与否以定准驳。

谨按：此条系规定上级厅对于上控状之手续。所谓合例者，即期间是也。所谓理由者，即审讯不公、裁判不合供证及违背法律是也。

第六十九条　凡上级审判厅认为准其上控者，行文原厅局令其将应讯人等解送覆审。

谨按：此条系规定收理上控后之手续。一切书类原厅局已送呈，故但令其解送应讯人等而已。

第七十条　凡上控案件，上级审判不得发交原厅局审理。

谨按：此条系规定上控后之限制。现在州县判决之案，有一控再控至司，而仍发回于原审之州县者，虽有上控之名目，终莫脱原审之范围。夫回护已短，人之常情，先入之见，牢不可破。况原审不实，律有处分，其得平反者盖几希矣。光绪三十一年七月，御史刘汝骥奏请将上控案件自行提审，旋经刑部都察院议覆，此后遇有上控案件关涉官吏纳贿徇私等弊，察其情词不尽虚捏，远道不便提讯，当即派员前往。是年八月十三日奉旨依议。本条即本此意而规定之。

第七十一条　凡经上控判决后，有罪者发回原厅局执行，无罪者即时释放。

谨按：此条规定收理上控后之结果。曰有罪者，则必原厅局所判决者无不公、不合及违背之处，故仍发回执行。如系无罪，即由上级厅释放之。

第七十二条　凡上级审判厅覆审后，平反或更改原判者，其原审官查有贪贿曲庇或溺职等弊确据照例惩治外，余俱不得申饬议处。

谨按：此条系规定对于原审官之处分，采用民刑诉讼法第三百五十条。曰平反者，如原审为有罪，而覆审为无罪是。曰更改者，如原审为重罪或轻罪，而覆审为轻罪或重罪是。夫审判官亦人耳，欲保其无一事之错误，则虽如东西各国人才充足，机关完备，犹或难之，况我今日方在试办之际乎？惟有宽其处分，斯能尽其职务。东西各国之审判官，皆受宪法之保障，任期终身，其应受处分，别有专条，非上级官厅所能任意操纵。今虽不能仿行，亦当稍存其意。故除历指三种照例惩治以资防范外，其余则一概从宽，保审判官之安全，亦所以谋司法之独立而已。

第七十三条　凡民事上控自请销案者，无论何时准其将上诉状注销。

谨按：此条系规定上控状之注销。此取不干涉主义之结果，故准其随时注销，以为息事宁人计也。曰民事者，明乎上控状之注销限于民事，而刑事不能注销也。

第七十四条　上控时之审讯规则准用本章第五节之规定。

谨按：此条系规定上控审讯可援用第五节审讯之条文。即自第五十一条至六十条是也。

第七节　期间例

第七十五条　凡本法章称时者即时起算，称日者二十四小时，称月者三十日，称年者三百六十日。

谨按：此条系规定本章程所定之期间，采用民刑诉讼法第七条。审判延滞之弊与急速之失，皆不足以昭信用，故有期间之规定。

第二章　刑事专则

第一节　起诉

第七十六条　凡关于刑事之起诉，除由检事访闻外分左之二种：

一、控告状：由被害人呈递于检事者；

二、举发状：由举发人递于检事者。

谨按：此条系规定刑事起诉之办法。我国习惯，刑事案件皆由被害人或被害人以外之知情目击人起诉。充其弊之显著者，一则可以自弃诉权而奸邪无所忌惮，一则可以妄用诉权而讼狱益以繁滋，皆非所以维持社会上之安宁秩序也。其由本官自行访拿者，则自请求而自审判，流弊更多。故本章程取检事制度。盖检事系受国家之委任，为请求刑罚之机关，故关于刑事，以由检事起诉为原则。惟际此试办之秋，且一切机关尚未完备，不能不略为变通。故由检事访闻者，则以检事名义起诉，其余则仍准被害人及举发人作原告，特必经检事收转，略存其意。而请求刑罚（检事）与审判（审判官）从此分为二机关，庶日后改良为较易耳。

第七十七条　控告状应照左记之各项记载：

一、原告之姓名、职业、籍贯、住所、年龄；

二、被告之姓名、职业、籍贯、住所、年龄（若为原告所不知者即不记载亦可）；

三、控告之事由；

四、关于本案之凭证；

五、赴控之厅局及呈递之年月日。

谨按：此条系规定控告状记载之事项，本厅已另定状式。

第七十八条　举发状应照左记之各项记载：

一、举发人及犯人之姓名、职业、籍贯、住所、年龄；

二、举发之事由；

三、关于本案之凭证；

四、赴控之厅局及呈递之年月日。

谨按：此条系规定举发状记载之事项，本厅已另定状式。控告状可以不记载被告之姓名、职业等，此则必记载之。

第七十九条　检事收受控告状或举发状后，察核应记事项并无遗漏，且凭证认为可信者，分别应预审或公判，送交刑事部长，再由刑事部长酌定应预审或公判，分别移交预审，或指定承审官及会审官审讯。

谨按：此条系规定收状后之办法。应记事项如有遗漏，且凭证不能认为可信，则检事可以驳之，不予收受。收受后或请求预审，或请求公判，由检事定之。惟重罪事件，则必先请求预审。以重罪关系重大，必先搜集证据，使其确凿。预审是专搜集证据不下判决者，若一直请求公判，则证据欠缺，必至失平。轻罪判为重罪则失刑于个人，重罪判为轻罪则大害于公益，故不可不先付预审也。若系轻罪事件，则任检事自酌。大凡事极简易，可以直请求公判。稍涉疑难者，则请求预审。故由检事分别送交部长。惟有检事认为应预审（指轻罪）之案件而部长以为可以直送公判，亦有检事认为直送公判之案件而部长以为必须预审，故于检事送交之后，其应预审或公判，仍由部长酌定，以昭慎重。

第二节　逮捕

第八十条　凡有犯谋杀、故杀、强劫及重要盗窃、诈骗，或他项重大之罪，准由司法警察、或被害人、或知情目睹人不持拘票将该犯捕送厅局，补呈诉状，此外无拘票者不得捕送。

谨按：此条系规定现行犯之逮捕，采用民刑诉讼法第二十一条。人与人皆为平等关系，断不能许并无特别身分之人，而得妨害他人身体自由之理，故无拘票者不得逮捕，此原则也。如本条所列举之各种重罪，其结果必至受身体刑，若不即时逮捕，反有逃亡之虞，故特许三种人先行逮捕，补送诉状。在司法巡警，则须胪列确情交巡警官呈报检事，被害人则用控告状，知情目睹人则用举发状。所最当注意者，本条之罪字、犯字，必实系犯罪之事，实与犯人密接时而发觉者。若虽系犯罪之人，而与犯罪之事实已非密接，如相隔已数日，即非本条犯字之解释，仍不得逮捕之。

第三节　关提

第八十一条　凡关提逃往本厅局管辖境外之刑事被告人，无论系在何处，本厅局应先察核请发拘票人呈内所称犯事及藏匿各节实属可信，然后准其所请签发拘票，另备公文饬令司法警察前往关提。

谨按：此条系规定关提前之手续，采用民刑诉讼法第三十八条。关提限于刑事被告人之逃往本厅局管辖境外者。巡警出外，须旅费及日用，如不可信，协缉厅局即有不与协缉之权，便属徒劳往返，故不可不先行察核。拘票对于关提人所发，公文则对于被关提人所在之厅局而设。其上均盖厅局之印，盖非此不足以取信于人也。

第八十二条　凡关提被告之拘票内须将原告、被告姓名，职业，住所，被控事件，犯罪月日及逃匿处所逐一载明。

谨按：此条系规定关提拘票所记载之事项，采用民刑诉讼法第三十九条。

第八十三条　持票之司法巡警亲赍公文至被告逃匿处所，先行认明所提之人指交该处巡警或地方，即至该管衙门投递公文，添差协提。

谨按：此条系规定实行关提之手续，与民刑诉讼法第四十条略有不同。所以必先认明者，盖恐投递公文则有通信卖放之弊，所以必先指交而后差提者。即厅局各有界限，此厅断无在彼厅拘人之理也。

第八十四条　协提之厅局即将该被告审明如实系票内所指之人，即交持票巡警解回发票之原厅局审讯，其被获之人因有错误与票内所指之人不符者，应即取保释放。

谨按：此条系规定被关提人缉获后之审讯，采用民刑诉讼法第四十一条及四十二条。既由协缉厅局添差协提，则协缉厅局亦负责任，故必须先行审明，应解回者解回，应释放者释放。但释放之时，仍须取保也。

第四节 搜查

第八十五条 凡证据人犯藏匿一定处所者，审判官得发搜查票使司法巡警前往，会同该处巡警及地方乡董搜查。但案情重大、事机迫切，不必会同该处巡警及地方乡董，得径由厅局派带队官一员前往搜查。

谨按：此条系规定搜查之办法。被搜查者有二，证据、人犯是也。既曰藏匿，似其处所不能确定。本条之所谓一定者，由发票官认定即为一定也。有发搜查票之权者详四十六条，凡承审官、预审官、检事官皆包含之。现在司法巡警程度太低，由其自往搜查实多流弊，故无论何事，皆须会同该处巡警及地方乡董。所谓事机迫切者，如证据即有灭失、人犯即有逃亡之虑是也。既由厅局派带队官前往，故即不会同地方乡董亦无不可。

第五节 预审

第八十六条 预审时以预审官一人行之，除检事官、书记官监视录供外，不准旁听。

谨按：此条系规定预审之办法。不准旁听者，盖取秘密主义，其理由详十六条。以一人行之者，盖取单独主义。调集证据，最贵迅速，若取合议之制，则一切讯问必待多数同意，反失临机处分之机会矣。检事有监视一切办理是否合法之责，书记官有招录刑事被告人口供之责，故皆不可少者。

第八十七条 讯问时，预审官认为证据不确凿可免诉者，有即时释放之权。

谨按：此条系规定预审终结后之免诉。证据既不确凿，即系无罪之人，故即时释放之。

第八十八条 讯问后预审官认为证据确凿未便免诉者，应即时将一切案件证据、人犯送呈刑事部长，再由刑事部长移交公判。

谨按：此条系规定预审终结后之送判。公判之承审、会审官，系归部长指定，故送呈于部长。观本条与前条之规定，免诉列前，送判列后，可知预审之精神纯为保护被告而设者。

第六节　公判

第八十九条　公判时以承审官一人，会审官二人，书记官、检事官各一人行之，不得秘密。

谨按：此条系规定刑事公判之办法，皆指高等审判分厅及地方审判厅而言。若乡谳局则取单独制，以审判官一人行之。所谓不得秘密者，即取公开主义。盖公判云者，即公行判决之谓也。许之傍听公开之利益，即审判有一不公，易发布于世上，承审官可以慎重从事，不独示审判厅之威信，且可为判决公平之担保也。若取秘密主义，则与被告同为当局者，惟有一原告。苟审判或有不公，必不肯出诸原告之口，故被告欲恢复其权利，亦难以原告为证人，必至一屈而无再伸之日矣。以承审官一人、会审官二人行之者，盖取合议制，详十一条。书记官、检事官各一人者，其理由同八十六条。

第九十条　凡预审移交之证据，承审官认为无关涉于本案者，可置勿议，其临时发见而预审时未经搜集之证据，亦可随时调查。

谨按：此条系规定公判中对于证据之审查。预审移交之证据，不能保其尽关涉于本案。若必欲强承审官为其所束缚，则反不能得公平之结果，故承审官仍有不认及随时调查之权。每堂必有检事监视，故其不认及调查，亦必出之以正当之理由。若故意与预审官反对，则为检事所不许者也。

第九十一条　承审官于承审一案中临时发见他案者，可不经起诉，与预审即时归入公判。

谨按：此条系规定附带犯，即于讯问时而发见他罪者也。但刑事非经检事起诉不能审讯，此为原则，故本条为七十六条之例外。曰即时归入公判，则必证据已确凿，无须预审者。

第九十二条　遇有证据确凿、供招毫无疑窦即下有罪之判决，如犯人坚不承认而承审官认为证据确凿者亦同。如证据、供招两无可凭者无罪。

谨按：此条系规定判决之制限。有罪之判决二种，一为证供符合者，一为有证无供者。各国审判，皆取证据主义，犯人即不供招，只要证据确凿，便可判决。我国则以供招主义为原则者，但亦有例外，所谓众证明白，即同狱成是也，然专指逃犯言。此外，如实在刁健不承认者，徒罪以上，亦可引用，仍须奏请，不得率行咨结。本条则采用民刑诉讼法第七十五条而规定之。证据两无可凭，则绝对不能判为有罪也。

第九十三条 判词须照左列之各项记载：

一、犯人姓名；

二、事由；

三、罪名；

四、承审厅局及承审官、会审官、书记官签名盖印；

五、判决之年月日。

谨按：此条系规定判词记载之事项。我国惯例，审讯时必开一点名单，其断语即书于姓名之下，谓之“堂批”。今即仍旧例而略增加之，故首列姓名；因犯何事而科何罪，故次事由；又次则罪名；所以必签名盖印者，即表明厅局各官所负之责任也，故又次之；末列年月日，于上控期间最有关系也。

第九十四条 判决后定期宣告罪名时，必须朗读判词，并将罪由榜示。

谨按：此条系规定宣告之办法，略采民刑诉讼法第七十七条。曰定期者，必在判决之后，或隔一日，或隔二日，再行宣告也。曰必须朗读判词者，诚恐犯人未必识字，俾其听受也。曰必将罪由榜示者，俾大众周知，有所惩戒也。民事无之。

第九十五条 刑事被害人所受之损害，准其于公判后请求赔偿，其办法遵用民事专则损害赔偿之规定。

谨按：此条系规定附带公诉之私诉。私诉对于公诉而言。刑事由检事起诉者曰公诉，民事由人民起诉者曰私诉。公诉则为回复社会安宁之秩序，私诉则为回复人民私权之侵害。两者性质既异，且起诉机关又有不同。准其请求者，一则为种种便益起见：两诉之原因、事实相同，则彼此之证据可互相证明，一也；裁判无重烦之虑，判决便捷，二也；两诉在一处提起，当局者可省费用与时间，三也；民事上控之期间长，刑事上控之期间短，今附私诉于公诉，则一切可遵用刑事之办法，即判决之确定较速，四也。二则为防审判抵触起见，两诉分离，则先后判断，难免纷歧，即于审判上之信用不免妨害，故宁附带之为愈也。其损害之解释，赔偿之方法，于民事专则中详之。

第七节　勘转

第九十六条　凡勘转仅报文书，不解人犯。

谨按：此条系规定勘转之办法。勘转之制，无非为慎重民命而设。惟旧例多系人、文并解者，充其弊则费用浩大，一也。审判官易一人，即犯人易一供，所在皆是，供有而为无，避重而就轻，希冀其出死而入生，皆属恒情，则易于翻供，二也。中途脱逃亦所不免，三也。现在公判以前有预审，判决以后许上控，保护被告之法详且尽矣，故本条有仅报文书之规定。参观大理院审判办法一折，仅有咨详名目，则不解人犯之意自在其中。但目前文书之繁琐，有一定不易之文字，明知其为捏造，而格于定例，非此不能核准。往往着重之处，不过数行，而必一说再说，始为合格者。目前虽难骤改，惟厅局均系试办之事，似须略为变通，以归简便。

第九十七条　军流遣勘转至高等审判分厅止，斩绞勘转至按察使衙门止，徒罪以下概由地方审判厅定案发落，毋庸勘转。（此条系专指地方审判厅有权审问者而言，其第六条所定应归按察司衙门及高等审判分厅有权审问之案，则初审时即应人、文并解，自不在此限。）

谨按：此条系规定勘转之界限，仍旧例而略变通之者也。

第八节 刑之执行

第九十八条 刑之执行,非判决确定以后不得为之。

谨按:此条系规定执行刑之期限。判决未确定前,被告人尚有上控之权利。或系冤屈,则平反之后便属无罪,故此时当与无罪之人一律看待。须俟判决确定后,过上控期,方可执行刑罚也。其审讯中应拷问者,不在其内(见《司法巡警规则》第十九条)。

第九十九条 刑之执行由检事指挥司法巡警行之,办法如左:

一、死罪:奉到部覆或院批后即日行刑(其监候者仍归秋审办理);

二、遣军流:奉到部覆后分被发配或送习艺所;

三、徒罪:奉到院批或部覆后送习艺所;

四、折赎罚金(即笞杖所改者)由检事征收。

谨按:此条系规定执行刑之办法。

第三章 民事专则

第一节 起诉

第一百条 凡关于民事之诉讼,由原告以起诉状径送厅局收呈处。

谨按:此条系规定民事起诉之办法。刑事必经检事起诉,民事径由原告起诉,此即一采干涉主义,一采不干涉主义之结果。刑事虽两造愿私和,而检事访闻后,有不能不起诉之义务。民事则不告不理也,然如原告委托抱告代为起诉,此则虽非原告本人,而既经付以委任状,即与原告本人无异矣。收呈处在厅内,收呈人即承发吏。

第一百一条 诉讼状应照左之事项记载:

一、原、被告之姓名,职业,籍贯,住所,年龄;

二、诉讼之事物;

三、诉讼之原由;

四、恳求如何断结之主义;

五、赴控之厅局及起诉之年月日。

谨按：此条系规定诉讼状记载之事项，本厅已另定状式。

第一百二条 有可为证据之契券及文书一并粘入诉状。

谨按：此条系规定诉讼状之粘件。证据愈多，则判断愈易，故许其粘入于诉状之末尾。惟此项契券及文书，须于本案实有关系者。

第一百三条 收呈处收受诉状后即呈民事部长。

谨按：此条系规定承发吏收状后之办法。承发吏收状之后，盖年月日时到戳及印纸消戳登载号簿，每日分上下午两次呈交（参观《承发吏规则》）。

第一百四条 部长审定诉状并无违式及不合该局权限者，即指审判官审讯。

谨按：此条系规定部长收状后之办法。刑事诉讼之不受理者，驳斥之权在检事；民事诉讼之不受理者，驳斥之权在部长。曰违式者，如应记之事项而有遗漏是。曰不合该局权限者，如所争物价逾一百两应向地方审判厅投状而投于乡谳局者是。有以上情形时驳斥之。其已经和解者，亦可不予受理；其已受理者，即由部长指员审讯。

第一百五条 凡公判中诉讼所争之物不得擅动，但经审判官应许者不在此限。

谨按：此条系规定对于公判中诉讼物法定之办法。此物既在诉讼之中，若许擅动，则将来判决后，或致无从执行，故以不许擅动为原则。但书之规定，如下条所指者，或事极轻微者是。

第一百六条 原告因诉讼所争之物有灭失藏匿之虞者，公判中无论何时，可请求审判厅暂行查封，其不能久存者得暂行拍卖，俟判决后分别发落。

谨按：此条系规定对于公判中诉讼物原告之请求。盖为保全所争物起见，何谓“有灭失藏匿之虞者”？如诉讼物易于携挈之物，若不缄封牢固，将来即化乌有者是。何谓“有不能久存者”？如所争物系鲜果等品，必俟判决再动，必至臭烂不能售于人。故一则查封之，一则拍卖之，而储其所得之价于厅中。其拍卖之处设于厅旁，由厅中雇人经理之。

第二节　传讯

第一百七条　审判官收受诉状后即定明堂期，如有应行传问之人补传到案，于传唤被告时须将原告之诉状录一副本送交。

谨按：此条系规定审判官收状后之办法。一曰定期，一曰传人，均由承审官作主。所谓应行传问之人者，即原告以外之被告及证人鉴定人皆是。必录副本送交被告者，使其有所准备也。

第一百八条　被告欲查看原告所缴之证据文书者，可由书记抄录给付。

谨按：此条系规定被告得查看诉讼状之粘件。即许被告辩诉，则辩诉状之记载对于原告之恳求，或承认或不承认，须与诉讼状所陈之原因相符。如原告所缴之文件不能为本案之确鉴证据，被告即可于辩诉状中抗辩之。故一切粘件，被告如欲查看，书记可以抄付，其理由与录送诉状副本相同，无非使被告有所准备而已。如实有不能发布之件，审判官有止其抄付之权(《书记规则》第八条)，此书记指书记生而言。

第一百九条　被告欲辩诉者，准其于堂期前呈辩诉状，如堂期过促，得申请酌量展缓。

谨按：此条系规定被告得对于诉讼状之辩诉。关于审理各主义，有口头辩论及书面审理二者。文字记载，容有词不达意，故有非直接质问不能明了者，似口头实较书面为优。然如因卖买等事涉讼，计算错杂，又有非记载不能明了者，故本条亦准被告呈辩诉状但有期限。准堂期前是能否展缓堂期，其权仍属于审判官，其因此所增多之费用，将来即使理直，仍归申请人担承也。

第一百十条　被告抗传不到而逃匿者，作为情虚畏审，应听原告一面之词判决执行。

谨按：此条系规定被告不到案之判决，采用民刑诉讼法第九十八条，即东西各国所谓缺席判决是也。吾国向例亦取两造审理主义，今依一面之词而遽下判决且执行之，似不足以保护被告，不知情虚畏审，因而逃匿，人之常情。苟无此规定，则一传再传，坚不出头，仍难免从前差役种种之弊。且案件易延搁，故本条有此规定，果有冤屈，可以出头辩诉也。

第一百十一条　原告堂期不到，又不申明障碍事由者，作为情虚畏审，应将本案注销，但讼费照例向原告征收。

谨按：此条系规定原告不到案之注销。原告投案之后，即应静候传讯，不能远离。惟彼健讼者流，往往挟一图告不图审之主意，只求拖累对手，遂其私计，一闻对簿，因而远扬，亦常有之事。为保护原告，有前条之判决。为保护被告，有本条之注销。如实系不能到案者，亦准其申明障碍事由，由承审官酌量展缓。必既不到案，又不申明，始作为情虚畏审。注销其本案，征收其讼费，被告因此所受之损害，亦可提起诉状请求赔偿也。

第三节　协传

第一百十二条　如民事被告人在本局管辖境外者，签发传票另备公文移请该民事被告人所在处厅局协传到案，临期不到者，遵用第一百十条之规定。

谨按：此条系规定协传民事被告人之办法。必发传票，必备公文，必由该管厅局协传，其理由与关提同。临期不到，亦作为情虚畏审，应听原告一面之词判决执行，故曰遵用第一百十条之规定也。

第四节　公判

第一百十三条　公判时，除婚姻、承继案件须检事监视外，其余案件以承审官一人、会审官二人、书记官一人行之，不得秘密。

谨按：此条系规定民事公判之办法。查检事职务之第四项，凡刑事堂讯，须得检事监视，民事之有关风化者亦同。婚姻、承继二项，即皆与风化有关者，故必须检事监视。此外理由，同八十九条。

第一百十四条　判词须照左列之各项记载：

一、原告、被告姓名；

二、理由；

三、判旨；

四、承审厅局及承审官、会审官、书记官签名盖章；

五、判决之年月日。

谨按：此条系规定判词应载之事项。其先后之次序，与刑事之判词理由相同。

第一百十五条　本编第二章第六节之规定，民事公判援用之。

谨按：此系民事公判，可援用刑事公判之条文。本章程"援用"二字，即日本法文中所谓"准用"是。其"遵用"二字，即日本法文中所谓"适用"是。用一办法者曰遵用，少加损益者曰援用，此其区别也。

第五节　损害赔偿

第一百十六条　凡理直人因理曲人故意或过失之行为，所受有形无形之损害，得向审判官申请于判决时酌令理曲人赔偿。

谨按：此条系规定损害赔偿之申请，其精神全在杜绝诬告。彼理曲之人，知将来有许多之赔偿，即不敢轻于尝试。即直在原告，而有此规定，对手人亦必愿早日了结，毋遽成讼。为免将来负担讼费计息事宁人，莫善于此。出于有心者曰故意，出于无心者曰过失。有形、无形之别，例如居乡之商人，由涉讼而不能营商，即无形之损害；因涉讼而由乡来城，其一切之费用，即有形之损害也。

第一百十七条　审判官认为确系因理曲人故意或过失致受损害者，酌定赔偿数目，于判词末宣言之。

谨按：此条系规定损害赔偿之判决。理直人所受之损害，既有故意与过失之殊，复有有形与无形之别。理直人之欲其多，与理曲人之欲其少，皆属人情，故必由审判官认定其是否损害，复视其所受损害之轻重，而酌量其赔偿数目之多少。必于判词末宣言者，此项赔偿带有强制性质，其执行方法即遵用下节之规定也。

第六节 强制执行

第一百十八条 凡民事判决之执行，由书记官督率承发吏执行之。

谨按：此条系规定执行民事判决之人。此项执行，本为承发吏主管之职务。日本谓承发吏曰执达吏，即以送达文书执行判决而名之。现在厅局所雇用之承发吏程度太低，故由书记官督率之。

第一百十九条 凡判决后，由书记抄录判词副本并执行谕书交承发吏照办。

谨按：此条系规定执行判决之据。其据有二：一为判词之副本，如系缺席判决，俾被告人知此案之颠末也；一为执行之谕书，如被告人不遵判决，即可用强制之方法，使其不得不遵也。

第一百二十条 凡承发吏因执行而追出之款项或物产，即日交付于书记官，除将讼费及执行费扣除外，再由应领之人具呈领收，不得措留需索。

谨按：此条系规定执行后之办法。讼费已于判词之末载明，执行费另有专条，一则归还厅局代垫，一则给承发吏收受。必交付于书记官者，以承发吏之执行归书记官督率故也。领收必具呈者，可以存案备查也，其状式本厅已另定之。此应领人即理直人，领而不发，发而需索，皆为旧时之积弊，故末句又定明之曰不得措留需索。

第一百二十一条 凡执行判决，应尽理曲人之银钱征收，有不足时，得由承审官于三十日以内酌示限期，将其财产查封，查封之后更示期限，于限期内仍不缴时，即行拍卖备抵，再不足时，准其分年摊还。

谨按：此条系规定关于钱债执行之办法。银钱最易计算，故先征收其银钱，不足则查封其财产。拍卖则必于查封之后，必予之以期限者，使其从容措办，以示体恤。限期以内呈缴，立即揭封。如以拍卖所得之数相抵再不足时，则其人银钱财产皆尽，亦属无可如何，惟有令其分年摊还而已。如其人无现银钱，则只得先查封其财产。如其人有现银钱而无财产，则尽数征收之后，其余亦只得分年摊还。皆包含于本条之内。

第一百二十二条　凡查封本人之财产，如其产物系一家之公物，则查封本人名下应得之一分，在他人名下者不得株连。本人之分所值若干，一经呈缴，立刻揭封。

谨按：此条系规定对于公共产物之查封，采用民刑诉讼法第一百二十九条。既系公共产物，则本人亦有一分在内，故可以查封之。惟本人只有一分，故亦只得就其一分上查封，以免他人无端被累。虽查封其一分，而全部皆受拘束力，与之公共此产物之他人，势必促之清了，以完全其所有者。若查封后仍不呈缴，亦惟有拍卖其一分而也。

第七节　和解

第一百二十三条　凡民事案件，无论已未起诉，在判决前两造情甘和解者，准其自行邀请公正人调处，出具切结，声明愿遵公正人决词决不翻悔。其如何调处了结，须由调处人具和解状呈厅局存案。

谨按：此条系规定和解之办法，略采用民刑诉讼法第一百八十五条、一百八十六条。和解即旧时之和息，字异而义同。惟旧时除命盗案件外不分民刑，此则限于民事。旧时由两造自行讲和即可，此则必由公正人从中调处。旧时和息，或由两造自行投递，此则必由调处人投递。狡猾之徒，往往因一己之布置未备，暂为延缓计，虽投和解状，终必翻悔以遂其私者，往往而有，故又必由两造具决不翻悔之切结。起诉后之和解，其必具状存案宜也。其曰未起诉者，例如两造虽有争议，尚未涉讼，经公正人调处之后，亦可具状存案，庶免日后复起诉讼也。

第一百二十四条　两造所举之公正人须彼此同数，若公正人对于该案意见未能佥同，则从多数定议意见，各执者则另举一中人以定从违。

谨按：此条系规定调处之办法，采用民刑诉讼法第一百八十七条。和解必系两相情愿，故由两造各举公正人数人以调处之。公正人意见不一时，既从多数议决，故公正人必两造同数。倘两造情甘和解，反以公正人调处之意见各执不能了结时，则另举中人可也。

第一百二十五条　前条之中人由两造或公正人合举之，如两造或公正人均不能妥议合举，即由审判官派一与该案无涉之殷实人充之。

谨按：此条系规定举中人之办法，采用民刑诉讼法第一百八十八条。公正人由两造所举者，中人则由两造合举及两造与公正人合举均无不可，故曰或也。如两造与公正人均不能妥议合举，则由审判官派一殷实人调处之。曰由审判官派充者，必指已起诉之案件言。其殷实人必与该案无涉者，庶无先入之见，可以平允也。

第一百二十六条　凡公正人或中人所定决词，即认为该案之决词与承审官之判词无异。

谨按：此条系规定和解之效力，略采用民刑诉讼法第一百八十九条。旧时和息，虽亦为之立案，然多事后翻悔，终至复起诉讼。本条和解之精神，即在一经和解不能翻悔，故曰即认为该案之决词判决确定，不能上控矣。所谓与承审官之判词无异者，谓一经和解即不能复起诉讼。调处人非公正人即中人，故曰公正人或中人之决词也。不言殷实人者，此殷实人即中人，一为两造或公正人所合举，一为审判官所派充，亦中人也。

第四编　讼费规则

第一章　讼费

第一百二十七条　讼费分左之三种：

一、印纸费；

二、承发吏规费；

三、杂费。

谨按：此条系规定讼费之种类。我国旧习，凡有诉讼，一切传呈过堂之费用多少不等，至差役传提人证，两造到案候审，其费用尤不可以预计。以国家司法之权，为胥役括才之具，官虽不贪，民亦苦矣。各国讼费皆有一定，日本法讼费分三种，今即师其意而规定之。印纸费，即日本所谓诉讼用纸税是也；承发吏规费，即日本所谓执达吏手数料是也；杂费者，广言之则无所不包，即日本所谓诉讼费用是也。其详见于下文。各费均有一定，胥役不能额外需索，民间亦皆甘心输纳，借以济厅局之费用。且天津词讼收费，系于光绪二十八年奏准试办，化私为公，民间称便。今循其例而减其数，易于推行必矣。

第一百二十八条　诉讼费用于结案时，归书记官结算，与本案同时判决。

前项诉讼费用归理曲人呈缴。如两造各有曲直时，由承审官酌量减成分派。理曲人有数人时亦同。

前项诉讼费用如因理直人自己懈怠疏忽以至费用增多者，其增多之数仍由理直人呈缴。

谨按：此条系规定诉讼费用之结算及负担之方法。自起诉日起，至结案日止，其间一切费用皆谓之诉讼费用。书记官兼掌厅局会计事务，故归书记官结算。必与本案同时判决者，苟不呈缴，可以强制执行也。此项费用，归理曲人呈缴为原则，由理直人呈缴为例外。所谓两造各有曲直者，如卖屋不迁因买主未交全价是。所谓理曲人有数人时，如一人告数人是。所谓因自己懈怠疏忽以至费用增多者，如不应请求调查之证据而请求调查，及不应请求传讯之证人而请求传讯；又如第一百九十条之请求展缓堂期皆是也。

第二章　印纸费

第一百二十九条　凡一切呈状不贴用印纸者概不受理，其贴用印纸不足例定数目者，准受理后令其补贴足数。

谨按：此条系规定呈状上应贴用之印纸。此项印纸，东西各国归入国家收入项下手数料之一种，性质与租税同。恒以国家之权力强制征收之，故不贴用者不受理。其不足例定数目者，终必补足之。所谓例定数目者，即下列之四条是也。各种印纸，本厅已印成，另设发卖处。

第一百三十条　凡起诉及上控之各诉状，从诉讼物之价值分别从左记之数目贴用印纸，其评定诉讼物之价值从起诉当时之定价：

一、十两以内者三钱；

二、百两以内者每达十两三钱；

三、千两以内者每达五十两一两；

四、万两以内者每达百两一两；

五、万两以外者每达二百两一两。

谨按：此条系规定民事诉状之关于财产诉讼者贴用印纸之数目。诉讼物之价值，往往今昔不同，故以起诉当时之市价为断。

第一百三十一条　刑事诉讼，除命盗案件免贴印纸外，其余概贴印纸一两。

谨按：此条系规定刑事诉状贴用印纸之数目。命盗案件，则被害者情既可怜，故免之。

第一百三十二条　民事诉讼之非财产诉讼者，贴用印纸二两。

谨按：此条系规定民事诉状之非财产诉讼者应贴用印纸之数目。

第一百三十三条　和解状照起诉印纸减半贴用。

谨按：此条系规定和解状应贴用印纸之数目。刑事不许和解，故本条所援用者，即前条及一百三十条是也。

第一百三十四条　前二条以外之禀呈，每件贴用印纸二钱。

谨按：此条系规定各种禀呈应贴用印纸之数目，如限状、甘结等是也。

第三章　承发吏规费

第一百三十五条　承发吏应得之规费如左记之各项：

一、传递文书每件二钱；

二、传票每件二钱；

三、追缴款项及查封拍卖依左定之数目带收规费；

四、十两以内者一钱五分；

五、百两以内者每达十两一钱五分；

六、千两以内者每达五十两五钱；

七、万两以内者每达百两五钱；

八、万两以外者每达二百两五钱。

谨按：此条系规定承发吏收受规费之数目。所谓传递文书者，如第一百十条之判词送与被告等是。其追缴款项及查封拍卖所征收之数目，比印纸费减半。

第一百三十六条　承发吏查封拍卖所费时间至一日以上者，每日照前条所列之数加十分之三。

谨按：此条系规定承发吏因查封拍卖加收规费之数目。

第一百三十七条　承发吏之因公外出在十里以外者，每五里加五分，其路程寫远非一日所能往返者，每日加食宿费三钱，其火车轮船已通之处，其费临时由签发文书之官员酌量注明该文书之表面。

谨按：此条系规定承发吏因公外出加收规费之数目。考日本之执达吏，按照法定之数目征收手数料，若每年所入不满八十元时，则国家补足之。本厅局之承发吏由厅局发给工食，即因公外出所费用之食宿料，亦皆照实支给，至其所征收之规费，则《承发吏规则》第七条所规定于销票时即行如数呈交者也。

第四章 杂费

第一百三十八条 书记抄录案卷之费，每百字连纸征收五分。

谨按：此条系规定书记抄录案底之价目。

第一百三十九条 运送通信费悉照实数计算。

谨按：此条系规定运送通信费之价目。

第一百四十条 公告分两种：

一、由官府自行揭示者，二两；

二、登报广告者，照实价计算。

谨按：此条系规定公告之价目。所谓由官府自行揭示者，即旧时民间请颁布之告示是也。登报广告者，以厅局之名义，代原告被告为之者也。

第一百四十一条 理直人及证人鉴定人之日用及旅费如左记之数给发：

一、理直人：每次到堂费二钱；

二、证人：每次到堂费五钱；

三、鉴定人：每次到堂费五两以内，得由审判官酌给。

谨按：此条系规定理直人及证人、鉴定人应得到堂费之数目。

第一百四十二条 前条人等其住所在十里以外者，每五里加川资一钱，如火车轮船已通之处照实价计算。

谨按：此条系规定理直人及证人、鉴定人应得川资之数目。

第一百四十三条　前条人等旅中费用每日五钱，但鉴定人、证人可视其身分随时酌加。

谨按：此条系规定理直人及证人、鉴定人应得旅费之数目。何谓有身分者，例如某医在某县传令来厅局充鉴定人，其医每日所得之数，有十倍于五钱者，则审判官可酌量增加之也。

第五章　保证

第一百四十四条　审判官得斟酌诉讼人之情形，先令诉讼人呈缴相当之保证金，或觅可靠之铺保。

谨按：此条系规定诉讼前之保证，限于民事。此项保证，对于寄籍人及请求查封各案件，均不可不用此法。寄籍人有私行回籍之虞，照本章程所规定。证人、鉴定人到堂有费，日用旅用有费，均由厅局垫发。将来无人呈缴，厅局从何填补。其他查封案件，或其曲实在请求者，被告即使得直，所受损害实大，故审判官对于此种案件，可以斟酌情形，先令诉讼人呈缴保证之金，或觅可靠之保也。

第一百四十五条　凡诉讼费用限内不即呈缴，其有保证金者即在保证金内扣除，其无保证金而有保人者责令保人呈缴，其无保证金又无保人者，如实系穷苦力难呈缴，应酌量豁免。

谨按：此条系规定诉讼费用之呈缴与豁免。一切诉讼费用，核算判决之后，应即呈缴。其有保证金之人，在其保证金内扣除之以归简便，有余则归还之。其有可靠之铺保者，彼保人即保其不能呈缴之保证金，故责令保人呈缴之。至将来被保人对于保人不能归还时，保人可以另起诉讼，请求追缴。既无金又无保而实系最苦者，则豁免之，即外国所谓诉讼上之救助是也。曰酌量者，或豁免其全部，或豁免其一部，均由审判官酌量之。

第一百四十六条　前条之豁免系指厅局代垫各款而言，其理直人所用各费归入损害赔偿办理。

谨按：此条系规定豁免之制限。豁免限于厅局代垫之各项，如发给证人、鉴定人之到堂费是也。理直人所受之损害，不能再由厅局给发，理曲人即难呈缴，可以另起诉讼，请求赔偿也。

附：

审判厅办事规则

第一条　凡审判厅执事人员统受厅长之监督，其属于某部者兼受部长之指挥。

第二条　承审、会审各员，既经部长指定，于指定案件范围内得以自己职权从公审判，他人不得干涉。

第三条　承审、会审各员因回避及逾限不能结案者，部长得以他员代之。

第四条　凡案件在未公判以前，各员应守秘密。

第五条　凡审判厅执事人员，除有特定规则外，其办公时刻每日午前自九点钟起至十一点钟止，午后自三点钟起至六点钟止，遇有事件不能依时完结者不在此限。

第六条　凡于万寿、端午、中秋、冬至及封印日起，至开印日止，为休假日，但遇有重大紧急案件不在此例。

第七条　除前条休假日外，有事请假者须书明请假单，由部长核定之，但非有重大事故，每月不得过三日。

第八条　凡审判厅执事人员每月逢十六日各集本厅开会议一次，其议长即以厅长充之。

第九条　每年开印至封印为司法年度，凡事务之分配、厅员之更调及其他一切皆于司法年度终开会议之。

第十条　前条之会议，以厅长、部长、检事长多数之可否决之，可否同数时则决于厅长，其他厅员皆许旁听。

第十一条　凡审判厅执事人员到厅，均由公役伺候，不得随带仆从。

第十二条　凡审判厅执事人员，不得在厅内接见亲友。

第十三条　凡常川驻厅者应守下列各项：

一、不得留宿亲友；

二、食宿须遵一定时刻；

三、不得赌博酗酒；

四、非先请假不得在外留宿。

第十四条　门口设职员姓名牌，到厅后自行揭示。

第十五条　凡厅内公役须穿一定服式。

第十六条　《乡谳局办事规则》另定之。

检事执务规则

第一条　检事官受厅长之监督与检事长之指挥。

第二条　检事长、检事官皆须常川驻厅。

第三条　检事得调书记生若干人，即受检事之指挥。

第四条　检事收受呈状后，在呈状上盖年月日时到戳及印纸销戳，须于一昼夜内检齐证据书类，并具意见书分别登载号簿，应预审或公判送交部长。但案情急迫、证据易于消灭者，得先交之，随后补意见书。

第五条　依八十条察核呈状中应记事项，有遗漏且凭证认为不可信者，除即时补正仍予收理外，其余得驳斥之。但驳斥之案须叙列简明理由，按月汇案呈报厅长。

第六条　审判官于重大案件公判前，应以公判意见与检事协商，若检事以为不当时，得详述其意见。

书记规则

第一条　书记官承厅长、部长之指挥，会同检事官、预审官、审判官办理书记事务，并监督书记生。

第二条　书记官常川驻厅。

第三条　书记分左之二课，由书记官派书记生数人分理课务，其责任仍由书记官担之：

一、文书课，置一、二等书记官五员；

二、会计庶务课，置二等书记官一员。

第四条　文书课掌文书之起草及第二十一条之职务。

第五条　文书课应保存之诉讼文牍，案件须分别已未完结，编号汇订，务使眉目清朗，易于抽检。

第六条　文书课应依五十三条招录口供确无错误，由招录者签名盖章。

第七条　前条招录者书记官，得部长之许可，准其选派书记生充之。

第八条　文书课遇有代人抄录案底时，应依一百三十八条之规定，不得额外需索，但审判官认为应秘密之案件，不得擅自抄发。

第九条　前条抄录案底所得之费呈缴书记官汇存。

第十条　会计庶务课掌管本厅经费及核算征收诉讼费用并一切杂务，遇有支出款项，呈明部长，分别照发。

第十一条　会计庶务课应置各项账簿，分别明晰登记，其诉讼费用一项须照实收数目按月交由厅长揭示。

附：写状书记

第一条　写状书记由书记官指定。

第二条　写状书记应照递状人之口述简明叙入状内，其有来稿者，须与口述符合始为写录，但来稿有冗长可删者，得节要写录之。

第三条　前条递状之来稿当保存之。

第四条　写状书记不得向递状人需索分文。

第五条　写状书记于状末签名盖章。

司法警察规则

第一条　司法警察之职务分为四种：

一、暗查（暂归探访局办理）；

二、搜查；

三、逮捕押解；

四、巡守。

第二条　司法警察设警官一员统率之。

第三条　暗查警察受检事之指挥分段探访，遇有刑事案件未经发觉者，得罗列确情交由警官，暂由探访局处呈报检事。其有已发觉而检事令其暗查者，亦交由警官（暂由探访局处分派行之）。但于犯罪者有逃亡之虞时，亦得逮捕即时解厅，不许延搁。

第四条　前条之呈报须载左记之事项：

一、犯罪事实之概要；

二、犯罪日时及处所；

三、知有证据时则记载其下落；

四、知被害人及被告人姓名时则记载其姓名；

五、暗查者之姓名宜用浮签。

第五条　暗查警察探访之时，须穿平人服式，但遇第三条之逮捕经被逮捕者反抗时，须立刻将本厅所发之执照示之。

第六条　搜查警察受检事官、预审官、审判官之指挥。

第七条　凡搜查必持有搜查票，依章程八十五条之规定行之。

第八条　凡搜查处所除妓馆、戏园、酒楼、饭庄、客店、庙宇、船舶及不必入人家屋者外，均须由发票官率同前往。

第九条　凡搜查警察自往搜查者，须作报告书胪列搜查情形，由搜查者及当时会同之地方乡董签名画押。其发票官同往搜查者，亦须将搜查所得开列清单，由发票官及会同之地方乡董签名画押。

第十条　逮捕押解警察受检事官、预审官、审判官之指挥。

第十一条　逮捕押解警察逮捕时必持拘票，押解时必持印簿，其拘票于销差时呈堂，印簿须所有收管人盖戳呈堂。

第十二条　凡在监在所之人犯，遇提讯时，亦由逮捕押解警察持印簿行之。

第十三条　凡逮捕押解人犯，除票上注明应用锁系外，其余不得擅用。

第十四条　凡逮捕押解，须依票簿上所注明之期限，于逮捕押解中不得虐待需索。

第十五条　逮捕押解出外时，由发票官酌量往返路途之远近给予盘费实用实销，不得向被逮捕人等勒令供应。

第十六条　逮捕时确知被逮捕人藏匿内室者，得协同地方乡董入室逮捕。

第十七条　逮捕时被逮捕人已经远扬或藏匿不知处所，应作报告书，由逮捕者及地方乡董签名画押，与拘票同时呈堂，不得擅拘被逮捕之家属。

第十八条　巡守警察受审判官，检事官之指挥。

第十九条　凡刑事案件于审判中应拷讯者，由审判官命巡守警察行之。

第二十条　巡守队于开庭时巡守公堂，刑事每堂四人，民事每堂二人，预审临时定之此外，昼间以二人在门口弹压，夜间以四人在厅内梭巡，由警官轮流指派。

第二十一条　巡守警察值堂时，审判员得命其传说言语，但不得高声吆喝及妄自搀言。

第二十二条　遇有旁听审判人时，巡守警察须照料之。

第二十三条　凡警察不论暗查、搜查、逮捕、押解、巡守，由警官派定后不得以他人顶替。

第二十四条　凡各警察违背本规则者，除律有明条照例治罪外，轻则责罚，重则斥革。

承发吏规则

第一条　凡由本厅雇用之承发吏须觅殷实之铺保。

第二条　承发吏受部长、审判官、书记官之指挥。

第三条　承发吏收受呈状后，盖年月日时到戳及印纸销戳，登载号簿。每日分上、下午两次呈送民事部长，不得阻压。其呈状中附有契券文书者尤当注意。

第四条　承发吏行职务时虽出外亦必有穿一定之服式。

第五条　承发吏递送文书传票必依限送到，其确系无从投交者作报告状，检回原领之文书传票呈缴。

第六条　承发吏收受规费，当遵照章程一百三十五条、一百三十六条、一百三十七条之规定，不得额外需索。

第七条　承发吏所收之规费，于销票时即行如数呈交。

第八条　承发吏常川驻厅。

第九条　承发吏执行查封时，应由部长指派书记官一人督同地方乡董办理，其报告书及被封物件清单，由该书记官及地方乡董签名画押呈交存案。

第十条　承发吏执行拍卖时作报告书及价目清单，签名画押呈交存案。

堂丁规则

第一条　堂丁由厅中支给工食，供本厅之指使。

第二条　堂丁承充时须具殷实铺保。

第三条　堂丁于审判时须在堂听候使令。

第四条　每日分段洒扫厅中各堂，务使清洁。

第五条　不得在外住宿。

第六条　不得招致友人出入厅中。

《天津府属试办审判厅章程理由书》终。

附录二　辛亥革命及民国时期浙江省龙泉县审判官表

一　1911—1929年龙泉县兼理司法行政长官

到任时间	职　别	姓　名	籍　贯	备　注
1911年11月	民事长	李为蛟	浙江龙泉	
1912年4月	知事	陈蔚	浙江丽水	
1912年9月	知事	朱光奎	浙江青田	
1913年6月	知事	黄黻		
1914年3月	知事	杨毓琦	浙江临海	
1915年5月	知事	王宗海		
1916年1月	知事	张绍轩		
1916年9月	知事	范贤礽	浙江宁波	
1917年4月	知事	王施海	湖南湘乡	
1919年9月	知事	赖丰煦	福建	1921年1月卸任
1920年3月	知事	喻荣华		赖丰煦生病期间代理
1921年1月	知事	习艮枢	江苏南通	
1922年10月	知事	黄丽中	湖北随县	
1924年5月	知事	彭周鼎	浙江丽水	
1924年9月	知事	蔡龄	浙江龙泉	
1924年11月	知事	彭周鼎	浙江丽水	
1924年12月	知事	吴涛	福建闽侯	任期内病故
1926年1月	知事	陈电祥		暂代
1926年3月	知事	陈毓璇		

续表

到任时间	职别	姓名	籍贯	备注
1926年5月	知事	许之象	福建	
1927年1月	知事	王文勃	江西	
1927年5月	县长	端木彧	浙江丽水	
1927年7月	县长	方炜	浙江临安	
1928年1月	县长	黄樨贤	浙江杭州	至1929年10月在任

二 1912—1929年龙泉县承审员(帮审员、专审员)

时间	姓名	时间	姓名
1912年	程步云	1921年	范耆生
1913年	金蕴岳、侯继翻(帮审员)	1922年	吴载基
1914年	姚熙绩	1923年	吴载基
1915年	姚熙绩	1924年	陈祯、陈继昌
1916年	沈宝璩、张济演(专审员)	1925年	李传敏、王允中、陈继昌
1917年	张济演	1926年	吴允中
1918年	谢伯熔	1927年	杜思衍、宋思景
1919年	谢伯熔、刘则汤	1928年	宋思景
1920年	刘则汤	1929年	宋思景、蔡锐

三 民国时期龙泉县历任法院院长

姓名	籍贯	学历	到任时间
高维浚	浙江杭州	浙江公立法政专门学校法律科毕业	1929年10月底
李素	浙江东阳		1931年5月
吴泽增	浙江嘉兴	浙江公立法政专门学校法律科毕业	1932年5月
金平森	浙江东阳	国立北京大学法律系毕业	1936年9月
杨益民			1941年9月
郑式康	浙江天台	浙江公立法政专门学校毕业	1941年12月

续表

姓　名	籍　贯	学　历	到任时间
谢诗	浙江温岭	国立北京大学法律系毕业	1943 年 4 月
杜时敏	浙江东阳	浙江公立法政专门学校毕业	1945 年 6 月

四　民国时期龙泉县历任首席检察官

姓　名	籍　贯	学　历	到任时间
张冰	江苏淮安		1929 年 10 月底
何敏章	浙江江山	浙江公立法政专门学校毕业	1930 年 8 月
黄文彬	浙江浦江	浙江公立法政专门学校毕业	1931 年 6 月
杜时敏	浙江东阳	浙江公立法政专门学校毕业	1934 年 5 月
何日暄	浙江黄岩	北平朝阳大学毕业	1934 年 9 月
刘荣杰	江苏泰县	上海法政大学毕业	1941 年 1 月
熊觉民	江苏太仓		1945 年
金作伦	江西上饶	上海法政大学毕业	1948 年 12 月

主要参考文献

一　档案

《淡新档案》，台湾大学图书馆2006年版。

《黄岩诉讼档案及调查报告》，法律出版社2002年版。

《龙泉民国法院民刑档案卷》(1912—1949)，全宗号M003-01，浙江省龙泉市档案馆藏。

《龙泉司法档案选编》第一辑(晚清时期)，中华书局2012年版。

《龙泉司法档案选编》第二辑(1912—1927)，中华书局2014年版。

《龙泉司法档案选编》第三辑(1928—1937)，中华书局2018年版。

《清代巴县档案汇编(乾隆卷)》，档案出版社1991年版。

《清代乾嘉道巴县档案选编》，四川大学出版社1996年版。

二　法令

《大理院解释例全文》，会文堂新记书局1932年版。

《大理院判决例全书》，会文堂新记书局1931年版。

《大清新法令(1901—1911)》，商务印书馆2011年版。

《法律草案汇编》，成文出版社1980年版。

《改订司法例规》，司法部1922年版。

《国民政府颁行法令大全》，法学编译社1928年版。

《民国法规集成》，黄山书社2000年版。

《民国法规集刊》，民智书局1929年版。

《清末法制变革史料》，中国政法大学出版社2010年版。

《司法重要法规汇编》，教育书社1914年版。

《天津府属试办审判厅章程》，《北洋法政学报》1906年第10册。

《天津府属试办审判厅章程理由书》，《北洋法政学报》1907年第31—34册。

《中国百年民法典汇编》,中国法制出版社 2011 年版。

《中华六法大全》,世界书局 1923 年版。

《最新六法全书》,中国法规刊行社 1948 年版。

《最新综合六法全书》,三民书局 2011 年版。

三　报刊

《北洋法政学报》(1906—1910)

《东方杂志》(1904—1948)

《法令周刊》(1930—1948)

《法学会杂志》(1911—1921)

《全浙日报》(1909—1922)

《申报》(1872—1949)

《司法公报》(1912—1948)

《新青年》(1915—1926)

《浙江公报》(1912—1949)

《浙江官报》(1901—1911)

《浙江军政府公报》(1912)

四　史志

《大明会要》,《续修四库全书》,上海古籍出版社 2003 年版。

《大明律》,法律出版社 1999 年版。

《大清律例》,法律出版社 1999 年版。

《大清律例汇辑便览》,成文出版社 1980 年版。

《大清律例通考校注》,中国政法大学出版社 1992 年版。

《读例存疑重刊本》,成文出版社 1970 年版。

《官箴书集成》,黄山书社 1997 年版。

《金史》,中华书局 1975 年版。

《居家必用事类全集》,浙江大学出版社 2020 年版。

《名公书判清明集》,中华书局 1987 年版。

《逆臣录》,北京大学出版社 1991 年版。

《清实录》,中华书局 2008 年版。

《宋会要辑稿》,北平图书馆1936年版。
《宋史》,中华书局1977年版。
《宋刑统校证》,北京大学出版社2015年版。
《唐明律合编》,中国书店2010年版。
《文献通考》,中华书局1986年版。
《元典章》,中华书局、天津古籍出版社2011年版。
《元史》,中华书局1976年版。

《光绪龙泉县志》,光绪四年刻本。
《万历嘉定县志》,学生书局1987年版。
《新安文献志》,《景印文渊阁四库全书》,台北商务印书馆1986年版。
《浙江续通志稿》,浙江图书馆稿本。
《正德松江府志》,成文出版公司1983年版。

五　文集、古代小说

〔宋〕陈棣:《蒙隐集》,《景印文渊阁四库全书》,台北商务印书馆1986年版。
〔宋〕黄震:《黄氏日抄》,《景印文渊阁四库全书》,台北商务印书馆1986年版。
〔宋〕欧阳澈:《欧阳修撰集》,《景印文渊阁四库全书》,台北商务印书馆1986年版。
〔宋〕叶适:《叶适集》,中华书局1961年版。
〔元〕胡炳文:《云峰集》,《景印文渊阁四库全书》,台北商务印书馆1986年版。
〔元〕魏初:《青崖集》,《景印文渊阁四库全书》,台北商务印书馆1986年版。
〔明〕胡宗宪:《筹海图编》,《中国兵书集成》,解放军出版社、辽沈书社1990年版。
〔明〕焦竑:《玉堂丛语》,中华书局1981年版。
〔明〕吕坤:《实政录》,《北京图书馆古籍珍本丛刊》,书目文献出版社1998年版。
〔明〕王世贞:《弇州四部稿》,《景印文渊阁四库全书》,台北商务印书馆1986年版。

〔清〕汪师韩:《韩门缀学》,清乾隆刻上湖遗集本。
〔清〕魏源:《魏源全集》,岳麓书社 2004 年版。
广东省社会科学院历史研究室、中国社会科学院近代史研究所中华民国史研究室、中山大学历史系孙中山研究室合编:《孙中山全集》,中华书局 1981 年版。
康有为著,姜义华、张荣华编校:《康有为全集》,中国人民大学出版社 2007 年版。
梁启超著,汤志钧、汤仁泽编:《梁启超全集》,北京出版社 1999 年版。

〔明〕冯梦龙:《喻世明言》,上海古籍出版社 1996 年版。
〔明〕陆人龙:《型世言》,中华书局 1993 年版。
〔明〕余象斗:《廉明公案》,中国戏剧出版社 2000 年版。

六　研究论著

柏桦:《明代州县政治体制研究》,中国社会科学出版社 2003 年版。
曹凤萧编:《民事审判实务》,世界书局 1933 年版。
陈登武:《从人间到幽灵冥界——唐代的法制、社会与国家》,北京大学出版社 2007 年版。
陈俊强:《皇恩浩荡——皇帝统治的另一面》,五南图书出版公司 2005 年版。
陈文曲:《民事诉讼当事人陈述理论重构——以哈贝马斯的交往理性为视角》,法律出版社 2010 年版。
陈婴虹:《民国前期浙江省议会立法研究(1911—1926)》,华东政法大学 2015 年博士学位论文。
陈永志:《蒙元时期的牌符》,《内蒙古大学学报(人文社会科学版)》2003 年第 1 期。
陈煜:《传统中国的法律逻辑和司法推理——海外学者中国法论著选译》,中国政法大学出版社 2016 年版。
崔兰琴:《分离与牵制:民初县执法科的功能分析——以浙江为例》,《政法论坛》2016 年第 5 期。
戴炎辉:《清代台湾之乡治》,联经出版事业公司 1979 年版。

邓建鹏:《财产权力的贫困——中国传统民事法研究》,法律出版社 2006 年版。
邓正来:《哈耶克法律哲学》,复旦大学出版社 2009 年版。
董浩编:《民刑诉讼撰状方法》,会文堂新记书局 1934 年版。
杜健荣:《卢曼法社会学理论研究:以法律与社会的关系问题为中心》,法律出版社 2012 年版。
杜宇主编:《复旦大学法律评论》(第 1 辑),法律出版社 2014 年版。
杜正贞:《龙泉司法档案中的族产纠纷》,《浙江档案》2013 年第 3 期。
冯平、汪行福等:《"复杂现代性"框架下的核心价值建构》,《中国社会科学》2013 年第 7 期。
冯筱才:《近代中国的"僭民政治"》,《近代史研究》2014 年第 1 期。
傅澜:《诉讼实务》(民事编),大东书局 1941 年版。
高道蕴等编:《美国学者论中国法律传统》,中国政法大学出版社 1996 年版。
高中:《后现代法学思潮》,法律出版社 2005 年版。
管伟:《论中国传统法律事实认定的思维方式及价值趋向》,《山东社会科学》2008 年第 11 期。
郭成伟:《中国证据制度的传统与近代化》,中国检察出版社 2013 年版。
郭建、姚荣涛、王志强:《中国法制史》,上海人民出版社 2000 年版。
郭建:《古人的天平:中国古典文学名著中的法文化》,当代中国出版社 2008 年版。
郭正怀:《民国时期审判制度研究》,湘潭大学 2010 年博士学位论文。
韩秀桃:《变革社会中的法律秩序——近代中国对司法独立的价值追求与现实依归》,中国政法大学 2002 年博士学位论文。
韩秀桃:《民国时期兼理司法制度的内涵及其价值分析》,《安徽大学学报(哲学社会科学版)》2003 年第 5 期。
韩秀桃:《明清徽州的民间纠纷及其解决》,安徽大学出版社 2004 年版。
韩秀桃:《司法独立与近代中国》,清华大学出版社 2003 年版。
韩延龙:《中国近代警察史》,社会科学文献出版社 2000 年版。
何家弘:《证据的审查认定规则示例与释义》,人民法院出版社 2009 年版。
何志辉:《外来法与近代中国诉讼法转型》,中国法制出版社 2013 年版。

侯欣一:《创制、运行及变异——民国时期西安地方法院研究》,商务印书馆2017年版。

胡瀚:《〈大清刑事民事诉讼法〉草案若干问题刍议》,《重庆科技学院学报(社会科学版)》2010年第22期。

胡康:《〈大清刑事民事诉讼法草案〉立法导向考辨》,《求索》2010年第2期。

胡康:《论清末民事诉权制度的变革》,西南政法大学2010年博士学位论文。

胡铁球:《明清歇家研究》,上海古籍出版社2015年版。

胡旭宁:《宋代巡检制度研究》,河南大学2006年硕士学位论文。

胡震、韩秀桃:《行为主义法学》,法律出版社2008年版。

黄娟:《当事人民事诉讼权利研究——兼论中国民事诉讼现代化之路径》,北京大学出版社2009年版。

黄宽重:《唐宋基层武力与基层社会的转变——以弓手为中心的观察》,《历史研究》2004年第4期。

黄松有:《中国现代民事审判权论》,法律出版社2003年版。

黄源盛:《中国法史导论》,广西师范大学出版社2014年版。

黄宗智、尤陈俊主编:《从诉讼档案出发:中国的法律、社会与文化》,法律出版社2009年版。

黄宗智:《法典、习俗与司法实践:清代与民国的比较》,法律出版社2014年版。

黄宗智:《过去和现在:中国民事法律实践的探索》,法律出版社2009年版。

黄宗智:《民事审判与民间调解:清代的表达与实践》,中国社会科学出版社1998年版。

季手文:《司法制度刍议》,《法学会杂志》1921年第3期。

江湄:《"新史学"之"新"义——梁启超"人群进化之因果"论中的儒、佛思想因素》,《史学月刊》2008年第4期。

蒋澧泉:《民刑诉讼证据法论》,中国政法大学出版社2012年版。

蒋秋明:《南京国民政府审判制度研究》,光明日报出版社2011年版。

金普森等编:《浙江通史·民国卷》,浙江人民出版社2005年版。

雷荣广、姚乐野:《清代文书纲要》,四川大学出版社1990年版。

雷颐:《面对现代性挑战:清王朝的应对》,社会科学文献出版社 2012 年版。
李浩:《民事证明责任研究》,法律出版社 2003 年版。
李立、赵洪芳:《法律语言实证研究》,群众出版社 2009 年版。
李培林:《中国早期现代化:社会学思想与方法的导入》,《社会学研究》2000 年第 1 期。
李启成:《法律继受中的"制度器物化"批判——以近代中国司法制度设计思路为中心》,《法学研究》2016 年第 2 期。
李启成:《民事权利在近代中国的生成——以大理院审理祭田案件为中心的实证考察》,《比较法研究》2010 年第 6 期。
李启成:《晚清各级审判厅研究》,北京大学出版社 2004 年版。
李倩:《民国时期契约制度研究》,北京大学出版社 2005 年版。
李世安:《现代化能否作为世界近现代史学科新体系的主线》,《历史研究》2008 年第 2 期。
李显冬:《从〈大清律例〉到〈民国民法典〉的转型——兼论中国古代固有民法的开放性体系》,中国人民公安大学出版社 2003 年版。
李佑新:《现代性问题与中国现代性的建构》,《北京大学学报(哲学社会科学版)》2005 年第 2 期。
李在全:《变动时代的法律职业者:中国现代司法官个体与群体(1906—1928)》,社会科学文献出版社 2018 年版。
李贞德:《公主之死:你所不知道的中国法律史》,生活·读书·新知三联书店 2008 年版。
李政:《中国近代民事诉讼法探源》,《法律科学》2000 年第 6 期。
李志茗:《大变局下的晚清政治》,上海古籍出版社 2009 年版。
李中原:《欧陆民法传统的历史解读:以罗马法与自然法的演进为主线》,法律出版社 2009 年版。
梁治平:《法律的文化解释》,生活·读书·新知三联书店 1994 年版。
梁治平:《法律何为》,广西师范大学出版社 2012 年版。
梁治平:《法律史的视界》,广西师范大学出版社 2012 年版。
梁治平:《礼教与法律:法律移植时代的文化冲突》,广西师范大学出版社 2015 年版。
梁治平:《寻求自然秩序中的和谐——中国社会法律文化研究》,上海人民出版社 1991 年版。
林端:《中西法律文化的对比——韦伯与滋贺秀三的比较》,《法制与社会发展》2004 年第 6 期。
刘家兴编:《北京大学法学百科全书:民事诉讼法学、刑事诉讼法学、行政诉讼法学、司法鉴定学、刑事侦查学》,北京大学出版社 2001 年版。
刘俊文主编:《日本学者研究中国史论著选译》,中华书局 1992 年版。
刘坤轮:《埃利希:无主权的秩序》,黑龙江大学出版社 2010 年版。
刘思达:《法律移植与合法性冲突——现代性语境下的中国基层司法》,《社会学研究》2005 年第 3 期。
刘思达:《割据的逻辑:中国法律服务市场的生态分析》,译林出版社 2018 年版。
刘馨珺:《明镜高悬:南宋县衙的狱讼》,北京大学出版社 2007 年版。
刘秀明:《民事缺席审判制度研究》,西南政法大学 2010 年博士学位论文。
刘秀明:《我国古代民事被告不出庭考析》,《广西社会科学》2010 年第 8 期。
刘学在:《民事诉讼辩论原则研究》,武汉大学出版社 2007 年版。
刘燕:《法庭上的修辞——案件事实叙事研究》,光明日报出版社 2013 年版。
刘玉华:《民国民事诉讼制度述论》,中国政法大学出版社 2015 年版。
刘铮云:《档案中的历史:清代政治与社会》,北京师范大学出版社 2017 年版。
马珺:《清末民初民事习惯法对社会的控制》,法律出版社 2013 年版。
马敏:《现代化的"中国道路"——中国现代化历史进程的若干思考》,《中国社会科学》2016 年第 9 期。
马小红:《礼与法的历史连接》,北京大学出版社 2017 年版。
马小红:《中国近代法理学的形成与发展》,《政法论丛》2010 年第 2 期。
马小红:《中华法系中"礼""律"关系之辨正——质疑中国法律史研究中的某些"定论"》,《法学研究》2014 年第 1 期。
苗书梅:《宋代县级公吏制度初论》,《文史哲》2003 年第 1 期。
邱澎生、陈熙远编:《明清法律运作中的权力与文化》,广西师范大学出版社 2017 年版。

邱澎生:《当法律遇上经济》,浙江大学出版社 2017 年版。
屈超立:《宋代地方政府民事审判职能研究》,巴蜀书社 2003 年版。
瞿骏:《入城又回乡——清末民初江南读书人社会流动的再考察》,《华东师范大学学报(哲学社会科学版)》2014 年第 5 期。
瞿同祖:《瞿同祖法学论著集》,中国政法大学出版社 2004 年版。
瞿同祖:《中国法律与中国社会》,中华书局 2003 年版。
任剑涛:《现代性、历史断裂与中国社会文化转型》,《厦门大学学报(哲学社会科学版)》2001 年第 1 期。
苏力、贺卫方主编:《20 世纪的中国:学术与社会(法学卷)》,山东人民出版社 2000 年版。
苏力:《纠缠于事实与法律之中》,《法律科学》2000 年第 3 期。
苏力:《送法下乡——中国基层司法制度研究》,北京大学出版社 2011 年版。
苏亦工:《中法西用:中国传统法律及习惯在香港》,社会科学文献出版社 2002 年版。
孙立平:《后发外生型现代化模式剖析》,《中国社会科学》1991 年第 2 期。
孙立平:《后发外生型现代化研究论纲》,《社会科学研究》1990 年第 6 期。
孙立平:《后发外生型现代化中的错位现象再研究》,《探索》1991 年第 4 期。
孙良国:《关系契约理论导论》,科学出版社 2008 年版。
孙伟编:《吴经熊裁判集与霍姆斯通信集》,中国法制出版社 2010 年版。
孙业凯:《1912—1927 年浙江省龙泉县审判机构的变迁》,《浙江档案》2013 年第 7 期。
汤能松等:《探索的轨迹:中国法学教育发展史略》,法律出版社 1995 年版。
唐仕春:《北洋时期的基层司法》,社会科学文献出版社 2013 年版。
汪楫宝:《民国司法志》,商务印书馆 2015 年版。
汪民安等主编:《现代性基本读本》,河南大学出版社 2005 年版。
王浩:《清末诉讼模式的演进》,中国政法大学 2005 年博士学位论文。
王甲乙、杨建华、郑健才:《民事诉讼法新论》,三民书局 1981 年版。
王天民:《实质真实论》,西南政法大学 2010 年博士学位论文。

王晓:《事实的法律追问——一种现象学意义上的阐释》,《浙江学刊》2004年第6期。

王亚新:《对抗与判定——日本民事诉讼的基本结构》,清华大学出版社2010年版。

王亚新:《民事诉讼与发现真实——基于一种法社会学视角的分析》,《清华法律评论》1998年第1辑。

王亚新:《民事诉讼与法律服务》,法律出版社2015年版。

王亚新:《社会变革中的民事诉讼》,中国法制出版社2001年版。

王志强:《辛亥革命后基层审判的转型与承续——以民国元年上海地区为例》,《中国社会科学》2012年第5期。

王中江:《进化主义原理、价值及世界秩序观——梁启超精神世界的基本观念》,《浙江学刊》2002年第4期。

王钟杰:《宋代县尉研究》,河北大学2006年博士学位论文。

魏光奇:《官治与自治——20世纪上半期的中国县制》,商务印书馆2004年版。

吴佩林:《法律社会学视野下的清代官代书研究》,《法学研究》2008年第2期。

吴佩林:《清代县域民事纠纷与法律秩序考察》,中华书局2013年版。

吴佩林:《清代中后期州县衙门“叙供”的文书制作——以〈南部档案〉为中心》,《历史研究》2017年第5期。

吴瑞书:《诉状新程式》,正气书局1948年版。

吴永明:《民国前期新式法院建设述略》,《民国档案》2004年第2期。

吴泽勇:《清末修律中的民事诉讼制度变革》,《比较法研究》2003年第3期。

吴铮强:《信牌、差票制度研究》,《文史》2014年第1辑。

吴铮强:《龙泉司法档案所见县知事兼理审判程序及其意义》,《浙江社会科学》2014年第4期。

吴铮强:《双轨制时期(1913～1929)龙泉司法档案民事裁断文书的制作》,《中国古代法律文献研究》(第13辑),社会科学文献出版社2019年版。

夏光:《现代性与文化:韦伯的理论遗产之重估》,《社会学研究》2005年第3期。

夏锦文:《论法制现代化的多样化模式》,《法学研究》1997 年第 6 期。
萧清:《中国近代货币金融史简编》,山西人民出版社 1987 年版。
谢冬慧:《纠纷解决与机制选择:民国时期纠纷解决机制研究》,法律出版社 2013 年版。
谢冬慧:《民国审判制度现代化研究——以南京国民政府为背景的考察》,法律出版社 2011 年版。
谢冬慧:《移植与借鉴:南京国民政府民事审判制度溯源》,《江苏社会科学》2010 年第 4 期。
谢志民:《民国时期江西县司法处研究》,商务印书馆 2018 年版。
徐爱国主编:《无害的偏见:西方学者论中国法律传统》,北京大学出版社 2011 年版。
徐朝阳:《中国古代诉讼法:中国诉讼法溯源》,法律出版社 2012 年版。
徐梦醒:《语用学视野下的法律论证》,中国政法大学出版社 2014 年版。
徐世虹主编:《中国古代法律文献研究》,社会科学文献出版社 2012 年版。
徐望之:《公牍通论》,商务印书馆 1931 年版。
徐忠明、杜金:《谁是真凶——清代命案的政治法律分析》,广西师范大学出版社 2014 年版。
徐忠明:《案例、故事与明清时期的司法文化》,法律出版社 2006 年版。
严昌洪:《中国近代史史料学》,北京大学出版社 2011 年版。
阎孟伟、李福岩:《现代性问题研究》,广西人民出版社 2018 年版。
杨建军:《法律事实的解释》,山东人民出版社 2007 年版。
杨剑:《缺席审判的基本法理与制度探索》,厦门大学出版社 2016 年版。
杨立杰、陈刚:《民初民事诉讼法制现代化研究(1912—1928)》,陈刚、邓继好主编:《中国民事诉讼法制百年进程》(民国初期第一卷),中国法制出版社 2009 年版。
杨念群:《梁启超"过渡时代论"与当代"过渡期历史观"的构造》,《史学月刊》2004 年第 1 期。
杨念群:《"断裂"还是"延续"?——关于中华民国史研究如何汲取传统资源的思考》,《南京大学学报(哲学·人文科学·社会科学)》2013 年第 1 期。
杨圣明:《价格双轨制的历史地位与命运》,《经济研究》1991 年第 4 期。

杨天宏:《革故鼎新:民国前期的法律与政治》,生活·读书·新知三联书店 2018 年版。

杨一凡:《明大诰研究》,江苏人民出版社 1988 年版。

叶启政:《社会理论的本土化建构》,北京大学出版社 2006 年版。

叶启政:《再论传统和现代的斗争游戏——正规化的搓揉形塑》,《社会学研究》1996 年第 6 期。

尹田:《民事主体理论与立法研究》,法律出版社 2003 年版。

应星:《村庄审判史中的道德与政治:1951—1976 年中国西南一个山村的故事》,知识产权出版社 2009 年版。

尤陈俊:《清代讼师贪利形象的多重建构》,《法学研究》2015 年第 5 期。

尤西林:《现代性与时间》,《学术月刊》2003 年第 8 期。

余沉、王恒:《“现在”:论利奥塔对现代性线性时间观的解构》,《安徽大学学报(哲学社会科学版)》2015 年第 1 期。

俞江、孙家红主编:《近代法的维度——李遗连教授荣休纪念论文集》,九州出版社 2013 年版。

俞江:《关于“古代中国有无民法”问题的再思考》,《现代法学》2001 年第 6 期。

俞江:《规则一般原理》,商务印书馆 2017 年版。

俞江:《明清州县细故案件审理的法律史重构》,《历史研究》2014 年第 2 期。

袁祖社:《“现代性社会”价值本体确立与认同的困惑》,《北京大学学报(哲学社会科学版)》2008 年第 5 期。

曾宪义主编:《百年回眸:法律史研究在中国》,中国人民大学出版社 2009 年版。

曾宪义主编:《中国传统法律文化研究》,中国人民大学出版社 2012 年版。

张德美:《从公堂走向法庭——清末民初诉讼制度改革研究》,中国政法大学出版社 2009 年版。

张德美:《探索与抉择——晚清法律移植研究》,清华大学出版社 2003 年版。

张建伟:《从积极到消极的实质真实发现主义》,《中国法学》2006 年第 4 期。

张培田、李胜渝:《中国近代诉讼审判机制转型初期的折中变通》,《中西法律传统》(第5卷),中国政法大学出版社2006年版。

张培田:《法的历程——中国司法审判制度的演进》,人民出版社2007年版。

张勤:《中国近代民事司法变革研究——以奉天省为例》,商务印书馆2012年版。

张仁善:《礼·法·社会——清代法律转型与社会变迁》,天津古籍出版社2001年版。

张世明等主编:《世界学者论中国传统法律文化》,法律出版社2009年版。

张伟仁:《中国法文化的起源、发展和特点》,《中外法学》2010年第6期。

张卫平:《绝对职权主义的理性认知——原苏联民事诉讼基本模式评析》,《现代法学》1996年第4期。

张卫平:《民事诉讼基本模式:转换与选择之根据》,《现代法学》1996年第6期。

张卫平:《转换的逻辑——民事诉讼体制转型分析》,法律出版社2007年版。

张卫平:《转型与应变:论我国传统民事诉讼体制的结构性变革》,《学习与探索》1994年第4期。

张旭鹏:《后现代、现代性重建与中国的现代性问题》,《史学月刊》2006年第5期。

赵晓耕:《身份与契约:中国传统民事法律形态》,中国人民大学出版社2012年版。

赵信会、黄利群:《中国民事证据制度近代化研究》,法律出版社2013年版。

浙江省龙泉市人民法院编:《龙泉法院志》,汉语大词典出版社1996年版。

浙江龙泉县志编纂委员会编:《龙泉县志》,汉语大词典出版社1994年版。

郑竞毅编著:《法律大辞书》,商务印书馆2012年版。

郑雅坤:《谈我国古代的符节(牌)制度及其演变》,《西北大学学报(哲学社会科学版)》1985年第1期。

中国法学会研究部:《马克思恩格斯论法》,法律出版社2010年版。

中国社会科学院近代史研究所:《中华民国史》,中华书局2011年版。

中国政法大学法律史学研究院编:《日本学者中国法论著选译》,中国政法大学出版社 2012 年版。
周伯峰:《民国初年“契约自由”概念的诞生——以大理院的言说实践为中心》,北京大学出版社 2006 年版。
周枏:《罗马法原论》,商务印书馆 1994 年版。
周孝伯:《诉状新程式》,大达图书供应社 1936 年版。
周赟:《论司法过程中的法律—事实关系》,《求是学刊》2012 年第 6 期。
朱勇主编:《中国法制通史》(第 9 卷),法律出版社 1999 年版。
邹剑锋:《宁波近代法制变迁研究》,复旦大学出版社 2010 年版。
邹诗鹏:《马克思对现代性社会的发现、批判与重构》,《中国社会科学》2009 年第 4 期。

〔奥〕欧根·埃利希(Eugen Ehrlich)著,舒国滢译:《法社会学原理》,中国大百科全书出版社 2009 年版。
〔德〕阿克赛尔·文德勒(Axel Wendler)等著,丁强、高莉译:《审判中询问的技巧与策略》,中国政法大学出版社 2012 年版。
〔德〕哈贝马斯(Jürgen Habermas)著,张博树译:《交往与社会进化》,重庆出版社 1989 年版。
〔德〕哈贝马斯(Jürgen Habermas)著,童世骏译:《在事实与规范之间——关于法律和民主法治国的商谈理论》,生活·读书·新知三联书店 2003 年版。
〔德〕哈尔特穆特·罗萨(Hartmut Rosa)著,董璐译:《加速:现代社会中时间结构的改变》,北京大学出版社 2015 年版。
〔德〕汉尼斯·科尼夫卡(Hannes Kniffka)著,程乐吕译:《法律语言的动作——德国视角》,中国政法大学出版社 2012 年版。
〔德〕汉斯-约阿希姆·穆泽拉克(Hans-Joachim Musielak)著,周翠译:《德国民事诉讼法基础教程》,中国政法大学出版社 2005 年版。
〔德〕康德(Immanuel Kant)著,沈叔平译:《法的形而上学原理——权利的科学》,商务印书馆 1997 年版。
〔德〕尼克拉斯·鲁曼(Niklas Luhmann)著,宾凯、赵春燕译:《法社会学》,上海人民出版社 2013 年版。
〔德〕尼克拉斯·鲁曼(Niklas Luhmann)著,李君韬译:《社会中的法》,台北

“国立”编译馆 2009 年版。

〔德〕托马斯·莱塞尔(Thomas Raiser)著,高旭军等译:《法社会学导论》,上海人民出版社 2014 年版。

〔法〕艾涅斯特·格拉松(E. Glasson)著,巢志雄译:《法国民事诉讼程序的起源》,北京大学出版社 2013 年版。

〔法〕吉尔·利波维茨基(Gilles Lipovetsky)著,丁兆国译:《现代性·后现代性·超现代性》,《国外理论动态》2011 年第 9 期。

〔法〕罗伯特·雅各布(Robert Jacobs)著,李滨译:《上天·审判——中国与欧洲司法观念历史的初步比较》,上海交通大学出版社 2013 年版。

〔法〕孟德斯鸠(Montesquieu)著,许家星译:《论法的精神》,中国社会科学出版社 2007 年版。

〔加〕查尔斯·泰勒(Charles Taylor)著,林曼红译:《现代社会想象》,译林出版社 2014 年版。

〔加〕查尔斯·泰勒(Charles Taylor)著,陈通造译:《两种现代性理论》,《哲学分析》2016 年第 4 期。

〔美〕昂格尔(Roberto. Mangabeira Unger)著,吴玉章、周汉华译:《现代社会中的法律》,译林出版社 2001 年版。

〔美〕本杰明·卡多佐(Benjamin N. Cardozo)著:《司法过程的性质》,商务印书馆 2015 年版。

〔美〕彼得·吉德里奇(Peter Goodrich)著,邱昭继译:《法律话语》,法律出版社 2007 年版。

〔美〕道格拉斯·沃尔顿(Douglas Walton)著,梁庆寅、熊明辉译:《法律论证与证据》,中国政法大学出版社 2010 年版。

〔美〕杜赞奇(Prasenjit Duara)著,黄彦杰译:《全球现代性的危机——亚洲传统和可持续的未来》,商务印书馆 2017 年版。

〔美〕哈罗德·伯尔曼(Harold J. Berman)著,姚剑波译:《信仰与秩序:法律与宗教的复合》,中央编译出版社 2011 年版。

〔美〕杰克·H. 弗兰德泰尔(Jack H. Friedenthal)著,夏登峻等译:《民事诉讼法》,中国政法大学出版社 2003 年版。

〔美〕克利福德·吉尔兹(Clifford Geertz)著,王海龙、张家瑄译:《地方性知识:阐释人类学论文集》,中央编译出版社 2000 年版。

〔美〕约翰·吉本斯(John Gibbons)著,易明群译:《法律语言学导论》,法律出版社 2007 年版。

〔美〕兰博约(John H. Langbein)著,王志强译:《对抗式刑事审判的起源》,复旦大学出版社 2010 年版。

〔美〕理查德·波斯纳(Richard A. Posner)著,苏力译:《法官如何思考》,北京大学出版社 2008 年版。

〔美〕理查德·波斯纳(Richard A. Posner)著,郝倩译:《英国和美国的法律及法学理论》,北京大学出版社 2010 年版。

〔美〕罗伯特·埃里克森(Robert Ellickson)著,苏力译:《无需法律的秩序——邻人如何解决纠纷》,中国政法大学出版社 2003 年版。

〔美〕罗斯科·庞德(Roscoe Pound)著,沈宗灵译:《通过法律的社会控制》,商务印书馆 2008 年版。

〔美〕络德睦(Teemu Ruskoal)著,魏磊杰译:《法律东方主义:中国、美国与现代法》,中国政法大学出版社 2016 年版。

〔美〕马泰·卡林内斯库(Matei A. Calinescu)著,顾爱彬、李瑞华译:《现代性的五副面孔:现代主义、先锋派、颓废、媚俗主义、后现代主义》,商务印书馆 2002 年版。

〔美〕马歇尔·伯曼(Marshall Berman)著,徐大建译:《一切坚固的东西都烟消云散了:现代性体验》,商务印书馆 2018 年版。

〔美〕米尔伊安·R.达玛什卡(Mirjan R. Damaška)著,郑戈译:《司法和国家权力的多种面孔——比较视野中的法律程序》,中国政法大学出版社 2015 年版。

〔美〕尼尔·考默萨(Neil Komesar)著,申卫星等译:《法律的限度:法治、权利的供给与需求》,商务印书馆 2007 年版。

〔美〕萨利·安格尔·梅丽(Sally Engle Merry)著,郭星华等译:《诉讼的话语:生活在美国社会底层人的法律意识》,北京大学出版社 2007 年版。

〔美〕威廉·M.欧巴尔(William M. O'Barr)等著,程朝阳译:《法律、语言与权力》,法律出版社 2007 年版。

〔美〕克里斯托弗·沃尔夫(Christopher Wolfe)著,黄金荣译:《司法能动主义——自由的保障还是安全的威胁?》,中国政法大学出版社 2004 年版。

〔美〕徐小群著,杨明、冯申译:《现代性的磨难——20 世纪初期中国司法改革(1901—1937)》,中国大百科全书出版社 2018 年版。

〔美〕曾小萍著,董建中译:《州县官的银两——18 世纪中国的合理化财政改革》,中国人民大学出版社 2005 年版。

〔美〕曾小萍等编:《早期近代中国的契约与产权》,浙江大学出版社 2011 年版。

〔日〕千叶正士著,赵晶、杨怡悦、魏敏译:《亚洲法的多元性构造》,中国政法大学出版社 2017 年版。

〔日〕日本法政大学大学史资料委员会编,裴敬伟译:《清国留学生法政速成科纪事》,广西师范大学出版社 2015 年版。

〔日〕寺田浩明著,王亚新等译:《权利与冤抑:寺田浩明中国法史论集》,清华大学出版社 2012 年版。

〔日〕滋贺秀三等著,王亚新等译:《明清时期的民事审判与民间契约》,法律出版社 1998 年版。

〔以〕艾森斯塔特(Shmuel N. Eisenstadt)著,旷新年、王爱松译:《反思现代性》,生活·读书·新知三联书店 2006 年版。

〔英〕安东尼·吉登斯(Anthony Giddens)著,田禾译:《现代性的后果》,译林出版社 2011 年版。

〔英〕彼得·奥斯本(Peter Osborne)著,王志宏译:《时间的政治:现代性与先锋》,商务印书馆 2017 年版。

〔英〕卡尔·波兰尼(Karl Polany)著,刘阳、冯钢译:《大转型:我们时代的政治与经济起源》,浙江人民出版社 2007 年版。

〔英〕迈克尔·莱斯诺夫(M. Lessnoff)等著,刘训练等译:《社会契约论》,江苏人民出版社 2010 年版。

〔英〕梅特兰(Maitland)著,王云霞等译:《普通法的诉讼形式》,商务印书馆 2009 年版。

〔英〕齐格蒙特·鲍曼(Zygmunt Bauman)著,欧阳景根译:《流动的现代性》,中国人民大学出版社 2018 年版。

〔英〕伊恩·沃德(Ian Ward)著,李诚予、岳林译:《法律批判理论导引》,上海三联书店 2011 年版。

Amalia Amaya, “Justification, Coherence, and Epistemic Responsibility in Legal Fact-finding", *A Journal of Social Epistemology*, Vol. 5, 2008, pp. 306-319.

Barbara Shapiro, "The Concept 'Fact': Legal Origins and Cultural Diffusion", *A Quarterly Journal Concerned with British Studies*, Vol. 26, No. 2(Summer, 1994), pp. 227-252, The North American Conference on British Studies.

Harold L. "Korn: Law, Fact and Science in the Courts", *Columbia Law Review*, Vol. 66, No. 6 (Jun. 1966), pp. 1080-1116, Columbia Law Review Association, Inc.

Hill Gates, *China's Motor: A Thousand Years of Petty Capitalism*, Cornell University Press, 1997.

J. A. C. Hetherington, "Fact and Legal Theory: Shareholders, Managers, and Corporate Social Responsibility", *Stanford Law Review*, Vol. 21, No. 2 (Jan., 1969), pp. 248-292.

Lech Morawski, "Law, Fact and Legal Language", *Law and Philosophy*, Vol. 18, No. 5, Laws, Facts, and Values (Sep., 1999), pp. 461-473, Springer.

Linxia Liang, *Delivering Justice in Qing China: Civil Trials in the Magistrate's Court*, British Academy, 2008.

Michael Baurmann, "Legal Authority as a Social Fact", *Law and Philosophy*, Vol. 19, No. 2, Kelsen, Authority and Competence (Mar., 2000), pp. 247-262, Springer.

Paul R. Katz, *Divine Justice: Religion and the Development of Chinese Legal Culture*, Routledge, 2008.

Robert E. Hegel, Katherine Carlitz, *Writing and Law in Late Imperial China: Crime, Conflict, and Judgment*, University of Washington Press, 2007.

S. F. C. Milsom, "Law and Fact in Legal Development", *The University of Toronto Law Journal*, Vol. 17, No. 1 (1967), pp. 1-19, University of Toronto Press.

Vern R. Walker, "A Default-logic Paradigm for Legal Fact-finding", *Ju-*

rimetrics, Vol. 47, No. 2 (WINTER 2007), pp. 193-243, American Bar Association.

W. Lance Bennett, Martha S. Feldman, *Reconstructing Reality in the Courtroom: Justice and Judgment in American Culture*. Quid Pro Books, 2014.

感　谢

本书撰写过程中，曾得到很多人的支持与帮助。他们包括：包伟民教授、罗卫东教授、梁敬明教授、夏立安教授、陈红民教授；梁治平教授、王亚新教授、夫马进教授、蓝克利（Christian Lamouroux）教授、苏亦工教授；俞江教授、鲁西奇教授、刘永华教授、赵世瑜教授、冯筱才教授、邱澎生教授、张小也教授、王志强教授、孙家红教授、吕大年教授；邬必锋先生、叶金军先生；饶佳荣先生、罗华彤先生、王贵彬先生；杜正贞、陈明华、傅俊及其领导的龙泉司法档案整理团队；蔡帆、张燕燕、史文韬、曾晓祺。还有很多人，恕不一一。